핀란드어 필수 문법
Finnish: An Essential Grammar

프레드 까를쏜 지음
Fred Karlsson
송기중 역주

집문당

원서의 초판은 1983년 헬싱키 WSOY에서 *Finnish Grammar* 로 출판되었다. 개정판은 1999년 영국의 Routledge 출판사(2 Park Square, Milton Park, Abingdon, Oxon OX14 4RN)에서 출판되었다. 동시에 미국과 카나다에서 역시 Routledge(270 Madison Avenue, New York, NY 10016)에서 출판되어 2001, 2002, 2003, 2004년에 재판되었다.

본 한국어 번역은 2004년판을 대본으로 삼았다.
원서의 저자 까를쏜 교수는 헬싱키대학교 언어학과에 재직하는 일반언어학자이다.

역주자: 송기중(宋基中)

서울대학교 문리과대학 국어국문학과 졸업, 미국 버클리 캘리포니아 주립대학교 동양어학과 석사
미국 하버드대학교 내륙아시아 및 알타이학과 박사, 한국정신문화연구원 교수
서울대학교 규장각 관장, 서울대학교 진단학회 학회장 역임
서울대학교 인문대학 국어국문학과 교수 역임, 서울대학교 명예교수

편저서
유목민족제국사, 현대국어 실용문의 실태분석(공저), 17세기 국어사전(공편),
한국의 문자와 문자연구(공편), 한 · 영 우리문화 용어집 Glossary of Korean Studies
The Study of Foreign Languages in the Choseon Dynasty
古代國語 語彙 表記 漢字의 字別 用例 硏究, 역사비교언어학과 국어계통론 등 논문 다수

핀란드어 필수 문법

2018년 4월 20일 1판 1쇄
2019년 1월 30일 1판 2쇄

저 자 | 프레드 까를쏜(Fred Karlsson)
역주자 | 송기중
발행인 | 임동규
발행처 | **집문당**
등 록 | 1971. 3. 23. 제300-2012-69호
주 소 | 03134 서울시 종로구 돈화문로 82 집문당빌딩 5층
영업부 | (02)743-3192~3 팩스(02)742-4657
sale@jipmoon.co.kr
편집부 | (02)743-3096~7 팩스(02)743-0227
edit@jipmoon.co.kr
홈페이지 | www.jipmoon.co.kr

ISBN 978-89-303-1789-4 93790

가격 20,000원

이 도서의 국립중앙도서관 출판시도서목록(CIP)은 e-CIP홈페이지(http://www.nl.go.kr/ecip)와 국가자료공동목록시스템(http://www.nl.go.kr/kolisnet)에서 이용하실 수 있습니다.(CIP제어번호: CIP2018011980)

원서의 저자 까를쏜 교수가 역주자에게 보낸 이메일 서신 및 한국어 번역본 출판 허락서

Dear Professor Ki Joong Song,

Thank you very much for your kind e-mail which reached me yesterday. I do indeed remember our brief meeting very well.

I was very happy to hear that you have undertaken the big job of translating the "Finnish:An Essential Grammar". Thank you so much! I hereby grant you the right to find a publisher for it. Please tell me if there is anything I can do in order to help you.

My very best wishes,

Fred Karlsson

Here is the formal permit:

As the holder of the rights to issue translations of my book "Finnish: An Essential Grammar", published by Routledge, an imprint of Taylor and Francis Books Ltd, I hereby grant Professor Ki Joong Song the right to have his translation of this book into Korean published in Korea.

Helsinki, August 17, 2007
Fred Karlsson

본서의 출판은 주 서울 핀란드대사관의 지원으로 이루어졌다.

Acknowledgement

The publication of this Korean translation of
"Finnish: An Essential Grammar"
was possible with the financial support of
the Finnish Embassy in Seoul.

Translator's Preface

Beginning March 2006 I had spent a full year in Helsinki, Finland, as a visiting scholar affiliated with the Institute for Asian and African Studies at the University of Helsinki. I planned to study the linguistic background of the late Professor Gustaf John Ramstedt (1873-1950), who has been well known as the founder of Altaic comparative linguistics and who has left a number of monumental works in Korean-Altaic comparative studies and Korean grammar.

While doing research on what I planned, I came to be interested in the Finnish language. Until early 1960s Korean children were taught in elementary and secondary schools that their language belongs to the Ural-Altaic Language Family, which comprises Finnish, Hungarian, Turkic, Mongolian and Manchu. So, the name 'Finnish' itself has been familiar to the Koreans for many decades. However, few Koreans have ever studied the Finnish language and no references in Korean have been available.

When starting to learn Finnish in curiosity, I enrolled an elementary Finnish class for foreigners at the University of Helsinki and asked Professor Juha Janhunen a good Finnish grammar written in English. Professor Janhunen, who invited me to Helsinki and who was then my adviser, immediately recommended the *Finnish: an Essential Grammar* by Professor Fred Karlsson, saying it has been translated into several languages.

As I was learning elementary expressions in the Finnish class and reading the first chapters of Karlsson's grammar, I realized that Finnish is a language quite different from any other language I had ever known. It seemed to me, however, that syntactically it is similar to English, while morphologically it shares many features with Korean. A certain Finnish sounds or expressions were more easily understandable in light of knowledge of Korean than that of English. The characteristics of Finnish, both comparable and uncomparable with those of Korean, were interesting to me.

In the beginning I did not intend to translate the whole book into Korean. But after reading several chapters, it suddenly came to my mind that a Korean translation would be helpful for those who are willing to learn Finnish and for the Korean linguists who are interested in the structure and system of the curious language. Also, several Korean residents in Helsinki, who had helped me in many ways and whom I had contacted frequently, encouraged me to make a full translation of the book. In the summer of 2006 I finally decided to undertake this work. It was completed in February 2007, about two weeks before leaving Helsinki for Seoul.

The translator feels himself very lucky as having enjoyed the helps of many people in the course of working on this book. Professor Janhunen kindly answered questions on Finnish grammar and vocables that I could not understand clearly in the book. When Professor Janhunen was on leave, Professor Tapani Harviainen was ready to help me. He introduced me a graduate student, Mr. Lauri Tainio, with whose helps I was able to correct many errors.

While residing in Helsinki for the year, I, and my wife, were dependent on Dr. Kim Jeong-Young, who teaches Korean at the University of Helsinki, and Dr. Jee Koan-Ja, a researcher in medical science at the University, to get information on almost everything. Without the constant helps of the two ladies, our life in the northern land would have been much harder and completion of the translation work would have been delayed. Dr. Lee Mi-Young, then a visiting researcher from Korea, somehow successfully carried out the weary work of typing or inputting all the Finnish examples present in the grammar. Ms Yi Ji-Young, former President of Association of Koreans in Finland, then a staff member at Korean Embassy in Helsinki, reviewed the first draft. My sincere thanks are due to the four ladies.

Mr. Shin Yong-gi, former Counsellor at Korean Embassy in Helsinki and, at present, Director of Passport Division in the Ministry of Foreign Affairs and Trade, showed strong interest in this work when he was in Helsinki and has sought the way to help its publication since he has moved to Seoul. In fact, by Mr. Shin's introduction I met Mr. Riku Warjovaara, the First Secretary & Deputy Head of Mission, and, later, to His Excellency Kim Luotonen, the Embassador. As I explained what I have done and what the problem is to have it published in Seoul, His Excellency Luotonen promised a help.

This book could have been published with the financial support of Finnish Embassy in Seoul. I am grateful to Embassador Lutonen, Mr. Warjovaara and Mr. Shin Yong-gi for their helps.

Last August I sent an e-mail message to the author of the Grammar, Professor Fred Karlsson of University of Helsinki. He immediately replied with a formal note of permission of the publication of this Korean translation, which is printed in the previous page. My thanks are due to Professor Karlsson.

In closing, I must express my sincere gratitude to the University of Helsinki for the generous fellowship with which I have had an opportunity to do research in Helsinki. I am still thankful to Mrs. Päivi Tauriainen, the Staff Exchanges Coordinator at the University of Helsinki, for her efficient official works involved in the invitation of me and her advices when I arrived in Helsinki.

20 January 2008
Ki Joong Song

역주자 서

역자는 2006년 3월 1일부터 2007년 2월 28일까지 만 1년간 핀란드공화국의 수도 헬싱키시에 소재하는 헬싱키대학교(University of Helsinki)의 초청 연구교수로 근무하였다. 그 기간에 역자의 전공 분야인 알타이어학의 창시자 람스테트(Gustaf John Ramstedt 1873-1950) 교수의 학문적 배경을 탐색할 계획이었다. 헬싱키에 도착한 후 람스테트 교수의 유품 서적들도 찾아보고, 국내에서는 접하기 어려운 러시아 및 동구권 학자들의 논저도 살펴보면서, 시간의 구속을 전혀 받지 않는 이완된 생활을 하던 중에 우연히 핀란드어에 관심을 가지게 되었다. 그리하여 외국인을 위한 초급 핀란드어 강좌에 등록하였다. 그리고 역자를 헬싱키에 초청한 몽고-티베트학 및 내륙아시아학 전문가 얀후넨(Juha Janhunen) 교수에게 영어로 써진 핀란드어 문법책을 문의하니, 바로 이 책을 소개해 주었다.

서점에서 이 책을 구입하여 읽기 시작하고, 또 초급핀란드어 강의 시간에 기초 표현을 배우면서, 역자가 과거에 접해 본 어떤 언어와도 현격히 다른 언어라고 느꼈다. 책 내용은 아주 쉽고 체계적으로 기술되어 있어서, 지난 20여 년간 이 책이 여러 나라에서 번역 출판된 까닭을 알 수 있었다. 몇 과(課)를 메모를 해가며 읽는 중에, 국어로 집필된 핀란드어 문법서가 아직 출판되지 않았다는 말을 들었고, 또 핀란드어의 구조와 체계는 국내의 국어학자들에게도 흥미 있을 것이라고 생각하여, 출판을 목표로 책 전체를 번역하기로 2006년 8월에 결심하였다. 번역은 몇 달 동안 작업하여 귀국하기 전인 2007년 1월에 일단 완성하였다.

이 책을 번역하는 과정에서 여러 사람의 도움을 받았다. 얀후넨 교수는 핀란드어 문법에 관한 역자의 질문에 항상 진지하게 대답해 주었다. 번역이 완성된 지난 1-2월에는 마침 얀후넨 교수가 일본 동경외국어대학에 파견 연구 중이었기 때문에, 원로 하르비아이넨(Tapani Harviainen) 교수가 대신 역자의 질문에 답해 주었고, 대학원생 따이니오(Lauri Tainio) 군으로 하여금 원서의 영역(英譯) 단어들 중 의미가 애매한 것들을 확인하는 일에 역자를 돕도록 조치하여 주었다.

헬싱키 대학에서 한국어 강좌를 담당하고 있는 김정영 박사, 헬싱키대학 의과대학 연구원으로 재직하고 있는 지관자 박사는 필자가 헬싱키에 체류하는 동안 여러 가지로 도움을 주었다. 두 분의 도움이 없었더라면 필자의 헬싱키 생활이 훨씬 어려웠을 것이고 번역 일도 끝내지 못했을 듯하다. 주헬싱키 한국대사관에 근무하는 이지영 씨는 완성된 초고를 1차 검토해 주었다. 헬싱키에 파견 근무중이던 이미영 씨는 원서에 수록된 핀란드어 예들을 모두 입력하는 어려운 일을 해 주었다. 이상 여러 분들에게 심심한 감사를 드린다.

헬싱키 대사관 참사관으로 근무하다가 지금은 외교통상부 본부에 근무하는 신용기 심의관은 필자의 번역 작업에 지속적으로 관심을 갖고 출판까지 염려해 주셨다. 사실 필자는 신 심의관의 소개로 주 서울 핀란드 대사관의 1등서기관 바르요바라(Riku Warjovaara) 씨와 대사 루오또넨 (Kim Lutotonen) 씨를 만나게 되었고, 출판비의 지원을 받게 되었다. 세 분의 도움이 없었더라면 이 책이 출판되기 어려웠을 것이다.

원저자 까를쏜 교수는 얀후넨 교수의 소개로 헬싱키 체류시에 한 번 대면한 적이 있었다. 지난 8월 중순 역자가 이 책의 출판 작업을 재개하려고 생각하면서 우선 교수에게 이메일로 번역서의 출판을 허락해 줄 것을 요청하였다. 교수는 흔쾌히 허락하는 글을 즉시 보내 주었다. 앞 장에 수록하였다. 까를쏜 교수에게 감사한다.

지난 3월 1일 귀국한 후 몇 달 동안 강의와 몇 가지 학술대회 발표 논문 집필로 이 책의 출판 준비에 시간을 할애할 수 없었다. 반년이 지난 9월에 들어서 이 일을 다시 추진하였다. 역자의 핀란드어 이해 정도가 낮기 때문에 이 책에 오류가 적지 않을 것이다. 그러나 아직까지 핀란드어 문법책이 국어로 발행되지 않았기 때문에, 미흡한 대로 이 책이 핀란드어에 관심 있는 국내 학생들과 학자들에게 도움이 될 수 있기를 바라고 앞으로 보다 완성된 문법서가 등장하기를 바라마지 않는다.

2008년 1월 20일

역주자　송 기 중

원저자 서

본서 *Finnish: An Essential Grammar*(핀란드어: 필수 문법)는 1983년에 헬싱키의 WSOY에서 발행된 *Finnish Grammar*(핀란드어 문법)을 약간 수정한 것이다. 그 책의 제2판은 1995년에 절판되었다. *Finnish Grammar*는 1982년에 출판된 핀란드어판 *Suomen peruskielioppi*의 번역이었다. 원래 스웨덴어로 출판된 *Finsk grammatik*는 1978년에 발행되었다. 이들 제서는 헬싱키 핀란드문학회(Finnish Literature Society / Suomalaisen Kirjallisuuden Seura, Helsinki)에서 출판되었다.

이 책은 기본적으로 핀란드어의 기초를 배우려는 사람들을 위하여 집필되었다. 이 책에는 문법의 핵심 사항이 설명되었고 희소한 문법 형식이나 구성은 포함시키지 않았다. 필자는 문법 용어들을 적절히 이용하여 문법 규칙들을 가능한 한 정확히 수립하려고 노력하였다. 동시에 중요한 사항들은 모두 제시한 여러 예들에서 확인할 수 있도록 기술하였다.

이 책은 현대언어학으로 수립된 일부 기본 이론들에 의거하여 집필하였기 때문에 언어학 전공자들이 핀란드어의 구조를 이해하는데 이용할 수 있는 입문서로도 사용할 수 있을 것이다. 제3장에는 단어, 제7장에는 절(節)에 대한 개관이 수록되어 있다. 핀란드어에 대한 기본 지식이 없는 사람은 이 장들을 먼저 읽기를 권한다.

지난 판과 비교해 볼 때, 이 판에서 문법 규칙들을 제시하는 조판 형태가 바뀌었고, 핀란드어의 발음에 대한 설명이 늘었으며, 다수 예들이 바뀌었다.

본서의 번역을 완전하게 이루어 준 Andrew Chesterman 교수와 Routledge 출판사의 심사 과정에서 몇 가지 개선점을 지적해 준, 이름이 알려지지 않은, 심사자에게 심심한 감사를 드린다.

그리고 1982년에 출판된 원래 번역서를 지원해 준 핀란드 정부 문교부에 감사를 드린다. 끝으로 Sylvi, Max, Linn, Maj의 지속적인 도움에 고마움을 표한다.

프레드 까를쏜

1998년 11월 헬싱키

본 수정 제1판에서 약 25개의 수정과 정정이 이루어졌다. 주로 Hannele Branch (Scandinavica 39:1, 2000)과 John Dingley(Scandinavian-Canadian Studies에 출판 예정)의 서평에 의거한 것이다.

프레드 까를쏜

2000년 6월 헬싱키

목 차

약어(Abbreviations)

-V-	가장 가까이 선행하는 모음과 같은 모음
+	자음전환의 결과로 형성된 약전환 형식
=	단어의 내적 경계
~	음성의 교체
:	단일 단어의 상이한 어간 대비. 예. käsi '손' : käde/ssä '손(안)에'
/	어간과 어미의 경계. 예. käde/ssä/ni '내 손(안)에'
*	한국어 직역 비문(非文)

§	section	절
ablat.	ablative	탈격
adess.	adessive	재상격
allat.	allative	향격
cf.	compare	비교
cond.	conditional	조건서법
elat.	elative	향외격
emph.	emphatic	강조
ess.	essive	상황격
gen.	genitive	속격
illat.	illative	향내격
imp.	imperative	명령법
indic.	indicative	직설법
iness.	inessive	재내격
inf.	infinitive	부정사
intrans.	intransitive	자동
lit.	literally	직역, 축자적
masc.	masculine	남성
nom.	nominative	주격
p.	person	인칭
part.	partitive	비정격
pass.	passive	피동서법
pl.	plural	복수어미
pot.	potential	가능서법
pres.	present	현재시제
sing.	singular	단수
sth.	something	어떤 것
trans.	transitive	타동
transl.	translative	전환격

역주자 범례

1. 번역

1) 설명문은 일반 독자들이 이해하기 쉽도록 가급적 평이한 국어로 번역하였다.
2) 대화문(對話文) 예문은 반말체로 번역하였다. 꼭 필요하다고 느껴진 곳에서만 경어체를 썼다.
3) 예문은 독자가 국어와 비교하여 이해하기 용이하도록 가급적 직역하였다.
4) 핀란드어의 어순을 살려도 의미가 통하면 그 순서대로 직역하였다. 적절한 국어 표현은 괄호 안에 보였다.
5) 핀란드어에서도 국어와 같이 동사의 현재형이 '현재'와 '미래'를 둘 다 표현한다. 예를 들면, "나는 간다"는 현재 진행하는 동작을 나타낼 수도 있고 미래의 동작일 수도 있다. 원서에는 핀란드어의 현재시제 예문을 그 의미의 해석에 따라서 영어의 현재 혹은 미래 시제로 번역하였으나, 국어 번역에서는 모두 현재형 '-ㄴ다/-는다' 한 가지로 번역하였다.
6) 주격 조사로 '-이/가'와 '-은/는'을 혼용하였다.
7) 국어에서는 1인칭과 2인칭 단수 대명사의 주격 '내가'와 '네가'가 보통 생략되는데, 핀란드어에서는 1-2인칭 단수뿐만 아니라 복수도 흔히 생략된다. 그러나 동사에 첨가되는 인칭어미로 인칭이 분명하기 때문에, 원문에는 주어가 나타나지 않지만, 1-2인칭 복수의 주격을 '우리들'과 '너희들'로 밝혔다. 1-2인칭 단수 대명사는 핀란드어와 같이 생략하였으나 일부는 괄호 안에 써서 밝혔다.
8) 역시 국어와 마찬가지로 핀란드어에 남성·여성의 구분이 없고, 따라서 3인칭 단수 형식이 hän 하나이다. 원서에서는 영어 'he/she'로 번역하였으나, 국역에서는 '그' 하나로 대응시켰다.
9) 핀란드어 동사의 사전 표제어는 대개 제1부정사(不定詞 first infinitives) 형으로 국어에서 동사의 '-기' 굴절형(예. '가기', '먹기')과 대응하는 '동사의 명사성 형식' 즉 '동명사형'이다. 그와 같은 동명사적 의미의 표현이 필요할 경우는 '-

기'로 번역하였으나, 동사의 기본형임을 표시하는 예들에서는 '-다'형으로 번역하였다. 예. '가다', '먹다'. 원서의 영역(英譯)에서는 'to'를 붙이지 않은 동사의 어간만으로 대응시켰다. 예. 'go', 'come'.

10) 국어에는 존재하지 않는 인칭어미와 소유접미사는 모두 선행하는 대명사의 주격과 속격으로 번역하였다. 예. **Puhu-n**. (구성) 말한다-내가. (번역) 내가 말한다; **äiti-ni** (구성) 어머니-나의, (번역) 나의 어머니.

11) 독자의 이해를 돕기 위하여 국어 문법과 비교되는 내용을 각주에 '역자주'로 붙였다.

2. 문법용어

1) 문법용어의 국어 번역은 가급적 일반적으로 통용되어 온 용어를 사용하였고, 해당하는 용어가 없을 경우 새로 만들었다. 본서에 등장하는 문법 용어들의 목록을 "부록4"로 붙였다.

2) 본서에 등장하는 특이한 용어, 국어문법이나 국어학 논저에서 자주 사용되지 않는 용어, 일반적으로 알려져 있지만 개념이 다른 용어들을 간략한 설명과 함께 아래 보인다. 자세한 설명은 본문을 참고하라.

- **että 절(節)** että clause. että(지시대명사 '그것' that)로 시작되는 절(節)로 대개 선행 동사의 목적어로 기능한다. 국어 번역으로 "(누구)가 …한 것을 …다."
- **가분명사(可分名詞)** divisible noun. 어떤 명사가 구상물의 집합체거나 혹은 추상적인 실체로서 전체의 성격을 공유하는 부분으로 나눌 수 있으면, 그 명사는 가분(可分) 혹은 '셀 수 없는'(non-countable)명사이다. 예를 들면. '커피', '우유', '금', '물' 등.
- **가산형식(可算形式)** count forms. 셀 수 있는 형식
- **강전환형식(强轉換形式)** strong grade. 자음전환의 규칙이 적용되는 형식. 아래 '자음전환' 참고.
- **내부적 장소격(內部的 場所格)** internal local cases. 장소격에 6종이 있는데 내부적 장소격(재내격, 향외격, 향내격)과 외부적 장소격(재상격, 탈격, 향격)으로 분류한다.

· **동작주구문(動作主構文)** agent construction. 관계대명사(영어의 that, which)가 이끄는 절을 '주어 / 속격어미+동사의 관형형+명사'의 형식으로 바꾸어 표현하는 구조. 국어로 직역하면 "(누구)의 …한 (무엇)이다", 예를 들면, "이것은 그의 산 책이다". 참고: "나의 살던 고향": "내가 살던 고향".
· **명사성어(名詞性語)** nominal. 명사 · 대명사 · 수사 · 형용사 등을 포괄하는 개념이다. 체언(體言)으로도 부를 수 있다.
· **명사어미(名詞語尾)** nominal ending. 명사성어에 첨가되는 어미
· **부정사(不定詞)** infinitive. 이 용어로 지칭하는 형식은 언어마다 상당히 다르다. 핀란드어 문법에서 전통적으로 'infinitive'로 불러 온 언어 단위들은 동사 어간에 일정한 어미가 첨가되어 형성된 명사성 형식들이다. 이 단위들은 인칭에 따라서 굴절하지 않기 때문에 '부정사'라고 부른 듯하다.
· **분사구문(分詞構文)** participial construction. 동사의 분사형 속격으로 että 절을 구(句)로 바꾸는 문장 형식이다. 국어로 직역하면 "(누구)의 …함을 …다"의 의미이다.
· **불가분명사(不可分名詞)** non-divisible noun. 어떤 명사가 구체적인 실체를 지칭하는 말이고, 그 실체는 전체의 성격을 공유하는 작은 부분으로 나눌 수 없으면, 그 명사는 불가분(不可分) 혹은 '셀 수 있는'(countable) 명사이다. 불가분명사들은 '한 개, 두 개'와 같이 셀 수 있다. 예. '자동차', '집', '여자', '손' 등. 위 '가분명사' 참고.
· **불변사(不變詞) / 첨사(添辭)** particle. 서양 문법에서 'particle'은 전통적으로 "변하지 않는 언어 단위", 즉 "곡용이나 활용하지 않는 언어 단위"라는 개념으로 사용되어 왔다. 그러나 이 용어로 호칭되는 형식들은 학자와 언어에 따라 다르다. 국어 학자들 중에는 구어체(口語體) "나 시험 그저 그렇게 봤지, 뭐."에서 문장 끝에 첨가된 '뭐'와 같이 어떤 의미를 추가하는 기능을 담당하는 단위들만 이 범주로 분류하는 사람들이 있다. 그러나 외국 학자들 중에는 국어의 '-이/가' · '-의' 등 모든 격조사들을 particle로 취급하는 사람들이 있고, 영어의 전치사와 부사 및 접속사까지 particle로 인정하기도 하고, 'Hello', Good-bye' 등 문장으로 인정하는 단일어(單一語)들도 이 범주로 분류하기도 한다.

본서에서는 핀란드어 단어 구성에서, 어형이 인칭 · 시제 등에 따라 변화하

지 않으면서, 선행하는 단위에 첨가되어 어떤 의미를 추가해 주는 기능을 가진 접미사를 enclitic particle(전접첨사 前接添辭)로 불렀다. '전접첨사'항 참고.

- **비정격(非定格)** partitive. 격(格)의 1종으로 주격과 같은 기능을 하지만, 주격이 구체적 혹은 추상적 전체 혹은 한정된 수량을 표현하는 데 비하여 비정격은 흔히 어떤 물건의 비한정적(非限定的) 혹은 제한되지 않은 수량을 나타낸다.
- **비종결형식(非終結形式)** non-finite form. 정동사(定動詞)가 아닌 동사 형식으로 부정사(不定詞 infinitives)와 분사(分詞 participles)가 있다.
- **소유접미사(所有接尾辭)** possessive suffixes. 명사에 첨가되는 인칭접미사. 인칭대명사의 속격('나의', '너의' 등)과 같은 의미를 시현한다.
- **시표구문(時表構文)** temporal construction. '시(時)/때'를 의미하는 관계부사(영어의 when… '…한/하는/할 때') kun이 이끄는 절을 '동사의 명사형+재내격조사'의 구성으로 바꾸어 표현하는 구조. 국어로 직역하면 '(누구)의 …함에…'이다.
- **약전환형식(弱轉換形式)** weak grade. 자음전환의 결과로 형성된 형식.
- **인칭어미(人稱語尾)** personal endings. 동사에 첨가되어 행위의 주체를 나타내는 어미. 주격 대명사('내가', '네가' 등)와 같은 의미를 시현한다.
- **자음의 전환(子音의 轉換)** consonant gradation. 어간말의 장자음(長子音) kk tt pp와 단자음(短子音) k t p가 어떤 음운 환경에서와 상호 교체하는 현상.
- **질적자음전환(質的子音轉換)** qualitative consonant gradation. 자음전환의 결과가 다른 성격의 자음일 경우.
- **양적자음전환(量的子音轉換)** quantitative consonant gradation. 장음(長音)과 단음(短音) 간의 전환.
- **전접불변사(前接不變辭), 전접첨사(前接添辭)** enclitic particle. 'enclitic'은 '앞에 붙는다'는 의미(전접 前接)이고 'particle'은 '변화하지 않는 접사'라는 의미(불변사 不變辭)이다. 그러나 우리나라 학자들이 전통적으로 'particle'을 '첨사'(添辭)로 호칭하여 왔기 때문에, 여기서도 전통 용어를 따른다. '불변사'항 참고.
- **탈동사접미사(脫動詞接尾辭)** deverbal suffix. 동사의 어간에 붙어 파생어를 형성하는 어미.

· 탈명사접미사(脫名詞接尾辭) denominal suffix. 명사의 어간에 붙어 파생어를 형성하는 어미.

3. 국어문법과 핀란드어문법의 주요 공통점과 차이점

핀란드어 문법에는 국어와 유사한 사항이 있고, 국어와는 다르고 영어와 유사한 사항이 있다. 초보자를 위하여 가장 두드러지는 공통점과 차이점 몇 가지를 설명한다. 자세한 내용은 본문의 해당 절(節)을 참고하라.

1) 핀란드어의 기본 어순은 국어와는 다르고 영어와 같이 주어+동사+목적어/보어의 순서이다.

예. 핀란드어	Pekka	on	mies.	Mies	osti	kirjan.
단어의미	뻬까	이다	남자	남자	샀다	책을
국어번역	뻬까는 남자이다.			(그/한) 남자가 책을 샀다.		

2) 그러나 어근 혹은 어간에 어미를 첨가하여 단어를 형성하는 방법은 국어와 같다.

예. 단어	pulloissannekin		너희들의 병(甁)들(안)에도		
구성	pullo	-i	-ssa	-nne	-kin
기능	어간	복수어미	재내격어미	소유접미사	전접첨사
의미	병(甁)	—들	—(안)에	—너희들의	—도

단어	sanoisimmeko?		우리들이 말해야했습니까?	
구성	sano	-isi	-mme	-ko?
기능	어간	시제어미	인칭어미	의문전접첨사
의미	말해(야)	—(과거)	—우리가	—까?

3) 핀란드어에는 인칭어미와 소유접미사가 있는 것이 국어와 다르다.

예.	단어	(minä)	puhu-n	(sinä)	puhu-t
	기능	(대명사)	동사어간-인칭어미	(대명사)	동사어간-인칭어미
	의미	(내가)	말한다-내가	(네가)	말한다-네가

4) 국어에서 1인칭 단수 주격('내가')과 2인칭 단수 주격('네가')이 일반적으로 사용되지 않는데, 핀란드어에서는 1-2인칭 단수 및 복수 대명사들이 흔히 생략된다. 위 3)의 예에서 minä(내가)와 sinä(네가)가 생략될 수 있다.

5) 핀란드어에도 국어와 마찬가지로 격어미(격조사)가 영어의 전치사 역할을 담당한다. (핀란드어에는 전치사도 존재한다.)

예.	auto	auto-ssa	auto-sta
	자동차	자동차-에	자동차-에서

6) 핀란드어에는 관계대명사(영어의 who, which 등)가 있다.

예.	Hän on mies, joka ei pelkää.
영어대응	He is man, who not fear. (He is a man who does not fear.)
국어역	그(는) 이다 남자, (관계대명사) 안 무서워한다. (그는 무서워하지 않는 남자이다.)

7) 핀란드어 동사도 국어와 같이 종결형식(=정동사형식)과 비종결형식으로 구분되는데, 비종결형식에는 부정사(不定詞 infinitives)와 분사(分詞 participles)가 있다. 부정사에는 3종이 있는데 기본적으로 명사성(名詞性)으로, 각각 특정한 격조사가 첨가되어 상이한 문법적 기능을 발휘한다. 제1부정사에는 주격과 전환격 어미만 첨가될 수 있고, 제2부정사에는 재내격과 시사격, 제3부정사에는 여러가지 장소격 어미들이 첨가된다. 따라서, 제2 및 제3 부정사가 국어의 연결형(부동사형)과 비교될 수 있다. 분사는 국어에서 관형형과 형용사에 대응한다.

8) 핀란드어의 동사 어간도 국어와 같이 의존형식(依存形式)이다. 사전에 수록된 동사의 표제어는 제1부정사형으로 4가지 종류의 어미로 나타난다. 현대 국어 사전에 동사와 형용사의 표제어가 '—다'형으로 통일되어 있는 것과 다르다.

사전 수록 동사 표제어의 예.	sano-a	saa-da	juos-ta	pur-ra
	말하-기	얻-기	뛰-기	물-기

9) 핀란드어에서는 국어의 '이다'와 '있다'가 단일 동사 'olla'로 대응되어 영어의 'be-동사'와 유사하다. 그러나 '소유'의 표현을 영어에서는 'have' 동사로 표현하는데, 핀란드어에서는 국어식 표현 '…에게 …이 있다(olla 동사)'와 유사한 구조로 표현한다.

예.	Isä-llä	on	kaksi	autoa.	Äidi-llä	on	simälasit.
	아버지-에게	있다	두	자동차	어머니-에게	있다	안경
	(아버지께 두 자동차가 있다.)				(어머니께 안경이 있다.)		

1 서론

- 핀란드어와 다른 언어들의 관계
- 핀란드어의 과거와 현재
- 핀란드어의 기본적인 특징
- 핀란드어에서 특별히 어려운 점은?

§1 핀란드어와 다른 언어들의 관계

핀란드어는 핀노-우그르 어족(The Finno-Ugric language family)에 속하는 언어이다. 핀노-우그르 어족은, 스웨덴어, 영어, 프랑스어, 독일어, 러시아어, 페르시아어, 힌두어 등이 속하는 인도-유럽 어족과는 상당히 다른 성격의 어족이다. 핀노-우그르 어족의 주요 언어들 중에서 러시아 밖의 지역에서 사용되는 주요 언어는 핀란드어, 에스또니아어(Estonian), 홍가리어, 사미어(Sámi/Lappish) 등 4종에 불과하다. 사미어는 핀란드, 노르웨이, 스웨덴의 북부 지방과 러시아의 북서부 지방 거주인의 언어이다. 이 언어의 다른 명칭인 'Lapp'에는 경멸하는 의미가 포함되어 있다.

핀란드어와 가장 가까운 친연관계(親緣關係)를 가진 언어는 에스또니아어(Estonian), 까렐리아어(Karelian), 베쁘시아어(Vepsian), 루디아어(Ludian), 보띠아어(Votian), 리보니아어(Livonian) 등으로 모두가 핀란드만의 남쪽과 동쪽 지역에서 사용되는 언어들이다. 이들 핀계(Finnic) 언어들 중에서 핀란드어와 에스또니아어가 가장 많은 사람들이 사용하는 언어이다. 이 두 언어는 문법과 어휘에 공통점이 많고 아주 가까운 관계이라, 핀란드 사람이나 에스또니아 사람이 상대방의 언어를 조금만 연습하면 상당한 정도로 의사소통이 가능하다. 핀노-우그르 어족의 언어들을, 전통적으로 인정되어 온, 상호간의 멀고 가까운 관계에 따라서 순서대로 늘어놓으면 아래와 같다.

핀노-우그르 제어(The Finno-Ugric languages)

Finnish	Estonian	Sámi (Lapp)	Mordvin	Komi (Zyryan)	Hanti (Ostyak)
	Karelian		Mari (Cheremis)	Udmurt (Votyak)	Mansi (Vogul)
	Vepsian				Hungarian
	Ludian				
	Votian				
	Livonian				

→ → → 화살표 방향으로 갈수록 핀란드어와 관계가 멀다 → → →

위 표에서 보는 것과 같이 핀란드어와 홍가리어(Hungarian)는 아주 멀리 떨어진 언어로, 두 언어의 관계는 오직 역사언어학적 연구에 의해서만 수립될 수 있다. 핀란드어와 홍가리어의 관계를 인도-유럽 어족의 언어에서 비유해서 말한다면, 대략 영어 혹은 독일어와 페르시아어의 관계와 같이 아주 멀다고 할 수 있다.

사모예드(Samoyed) 제어(諸語)는 러시아 북방, 특히 서부 시베리아 북쪽 지방에 거주하는 소수의 소집단 원주민들의 언어들이다. 우랄어족(The Uralic language family)은 핀노-우그르 제어와 사모예드 제어를 포괄하는 용어이다. 우랄 제어의 사용자 수는 언어에 따라 상당히 다르다. 50만 이상이 사용하는 언어는 6종으로 홍가리어(1400만), 핀란드어(500만), 에스또니아어(100만), 모르디비어(Mordivin: Erzya, Moksha 75만), 마리어(Mari 55만), 우드무르뜨어(Udmurt 50만) 등이다. 우랄 어족으로 분류하는 언어들 중에는 사용자 수가 극히 적어서 소멸 위기에 처한 언어들이 여럿 있다. 사모예드계의 4개 언어가 모두 그렇고, 핀노-우그르계의 한띠어(Hanti 13000명), 만시어(Mansi 3000명), 리보니아어(Livonian 30명), 보띠아어(Votian 50명), 루디아어(Ludian 5000명), 벱시아어(Vepsian 6000) 등도 비슷한 형편이다.[1)]

§2 핀란드어의 과거와 현재

1997년 12월 31일 현재 핀란드의 인구는 5,147,349인이다. 핀란드인들이 출생하면서 습득하는 1차 언어(모어 母語)는 몇 가지이다. 20세기 1백년 간의 몇 시점에서 핀

1) 원저자주. 우랄어족에 대한 최근의 정보는 아래 인터넷 주소에서 볼 수 있다.
http://www.helsinki.fi/hum/sugl/fgrlang.html, http://www.helsinki.fi/~taslmin/fu.html.

란드 총인구에서 각 1차 언어 집단의 분포 비율을 아래 표에 보였다(출전: Statistics Finland, 인터넷 주소 http://www.stat.fi/tk/tilsivu.html).

핀란드의 1차 언어별 인구

	1900	1950	1980	1995	1996	1997	1997
언 어	%	%	%	%	%	%	인구수
핀란드어	86.75	91.10	93.50	92.92	92.86	92.74	4,773,576
스웨덴어	12.89	8.64	6.28	5.76	5.73	5.71	293,691
사미어	0.06	0.06	0.03	0.03	0.03	0.03	1,716
러시아어	0.29	0.12	0.03	0.31	0.35	0.40	20,398
기타 언어	0.01	0.08	0.16	0.98	1.03	1.13	57,968
계							5,147,349

위 표에서 보는 바와 같이, 핀란드어는 핀란드 총인구 515만인의 92.7퍼센트의 모어(母語)이다. 핀란드인 중에는 스웨덴어 모어 인구 약 29만 4천인이 포함되어 있다. 그들은 핀란드 헌법에 의하여 핀란드어를 모어로 사용하는 다수 집단과 동일한 기본권을 보장 받는다.[2)] 그 밖에도 핀란드의 토착 인구 중에는 약 2천 명의 사미(Sami)어 모어 인구, 집시족 — 그 중 집시족의 언어인 로마니(Romany)어 모어 인구는 알려지지 않았다 — 약 6천, 핀란드어의 수화(手話)를 사용하는 농아(聾啞) 약 5천, 그리고 타타르(Tatar)족 약 1천 명이 포함되어 있다. 소비에트연방이 붕괴된 후, 주로 러시아의 서부에 거주하던 핀노-우구르 계의 소수민족(특히 잉그리인 Ingrians) 1만 명 이상이 핀란드로 이주하였다. 그러나 핀란드 인구에서 차지하는 외국 이민의 비율은 다른 유럽 제국에 비하여 훨씬 낮다.

핀란드에서 발굴된 고고학적 유물 중에서 가장 오랜 것은 기원전 7천 5백 년 경의 것이다. 그러나 핀란드 지역에 최초로 거주한 그들의 문화적 및 언어적 배경을 추정하기는 불가능하다. 기원전 4천 년경에 현재의 핀란드 지역에 핀노-우그르인들이 정착했다. 이들은 기원전 2천 년경에 발틱 문화, 그리고 기원전 1천 5백 년경에

2) 역자주. 핀란드에서는 모든 공공 문서와 노로표시판 등을 반드시 핀란드어와 스웨덴어 두 가지 언어로 쓴다.

는 게르만 문화의 요소들을 수용하였다. 그들은 지금으로부터 약 2천 년 전에 핀란드만을 건너 발틱 민족을 흡수하였다.

핀란드는 1809년까지 정치적으로 스웨덴의 일부였다. 1809년부터 1917년까지는 짜르 러시아(Tsarist Russia) 제국 내의 대공국(大公國 Grand Duchy)이였고, 1917년에 독립하여 공화국이 수립되었다.

핀란드가 스웨덴의 일부였던 시대에 핀란드어는 공공 목적으로는 기본 언어가 되지 못했고 대개 2차적인 보조 언어로 사용되었다. 핀란드어가 공공 목적으로 사용된 경우는 교회에서 예배할 때였으며, 법정(法廷)에서 어느 정도 이용되었다. 행정 언어와 지식인들의 언어는 스웨덴어였다. 1863년에 이르러서야 "나라 안에서 핀란드어를 사용하는 사람들과 직접 관계되는 모든 일에" 핀란드어가 스웨덴어와 동일한 지위를 갖도록 조치하되 이행 기간을 20년으로 하라는 왕명이 내려졌다.

핀란드어가 문자로 처음 기록된 때는 1540년대였다. 핀란드어 문어(文語)의 창시자는 뚜르꾸(Turku / 아보Åbo)의 주교 미까엘 아그리꼴라(Michael Agricola 1510?~1557)로 인정한다. 그는 종교개혁 기간 중에 성경의 일부를 핀란드어로 번역하였다. 아그리꼴라가 사용한 단어 중에서 5,350개 내외가 현대 핀란드어 문어에 그대로 사용되고 있다.

핀란드어는 특히 어휘 면에서 스웨덴어의 영향을 오랜 기간 동안 크게 받았다. 행정 통치자들이 대개 스웨덴어를 사용하였던 사실을 고려하면 당연한 현상이었다. 1827년까지 뚜르꾸(아보)가 수도였기 때문에, 핀란드어 표준어가 그 도시가 위치하는 서남부 지역의 방언을 기반으로 발달한 까닭을 이해할 수 있다. 19세기에 동부 방언의 영향이 점차로 증가하였는데, 주로 1835년에 초판이 출판된 민족 서사시 깔레발라(Kalevala) 때문이었다. 깔레발라는 동부 핀란드와 까렐리아(Karelia) 지방의 민속 시를 엘리아스 뢴느로뜨(Elias Lönnrot) 등이 수집 편찬한 것이다. 깔레발라는 19세기에 요한 빌헬름 스넬만(Johan Vilhelm Snellman)을 중심으로 전개되었던 민족주의 운동의 중요한 정신적 근거가 되었었다.

민족주의 운동은 핀란드어와 다양하게 관련되었다. 다수 언어학자들은 핀란드어에 차용된 수많은 스웨덴어 단어와 문법 구조를 제거함으로써 '핀란드화'하기를 희망하였다.

어느 언어든 단일한 체계가 아니다. 언어는 여러 가지 내용에서 상이한 체계를 포함하고 있다. 예를 들면 어느 언어에나 상호간에 현격히 다른 지역적 방언들이 존재한다.

핀란드의 방언 지역

지역 방언

1. 서남 방언군
2. 서남 중도(transition) 방언군
3. 해메(Häme) 방언군
4. 남부 오스뜨로보트니아 (Ostrobothnian) 방언군
5. 중부 및 북부 오스뜨로보트니아 방언군
6. 북부 방언군
7. 사보(Savo) 방언군
8. 동남 방언군
9. 스웨덴어 지역

20세기 후반에 위에 보인 전통적인 방언 구획은 크게 이완되었다. 인구의 도시 집중, 교육의 대중화, 교통 통신 수단의 발달 및 기타 사회적인 변화에 기인하는 현상이었다. 이 책에서는 지역적인 방언과 방언적 차이에 대한 사항들은 취급하지 않는다. 본서에서는 핀란드어의 공용 규범어인 '표준 핀란드어'에 대하여 기술하였다. 표준 핀란드어의 중요한 형태의 하나가 규범적인 산문(散文 prose)이다. 그러나 '표준어'도 완전히 단일 형식으로만 구성된 것은 아니다. 표준어의 문법 구조와 구어(口語)의 발음은 상황과 기타 여러 가지 요인에 따라 약간씩 달라진다. 공식 혹은 의식(儀式) 석상에서 사용되는 표준어의 문법은 규범 문어의 문법에 가깝다. 그러나 구어체 구어는 발음과 문법에서 규범적인 용법과 다르다. 일상 사용하는 핀란드어와 보다 규범적인 핀란드어의 차이에 대하여 본서 제22장에 기술하였다.

§3 핀란드어의 기본적인 특징

핀란드어에서 단어 형성의 원리는 어간에 어미(의존 형태소, 접미사)를 첨가하는 것이다. 예를 들면, 어간 **auto** '자동차'에 어미 **-i** '-들'(복수 표시), **-ssa** '-(안)에', **-si** '너의', **kin** '-도'를 여러 가지 방식으로 첨가함으로써 다음과 같은 다양한 단어들을

만들 수 있다.[3)]

표기	번역	구성
auto/ssa	자동차(안)에	자동차/(안)에
auto/i/ssa	자동차들(안)에	자동차/들(복수)/(안)에
auto/ssa/si	너의 자동차(안)에	자동차/(안)에/너의
auto/si	너의 자동차	자동차/너의
auto/kin	자동차도	자동차/도
auto/si/kin	너의 자동차도	자동차/너의/도
auto/ssa/kin	자동차(안)에도	자동차/(안)에/도
auto/i/ssa/kin	자동차들(안)에도	자동차/들/(안)에/도
auto/i/ssa/si/kin	너의 자동차들(안)에도	자동차/들/너의/도

핀란드어 동사들도 같은 방법으로 구성된다. 동사 어간 **sano-** '말하-'에 인칭어미 **-n** '나', 과거시제어미 **-i**, 강조어미 **-han**을 첨가하여 아래와 같은 동사들을 구성할 수 있다.

표기	번역	구성
sano/n	내가 말한다	말하-/내가
sano/n/han	내가 말한다(강조)	말하-/내가/강조어미
sano/i/n	내가 말했다	말하-/ㅆ(과거어미)/내가
sano/i/n/han	내가 말했다(강조)	말하-/ㅆ(과거어미)/내가/강조

어간에 어미를 첨가하여 단어를 구성하는 것은 다수의 유럽 언어들에도 보편적으로 존재하는 형태론적 특징이지만, 핀란드어는 아래 두 가지 면에서 대다수 유럽어들과 다르다.

첫째로, 핀란드어에는 다른 유럽 제국의 언어들보다 격어미의 수효가 많다. 핀란드어의 격어미들은 다른 언어들의 전치사 혹은 후치사와 대개 일치한다. 핀란드어와 영어의 표현을 비교해 보아라. 핀란드어 **auto/ssa, auto/sta, auto/on, auto/lla:** 영어 in the car, out of the car, into the car, by car. 핀란드어에는 약 15종의 격어미가

---

3) 역자주. 국어에도 똑 같이 존재하는 특징들이다. 핀란드어에는 인칭어미가 있는 점이 국어와 다르다.

있는데, 영어 명사에 '형태론적으로 표시되는' 격어미는 오직 하나밖에 없다.[4)]

둘째로, 인도-유럽 제어에서 일반적으로 독립 단어로 표현하는 의미를 핀란드어에서는 어미를 사용하는 예들이 있다. 핀란드어 인칭 소유접미사(possessive suffix)도 이 경우에 해당하여, 유럽 제어의 인칭대명사의 소유격 형식들과 대응한다. 예: **-ni** 'my' (나의), **-si** 'your' (너의), **-mme** 'our' (우리의). 다음 예들을 비교하여 보아라. **kirja/ni** 'my book' (나의 책), **kirja/mme** 'our book' (우리의 책).[5)]

핀란드어에 존재하는 또 다른 특징은 일련의 전접첨사(前接添辭 enclitic particle) 어미들이다.[6)] 첨사는 항상 단어의 맨 끝, 모든 어미의 뒤에 붙는다. 이 첨사들의 의미를 정확히 설명하기는 쉽지 않다. 첨사는 흔히 어떤 종류의 강조, 다른 언어에서는 보통 억양으로 표현하는 것과 유사한 효과를 낸다. 첨사에는 **-kin** '-도', **-han** (강조) (구어체 영어에서 문장의 끝에 흔히 붙이는 'you know, don't you?'와 유사한 의미), **-ko** (의문) 등이 있다. 참고. **kirja/ssa/kin** '책에도', On/ko tuo kirja? '그것도 책이냐?

핀란드어의 또 다른 특징 하나는 신조어(新造語)의 형성에 접미사가 광범하게 사용되는 점이다. 기본 단어 **kirja** '책'에 어미를 붙여 만든 파생어 몇 가지를 예로 들어 보면, **kirj/e** '편지', **kirja/sto** '도서관', **kirja/llinen** '문(文)의, 문학의', **kirja/llis/uus** '문학', **kirjo/itta(a)** '글쓰다', **kirjo/itta/ja** '문필가' 등이다. 접미사의 첨가로 형성된 단어에도 물론 다른 어미들이 첨가될 수 있다. 명사의 경우 격어미, 인칭어미, 첨사 등이 아래 예들에서 볼 수 있는 것과 같이 첨가되어 단어를 형성한다.

kirja/sto/ssa 도서관(안)에

---

4) 역자주. 여기서 저자가 영어에 하나 밖에 없다는 격 표시는 소유격(속격)을 표시하는 '-s'이다. 국어는 원칙적으로 핀란드어와 같으나, 핀란드어의 일부 격어미와 대응되는 어미가 없어서 '명사+격어미' 혹은 '후치사'로 이해해야 되는 예들이 많다. 위의 예들은 '자동차(안)에', '자동차(안)에서(밖으로)', '자동차(안으)로', '자동차(옆)에'로 이해할 수 있다.

5) 역자주. 이 예들에서 볼 수 있는 것과 같이, 국어에는 인칭어미가 존재하지 않기 때문에, 인칭대명사에 속격어미를 붙여 표현한다.

6) 역자주. 'enclitic particle'에서 'enclitic'은 '앞에 붙는다'는 의미의 '전접(前接)'이고 'particle'은 '변화하지 않는 접사'라는 의미의 '불변사(不變辭)'이기 때문에, 이 용어는 '전접불변사'로 번역해야 옳다. 그러나 우리나라 학자들이 전통적으로 'particle'을 '첨사(添辭)'로 호칭하여 왔기 때문에, 여기서도 전통 용어를 따른다. '불변사 / 첨사'는 어형이 인칭·시제 등에 따라 변화하지 않으면서, 선행하는 언어 단위에 첨가되어 어떤 의미를 추가해 주는 기능을 가진 접미사이다. §91 참고.

kirjo/ita/n/ko	내가 글 쓸까?
kirjo/itta/ja/n/kin	그 작가도
kirja/sto/sta/mme	우리들의 도서관에서

흔히 생각하는 것처럼 핀란드어의 어미를 습득하는 일이 그렇게 어렵지는 않다. 일반적으로 어미들은 하나하나가 기계적으로 앞의 성분에 연결되기 때문에, 핀란드어 어미를 아는 사람은 대개 단어의 구성 성분을 쉽게 분석할 수 있다.

핀란드어 명사에는 문법적 성(性 gender)이 부재하는 것이 다수의 인도-유럽 언어들과 다르다. 독일어에는 '남성-여성-중성'의 형식이 다른 der-die-das, 프랑스어에는 '남성-여성'의 구분이 있는 le-la, 스웨덴어에 en-ett 등이 있는데 핀란드어에는 그와 같이 성에 따라 달라지는 단어가 없다.

핀란드어에는 영어의 a-the와 같은 관사도 없다. 다른 언어에서 관사가 시현하는 의미 기능을 핀란드어에서는 흔히 어순에 의하여 표현한다.

Kadulla on auto.	길에 있다 자동차가. ('길에 자동차 한 대가 있다'의 뜻)
Auto on kadulla.	자동차가 있다 길에. ('그 자동차가 길에 있다'의 뜻)

형용사는 수식하는 명사와 수(數)와 격(格)이 일치한다. 즉 형용사는 피수식 명사와 같은 범주의 어미를 취한다.

iso auto	큰 자동차
iso/ssa auto/ssa	큰 자동차(안)에
iso/n auto/n	큰 자동차의
iso/t auto/t	큰 자동차들
iso/i/ssa auto/i/ssa	큰 자동차들(안)에

핀란드어에는 21종의 음소(音素, 기본음)가 존재한다. 모음이 8종, 자음이 13종으로 대다수 유럽 언어들의 음소 수에 비하여 현격하게 적다. 주(主) 악센트는 항상 단어의 첫 음절에 둔다. 표기법은 상당히 규칙적으로, 한 음소는 항상 같은 글자로 표기된다. 역으로, 한 글자는 항상 같은 음소를 표기한다.

§4 핀란드어에서 특별히 어려운 점은 무엇인가?

여기서 핀란드어 문법을 배우는데 특별히 어려운 점들을 언급하는 것이 좋을 듯하다. 핀란드어는 인도-유럽어족에 속하는 언어가 아니기 때문에, 기초 어휘들이 유럽의 제 언어들과 상당히 다르다. 핀란드어에서 출현빈도가 가장 높은 15개 단어는 아래와 같다.

1	**olla**	to be	(동사) 이다 / 있다
2	**ja**	and	(접속사) 그리고, -와 / 과, -고
3	**se**	it	(지시대명사) 그(-것)
4	**ei**	no	(부정어) 아니(오), -지 않다
5	**joka**	which	(의문대명사) 어느(-것)
6	**hän**	he, she	(3인칭대명사) 그(-이, -분, 사람)
7	**että**	that	(지시대명사) 그(-것) (관계대명사)
8	**tämä**	this	(지시대명사) 이(-것)
9	**mutta**	but	(접속사) 그러나
10	**saada**	(to) get	(동사) 갖다, 얻다
11	**kun**	when	(의문대명사) 언제
12	**niin**	so	(부사) 그렇게
13	**kuin**	than	(부사) -보다
14	**tulla**	(to) come	(동사) 오다
15	**minä**	I	(1인칭대명사) 나

위 목록을 보면 핀란드어 단어들을 습득하는데 상당한 노력이 필요하다는 것이 즉시 분명해 진다. 그러나 핀란드어에는 다른 언어, 대부분 스웨덴어에서 들어온 '직접차용어'와 '번역차용어'들이[7] 무수히 존재하기 때문에 단어 습득의 노력을 줄일 수

7) 역자주. '직접차용어(direct loan)'는 원어의 어형이 그대로 들어온 것으로 국어에서 '라디오(<영어 radio)', '컴퓨터(<영어 computer)' 등이 이에 속하고, '번역차용어(loan translation, calque)'는 원어의 의미를 번역한 것으로 '대화상자(<영어 dialog box)', '인공지능(<영어 artificial intelligence)', '(컴퓨터 화면의) 창(<영어 window)' 등이 이에 속한다. 국어에는 이밖에도 다른 종류의 차용어들이 다수 존재한다. 그 중 가장 다수를 점하는 것이 '한자차용어(漢字借用語)'로 한자로 표기된 일본어나 중국어 단어를 그 언어의 발음과 상관없이 한자 표기만을 차용하여 국어한자음으로 읽는 방식의 차용이다. 현대국어 한자어의 대다수가 이 범주에 속한다. '부모', '효도', '왕'과 같

있다.

스웨덴어의 직접 차용 예들을 아래 보인다.

핀란드어	스웨덴어	영어	국어
ankka	anka	duck	오리
kahvi	kaffe	coffee	커피
kakku	kaka	cake	케이크
kallo	skalle	skull	두개골
keppi	käpp	cane	지팡이
kirkko	kyrka	church	교회
kruunu	krona	crown	왕관
pankki	bank	bank	은행
penkki	bänk	bench	벤치
posti	post	mail	우편
sokki	chock	chock	초크
rokki	rock	rock and roll	록앤드롤
sohva	soffa	sofa	소파
tulli	tull	customs	관습
viini	vin	wine	포도주

번역 차용한 복합어의 예들은(이하 핀란드어 < 스웨덴어, 영어, '국어'의 순서이다) **kirja/kauppa** < bookhandel, bookshop '서점'; **dolut/pullo** < ölflaska, bottle of beer '맥주병'; **rauta/tie/asema** < järnvägsstation, railway station '기차역' 등이다.

위 §3에서 "어미는 대개 하나하나가 '기계적'으로 선행 어간에 첨가되기 때문에 분석하기가 쉽다"고 기술하였다. 그러나 모든 경우에 그런 것은 아니다. 어떤 단어들의 기본 어간(어근, 어휘형식)은[8] 어떤 어미가 첨가될 때 변화한다. 즉, 어간이 어

은 단어들은 고대에 중국에서 차용하였고, '민주주의', '경제', '정보화', '문법', '성경', '마가복음' 등은 19세기 말 이래 중국어 혹은 일본어에서 한자차용된 단어들이다.

8) 역자주. '어근(語根 root)'은 단어의 기본 성분이고, '어간(語幹)'은 어미가 첨가되는 형식이다. 어근과 어간이 동일한 단어가 있고, 어근에 어미가 첨가되어 어간을 형성하는 단어가 있다. 명사 '사랑'은 어근이며 동시에 '-이' · '-을' 등 격어미가 붙는 어간이고, 동사 '사랑하다'에서는 '사랑'은 어근이고, '사랑하-'는 '-고' · '-는' · '-지' 등과 같은 어미가 첨가되는 어간이다. '어휘형

미의 종류에 따라 다르게 나타난다. 아래 **käsi** '손'이라는 단어의 곡용형들에서 변화하는 어간을 비교하여 보라.

käsi	손
käde/ssä	손에
käte/en	손(안)으로
kät/tä	손(비정격)
käs/i/ssä	손들에
käsi/kin	손도
käte/ni	내 손

기본형 **käsi**는 후행하는 어미에 따라서 음운구조가 바뀐다. 이러한 음운 교체는 '규칙(rule)'의 지배를 받는데, 어떤 단어들의 음운교체 규칙은 지극히 복잡하다. 아래 몇 가지 예를 추가한다.[9)]

tunte/a	알다	**tunne/n**	내가 안다
hypä/tä	점프하다	**hyppää/n**	내가 점프한다
matto	매트	**mato/lla**	매트에
maa	나라	**ma/i/ssa**	나라들에
tie	길	**te/i/llä**	길들(위)에
tietä/ä	알다	**ties/i**	그는 알았다

격어미는 일반적으로 명사와 형용사 및 기타 명사성어들에 붙는데, 동사에 붙는 경우도 있다.

식(lexical form)'은 단어와 접사를 포괄하는 개념의 구조주의 언어학 용어이다.

9) 역자주. 국어에도 이와 같이 첨가되는 형식에 따라 어간이 변화하는 단어들이 다수 존재하는데, 국어 맞춤법의 기본 원리는 단어 혹은 접사의 형식을 고정해서 표기하고 어음의 변화를 반영하지 않는 것이다. 예를 들면, 국어 단어 '옷'에 어떤 형식이 첨가되든 '옷'으로 고정하여 표기하는데, 실제 발음은 다르다. 변화음을 로마자로 표기해 보면, 옷[ot], 옷이[osi], 옷과[otkkwa], 옷안[odan] 등. 국어 맞춤법과 달리 핀란드어의 표기법의 원리는 실제 발음을 반영하는 것이다. 국어에서도 '아름답다-아름다워', '걷다-걸으니'와 같이 실제음을 반영하여 어간을 변화시키는 고유어 단어들이 소수 있다. 한자어는 개별 한자의 자음을 고정하여 표기한다. 예. 국가[국까~구까], 국어[구거], 국민[궁민], 국회[구쾨], 적국[적꾹~저꾹] 등.

Minä lähden Jyväskylä/än. 나는 간다 위배스퀼래/로. (나는 위배스퀼래로 간다.)

Minä lähden kävele/mä/än. 나는 간다 걸음/으로. (나는 걷기/산보하러 간다.)

kävelemään은 동사에 어미가 붙은 형식인데 끝에 붙은 **-än**은 **Jyväskylään**(명사, 도시 이름)의 끝에 붙은 어미와 같은 '-(안)으로'의 의미를 나타내는 격어미이다.

핀란드어에서 목적어는 격어미로 표시된다. 아래 두 예문에서 어미 -n이 '이 어미가 붙은 단어가 문장의 목적어'임을 나타낸다. 이 목적격어미의 사용 규칙과 다른 어미를 목적격어미로 사용하는 규칙은 다소 복잡하다.

Minäostan kirja/n. 나는 산다 책을. (나는 그 책을 산다.)

Kalle näki auto/n. 깔레가 보았다 자동차를. (깔레가 그 자동차를 보았다.)

핀란드어에서 배우기 가장 어려운 발음은 장음(長音)이다. 음의 길이에 의하여 단어가 달라지는 예들을 자주 들을 수 있다. 아래, 짝을 지어 놓은 단어들을 비교하여 보아라.

kansa	민족	~	**kanssa**	함께
tuli	불	~	**tulli**	관습
muta	진흙	~	**mutta**	그러나
muta	진흙	~	**muuta**	다른
muta	진흙	~	**mutaa**	진흙(비정격)
tuulee	바람분다	~	**tuullee**	바람불 것이다

2 발음과 음성의 구조

- 표기문자와 음성
- 모음과 자음
- 단음(短音)과 장음(長音)
- 이중모음
- 음절
- 강세와 억양
- 모음조화

§5 표기문자와 음성

순수 핀란드어의 표기에는 모음 8자와 자음 13자가 사용된다. 모음은 **i e ä y ö u o a**이고 자음은 **p t k d g s h v j l r m n**이다. 드물게 예외가 있으나, 조심스럽게 발음한 표준핀란드어의 음소와 표기문자 간에는 아래와 같은 기본 대응 관계가 성립된다. ('음소'는 한 사람 혹은 여러 사람의 발화에 나타나는 일군의 음성들 사이의 미소한 차이는 무시되고 동일하게 이해되는 음성의 유형type이다.)

각 글자는 단일 음소와 대응하고, 각 음소는 단일 글자와 대응한다.

개별 음의 특징을 아래 설명한다.

- **ä** 자로 표기되는 모음은 전설-비원순-개(開)모음이다. 참고. 영국 영어로 **shall**(조동사) 혹은 **rat**('쥐')을 발음할 때의 단모음, 스웨덴어 단어 **bär**('딸기')의 장모음.[1)]

1) 역자주. 이 설명으로는 한국어의 [애]와 유사해야 하는데, 실제로 핀란드인의 발음은 우리가 들어서 [아]와 구별하기 힘들고, 어떤 단어에서는 [야]와 같이 들리기도 한다. 그러나 우리가 [애]

- **y** 자로 표기되는 모음은 전설-원순-폐모음이다. 참고. 독일어 **Führer**의 ü음.[2)]
- **ö** 자로 표기되는 모음은 전설-원순-반개(半開)모음이다. 참고. 독일어 **Göring**의 ö음.[3)]
- **ng** 2자 합성으로 표기되는 음은 장자음(長子音) [ŋŋ]로 발음된다. 예. **rengas** [reŋŋas] '초인종'.[4)]
- **k** 앞의 **n**은 상당히 긴 [ŋ]로 발음된다. **Helsinki** [helsiŋki]의 발음에서 관찰할 수 있다. 영어의 예는 drink.
- 음의 길이로 의미가 달라질 경우 단음은 한 글자로, 장음은 두 글자로 표기된다. 예. **tuli** '불', **tuuli** '바람', **tulli** '관습들'; **kansa** '사람들', **kanssa** '함께'; **muta** '진흙'(주격형), **mutaa** '진흙'(비정격형).
- 외국어에서 차용한 단어들의 표기에는 위에 열거한 로마자 외의 글자들인 **b c f w x z** 등도 사용한다. 스웨덴어에서 유래하는 고유명사에는 **å** (**Å**) 자도 사용할 수 있다. 예. **Åbo, Åke, Svartå.**
- 핀란드어 표기 문자의 자모 순서는 **a b c d e f g h i j k l m n o p q r s t u v w x y z å ä ö**이다.
- 일상생활의 구어 발음은 표준어 발음과 몇 가지 면에서 차이가 있다(본서 22장 참고). 일상어의 음소와 표기 문자는 1 대 1의 대응이 이루어지지 않는다.

를 발음하면 핀란드인은 [ä]로 이해한다. 전설-저모음의 후설화가 현대핀란드어의 특징 중의 하나라고도 설명한다. 본서에서 ä는 모두 'ㅐ'로 전사한다.

2) 역자주. [i/이]를 발음할 때 혀의 위치를 고정하고 입술을 동그랗게 만들며 약간 앞으로 내밀면서 내는 소리이다. 한국어에서 [ㅟ]가 핀란드어의 [y]와 같이 단모음(單母音)으로도 실현되지만, 보통은 이중모음 [uj] 혹은 [wi] 혹은 [ui]로 발음된다. 일반 한국인은 [y] ~ [uj] ~ [wi] ~ [ui]의 차이를 구별하지 못하기 때문에 단모음 [y]를 이중모음으로 발음하기 쉽다. '이중모음'이란 모음을 발음할 때 발음 기관의 어느 부분 모양이 한 번 바뀌는 모음이다.

3) 역자주. [e/에] 발음할 때 혀의 위치를 고정하고 입술만 동그랗게 만들어 앞으로 약간 뺀 상태에서 내는 소리이다. 현대국어 중부지방 방언 화자들 중에는 '죄(罪)'·'되(升)'와 같은 단어의 /ㅚ/를 단모음 [ø](=[ö])와 유사하게 이해하는 사람들이 있는데, 현대국어에서 /외/는 중부지방 연로층의 언어에서 간혹 단모음으로 실현될 뿐, 대개는 이중모음 [we]로 실현되어 /ㅞ/의 발음과 구별이 되지 않고, /ㅔ/와 /ㅐ/를 구별하지 못하는 남부방언 모어자들과 젊은 세대는 /ㅙ/[wæ]까지 동일하게 이해한다. [ö]는 한국인이 습득하기 어려운 발음이다.

4) 역자주. 일반 한국인은 자음의 장단을 구별하지 못한다. 한국어에서 '엉기다' '공구'와 같은 단어를 발음할 때 [-ㅇㄱ-]이 이 소리와 유사하다.

§6 모음과 자음

외국어 차용어를 제외한 순수 핀란드어에는 모음 음소 8개와 자음 음소 13개가 존재한다. 모음은 **i e ä y ö u o a**이고 자음은 **p t k d s h v j l r m n ŋ**이다. 모든 모음과 거의 모든 자음들이 장음과 단음 2가지로 실현될 수 있다. 핀란드어의 모음과 자음에 대한 음성학적 설명은 아래와 같다. 영국 영어의 발음으로 근접한 음이 포함된 단어의 예들을 제시한다.

음소	설 명	영어 예	한국어 대응음
i	전설 비원순 폐모음	sleep	ㅣ
e	전설 비원순 반폐모음	bed	ㅔ
ä	전설 비원순 개모음	bank	ㅐ (ㅏ, ㅑ)[5]
y	전설 원순 폐모음		(ㅟ)
ö	전설 원순 반폐모음		(ㅚ)
u	후설 원순 폐모음	book	ㅜ
o	후설 원순 반폐모음	dock	ㅗ
a	후설 비원순 개모음	but	ㅏ
p	무성 무기 양순 파열음	drop	ㅃ
t	무성 무기 치조 파열음	bit	ㄸ
k	무성 무기 연구개 파열음	rock	ㄲ
d	유성 이완 치조 파열음	down	ㄷ
s	무성 치조 마찰음	sound	ㅅ
h	후두 마찰음 혹은 활음(滑音)	honey	ㅎ
v	유성 순치 마찰음 혹은 활음	voice	(ㅂ)
j	유성 구개 활음	young	(ㅣ+)
l	유성 치조 설측음	London	ㄹ, -ㄹㄹ-
r	유성 치조 전동음(顫動音)	round	ㄹ
m	유성 양순 비강음	music	ㅁ
n	유성 치조 비강음	nasal	ㄴ

5) 역자주. 위 각주 1) 참고.

ŋ	유성 연구개 비강음	ring	-ㅇ

특별히 유의해야 할 세부 사항들은 다음과 같다.

- **ii-i, ee-e, ää-ä, yy-y, öö-ö, uu-u, oo-o, aa-a**로 구분 표기하는 장모음과 단모음들은 길이에 차이가 있을 뿐 음성 자질은 동일하다.
- 모든 장모음들은 단순한 장모음들이다. 이중모음 혹은 **-j**나 **-w**로 끝나는 모음이 아니다.[6)]
- 모음 **y** [y]는 입술을 상당한 정도로 동그랗게 오므려 낸다.[7)]
- 장모음 **öö**는 국제음성기호로 [øː]이고, 단모음 **ö**는 [ø]이다. 입술을 동그랗게 만들고 반쯤 닫고 내는 소리이다. 예. **sinäkö** '너야? 당신이야?', **pöllö** '올빼미', **mörkö** '마귀', **Närpiöön** '내르삐외-ㄴ에'.[8)]
- 모음 **ee**와 **e**, 그리고 **ää**와 **ä**는 단어 내의 모든 위치에서 구별된다. **r**에 선행할 때나 강세가 없는 음절에서도 이들 장모음과 단모음은 구별된다. 예. **te** '너, 당신', **tee** '차(茶)', **meille** '우리에게', **meillä** '우리(집)에', **teellä** '차(茶)와' – **täällä** '여기', **piste** '(뾰족한)끝' – **pistä** '찔러!', **veneen** '배의' – **nenään** '콧속으로', **lehti** '(나무)잎' – **lähti** '(그가)떠났다', **veri** '피(血)' – **väri** '색, 칼러', **perkele** '악마', **merkki** '표지, 마크', **Eero** (남성의 이름), **väärä** '잘못'.
- 자음 **p t k**는 기식(氣息)이 전혀 없이, 즉 [-h]음이 전혀 개재되지 않는 파열음들이다.[9)]

---

6) 역자주. 국어에서도 장모음과 단모음의 차이가 과거에는 분명했으나 점차 소멸되어서 현재는 발음에 특별히 예민한 사람이 아니라면 구분하지 못한다. 눈 : (雪) / 눈(眼), 밤 : (栗) / 밤(夜), 배 : (倍) / 배(船, 梨) 등 동음 단어 쌍들의 발음을 주의 깊게 관찰하면 장단의 차이를 감지할 수 있는 사람이 있을 것이다.

7) 역자주. 위 각주 2) 참고.

8) 역자주. 위 각주 3) 참고.

9) 역자주. 영어에서 p t k로 표기되는 음들은 대개 유기음(有氣音 aspiratied sounds)이다. (그러나 영어 모어자들은 유기성의 유무에 의하여 자음을 분별하지 못한다.) 같은 로마자로 표기되는 핀란드어 자음들은 무기음(unaspirated)이다. 그 때문에, 무기음(평음)과 유기음을 구별하는 한국어 모어자들에게 영어의 p t k는 [ㅍ ㅌ ㅋ]로 들리고, 핀란드어의 p t k는 [ㅃ ㄸ ㄲ]로 들린다. 실제로 핀란드어의 p t k를 한국어 모어자들이 [ㅃ ㄸ ㄲ]로 발음하는 편이 핀란드인들이 듣기에 원음에 가깝다고 한다.
한국어 모어자들은 [ㄱ ㄷ ㅂ]을 무기식음(평음), [ㅋ ㅌ ㅍ]을 유기식음으로 이해하는데, 핀란드 사람들이 한국 사람의 발음을 들으면 [ㄱ ㄷ ㅂ] 발음에도 약간의 기식성을 느낀다고 한다. 사실 기계에 의한 음성 실험에도 그와 같이 나타난다.

- 자음 **s**는 대개 다소 어둡고 두터운 음, **š**와 가까운 음으로 발음된다. 특히 u의 전후에서 그렇게 발음된다. 예. **pussi** '가방, 백', **luussa** '뼈(속)에', **sumu** '안개', **myö** '또한'.[10]
- 자음 **h**는 모음 사이에 올 수 있고, 그 경우 약하게 발음된다. **h**는 또한 다른 자음과 함께 나타나기도 하는데, 그때는 강하게 발음된다. 특히 후행하는 자음이 t나 k일 때 강하게 발음된다. 비교. **huono** '나쁜', **miehen** '남자의', **paha** '악, 나쁜', **ihminen** '사람', **varhain** '일찍', **vanha** '늙은', **vihko** '노트북', **vihta** '자작나무 가지 단', **sähkö** '전기', **tuhka** '재(회 灰)'.
- 자음 **l**은 모음 **u**와 **o** 사이에 올 때 다소 두텁게 발음된다. 예. **pullo** '병(病)', **hullu** '미친', **kulta** '금', **pala** '작은 조각', **villi** '야생의'.
- 자음 **r**은 항상 혀끝을 떨어내는 소리(전동음 顫動音 trill)로 발음된다.
예. **pyörä** '바퀴', **Pori** (지명), **Turku** (도시 이름), **virrassa** '개울에서', **kierrän** '내가 돈다'.
- 어떤 문법 형식에 첨가되는 단어나 첨사(particle)들의 어두 자음이 장음화된다. 이 범주에 속하는 주요 형식들은 **perhe**와 같이 **-e**로 끝나는 명사성어(§19 참고); 현재직설부정형, 예를 들어 **en tule** '나는 오지 않는다'(§29 참고); 2인칭단수 명령형, 예를 들면 **tule!** '와라!'(§66 참고); 그리고 제1부정사(不定詞 infinitive), 예를 들면, **tulla** '오다'(§74) 등이다. 예.

2인칭 단수 명령형

mene pois	[mene<u>pp</u>ois]	가 버려!

핀란드어 자음 체계에서 특이한 점은 유성-파열음이 d 밖에 없고, 국어의 'ㅉ'에 해당하는 파찰음이 없는 점이다. 물론 국어의 'ㅈ, ㅊ', 영어 등 언어의 [dz], [ch] 등과 대응하는 음도 없다.

10) 역자주. 핀란드어의 /s/는 영어의 /s/와 다르고 국어의 /ㅅ/과 유사하게 발음되는 경우가 많다. 위 설명에서 "다소 어둡고 두터운 음"이라는 표현은 구개음으로 시현되기 때문에 일어나는 느낌을 표현한 것이다. 영어의 /s/는 주로 혀끝(설첨 舌尖 tongue-tip)을 윗니 혹은 치조 가까이 올리고 기류를 세게 밀어내는 음이고, sh(š)는 혀끝의 바로 뒷부분인 설단(舌端 blade) 내지 전설부분을 구개에 근접시키고 기류를 밀어내는 소리로 영어 모어자들은 양자(兩者)를 분명히 구별한다. 그러나 국어와 핀란드어에서는 이 2가지 마찰음이 구별되지 않는다. 국어에서 [샤 셔 쇼 슈 시] 등의 첫 음이 전설-중설 부분을 구개에 근접시켜서 내는 [š]이고, [사 서 소 수] 등의 첫 소리도 영어의 [s]와 같이 혀끝을 치조에 가까이 올려서 내지 않고, 그보다 뒤인 설단-전실 부분을 지소-구개 경계 부분에 올려서 내는 소리이다. 핀란드어의 /s/는 국어의 /ㅅ/과 유사하다.

ole hiljaa **[olehhiljaa]** 조용히 있어!
tule tänne **[tulettänne]** 이리 와!

-e로 끝나는 주격

vene tuli **[venettuli]** 그 배가 왔다
venekin **[venekkin]** 그 배도
liikemies **[liikemmies]** 사업가

현재직설부정형

en tule Turkuun **[entuletturkuun]** 나는 뚜르꾸에 오지 않는다.
emme tulekaan **[emmetulekkaan]** 우리는 오지 않는다
en ole sairas **[enolessairas]** 나는 아프지 않다

제1부정사

haluan olla täällä **[haluanolaattäälä]** 나는 여기 있고 싶다
haluan lähteä pois **[haluanlähteäppois]** 나는 가 버리고 싶다.

§7 단음(短音)과 장음(長音)

핀란드어에는 어떤 한 가지 음의 장단(長短 : '길고 짧음')에 따라 단어가 달라지는 예들이 다수 존재한다. 장음은 단어 내의 거의 모든 위치에 나타날 수 있고, 장음과 단음의 결합에는 제한이 거의 없다. 아래 예문들에서 모음 혹은 자음의 장-단에 의하여 의미(단어)가 달라지는 것을 관찰할 수 있을 것이다.

Tule **tänne.** 이리 와라.
Ulkona ei ***tuule.*** 밖에 바람불지 않는다.
Ulkona ei ***tuulle.*** 밖에 바람불지 않을 것이다.
Ulkona ***tuulee.*** 밖에 바람분다.
Pekka ***tulee.*** 뻬까가 온다.
Pekka ***tullee.*** 뻬까가 올 것이다.
Ulkona ***tuullee.*** 밖에 바람불 것이다.

단음과 장음의 결합에는 거의 모든 가능성이 있을 수 있다. 단음+단음+단음, 단음+장음+단음, 장음+단음+장음, 장음+장음+단음, 단음+장음+장음, 장음+장음+장음 등등. 아래 2가지 사실에 특히 주목하여라.

단자음과 장자음 앞에서 단모음과 장모음의 차이가 있다.

예.

titi	계좌	–	**tiili**	벽돌	–	**tilli**	나도고수(향미료의 일종)
tuli	불	–	**tuuli**	바람	–	**tulli**	관습들
mutta	그러나	–	**muuttaa**	변화	–	**muuta**	다른(비정격)
muna	계란	–	**muuna**	다른(상황격)	–	**muunna**	변형해라!

아래 여섯 단어는 상호 다르게 발음되고 다른 의미를 시현한다.

takka	벽난로
taakka	짐
takkaa	벽난로 (비정격)
taakkaa	짐 (비정격)
taka	뒤
takaa	뒤에서

p t k 혹은 **s**가 **l r m n** 혹은 **ŋ** 뒤에 올 때, 장음과 단음의 구별이 있다. 단음 **p t k** 혹은 **s** 앞에서 **l r m n ŋ** 장음으로 발음된다.

예.

karta	피하라!	–	**kartta**	지도
korpi	야생	–	**korppi**	갈가마귀
arki	주중(週中)일	–	**arkki**	방주(方舟 ark)
kansa	민족	–	**kanssa**	…와 더불어
pelko	공포	–	**palkki**	들보
lampi	연못	–	**lamppu**	등, 램프

valta	세력	–	**valtt**	트럼프(카드)
sanka	안경테	–	**sankka**	밀집한

그리하여, 위의 비교 예에서 하나를 보면, **kanssa**의 발음은 [kans:a], **kansa**는 [kan:sa] 혹은 [kansa]이다.

핀란드어에서 주(主) 강세(액센트)는 항상 단어의 첫 음절에 있다(§10 참고). 비어두(非語頭) 음절의 장모음들은 주강세가 없이 발음된다. 참고. **táloon** '집(안)으로', **hýppään** '내가 뛴다', **káappiin** '장(欌) 안으로', **rávintolaan** '식당 안으로', **tálossaan** '그의 집 안에'.

§8 이중모음

이중모음(二重母音 diphthong)이란 2개 모음이 결합하여 1음절로 발음되는 것이다. 핀란드어에는 일반적인 이중모음이 16가지 있다. 이중모음은 말음(末音)에 따라 4종류로 분류할 수 있다.[11]

(1) -i

ei	**ei**	아니(부정어)	**leipä**	빵	**Veikko**	(남성의 이름)
äi	**äiti**	어머니	**päivä**	날(日)	**väittää**	주장하다
ui	**uin**	내가 수영한다	**puissa**	나무(안)에	**kuin**	…보다(than)
ai	**kaikki**	모두	**aika**	시간	**vaikka**	…지만(although)
oi	**poika**	소년	**voin**	나는 할 수 있다	**toinen**	다른(other)
öi	**söin**	나는 먹었다	**töissä**	일들에		
yi	**hyi**	윽! 악!	**lyijy**	선도하다		

(2) -u

au	**taulu**	그림	**kaula**	목	**sauna**	사우나

11) 역자주. 국어에서 [야 여 요 유 의 와 워 위 외] 등은 국어 모어자들의 입장에서는 이중모음이다. 그러나 핀란드어나 영어 모어자들의 입장에서는 이중모음이 아니라 '자음 [j] 혹은 [w]+모음'으로 구성된 음절이다. 국어 모어자들은 핀란드어의 이중모음들을 대부분 별개의 2개 모음, 즉 단음절이 아니라 2음절로 이해하여, 이중모음과 모음 연쇄를 구별하지 못한다. 예를 들면, 단음절 [ei]와 2음절 [eji]를 똑같이 2음절 [에이]로 이해한다.

ou	koulu	학교	oudan	내가 데려온다	krouvi	술집
eu	reuna	가장자리	Keuruu	(지명)	seutu	지역
iu	viulu	바이올린	kiusaan	내가 놀린다	hius	머리카락

(3) -y

äy	täynnä	가득	käyn	나는 간다	näytän	나는 보여준다
öy	löydän	빈곤한	löylö	나는 발견한다	löyly	수증기

(4) -e, -ö, -o

ie	tie	길	vien	나는 취(取)한다	mies	남자
yö	yö	밤	työ	일	syö	나는 먹는다
uo	tuo	그(것)	Puola	폴란드	juon	나는 마신다

이중모음에서 **ei-äi, öi-öy, äy-öy, ei-eu, äy-eu** 등 각 쌍 양자 간의 차이를 특히 주목할 필요가 있다. 그 밖에도 모음 2개 결합음이 여러 가지 존재하는데, 이중모음이 아닌 모음 연쇄에서는 선후음 간에 거의 예외 없이 음절 경계가 존재한다. 예.

sanoa	말한다	rupean	나는 시작한다
ainoa	오직	tapahtua	발생한다
vaikea	어려운	kireä	긴장
sallia	허용한다	etsiä	찾는다

§9 음절

핀란드어에서 음절(音節 Syllables) 구분은 대부분 아래 기본 규칙에 의하여 정해진다.

> 단일 자음과 모음이 연결된 단위 앞에는 음절 경계가 존재한다.

아래 예들에서 음절 경계를 짧은 선 '-'으로 표시하였다.

ka-la	물고기	jo-kai-nen	매(每), 하나하나
kui-ten-kin	그러나	sit-ten	그러면

päi-vä	날(日)	**al-kaa**	시작하다
pur-kis-sa	병(안)에	**purk-kiin**	병(속)으로
An-tin	안띠의	**An-til-le**	안띠에게
Hel-sin-kiin	헬싱키로	**Hel-sin-gis-sä-kin**	헬싱키(안)에도

음절 경계는 아래 예들에서 보는 것과 같이, 이중모음이 아닌 모음의 결합에도 존재한다(§8).

no-pe-a	빨리
ai-no-a	오직
hert-tu-an	공작(公爵)의
sal-li-a	허용한다

§10 강세와 억양

핀란드어 단어에서 강세(强勢 stress)는 아래 기본 규칙을 따른다.

> 주(主) 강세는 항상 단어의 제1음절에 있다.

비어두(非語頭) 위치에 있는 모음들은 주 강세를 받지 않는다. 외국어 차용어에서도, 본래 언어의 강세 위치와 상관없이, 첫째 음절에 주 강세가 놓인다.

Hélsinkiin	헬싱키로	**vápaa**	자유로운
vóida	할 수 있다	**jókainen**	매(每)
máalaan	나는 그림 그린다	**áatteellisuus**	이상주의(理想主義)
élefantti	코끼리	**limonaati**	레몬네이드, 레몬주스
psýkologia	심리학	**búlevardi**	대로(大路), 불르바르드

핀란드어의 문장 억양(抑揚 intonation)은 일반적으로 하향조(下向調 falling)이다. 그러나 문장 마지막 단어의 첫 음절은 그 단어에 강한 강세를 주지 않으면서 상승조(上昇調 rising)로 발음된다. 아래 예문들에 억양의 상승-하강 변화를 곡선으로 그렸다.

Huomenna Pekka lähtee Helsinkiin. 내일 뻬까가 헬싱키에 간다

Illalla menen ravintolaan tanssimaan. 저녁에 나는 레스트랑에 댄스(하러)간다.

Urho Kekkonen oli Suomen presidentti. 우르호 껙꼬넨이 핀란드 대통령이었다.

문장 내에서 특별히 강조할 필요가 있는 단어는 억양에 의하여 이루어진다. 강조되는 단어는 흔히 문장의 앞으로 옮겨지기도 한다.

Kalle söi omenan! 깔레가 사과를 먹었다!

Omenan Kalle söi! 사과다, 깔레가 먹은 것은!

Turkuun minä lähden, en Helsinkiin! 나는 뚜르꾸에 간다, 헬싱키가 아니다!

§11 모음조화

모음조화(母音調和 vowel harmony). 다수 어미들은 모음이 다른 두 가지 형식으로 나타난다. 예를 들면, 격어미 **-ssa ~ -ssä** '-(안)에', 의문첨사 **-ko ~ -kö** '-니?, -까?', 과거분사어미 **-nut ~ -nyt** 등. 교체하는 모음은 3쌍으로 이루어지는데, 각 쌍에는 후설모음과 전설모음이 하나씩 있다.

후설모음	전설모음	예
a	**ä**	**-ssa ~ -ssä**
o	**ö**	**-kö ~ -kö**
u	**y**	**-nut ~ -nyt**

어떤 어미에 위 여섯 모음 중 하나가 포함되어 있으면 그 모음과 짝을 이루는 모음을 가진 어미도 존재한다. 어미 **-han**(강조 첨사)이 있으면 **-hän**도 있고, **-koon**(3인칭 단수 명령형 어미)이 있으면 **-köön**도 있다. 두 가지 형 중 어느 것을 취하느냐는 어간의 모음에 의하여 결정된다.

> 어간에 후설모음 **u o a** 중에서 하나 혹은 그 이상이 있으면 어미도 후설모음(**u o a**)이어야 하고, 어간에 후설모음이 없으면 어미는 전설모음(**y ö ä**)형이어야 된다.

후설모음 어미		전설모음 어미	
talo/ssa	집/(안)에	**kylä/ssä**	마을/(안)에
Turu/ssa	뚜르꾸/(안)에	**käde/ssä**	손/(안)에
Pori/ssa	뽀리/(안)에	**venee/ssä**	배/(안)에
Porvoo/ssa	뽀르보-/(안)에	**Helsingi/ssä**	헬싱키/(안)에
poja/lla	소년에게(재상격)	**äidi/llä**	어머니께(재상격)
auto/lla	자동차/에	**tä/llä**	이것/에
kato/lla	지붕/(위)에	**miehe/llä**	남자에게(재상격)
naise/lta	(그)여자/로부터	**Ville/ltä**	빌레/로부터
Kekkose/lta	껙꼬넨/으로부터	**tytö/ltä**	(그)소녀/로부터
sisare/lta	누이/로부터	**velje/ltä**	형/으로부터
he tule/vat	그들이 온다	**he syö/vät**	그들이 먹는다
he sano/vat	그들이 말한다	**he mene/vät**	그들이 간다
on luke/nut	읽어오/았다	**on pitä/nyt**	간직하/여왔다
tuo/ko?	그것/이냐?	**tämä/kö?**	이것/이냐?
tuo/ssä/ko?	그것/안에/냐?	**tä/ssä/kö?**	이것/안에/냐?

kirja/han	책(강조)	**kynä/hän**	펜(강조)
kirja/ssa/han	책/안에(강조)	**kynä/llä/hän**	펜/으로(강조)
Turu/sta/ko?	뚜르꾸/로부터/냐?	**Kemi/stä/kö?**	께미/로부터/냐?
kahvi/la/ssa/han	커피/(안)에	**kylpy/lä/ssä/hän**	온천장/에서(강조)

근래 외국어에서 차용된 단어들은 어미의 선택에서 모음조화의 원칙이 흔히 지켜지지 않고 혼란하다. 예. **amatööri** '아마추어': **amatööri/na** (권장 표기) '아마추어/로서' ~ **amatööri/nä** (통속 표기).

> 어간에 소위 '중립모음(中立母音 neutral vowel)'이라 불리는 **i**와 **e**만 포함된 경우, 일부 접사들은 후설모음을 갖는다. 예. **men/o** '가 / 기'(참고. **men/nä** '가다'=제1 부정사)

3 단어의 구조 개관

- 명사성어(名詞性語 nominals)와 어미
- 동사의 종결형식(終結形式 finite verb forms)과 어미
- 동사의 비종결 형식(非終結形式 non-finite forms)과 어미

§12 명사성어와 어미

명사성어(名詞性語 nominals)에는 명사, 형용사, 대명사 및 수사가 포함된다. 즉, 아래와 같은 단어들이다.[1)]

명사		형용사		대명사		수사	
auto	자동차	**iso**	큰	**minä**	나	**yksi**	하나
katu	길	**kallis**	비싼	**he**	그들	**kymmenen**	열(10)
nainen	여인	**pitkä**	긴	**tämä**	이(것)	**toinen**	둘째
hinta	값	**vanha**	늙은	**se**	그(것)	**seitsemäs**	일곱째

이상 4종의 단어류들은 동일한 어미들을 취하고 동일한 방법으로 어미 변화한다. 명사성어는 파생접미사(derivational suffixes) 외에 4종류의 어미들을 더 취할 수 있다. 즉, 복수어미, 격어미, 소유접미사(所有接尾辭 possessive suffixes), 전접첨사(前接添辭 enclitic particle)[2)] 등이다. 이들 4종 어미들의 기본 특징들은 본장에서 소개하고, 뒤에 장(章)을 나누어 보다 상세하게 설명한다. 핀란드어 단어의 형성 구조를 이해하기 위해서는, 첨가 가능한 어미가 최대한 나타나는 단어의 예들에서 개별 어미들이 어떤 순서에 의하여 어떻게 첨가되었는지 파악하는 일이 중요하다. 간혹 한 단어에 4~5종의 어미가 붙은 예들도 볼 수 있다.

---

1) 역자주. 본서에서 'noun'은 '명사'로 번역하고, 여기서 설명하는 'nominals'는 '명사성어'로 번역하였다.

2) 역자주. 이 용어에 대하여 1장의 역자주 참고.

핀란드어 문법에서 수(數)는 '단수'와 '복수' 2원 체계이다. 단수는 어미에 의하여 표시되지 않는다. 복수를 표시하는 어미는 두 가지로, 주격 혹은 기본형에 붙는 **-t**와 기타 모든 격에 붙는 **-j-**이다. 간혹 **-j-** 대신에 **-i-**가 나타난다.

단수		복수	
auto	자동차	**auto/t**	자동차/들
auto/ssa	자동차/(안)에	**auto/i/ssa**	자동차/들/(안)에
auto/sta	자동차/로부터	**auto/i/sta**	자동차/들/로부터
auto/on	자동차/(안)으로	**auto/i/hin**	자동차/들/(안)으로
auto/lla	자동차/(옆)에	**auto/i/lla**	자동차/들/(옆)에
pullo	병(甁)	**pullo/t**	병/들
pullo/sta	병/(안)으로부터	**pullo/i/sta**	병/들/(안)으로부터
pullo/lla	병/으로	**pullo/i/lla**	병/들/로
pullo/a	병(부정격)	**pullo/j/a**	병/들(부정격)

핀란드어에는 15종 내외의 격(格)이 있다.3) 아래 표에 격어미의 명칭, 형식, 기본 의미 혹은 기능 등이 제시되어 있다. 모음조화의 원리(§11)에 의하여 전설모음형과 후설모음형이 선택된다.

격의 체계

격	어미	기능	예	번역
주격(Nominative)	-(복수 **-t**)	(기본형식)	**auto**	자동차
속격(Genitive)	**-n; -den, -tten**	소유	**auto/n**	자동차/의
대격(Accusative)	**-n, -t, -**	목적어 어미	**häne/t**	그/를
비정격(Partitive)	**-a ~ -ä;**	한정되지	**maito/a**	우유/(좀)
	-ta ~ -tä;	않은 양(量)	**vet/tä**	물/(좀)
	-tta ~ -ttä		**perhe/ttä**	가족/(좀)
재내격(Inessive)	**-ssa ~ -ssä**	내부에	**auto/ssa**	자동차/(안)에
향외격(Elative)	**-sta ~ -stä**	밖으로	**auto/sta**	자동차/(안)에서(밖으로)

3) 역자주. 여기서 저자는 핀란드어에 '15종 내외의 격(some 15 cases)'이라고 설명하였으나 표에는 14종만이 수록되었다. 이 표에 누락된 'Abessive(부재격)'가 뒤에 설명되었다.

향내격(Illative)	**-Vn, -hVn,**[4] **-seen, -siin**	안으로	**auto/on** 자동차/(밖에서 안으)로 **maa/han** (그)나라/(밖에서 안으)로 **Porvoo/seen** 뽀르보/로
재상격(Adessive[5])	**-lla ~ -llä**	위에, 기구	**pöyd//llä** 테이불/(위)에
탈격(Ablative)	**-lta ~ -ltä**	이탈	**pöydä/ltä** 테이불/에서, -로부터
향격(Allative)	**-lle**	지향	**pöydä/lle** 테이불/(위)로
상황격(Essive)	**-na ~ -nä**	형편, 상황	**opettajäna** 선생/으로서 (일한다)
전환격(Translative)	**-ksi**	상황의 변화	**opttaja/ksi** 선생/으로 (되다)
공동격(Comitative)	**-ine-**	동반	**vaimo/ine/ni** 내 아내/와
시사격(Instructive)	**-n**	(관용적 표현에 사용)	**jalän** 걸음/으로, 걸어서

소유접미사는 아래와 같다. 3인칭 단수와 복수가 같을 뿐, 다른 인칭은 상호 다르다.

단수

1인칭	**(minun) kirja/<u>ni</u>**	(나의) 책/(나의)
2인칭	**(sinun) kirja/<u>si</u>**	(너의) 책/(너의)
3인칭	**hänen kirja/<u>nsa</u>**	그의 책/(그의)

복수

1인칭	**(meidän) kirja/<u>mme</u>**	(우리들의) 책/(우리들의)

---

4) 원서의 주. **-V-**는 가장 가까이 선행하는 모음과 같은 모음을 의미한다. 예. **Turku/un** '뚜르꾸/(안으)로', **Helsinki/in** '헬싱키/(안으)로', **maa/han** '그 나라/(안으)로', **tie/hen** '길/(안으)로'.

5) 원서의 주. 핀란드어의 재상격(在上格 adessive)과 전환격(轉換格 translative)의 단어 단위 의미를 정확히 전달할 수 있는 영어 표현이 존재하지 않는 경우가 많다. 이들 격어미의 자세한 의미는 아래 관계되는 장(章)에서 설명하고, 본문에 등장하는 표나 단순 예들에서는 전통적으로 채택하여 온 다음과 같은 방법으로 번역한다. 재상격은 '위에'로 번역하여 의미가 전달되는 경우(예. on the table '책상 위에')는 'on'으로, '어떤 기구를 가지고'의 의미로 이해하는 것이 보다 자연스러운 것은 'with'로(예. with a hammer '망치로'), '장소'를 나타낼 때는 'at' 혹은 'in' 등으로 일치시켰다. '사람'을 의미하는 명사에 쓴 경우는 'at'로 번역하였는데, 이 경우 재상격이 보통 '소유자'를 나타내기 때문이다(예. **minulla on** '내가 있다'의 축자적 의미는 '나/(위)에 있다'). 전환격은 문맥상에서 일반적으로 이해되는 의미를 나타내기 위하여 'to (become)+명사'로 번역하였다. 예를 들면, **punaiseksi**는 'to (become) red(붉게 되다, 붉어지다)'로 번역하였는데, 이 단어형은 전형적으로 'it became / turned / changed to red(붉게 되었다 / 변화하였다 / 바뀌었다)'로 해석되는 문맥에 등장하기 때문이다. 상황격은 일반적으로 'as'로 번역하지만, 모든 경우에 자연스러운 번역이라고는 볼 수 없다. 비정격은 단순히 'partitive'라고만 표시했는데, 비정격은 일반적으로 영어의 '무관사(無冠詞 no article)'에 일치시킬 수 있기 때문이다.

2인칭 (teidän) kirja/nne (너희들의) 책/(너희들의)

3인칭 heidän kirja/nsa (그들의) 책/(그들의)

어미의 제4부류는 전접첨사이다. 전접첨사는 동사의 종결형과 비종결형에도 붙는다. 첨사 중에서 가장 자주 나타나는 것들은 **-kin** '-도', **-kaa** ~ **-kään** '-도'(+부정)', **-ko** ~ **-kö**(의문), **-han** ~ **-hän**(강조), **-pa** ~ **-pä**(강조) 등이다.[6)]

Sinä/kö tulit? 너/냐? 온 것이.

Kekkonen/ko lähti Moskovaan? 껙꼬넨/이냐? 모스크바에 간 사람이.

Sinä/hän tulit. 너/는 왔다. 온 사람은 너다.

Sinä/kin tulit. 너/도 왔다.

Kekkonen/kin tuli. 껙고넨/도 왔다.

Sinä/kään et tullut. 너/도 안 왔다.

Kekkonen/kaan ei tullut. 껙꼬넨/도 안 왔다.

Kekkonen/ko/han lähti Moskovään? (분명히)껙꼬넨/이냐? 모스크바에 간 것이.

Vo/isi/tte/ko tulla? 너희들 올 수 있냐?

Vo/isi/tte/ko/han tulla? 당신들 오실 수 있습니까?

핀란드어 명사에는 위에서 설명한 4개 부류의 어미가 모두 첨가될 수 있다. 그러나 어미의 첨가 순서는 아래와 같이 고정되어 있다.

복수어미	+	격어미	+	소유접미사	+	첨사

복수의 접사가 첨가된 예들을 아래 표에 보인다. 각 열의 표제 아래 숫자는 해당 접사의 종류 수효를 나타낸다. 이 표에서 '어근(root)'은 해당 단어의 기본형으로 아무런 어미가 첨가되지 않은 형식이다. 일부 어근들은 후행하는 어미의 종류에 따라 다

6) 원서의 주. 전접첨사 **-han**과 **-pa** 두 가지 다 'emphasis(강조)'로만 소개하였는데, 통상적으로 관용적 영어 번역이 구조적으로 다소 달라질 수 있기 때문이다. 그러나 이 두 첨사들이 동일하다는 뜻은 아니다. **-han**은 흔히 'I assume you know(네가 안다고 믿는데…)'와 같은 의미를 나타낸다. 예. **Mutta sehän on kallis** 'But it's expensive, isn't it?(그러나 그것은 비싸지 않으냐!)'. 반면에, **-pa**는 놀라움에 가까운 느낌이나 순수한 강조를 나타낸다. 예. **Onpa kallis!** 'That is expensive!(그것은! 비싸다.)' 더욱이, **-han**은 흔히 겸손함을 표시하는 기능을 가져서, 영어의 'please'에 대응한다.

른 어간을 갖는다. 예를 들면, 어근 **käsi** '손'은 어떤 격어미 앞에서 어간이 **käde-**로 변하여 **käde/ssä** '손/(안)에'이다. 파생어미들은 어근과 복수어미 사이에 첨가된다.

명사성어의 구조

	어근	수 (2)	격 (15)	인칭 (6)	첨사 (6)	단어	의미
	pullo					**pullo**	병('bottle')
	pullo	**t**				**pullot**	병/들
	pullo		**ssa**			**pullossa**	병/(안)에
	pullo			**ni**		**pulloni**	병/나의 (=나의 병)
	pullo				**kin**	**pullokin**	병/도
	pullo	**i**	**sta**			**pulloista**	병/들/(안)에서(밖으로)
	pullo		**sta**	**ni**		**pullostani**	병/(안)에서/나의 (=나의 병에서)
	pullo		**ssa**		**han**	**pullossahan**	병/(안)에 (강조)
	pullo	**t**			**kin**	**pullotkin**	병/들/도
	pullo		**ssa**	**si**	**ko**	**pullossasiko**	병/(안)에/너의/? (=너의 병안에?)
	pullo	**i**	**ssa**	**mme**		**pulloissamme**	병/들/(안)에/우리들의 (=우리들의 병들 안에)
	pullo	**i**	**sta**		**kaan**	**pulloistakaan**	병/들/(안)에서(밖으로)/도 (+부정) (=병들 안에서도 ….지 않았다)
	pullo	**i**	**ssa**	**nne**	**kin**	**pulloissannekin**	병/들/(안)에
	hylly		**ssä**			**hyllyssä**	선반/(안)에
	hylly		**llä**			**hyllyllä**	선반/(위)에
	hylly			**si**		**hyllysi**	선반/너의 (=너의 선반)
	hylly		**lle**	**si**		**hyllyllesi**	선반/(위)로/너의 (=너의 선반으로)
	hylly		**ltä**		**kö**	**hyllyltäkö**	선반/으로부터/이냐? (의문)
	hylly	**t**			**kö**	**hyllytkö**	선반/들/이냐? (의문)
	hylly		**n**		**hän**	**hyllynhän**	선반/의/(강조)
	talo		**on**			**taloon**	집/(안)으로
(heidän)	**talo**			**nsa**	**ko**	**heidän talonsako**	그들의 집/그들의/이냐? (의문) (=그들의 집이냐?)

(hänen)	**hylly**		**nsä**	**hänen hyllynsä**	그의 선반/그의
	hylly	**i**	**llä mme**	**hyllyillämme**	선반/들/(위)/우리들의 (=우리들의 선반들 위에)

§13 동사의 종결형과 어미

'동사의 종결형(終結形 finite form)'이란 인칭어미가 첨가된 동사형을 의미한다.[7)] 예. **(minä) tule/n** '내가 온다', **sinä tule/t** '네가 온다', **Maija tule/e** '마이야가 온다'. 핀란드어 동사의 종결형은 인칭어미를 갖는 외에 시제, 화법 및 피동어미로 굴절한다. 피동형 어미에는 2가지가 있다. 피동형 자체의 어미와 인칭 어미 -Vn이다. 전접첨사 역시 동사의 종결형에 첨가될 수 있다.

인칭어미에는 6가지가 있다. 즉, 문법적 인칭 각각에 하나씩이다. 동사 앞에 오는 1인칭과 2인칭 단수 및 복수 대명사들은 흔히 생략된다.[8)]

단수

1인칭	**(minä) puhu/n**	내가 말한다
2인칭	**(sinä) puhu/t**	네가 말한다
3인칭	**hän puhu/u**	그가 말한다[9)]

복수

1인칭	**(me) puhu/mme**	우리가 말한다
2인칭	**(te) puhu/tte**	너희가 말한다
3인칭	**he puhu/vat**	그들이 말한다.

핀란드어에는 시제가 단순히 2가지뿐이다. 비과거(非過去 non-past)를 표현하는 현재시제와 과거를 표현하는 과거시제이다. 현재시제를 표시하는 별도의 어미는 없고, 과

7) 역자주. '종결형(finite forms)'은 문장의 주(主) 동사의 형식이다. 국어에서는 원칙적으로 문장의 끝에 오는 동사형이지만, 핀란드어(및 영어)에서는 기본적으로 주어 다음, 목적어 앞에 온다. 국어에서 직설법 '-다', 경어체 직설법 '-ㅂ니다, -요', 의문법 '-까?, -요?', 청유법 '-자!, -ㅂ시다' 등의 어미를 가진 동사형이 종결형이다. 국어 문법에서 정동사(定動詞)라고도 부른다.

8) 역자주. 국어에서도 1인칭과 2인칭 단수 대명사가 보통 생략된다.

9) 역자주. 핀란드어에는 국어와 마찬가지로 3인칭에 남성(he)-여성(she)의 구별이 없다.

거시제는 **-i-**로 표시한다. 인칭어미는 시제어미 뒤에 붙는다.

현 재		과 거	
minä puhu/n	내가 말한다	**minä puhu/i/n**	내가 말했다
me sano/mme	우리가 말한다	**me sano/i/mme**	우리가 말했다
he sano/vat	그들이 말한다	**he sano/i/vat**	그들이 말했다
te seiso/tte	너희가 일어선다	**te seiso/i/tte**	너희가 일어섰다

핀란드어에는 4가지 서법(敍法 mood)이 있다. 서법은, 말하자면, 화자(話者)가 전달하려는 메시지에 대한 화자의 태도이다.

서 법	어 미
직설법(直說法 Indicative)	**Ø**
조건법(條件法 Conditional)	**-isi-**
가능법(可能法 Potential)	**-ne-** (및 기타 형)
명령법(命令法 Imperative)	(아래 참고)

직설법은 가장 자주 사용하는 서법으로, 어떤 사실이나 사건을 나타낸다. 별도의 어미가 존재하지 않는다. 조건법은 주로 조건절에 사용된다. 영어에서 'would'로 표현되는 절의 의미와 비교된다. 가능법은 드물게 사용되는 서법으로, 발생 가능성이 있거나 혹은 발생이 예측되는 행동을 나타낸다.

인칭어미는 시제(時制 tense)어미 뒤에 붙는다. 위에서 4번째 서법, 즉 명령법 어미는 다른 서법 어미와 달리, 인칭어미와 통합되어 양자가 구분할 수 없게 되든가(2인칭 복수 명령형의 경우), 혹은 해당하는 인칭어미 앞에 붙는다(3인칭 단수 및 복수 명령형의 경우).

단 수			복 수	
1인칭	–		**sano/kaa/mme**	우리 말하자
2인칭	**sano**	말하라!	**sano/kaa**	(너희들) 말하라!
3인칭	**sano/ko/on**	그가 말하게 하라/하소서	**sano/ko/ot**	그들이 말하게 하라/하소서

가장 자주 사용되는 것은 2인칭명령형이며, 별도의 어미 없이 표현된다. 다른 인칭

의 명령형 어미들은 모음조화 때문에 전설모음 변이형(變異形)을 갖는다. 예. **vie/köön** '그가 갖게하라', **vie/äämme** '우리가 갖자!', **vie/käkä** '가져라!', **vie/kööt** '그들이 갖게 하라'. 3인칭 명령형들은 대개 '명령'보다는 '소원'을 나타내며, 자주 사용되지 않는다.

피동형들은 행위자가 한정 혹은 지정되지 않은 행위를 나타낸다. 영어 표현의 'one (can say that……)' 참고.[10] 피동을 나타내는 어미들은 **-tta** ~ **-ttä**와 **-ta** ~ **-tä**로 선행하는 어간의 구조에 의하여 정해진다. 어떤 경우에는 어말 모음 a 혹은 ä가 탈락한다.[11]

이상의 어미들은 동사의 어근 혹은 파생 어간에 직접 붙는다. 시제와 서법 어미들은 피동어미 뒤에 오고, 그 뒤에 피동 인칭 어미 **-Vn**이 온다. 여기서, 다시 말하지만, **V**는 가장 가까이 선행하는 모음과 동일한 모음을 의미한다.

능 동		피 동	
sano/n	내가 말한다	**sano/ta/an**	(누가) 말한다, 말해졌다
sano/isi/n	내가 말하겠다	**sano/tta/isi/in**	(누가) 말하겠다
sano/i/n	내가 말했다	**sano/tt/i/in**	(누가) 말했다

이 절(節)을 종결하면서, 위에 설명한 어미들이 첨가되는 순서를 보여주는 예들을 아래 표에 보인다. 시제와 서법 어미들은 상호 배타적이기 때문에 (즉, 한 단어형에 시제와 서법 어미 양자가 같이 첨가될 수 없기 때문에) 한 열에 두었다. 일부 명령형 어미들은 다른 어미와 통합되기 때문에 서법어미와 인칭어미 사이에 나타난다. 어말 위치에 전접첨사가 첨가될 수 있다.

동사 종결형의 구조

어근	피동 어미	시제·서법 어미	인칭 어미	첨사	단어 예	의미
puhu			**n**		**puhun**	내가 말한다

10) 원서의 주. 핀란드어 피동형의 의미를 보여주기 위하여 보통 영어의 비인칭(非人稱) 대명사 'one'으로 대응시키는데, 영어에서는 문맥상 상응하는 피동형이 보다 자연스러울 수 있다('one says' ~ 'it is said').

11) 역자주. 핀란드어 문법에서 '피동'은 영어 문법에서 피동과 상당히 다른 개념이다. 아래 16장을 참고하여라.

	puhu				mme		puhumme	우리가 말한다
	puhu		i		tte		puhuitte	너희가 말했다
(he)	puhu		isi		vat		(he) puhuisivat	그들이 말했을 것이다
	puhu				t	han	puhuthan	네가 말하겠냐?
	sano		i		n	ko	sanoinko?	내가 말했냐?
	sano		isi		mme	ko	sanoisimmeko?	우리가 말해야만 했냐?
	sano	ta			an		sanotaan	(누가) 말한다
	sano	tta	isi		in		sanottaisiin	(누가) 말할 것이다
	sano	tt	i		in	han	sanottaneen	(누가 분명히) 말했다!
	sano	tta	ne		en		sanottaneen	(누가) 말해도된다
	sano			kaa			sanokaa	말하라! (명령형)
	sano			kaa		pa	sanokaapa	말해라! (명령+강조)
	sano		kaa		mme		sanokaamme	(우리) 말하자!
	sano		ko		ot		sanokoot	그들이 말하게 하라
	sano	tta	ko		on		sanottakoon	(누가) 말하게 하라,
	saa				n	ko	saanko	내가 가질까?
	sa		isi		n	ko	saisinko	내가 가질 수 있나?
	sa		i		t	han	saithan	네가 (분명) 가졌다
	syö	t	i		in		syötiin	(누가 그것을) 먹었다
	syö	tä	isi		n		syötäisiin	(누가 그것을) 먹겠다
	syö	tä	isi		in	kö	syötäisiinkö	(누가 그것을) 먹을까?
	syö	t	i		in	kin	syötiinkin	(그것을 누구)도 먹었다

§14 동사의 비종결형식과 어미

동사의 비종결형식(非終結形式 non-finite forms)에는 종결형과 달리 인칭어미가 첨가되지 않는다. 동사의 비종결형식에는 두 가지가 있는데 부정사(不定詞 infinitives)와[12]

12) 역자주. 국어문법에서는 '부정사(不定詞 infinitive)'라는 용어를 사용하지 않는다. 이 용어는 영문법에서 'to-infinitive', 즉 전치사 'to' 뒤에 오는, 아무런 어미가 첨가되지 않은 동사의 원형을 지칭하는 용어로 보통 알려져 왔다. 그러나 이 용어로 지칭하는 대상은 언어마다 상당히 다르

분사(分詞 participles)이다.[13] 비종결형들의 용법을 다른 품사와 비교하여 말한다면, 부정사는 명사와 비교될 수 있고, 분사는 형용사와 비교될 수 있다.

비종결형의 특징인 '기능어미(機能語尾 function ending)'는 대개 실질 의미를 나타내지 않고, 단순히 '이 형식은 비종결형'이라는 뜻만 나타낸다. 일부 비종결형들은 피동서법에서 종결형 동사들과 같이 굴절한다(분사형들과, 제2부정사의 재내격). 비종결형들은 종결형과 달리, 그러나 명사와는 같이, 격어미와 인칭어미를 간혹 취한다. 분사형들은 또한 수(數)에 의하여 굴절한다. 모든 비종결형에 전접첨사가 붙을 수 있다.

핀란드어에는 중요한 부정사가 3종 있다. 그 중 주가 되는 것은 제1부정사이며 이것이 사전에 수록된 동사형이다. 각 부정사 부류는 그 부류임을 나타내는 기능어미로 표시된다. 부정사형의 격굴절(格屈折 case inflection), 즉 곡용(曲用)이 심히 불완전하다. 제1부정사는 오직 주격과 전환격 2가지 격으로만 나타난다. 제2부정사도 역시 재내격과 기구격 2가지 격으로만 나타난다. 제3부정사는 재내격, 향외격, 향내격, 재상격, 부재격, 시사격 등 6가지 격으로만 나타난다. 부정사에는 복수형이 없다. 몇몇 부정사들은 인칭 접사를 취할 수도 있다.

부정사

	기능 어미	예	의미
제1부정사	**-a ~ -ä**	**sano/a**	말하기, 말함
	-da ~ -dä	**syö/dä**	먹기, 먹음
	-ta ~ -tä	**juos/ta**	뛰기, 뜀
제2부정사	**-e-**	**sano/e/ssa/ni**	말하-/(부정사)/(재내격)/(인칭)나의, 내가 말하며
	-de-	**syö/de/ssä/mme**	먹-/(부정사)/(재내격)/(인칭)-우리의, 우리가 먹으면서, *우리의 먹음에

다. 핀란드어에서 전통적으로 'infinitive'로 불러 온 언어 단위들은 동사 어간에 일정한 어미가 첨가되어 형성된 명사성 형식들이다. 이 단위들은 인칭에 따라서 굴절하지 않기 때문에 '부정사'라고 부른 듯하다. 국어에서 '가다' 동사의 어간 '가-'에 어미 '-기'가 첨가되어 형성되는 명사성 형식 '가기'가 핀란드어의 부정사와 비교될 수 있다. 보다 상세한 내용은 17장 참고.

13) 역자주. 핀란드어 문법에서 'participle(분사)'로 지칭하는 동사형들은 국어에서는 동사의 관형형(예. '가는', '간', '가던', '갈')과 대응하고, 동명사형(예. '감', '가기')과도 대응한다. 핀란드어에서는 형용사(관형사)도 '명사성어'로 명사와 같은 기능을 가졌다. 18장 참고.

	-te-	**juos/te/n**	뛰-/(부정사)/(시사격), 뛰어
제3부정사	**-ma- ~ -mä-**	**syö/mä/llä**	먹-/(부정사)/(재상격), 먹어서, 먹고서
		sano/ma/tta	말하-/(부정사)/(부재격), 말없이
		sano/ma/an	말하-/(부정사)/ (향내격), 말하러

핀란드어에는 2종의 분사가 있다. 현재분사와 과거분사이다. 분사는 일반 형용사와 거의 동일한 기능을 갖으며, 복합동사에도 나타난다. 분사에도 피동형이 있다. 분사는 형용사와 유사하기 때문에 모든 격어미를 취하고 수에 의하여 굴절한다. 또한 소유어미를 취하는 경우도 있다. 능동형 분사의 예를 아래 보인다.

능동형 분사

	기능어미	예	의미
현재분사	**-va ~ -vä**	**juo/va**	마시-/(분사) 마시는
		syö/vä	먹-/(분사) 먹는
과거분사	**-nut ~ -nyt**	**juo/nut**	마시-/(분사) 마신
		syö/nyt	먹-/(분사) 먹은

아래 표에서 비종결동사형식들의 구조, 어미들이 첨가되는 순서를 보인다.

비종결 동사 형식의 구조

어근	피동 어미	비종결 어미	복수 어미	격 어미	인칭 어미	첨사	완형 단어	의미
puhu		**a**					**puhua**	말하기, 말함(speak)
puhu		**a**		**kse**	**si**		**puhuaksesi**	네가 말하러
puhu		**ma**		**lla**			**puhumalla**	말하기로
syö		**dä**					**syödä**	먹기, 먹음
syö		**dä**		**kse**	**mme**		**syödäksemme**	우리가 먹으러
puhu		**va**				**kin**	**puhuvakin**	말하는(것)도
puhu		**va**		**ssa**		**kin**	**puvassakin**	말하는(것)들도
puhu		**v**	**i**	**ssa**		**kin**	**puhuvissakin**	말하는(것)들에도
puhu		**va**	**t**				**puvat**	말하는(것)들

(on)	puhu			nut					puhunut	말한
(ovat)	puhu			nee	t				puhuneet	말들한
	syö			mä		än			syömään	먹으러
	juo			ma		an			juomaan	마시러
	juo			ma		an		ko	juomaanko	마시러냐?
	syö			mä		ttä			syömättä	먹음없이, 먹지 않고
	juo			ma		tta		han	juomattahan	마시지 않고!
	juo	ta		va					juotava	(누가) 마시는
(on)	sano		ttu						sanottu	(누가) 말해온
	sano		tu			sta			sanotusta	(누가) 말한(것)에서
	sano	tta		va					sanottava	(누가) 말했을
	sano	tta		va		lla			sanottavalla	말했을(것)에
	sano	tta		v	i	lla			sanottavilla	말할(것)들에
	sano	tta		v	i	ssa		ko	sanottavissako	말할(것)들에냐?
	syö	tä		e		ssä			syötäessä	(누가)먹으며
	vetä			mä		llä		hän	vetämällähän	끌기에(강조)
	vetä			e		ssä	si		vetäessäsi	너의 끌기에(끌 때에)
	vetä			e		ssä	ni		vetäessäni	내의 끌기에(끌 때에)
	syö		ty	ä			mme		syötyämme	우리가 먹은
(Kallen)	syö			vä		n			syövän	(깔레가) 먹는
	syö			de		ssä	än		syödessään	그의 먹기에(먹을 때)

4 주요 음운 교체 2종

• 자음전환(子音轉換 consonant gradation) p, t, k
• -i-를 가진 어미에 선행하는 어간 모음의 변화

§15 자음의 전환 (p, t, k)

만약에 핀란드어의 모든 어미들이 앞 장(章)에서 보인 예들에서와 같이 하나하나 기계적으로 첨가된다면 명사성어나 종결 및 비종결 동사 형식들의 구성을 이해하기 아주 쉬울 것이다. 그러나 사실은 어미의 첨가에는 보다 복잡한 문제가 개재된다. 그 주된 이유는 어미의 첨가에 의해서 흔히 어간의 구성 음운(즉, 어미의 왼쪽 편)이 교체되거나 변화하기 때문이다.

음운교체 중에서 가장 빈번히 발생하는 형태가 '자음의 전환(子音의 轉換 consonant gradation)'으로 불리는 현상으로서, 폐쇄음 **p t k**의 장음(長音)과 단음(短音) 간의 전환이다.[1] 아래 §15.1절에서 음성교체의 다양한 유형들을 살펴보고, §15.2절에서는 그러한 음성교체를 결정하는 조건들과 몇 가지 기본 규칙들을 제시한다. §15.3절에서 §15.5절까지에는 음성교체의 규칙들이 적용된 예들을 다수 보였고 §15.6절에는 특수한 경우의 예들을 보였다. 자음전환의 규칙이 적용되는 형식을 '강전환(强轉換 strong grade)', 음성교체의 결과로 형성된 형식을 '약전환(弱轉換 weak grade)'이라고 부른다. (후자에 흔히 '+'표를 앞에 붙여 구별한다.)

§15.1 자음전환의 유형

장자음(長子音) **pp tt kk**는 각각 상응하는 단자음(短子音) **p t k**와 교체한다. 이

1) 역자주. '자음전환(consonant gradation)'이란 용어는 19세기 말에 핀란드의 언어학자들이 핀란드어와 인접 언어들에서 관찰한 자음의 변화 유형을 설명하기 위하여 사용한 용어이다. §15.1절에 설명한 것과 같이, 어근 혹은 어간 끝 음절의 자음이 어떤 음운 환경에서 변화하는 현상이다.

교체 현상을 '양적 자음전환(量的子音轉換 quantitative consonant gradation)'이라 부른다.[2)]

(1) **pp ~ p**	**kaappi**	장롱	**kaapi/ssa**	장롱/(안)에
(2) **tt ~ t**	**matto**	매트	**mato/lla**	매트/(위)에
(3) **kk ~ k**	**kukka**	꽃	**kuka/n**	꽃/의

단자음은 일반적으로 다른 자음과 교체하지만, **k**는 교체가 아니라 완전히 탈락하는 경우가 있다. 이러한 교체들을 '질적 자음전환(質的子音轉換 qualitative consonant gradation)'이라고 부른다. 아래 유형 (4)~(16)이다.[3)]

(4) **p ~ v**	**tupa**	오두막	**tuva/ssa**	오두막/(안)에
(5) **Vt ~ Vd**	**katu**	길	**kadull/a**	길/(위)에
(6) **ht ~ hd**	**lähte-**	떠나다	**lähde/n**	내가 떠난다
(7) **k ~ Ø**	**jalka**	발	**jala/n**	발/의

자음 **t**는 모음 **V**와 자음 **h** 뒤에서 **d**로 변화한다. (**V**는 가장 가까이 있는 선행 모음을 의미한다.) 아래 다섯 단어는 다른 형식으로 교체한다. 이들 단어에서 **p t k**가 비강자음(鼻腔子音 nasal consonants) **m n ng** 뒤에 오거나, 혹은 **t**가 **l**이나 **r** 다음에 나타난다.

(8) **mp ~ mm**	**ampu-**	(활)쏘다	**ammu/mme**	우리가 (활)쏜다
(9) **nt ~ nn**	**ranta**	해변	**ranna/lla**	해변/(위)에
(10) **nk ~ ng[ŋŋ]**	**kenkä**	구두	**kengä/n**	구두/의
(11) **lt ~ ll**	**kulta**	금	**kulla/n**	금(의)
(12) **rt ~ rr**	**parta**	빵	**parra/ssa**	빵/(안)에

이상과 같이 선행음이 비강음이나 **l** 혹은 **r**일 때는 (8)~(12) 유형의 음운교체 규칙

---

2) 역자주. '장자음'과 '단자음'의 구별이 없는 국어 모어자들은 '양적자음전환'을 이해하기 어렵다. 국어에서는 '국가'를 [구까]로 발음하든 [국까]로 발음하든 차이가 없는데, 핀란드인들은 전자의 어중 k는 단자음 [kuka]로, 후자는 장자음 [kukka]로 이해한다.

3) 역자주. '질적자음전환'과 같은 현상은 국어에서도 쉽게 관찰할 수 있다. 예를 들면. 국민[궁민], 신라[실라], *아름답-에[아름다워], *(길을) 걷-이 가다[길어 가나] 등에서 앞 음절의 끝 자음이 뒤에 오는 음절의 어두음에 따라 변화함을 관찰할 수 있을 것이다.

이 적용되고, 아닐 때는 (4)~(7)이 적용된다. 그 밖에, 아래와 같은 음운교체 유형들이 드물게 존재한다.

(13)	**lke ~ lje**	**polke-**	밟다	**polje/n**	내가 밟다
(14)	**rke ~ rje**	**särke-**	깨다	**särje/n**	내가 깨트리다
(15)	**hke ~ hje**	**rohkene/t**	네가 감히 한다	**rohjet/a**	감히 한다
(16)	**k ~ v**	**puku**	옷	**puvu/n**	옷/의

(13)~(15) 음운교체는 **k**가 **j**와 교체하는 공통점이 있다. (16)은 극히 드물게 나타나는 음운교체 유형으로 2~3종의 명사성어에서만 관찰된다. **k**가 **u/y**에 선행하거나 후행할 때 **v**와 교체하는 현상이다.

§15.2 자음전환의 규칙

위 §15.1에서 제시한 (1)~(16) 16종의 자음전환은 모두가 동일한 조건에 의하여 결정되는 것이다. 즉, 2개 또는 그 이상의 음절로 구성된 어간에 포함된 폐쇄 자음들은 어떤 어미가 첨가될 때 변화한다. 일부 변화는 폐쇄음과 어미 사이에 개재하는 모음에 의하여 결정되고(음운교체는 단모음일 경우만 발생하고, 장모음이나 자음일 경우는 발생하지 않는다), 일부는 후행하는 어미에 의하여 결정된다(음운교체는 오직 특정 유형의 격어미와 인칭어미에 의해서만 발생한다). 아래 〈규칙 A〉는 명사성어와 동사어 양쪽에 다 적용된다.

〈규칙 A〉

다음절 어간(多音節語幹)에서 장음 및 단음 **p t k**는 다음과 같은 조건에서 전환된다.

A(a) 첨가되는 어미가 단일 자음으로만 구성되었다.

A(b) 첨가되는 어미가 2중자음으로 시작된다.

A(c) 어간의 **p t k**와 어미 사이에 단(짧은)모음 혹은 이중모음이 하나만 개재(복수 자음이나 음절 경계가 아니어야 한다)되었다.

A(d) 자음전환을 유발하는 어미는 일반적으로 명사성어의 경우는 격어미들이고 동사의 경우는 인칭어미들이다.

A(e) 어간 자음 **p t k**와 어미 사이에 복수 혹은 과거시제 어미 **-i-**가 삽입될 수 있다.

A(f) 장모음 앞에서는 자음전환이 발생하지 않는다.

A(g) 단일음절(單一音節 monosyllabic) 어간에서는 자음전환이 발생하지 않는다.

이상 〈규칙 A〉와 더불어, 동사에만 적용되는 아래 〈규칙 B〉가 있다.

〈규칙 B〉

동사 어간의 **p t k**는 아래와 같은 조건의 단(짧은)모음 앞에서 음장전환이 일어난다.

B(a) 피동어미(예. **-tta- ~ -ttä, -ta- ~ -tä-**) 앞에서

B(b) 2인칭 단수 명령형일 때

B(c) 직설법 현재 부정형일 때

B(b)와 B(c)는 사실은 같은 것이다. 왜냐하면, 2인칭 단수 명령형과 직설법 현재 부정형은 항상 동일하기 때문이다. 예. **kerro!** '말하라!' ~ **en kerro** '내가 말하지 않는다'; **anna!** '주어라!' ~ **en anna** '내가 주지 않는다'.

아래 명사 **katto** '지붕'에 〈규칙 A〉가 적용되어 자음 **tt**가 **t**와 교체하는 예들을 보였다. 자음교체, 즉 자음전환의 발생 여부는 1차적으로 후행하는 격어미에 의하여 결정된다. 〈규칙 A〉의 적용 여부 및 세부 이유를 오른쪽에 썼다.

어형	의미	〈규칙A〉 적용여부	이 유
katto	지붕	불적용	어미가 첨가되지 않음
kato/n	지붕/의	적용	어미가 단일 자음
kato/lla	지붕/(위)에로	적용	어미가 복수 자음으로 시작
katto/na	지붕/으로서	불적용	어미가 단일 자음도 아니고 복수 자음으로 시작되지도 않음
kato/lta	지붕/으로부터	적용	어미가 복수 자음으로 시작
katto/on	지붕/(속)으로	불적용	장모음 앞에서 음장전한 없음

kato/lle	지붕/(위)로	적용	어미가 복수 자음으로 시작
kato/t	지붕/들	적용	어미가 단일 자음
kato/i/lla	지붕/들/(위)에	적용	어미가 2중 자음으로 시작. 복수 표시 어미 삽입
katto/i/na	지붕/들/로서	불적용	위 **katto/na** 참고
kato/ksi	지붕/(이)되다	적용	어미가 2중 자음으로 시작
katto/mme	우리 지붕	불적용	인칭소유어미 앞에서 음장전환 없음
katto/kin	지붕/도	불적용	어미가 단일 혹은 2중 자음이 아님
kato/i/lle	지붕/들/(위)에로	적용	어미가 2중 자음으로 시작. 복수 표시 어미 개재
katto/i/hin	지붕/들/(속)으로	불적용	어미가 단일 자음도 아니고 2중자음으로 시작되지도 않음
kato/i/lta	지붕/들/로부터	적용	어미가 2중 자음으로 시작. 어미 **-i-** 개재.
katto/nne	너의 지붕	불적용	인칭소유어미 앞에서
katto/a	지붕(비정격)	불적용	어미가 단일 자음도 아니고 2자음으로 시작지도 않음
katto/j/en	지붕/들/의	불적용	위와 같음. **j**는 복수 표시 어미

아래 2개 절에 〈규칙 A〉와 〈규칙 B〉의 적용 예들을 더 제시한다.

§15.3 명사성어에 기본 규칙의 적용

아래 44페이지에 제시한 표(表)에 명사 **katu** '길, -가(街)'에 자음전환이 일어나는 조건을 보였다. 여기서 전환은 앞 절에서 설명한 16개 유형(類型) 중 (5)유형으로 **t**가 **d**로 변하는 것이다. 본 절에서 예들을 같은 방법으로 제시한다. 실제 단어를 왼편에 쓰고 그 우측에 전환 여부와 이유를 설명하였다.

복수 주격어미 **-t**도 자음전환을 유발한다. 이 형식은 수와 격을 양쪽 다 나타낸다. 기본 규칙에 의하면 교체는 오직 짧은 모음 앞에서만 나타난다. 2중모음에 포함된 모음들은 짧기 때문에, 2중모음 앞에서는 대개 교체가 일어난다. **kato/lla** '지붕/(위)에'와 **kato/i/lla** '지붕/들/(위)에'의 예에서, 둘째 예에 2중모음 **-oi**가 개재되어 있기 때문에, 그에 선행하는 자음 음장의 변화가 발생한 것이다(그러나 renka/i/ssa '타이어/

들/(안)에' 유형은 이 2중모음 규칙에 예외이다. 아래 참고).

장모음 앞에서 자음전환의 규칙은 적용되지 않는다. 격조사가 단일 자음으로 구성되었거나 혹은 2개 자음으로 시작되더라도 자음전환이 일어나지 않는다. 굴절어간이 장모음으로 끝나는 명사성어(§19, §20.3)들에 첨가되는 거의 모든 단수와 복수 형식들은 자음전환 규칙의 영향을 받지 않는다. 어간의 장모음이 복수 어미 **-i-**(§16) 앞에서 짧게 변화하는 경우에도 자음전환은 일어나지 않는다. 아래 **rengas** : **renkaa-** '타이어'의 굴절형들을 예로 보인다.

단수		복수	
renkaa/n	타이어/의	**renkaa/t**	타이어/들
renkaa/ssa	타이어/(안)에	**renka/i/ssa**	타이어/들/(안)에
renkaa/sta	타이어/(안)에서	**renka/i/sta**	타이어/들/(안)에서 (밖으로)
renkaa/lla	타이어/으로	**renka/i/lla**	타이어/들/에서
renkaa/na	타이어/으로서	**renka/i/na**	타이어/들/로서
renkaa/seen	타이어/(안)으로	**renka/i/siin**	타이어/들/(안)으로
renkaa/lta	타이어/에서	**renka/i/lta**	타이어/들/에서

위에 예로 보인 단어들에서 복수표시어미 -i에 선행하는 모음은 길다고 인정한다. 왜냐하면 그에 대응하는 단수형 단어들에서 거의 모두 길기 때문이다.

그러나 **rengas** : **renkaa-**유형의 단어들에도 2가지 격 형식에서는 자음전환이 적용된다. 하나는 단모음 + **-s**(§20.3)/**-e**(§19)로 끝나는 단수 주격이고, 하나는 단수 부정격(partitive)이다. 간혹 복수 속격에도 적용된다. 참고. **rengas** '타이어'(단수 주격), **rengas/ta**(단수 부정격), **rengas/ten**(복수 속격). 이런 유형의 더 많은 예들을 아래 보인다(기본 형식은 단수 주격이다).

	교체음	어 간	기본형	의 미
(1)	**pp ~ p**	**saappaa-**	**saapas**	부트(boot 가죽장화)
(2)	**tt ~ t**	**rattaa-**	**ratas**	바퀴
(3)	**kk ~ k**	**rakkaa-**	**rakas**	사랑하는 이(dear)
(4)	**p ~ v**	**varpaa-**	**varvas**	발가락
(5)	**t ~ d**	**hitaa-**	**hidas**	천천히

(6) ht ~ hd tehtaa- tehdas 공장
(7) k ~ Ø kokee- koe 실험
(8) mp ~ mm lampaa- lammas 어린 양
(9) nt ~ nn kintaa- kinnas 벙어리장갑
(10) nk ~ ng kuninkaa- kuningas 왕(王)
(11) lt ~ ll altaa- allas 저수지, 저수조
(12) rt ~ rr portaa- porras 계단
(13) lke ~ lje hylkee- hylje 인장
(14) hke ~ hje pohkee- pohje 종아리

그리하여 **saapas**(단수 주격, 기본형)와 **saapas/ta**(단수 비정격)에서는 **-p-**가 단음이고, **saappaa/n**(단수 속격), **saappaa/na**(단수 상황격), **saappaat**(복수 주격), **saappa/i/ ssa**(복수 재내격)에서는 장음이다.

keittiö '부엌', **lapio** '삽', **herttua** '공작(公爵)' 등과 같이 3음절이고, 기본형의 2음절과 3음절이 모음 사이에 음절 경계가 이루어지는 단어들(§9)에는 A(c)형 자음전환이 일어나지 않는다. 그러한 단어들은 **kettiö/n**(단수 속격), **keittiö/ssä**(단수 재내격), **keittiö/tä**(단수 비정격), **keittiö/i/ssä**(복수 재내격)와 같이 굴절한다.

명사성어 류에 자음전환이 유발되는 보기

어근	수(數)	격	인칭 소유	첨사	단어	의미	자음전환 여부	자음전환의 이유
katu		n			kadun	길의	yes	격어미 단일 자음
katu			nne		katunne	너의 길	no	" 부재
katu				kin	katukin	그 길도	no	" 부재
katu		lla			kadulla	길(위)에	yes	" 2개 자음 시작
katu		na			katuna	길로서	no	" 단자음+모음
katu		lle			kadulle	길위로	yes	" 2중자음 시작
katu		a			katua	길(비정격)	no	" 모음
katu	i	lla			kaduilla	길들(위)에	yes	" 2개 자음시작
katu			mme	ko	katummeko	우리 길이냐?	no	" 부재
katu		t			kadut	길들	yes	" 단일 자음 끝

katu	j	a		katuja	길들(비정격)	no	〃	모음
katu	i	ssa		kaduissa	길(안)에	yes	〃	2중 자음 시작
katu		n	pa	kadunpa	길의!(강조)	yes	〃	단일 자음
katu		lta	nne	kadultanne	너의 길로부터	yes	〃	2중 자음 시작
katu	i	na		katuina	길로서	no	〃	자음+모음 끝
katu		t	han	kaduthan	길들!(강조)	yes	〃	단일자음 끝
katu		un		katuun	길(안)으로	no	장모음	

§15.4 동사에 규칙 적용

동사의 경우에는 일반적으로 인칭어미가 자음전환 규칙의 적용 여부를 결정한다(A(d)). 동사는 자음 전환의 기본규칙과 더불어 B-규칙에 의해서도 지배된다. 자음전환의 규칙들은 피동 어미 앞에서는 항상 적용되고, 또한 2인칭 단수 명령형과 평서법 현재 부정형에도 적용된다.

동사 **kerto-** '말하다'의 자음전환을 예로 보자. **rt**는 **rr**과 교체(교체 유형(12))한다. 아래 표에서 오른 편에 자음전환 발생 여부와 간단한 설명이 제시되어 있다.

조건 A(e)에 주목하라. 교체되는 자음 **p t k**와 인칭어미 사이에 과거시제 어미 **-e-**가 개재될 수 있다. 그러나 자음전환의 규칙들은 이 중간 위치에 조건서법 어미 **-isi**나 가능서법 어미 **-ne**가 포함되어 있으면 적용될 수 없다. 그러므로, **kerro/i/n** '내가 말했다'에서는 자음전환의 규칙이 적용되지만, 조건서법 **kerto/isi/n** '내가 말할 수 있다'와 가능서법 **kerto/ne/n** '내가 말할 것이다'에서는 적용되지 않는다(후자의 조건서법 형식은 아주 드물게 나타난다).

명사성어들과 같이 동사에도 장모음 앞에서는 자음전환이 일어나지 않는다(A(c)). 아래 보이는 동사 류들은 '축약형 동사(contracted verbs)'라고 부르는데(§23.2), 모음이 축소되어도(§60) 현재시제나 과거시제 형식에 자음전환이 일어나지 않는다.

현재		과거	
hyppää/n	내가 뛴다	**hyppää**	내가 뛰었다
hyppää/t	네가 뛴다	**hyppä/si/t**	네가 뛰었다
(hän) hyppää	그가 뛴다	**(hän) hyppä/si**	그가 뛰었다
hyppää/tte	우리가 뛴다	**hyppä/si/tte**	우리가 뛰었다

(he) hyppää/vät 그들이 뛴다 **(he) hyppä/si/vät** 그들이 뛰었다

또한 축약형 동사들은 2인칭 단수 명령형에서도 자음전환 규칙의 영향을 받지 않고, 평서법 현재 부정형에서도 마찬가지이다. 예. **hyppää!** '뛰어라!' ~ **en hyppää** '나는 뛰지 않는다'. 그러나 이들 동사들에는, 원래 어간의 장모음이 단모음화되면서 연결자음(linking consonant) **t**로 치환되고, 그것이 격어미와 인칭어미와 같이 자음전환을 유발하는 소수의 굴절형식들이 있다(A(a)). 예를 들면, **hyppää/n** '내가 뛴다': **hypät/ä** '뛰다'. 아래 형식들은 연결자음이 포함되어 있는 어간에 근거하기 때문에 자음전환이 적용된 예들이다.

제1부정사	**hypät/ä**	뛰다
제2부정사	**hypät/e/n**	뛰기
피동형	**hypät/t/i/in**	(누가)뛰다
명령형	**hypät/kää**	(너희들)뛰어라!
과거분사형	**hypän/nyt**	뛰었었다 (t가 n으로 바뀌었다.)

자음전환이 유발되는 동사 종결형식의 유형

어근	피동	시제 서법	인칭	불변사	단어	의 미	자음 전환	이유
kerto			**n**		**kerron**	내가 말한다	yes	단일자음인칭어미
kerto			**mme**		**kerromme**	우리가 말한다	yes	2중자음으로 시작되는 인칭어미
kerto		**isi**	**mme**		**kertoisimme**	우리가 말하겠다	no	조건서법 -isi-
kerto	**ta**		**an**		**kerrotaan**	(누가) 말한다	yes	피동형
kerto		**i**	**tte**		**kerroitte**	너희가 말했다	yes	2중자음으로 시작되는 인칭어미
kerto			**vat**		**kertovat**	그들이 말한다	no	자음+모음으로 시작되는 인칭어미
kerto		**i**	**vat**		**kertoivat**	그들이 말했다	no	자음+모음으로 시작되는 인칭어미
kerto		—			**kerro**	말해라!	yes	2인칭 단수명령형
kerto	**tt**	**i**	**in**		**kerrottiin**	(누가) 말했다	yes	피동형

kerto	o			kertoo	말하다	no	단순모음인칭어미
(en) kerto	—			(en) kerro	(내가) 말하지 않는다	yes	부정형
kerto	kaa			kertokaa	(너희들) 말해라!	no	자음+모음 어미
kerto		t		Ikerrot	네가 말한다	yes	단순자음인칭어미
kerto	i	t		kerroit	네가 말했다	yes	단순장음인칭어미
kerto	ne	tte		kertonette	네가 말해도 된다	no	가능서법 -ne-
kerto	—		pa	kerropa	말해라! (강조형)	yes	2인칭 단수명령형
kerto		tte	han	kerrottehan	(너희들) 말해라! (강조형)	yes	2중자음으로 시작하는 인칭어미
kerto		t	ko	kerrotko	네가 말하느냐?	yes	단순자음인칭어미
kerto	isi	vat	ko	kertoisivatko	그들이 말하겠냐?	no	조건서법-isi-

축약동사형에는 거의 모든 자음전환이 일어날 수 있다.

	교 체	장모음 어간	기본 형식	의 미
(1)	pp ~ p	sieppaa-	siepat/a	잡아채다
(2)	tt ~ t	konttaa-	kontat/a	기다
(3)	kk ~ k	hakkaa-	hakat/a	자르다
(4)	p ~ v	kelpaa-	kelvat/a	원만하다
(5)	Vt ~ Vd	hautaa-	haudat/a	묻다
(6)	ht ~ hd	rahtaa-	rahdat/a	운송하다
(7)	k ~ Ø	makaa-	maat/a	거짓말하다
(8)	mp ~ mm	kampaa-	kammat/a	빗다
(9)	nt ~ nn	ryntää	rynnät/ä	서두르다
(10)	nk ~ ng	hankaa-	hangat/a	문지르다
(11)	lt ~ ll	valtaa-	vallat/a	정복하다
(12)	rt ~ rr	virtaa-	virrat/a	흐르다

§15.5 자음전환의 추가 예

양적 전환(量的轉換 Quantitative gradation)

(1) pp ~ p	kauppa	상점	kaupassa	상점(안)에
	lamppu	램프	lamput	램프들
	tappa-	죽이다	tapan	내가 죽이다
(2) tt ~ t	katto	지붕	katolla	지붕(위)에
	käyttä	사용하다	käytämme	우리가 사용한다
	otta-	갖다 (take)	otan	내가 갖는다
(3) kk ~ k	takki	코트	takissani	(나의)코트(안)에
	kaikke-	무엇이나	kaikessa	무엇이나(안)에
	nukku-	자다	nukuimme	우리가 잔다

질적 전환(質的轉換 Qualitative gradation)

(4) p ~ v	kylpe-	목욕	kylven	내가 목욕한다
	kipu	고통	kivussa	고통으로
	tarpee-	필요하다	tarve	필요
(5) t ~ d	tietä-	알다	tiedätkö	네가 아느냐?
	vetä-	끌다	vedä!	끌어라!
	äiti	어머니	äidille	어미가 되다
(6) ht ~ hd	vihta	털개	vihdalla	털개로
	vaihta-	바꾸다	vaihdatteko?	네가 바꾸느냐?
	lehte-	신문	lehdessä	신문(안)에
(7) k ~ Ø	joke-	강	joesta	강(밖)에서
	jaka-	나누다	jaamme	우리가 나눈다
	poika	소년	pojalle	소년에게
	aika	시간	ajassa	시간(안)에
(8) mp ~ mm	ampu-	쏘다	ammutaan	누가 쏜다
	kampa	빗	kammalla	빗으로
(9) nt ~ nn	tunte-	느끼다	ei tunne	느끼지 않다
	anta-	주다	annamme	우리가 준다

	ranta	물가, 강변	rannalla	강변에
(10) nk ~ ng	kenkä	신발	kengästä	신발에서
	tunke-	밀어붙이다	älä tunge!	밀어 붙이지 마라!
	tinki	홍정하다	tingitkö	네가 홍정하냐?
(11) lt ~ ll	ilta	저녁	illalla	저녁에
	kulta	금	kullaksi	금이 되다
	iehltä-	휘파람불다	vihellän	내가 휘파람분다
(12) rt ~ rr	kiertä-	돌다	kierrä!	돌아라!
	kerta	시간	kerran	한 때
	kerto-	말하다	kerronko?	내가 말하냐?
(13) lke ~ lje	sulke-	닫다	suljemme	우리가 닫는다
	jälke-	자취, 흔적	jäljet	자취들
	kulke-	가다	kuljet	네가 간다
(14) rke ~ rje	särke-	부수다	särjetkö	네가 부수느냐?
	arke-	매일	arjen	매일의
(15) hke ~ hje	rohkene-	감히 하다	rohjeta	감히 한다
(16) k ~ v	suku	가족	suvussa	가족(안)에
	puku	드레스	puvut	드레스들
	luku	수(數)	luvun	수의

위 (7)유형의 예외적인 단어 **poika** '소년'과 **aika** '시간'의 약전환 형식에서 **k**가 소실되고 **i**가 **j**로 변화함을 주목하라. (13)유형과 특히 (14)~(16)유형들은 극히 드물다.

§15.6 추가 설명

위에서 설명한 격어미와 인칭어미 이외에도 자음전환을 유발하는 다른 (파생)어미들이 있는데 특히 형용사를 부사화하는 어미 **-sti**, 비교급 어미 **-mpi**(§85), 최상급 어미 **-in**(§86) 등이 있다. 또한 부정의 의미를 표현하는 파생 어미 **-ton** ~ **-tön**이 있다. **koti** '집': **kodi/ton** '집 없는'; **palkka** '급여': **palka/ton** '무급의'. (자음전환을 유발하는 기타 어미들은 §93을 참고.)

기본형	부사	비교급	최상급
kiltti 좋은	**kilti/sti** 좋게	**kilti/mpi** 보다 좋은	**kilte/in** 가장 좋은
tarkka 정확한	**tarka/sti** 정확히	**tarke/mpi** 보다 정확한	**tark/in** 가장 정확한
helppo 쉬운	**helpo/st** 쉽게	**helpo/mpi** 보다 쉬운	**helpo/in** 가장 쉬운

파생어미들이 굴절할 때는 그 자체도 자음전환한다. 예를 들면, **-mpi** : **helpo/mma/ssa** '보다 쉬운 (것)에'.

폐쇄음 **p t k**가 **s** 혹은 **t**에 후행하면 자음전환이 일어나지 않는다. 자음 결합 **hk**의 **k**는 간혹 변환한다.

sk	**tasku**	주머니	**taskusta**	주머니에서
sp	**piispa**	주교(主教)	**piispat**	주교들
st	**piste**	점(點)	**pisteet**	점들
tk	**matka**	여행	**matkalla**	여행(중)에
hk	**keuhko**	폐	**heuhkot**	폐들
	vihko	공책(노트북)	**vihot**	공책들
	nahka	가죽	**nahasta**	가죽(안)에서

대다수의 차용어와 고유명사들은 자음전환하지 않는다. 이 사실은 특히 자음전환 유형 (4)~(16)에 해당된다.

auto	자동차	**autolla**	자동차로
Malta	말타(지명)	**Maltan**	말타의
Kauko	(남자 이름)	**Kaukolle**	까우꼬에게
Arto	(남자 이름)	**Artolta**	아르또에게서

§16 -i-로 시작되는 어미 앞에서 모음의 변화

두 가지 중요한 음성변화 중 둘째 것은 -i-로 시작되는 어미 앞에서 흔히 발생하는 일련의 모음 변화이다. 아래 어미들이 이에 해당한다.

명사 어미	동사 어미
복수어미 **-i-**	과거어미 **-i-**
(어떤 경우에는 -j-, §26 참고)	
최상급어미 **-in**	조건서법어미 **-isi-**
(형용사어미)	

위 어미들 앞에서 모음의 변화는 대개 동일하다. 그러나 일부 단어에서는 다르다. 8가지 규칙을 아래 제시한다(자음전환한 형식들은 '+' 표로 표시했다).

> (1) 단모음 **-o, -ö, -u, -y**(즉, 원순모음들이다)는 -i-를 가진 어미 앞에서 변화하지 않는다.

기본형	복수형		기본형	최상급형	
talo	**taloissa**	집들(안)에서	**helppo**	**helpoin**	가장 쉬운
pöllö	**pöllöille**	올빼미들에게	**jörö**	**jöröin**	가장 말수가 적은
katu	+**kaduilla**	길들(위)에	**hullu**	**hulluin**	가장 미친
hylly	**hyllyissä**	선반들에	**pidetty**	+**pidetyin**	가장 좋아하는

기본형	과거형		조건화법형	
sano-	**sanoi**	했다	**sanoisi**	말했을 것이다
löhö-	**löhöi**	빈둥거리다	**löhöisi**	빈둥거렸을 것이다
puhu	**puhui**	말했다	**puhuisi**	말했을 것이다
pysähty-	**pysähtyi**	섰다	**pysähtyisi**	섰을 것이다

> (2) 장모음이 단모음화한다.

기본형	복수형		기본형	최상급형	
puu	**puita**	나무들(비정격)	**vapaa**	**vapain**	가장 장유로운
maa	**maissa**	그 나라들(안)에	**vakaa**	**vakain**	가장 단단한
syy	**syiden**	이유들의	**tervee-**	**trervein**	가장 건강한

venee-	veneistä	배(船)들에서
perhee-	perheissaä	가족들(안)에

기본형	과거형		조건화법형	
saa-	sai	얻었다(got)	saisi	얻었을 것이다
jää-	jäi	머물렀다	jäisi	머물렀을 것이다
avaa-	avasi	열었다	avaisi	열었을 것이다
makaa	makasi	누웠다	makaisi	누웠을 것이다

(3) 이중모음 **ie, uo, yö**의 첫째 모음이 탈락한다.

기본형	복수형		
tie	teillä	길들(위)에	(형용사의 예는 존재하지 않는다.)
nuo	noissa	그것들(안)에	
yö	öitä	밤들(비정격)	
suo	soista	늪으로부터	
työ	töiden	일들의	

기본형	과거형		조건화법형	
vie-	vei	가졌다(took)	veisi	가졌을 것이다
juo-	joi	마셨다	joisi	마셨을 것이다
syö-	söi	먹었다	söisi	먹었을 것이다
tuo-	toi	가져왔다	toisi	가져왔을 것이다
lyö-	löi	때렸다	löisi	때렸을 것이다

(4) **-i**로 끝나는 2중모음 어미에서 **i**가 탈락한다.

기본형	복수형		
hai	ha/i/ssa	상어들(안)에	(형용사에는 부재)
koi	ko/i/t	달(月)들(비정격)	
täi	tä/i/den	이(蝨)들의	

기본형	과거형		조건서법형	
voi-	vo/i	할 수 있었다 (could)	vo/isi	할 수 있었을 것이다
ui-	u/i	수영했다	u/isi	수영할 것이다
nai-	na/i	결혼했다	na/isi	결혼할 것이다

(5) 단모음 e는 항상 탈락한다.

기본형	복수형		기본형	최상급형	
tuule-	tuulia	바람들(비정격)	nuore-	nuorin	가장 젊은
tule-	tulia	불(火)들(비정격)	suure-	suurin	가장 위대한
lapse-	lapsilla	어린이들 (옆)에	uute-	uusin	가장 새로운
kiele-	kielinä	언어들로서			
naise-	nasisille	여인들에게			

기본형	과거형		조건화법형	
tule-	tuli	왔다	tulisi	올 것이다
menge-	meni	갔다	menisi	갈 것이다
ole-	oli	이었다	olisi	일 것이다
hymyile-	hymyili	미소지었다	hymyilisi	미소지을 것이다
teke-	teki	했다	tekisi	할 것이다
näke-	näki	보았다	näkisi	볼 것이다

(6) 단모음 i는 복수어미와 최상급형어미 앞에서 e로 변화한다. 그러나 과거형과 조건화법형 앞에서는 탈락한다.

기본형	복수형		기본형	최상급형	
lasi	laseissa	유리잔들(안)에	kiltti	+kiltein	가장 좋은
tuoli	tuoleilla	의자들(위)에	nätti	+nätein	가장 이쁜
väri	väreinä	색(色)들로서			
tunti	+tunneilla	그 학습 과(課)들(안)에			

기본형	과거형		조건화법형	
salli-	**sall/i**	허용하였다	**sall/isi**	허용했을 것이다
etsi-	**ets/i**	찾았다	**ets/isi**	찾았을 것이다
oppi-	**opp/i**	배웠다	**opp/isi**	배웠을 것이다
vaati-	**vaat-i**	요구했다	**vaat-isi**	요구했을 것이다

(7) 모음 **ä**는 조건절 이외에서는 탈락한다.

기본형	복수형		기본형	최상급형	
päivä	**päiviä**	날(日)들(비정격)	**syvä**	**syvin**	가장 깊은
ystävä	**ystävillä**	친구들에게서	**ikävä**	**ikävin**	가장 무딘
seinä	**seinien**	그 벽(壁)들의	**kylmä**	**kylmin**	가장 추운
kylä	**kyliin**	그 마을(안)으로	**märkä**	**+märin**	가장 젖은
hedelmä	**hedelmiä**	과일(비정격)	**hämärä**	**hämärin**	가장 희미한

기본형	과거형		조건형	
vetä-	**veti**	끌었다	**vetäisi**	끌었을 것이다
kestä-	**kesti**	지속되었다	**kestäisi**	지속될 것이다
kiittä-	**kiitti**	감사했다	**kiittäisi**	감사할 것이다
viettä-	**vietti**	(돈 등을)썼다	**viettäisi**	쓸 것이다
tietä-	**tiesi**	알았다	**tietäisi**	알 것이다

이 규칙에 어긋나는 예들로, 일부 3음절 명사에서는 **-ä**가 복수형에서 **-ö**로 변화하는데, 선행 음절의 모음이 오직 **i** 혹은 **y**뿐인 경우이다. 예. **kynt-tilä**, **kynttilö/i-/tä** '촛불들'(비정격); **tekijä**, **tekijö/i/tä** '표지(標識)들'(비정격); **päärynä**, **päärynö/i/ssä** '배(梨)(안)에'

(8) 모음 **a**는 조건화법형에서 변화하지 않고 최상급형에서는 탈락한다. 2음절 단어의 복수형과 과거형에서 첫째 음절이 **a, e, i**일 때 **a**가 **o**로 변화한다. 그러나 첫째 음절의 모음이 **u** 혹은 **o**일 때는 탈락한다.

기본형	조건화법형	
anta-	**antaisi**	줄 것이다
otta-	**ottaisi**	취할 것이다
sata-	**sataisi**	비올 것이다
muista-	**muistaisi**	기억할 것이다
alka-	**alkaisi**	시작할 것이다

기본형	최상급형	
kova	**kovin**	가장 단단한
vahva	**vahvin**	가장 강한
tarkka	**+tarkin**	가장 정확한
vanha	**vanhin**	가장 오래된
matala	**matalin**	가장 낮은

기본형	복수형		기본형	과거형	
matka	**matkoilla**	여행들중에	**alka-**	**alkoi**	시작했다
kirja	**kirjoissa**	책들(안)에	**anta-**	**antoi**	주었다
sana	**sanoilla**	단어들로	**sata-**	**satoi**	비 왔다
piha	**pihoilla**	후원(안)에	**kaata-**	**kaatoi**	넘어졌다
herra	**herrojen**	주인들의	**raata-**	**raatoi**	애썼다

기본형	복수형		기본형	과거형	
koira	**koirien**	개들의	**otta-**	**otti**	취했다 (took)
poika	**poikien**	소년들의	**muista-**	**muisti**	기억했다
muna	**munia**	계란들(비정격)	**osta-**	**osti**	샀다
kuuma	**kuumissa**	끓는 열(속)에	**huuta-**	**huusi**	소리질렀다

3음절 혹은 그 이상의 음절로 구성된 명사에서 **-a**는 **-o**로 변화하거나 탈락하는데, 어떤 단어에서는 양쪽이 다 가능하다. **-o**로 변화하는 것은 특히 (a) 선행 음절의 모음이 단일 **i**일 때; (b) **-a** 앞에 **l, n, r**이 올 때; 그리고 (c) **-a** 앞에 2중 자음이 올 때이다.

(a) **lukija** **lukijoiden** 독자들의
apina **apinoilla** 원숭이들(옆)에
pakina **pakinoissa** 수필(신문 칼럼)들(안)에
vakoilija **vakoilijoille** 스파이들에게
(b) **omena** **omenoita** 사과들 (비정격)
ikkuna **ikkunoissa** 창문들(안)에
tavara **tavaroita** 물건들 (비정격)
kampela **kampeloita** 가자미들 (비정격)
(c) **kirsikka** +**kirsikoihin** 체리들(속)으로
vasikka +**vasikoille** 송아지들에게
sanonta **sanontojen** 표현들의
jalusta **jalustoilla** 기단(基壇, 받침대)들(위)에

3음절 혹은 그 이상의 음절로 구성된 기타 명사들의 복수 형식들과 거의 모든 형용사들, 그리고 3 혹은 그 이상의 음절로 구성된 동사의 과거형에서 **-a**가 탈락한다.

kanava **kanavissa** 운하(안)에
korkea **korkeiden** 높은 것의
sanoma **sanomia** 메시지들 (비정격)
ainoa **ainoissa** 유일한 것의
vaikea **vaiketa** 어려운 (비정격)
ihana **ihania** 사랑스러운 (비정격)
kamala **kamalia** 끔찍한 (비정격)
matkusta- **matkusti** 여행에 익숙한
pohjusta- **pohjusti** 설립된, 기반조성된

5 명사성어의 곡용

- 일반사항
- 기본 형식에 –i를 가진 명사성어들
- 기본 형식에 –e를 가진 명사성어들
- 기본 형식이 자음으로 끝난 명사성어들

§17 일반사항

명사성어(名詞性語 nominals)나 동사나 어간에 어미가 첨가되어 구성된다. 명사성어의 경우 일반적으로 기본 형식이 어간의 기능을 가진다. 그리고 여러 가지 곡용 형태에서 어떤 어미가 첨가되더라도 어간은 변하지 않는다. 예. **auto/n, auto/ssa, auto/on, auto/ni, auto/kin**. 그러나 어떤 어미가 첨가될 때 어간에 음운 변화가 일어날 수가 있다. 어간에 있는 **p, t, k**는 자음전환의 대상이 되고(§15), 어말 모음은 -i-를 가진 어미가 첨가될 때 바뀌거나 탈락한다(§16).

어떤 단어는 어떤 어미가 붙느냐에 따라서 어간이 달라지기도 한다. 상이한 어간들은 음운의 교체에 의하여 형성된다. 흔히 기본형(단수 주격) 혹은 기본형에 비정격(非定格 partitive) 어미가 첨가된 형식은 그 자체의 기본형이 있고, 그 밖의 모든 격어미와 복수 어미와 소유접미사들은 제2 혹은 제3의 어간에 첨가된다. 그러한 어간을 굴절어간(屈折語幹 inflectional stem)이라고 부른다.

명사성어 중에서 기본형이 굴절어간과 다른 것들은 3가지 종류로 구분할 수 있다. 첫째는 기본형이 **-i**로 끝나고 굴절어간이 **-e**로 끝나는 단어들이다. 예. **kieli** '언어': **kiele/n**. 둘째 종류는 기본형이 **-e**로 끝나고 굴절어간이 **-ee**로 끝나는 단어들이다. 예. **perhe** '가족': **perhee/n**. 셋째 종류는 기본형이 자음으로 끝나고 그 자음이 다른 자음과 교체하여 굴절어간을 형성하는 단어들이다. 예. **kysymys** '질문': **kysymykse/n**.

다음 절에서 이들 3종류의 어간들을 한 가지씩 차례로 제시한다. 굴절어간은 속격 형식이 대표한다. 예. **kiele/n, perhee/n, kysymykse/n**. 다른 형식들은 거의 다 속격 어미 **-n**을 다른 어미로 치환함으로써 이루어진다. 예. **kiele/n, kiele/ssä, kiele/stä, kiele/llä, kiele/mme** 등. 따라서 아래 규칙은 중요하다.

> 모든 격, 수(數), 소유 형식들은 굴절어간에서 형성된다. (단, 비정격은 별개의 어간이 있는 예들이 있다.)

자음전환의 규칙들과 모음변화의 규칙들이 기본형 어간 및 굴절형 어간 형성에 영향을 준다.

> 자음전환(§15)과 **-i-**를 가진 어미 앞에서의 모음 변화(§16) 역시 굴절어간 형성에 영향을 준다.

그러면, 예를 보기 위하여 굴절어간 **kiele-**가 격(格), 수(數), 소유를 나타내는 여러 가지 명사어미들과 어떻게 결합하는지 보기로 한다.

기본형		굴절어간에 격어미 첨가	
kieli	'언어'	**kiele/n**	언어/의
		kiele/t	언어/들
		kiele/ssä	언어/에
		kiele/stä	언어/로부터
		kiele/en	언어/(안으)로
		kiele/llä	언어/와
		kiele/lle	언어/로(향하여)
		kiele/nä	언어/로서, 는
		kiel/tä	언어 (비정격)

굴절어간+복수어미		굴절어간+인칭어미	
kiel/i/ssä	언어들/(안)에	**kiele/ni**	나의 언어
kiel/i/stä	언어들/(밖)에	**kiele/si**	너의 언어
kiel/i/in	언어들/(안)으로	**kiele/nsä**	그의/그들의 언어

kiel/i/llä	언어들/과	kiele/mme	우리의 언어
kiel/i/nä	언어들/로서	kiele/nne	너희들의 언어
kiel/i/lle	언어들/에		

전접첨사(前接添辭 enclitic particles)들은 굴절된 형식 혹은 비굴절 형식에 직접 붙는다.

kieli/kin	그 언어/도
kiele/n/hän	그 언어/의 + (강조)
kiele/ssä/hän	그 언어/(안)에 + (강조)
kiel/tä/kö?	언어냐? (비정격)
kiel/i/ssä/hän	언어/들/에 + (강조)
kiel/ni/pä	나의 언어 + (강조)

§18 기본 형식에 -i를 가진 명사성어

§18.1 TUNTI 류의 명사성어

기본형이 -i로 끝나는 대부분의 명사성어들은 별도의 굴절어간이 없고, 어미가 기본형 자체에 곧바로 첨가된다. 따라서 자음전환과 모음변화의 규칙이 적용된다(§15, §16). 이와 같은 **tunnti** '시간, 과목' 유형의 명사성어에는 아래와 같은 예들이 있다. '+' 표는 자음전환이 적용된 형식임을 표시한다.

굴절어간에 어미가 첨가된 형식

기본형		격어미 첨가	복수어미 첨가	인칭어미 첨가
tunti	시간	+tunni/n	+tunne/i/ssa	tunti/mme
merkki	표지	+merki/n	+merke/i/ssä	merkki/mme
väri	색	väri/n	väre/i/ssä	väri/mme
laki	법	+lai/n	+lae/i/ssa	laki/mme
risti	교차, 십자로	risti/n	riste/i/ssä	risti/mme
sali	홀, 실	Sali/n	sale/i/ssa	Sali/mme

§18.2 KIVI 류의 명사성어

기본 형식이 **-i**로 끝나는 명사성어들에는 3종류가 있고, 모두 **-e**로 끝나는 굴절어간을 가졌다. 첫째 부류는 **kivi** '돌'과 같은 단어들로서 비정격 단수 형식도 굴절어간과 같다.

기본형		굴절어간에 어미가 첨가된 형식 격어미 첨가	 복수어미 첨가	 인칭어미 첨가
kivi	돌	**kive/n**	**kiv/i/ssä**	**kive/mme**
Suomi	핀란드	**Suome/n**	—	**Suome/mme**
kaikki	모두	**+kaike/n**	**+kaik/i/ssa**	**kaikke/mme**
lehti	신문	**+lehde/n**	**+lehd/i/ssä**	**lehte/mme**
hetki	순간	**hetke/n**	**hetk/i/ssä**	**hetke/mme**
talvi	겨울	**talve/n**	**talv/i/ssa**	**talve/mme**
järvi	호수	**järve/n**	**järv/i/ssä**	**järve/mme**
lahti	만	**+lahde/n**	**+lahd/i/ssa**	**lahte/mme**
jälki	흔적	**+jälje/n**	**+jälj/i/ssä**	**jälke/mme**
joki	강	**+joe/n**	**+jo/i/ssa**	**joke/mme**
nimi	이름	**nime/n**	**nim/i/ssä**	**nime/mme**
ovi	문	**ove/n**	**ov/i/ssa**	**ove/mme**

> **kivi** 류 단어들의 비정격 단수는 그와 같이 **-e**를 가진 굴절어간으로 형성된다. 바로 이 점에서 **kieli** 류(§18.3) 및 **vesi** 류(§18.4)의 단어들과 다르다.

기본형		굴절어간에 비정격 어미
kaikki	모두	**kaikke/a**
Suomi	핀란드	**Suome/a**
kivi	돌	**kive/ä**
lehti	신문	**lehte/ä**
hetki	순간	**hetke/ä**
ovi	문	**ove/a**

Tunti 류와 **kivi** 류 명사성어들을 비교해 보면, 기본형식들에 의해서는 어느 것이 굴절어미 **-e**를 갖고 어느 것이 갖지 않는지 구별하는 규칙을 정할 수 없다. 그러나 반대 방향으로 적용할 수 있는 규칙은 세울 수 있다.

굴절어간의 어미가 단모음 **-e**인 명사성어들은 기본형에 단모음 **-i**를 가졌다.

이 규칙에 의하여 우리는 항상 굴절어간으로부터 기본형을 파악할 수 있다. 이 규칙은 굴절어간에 장모음 **-ee**를 가진 명사성어에는 해당하지 않는다. 예를 들면, **perhe** '가족', **perhee/n**(§19). 이 규칙에 어긋나는 소수의 예들이 있다. 예. **kolme** '셋', **kolme/n**; **itse** '자신', **itse/n**; **nalle** '곰', **nalle/n**; **nukke** '인형', +**nuke/n**.

§18.3 KIELI 류의 명사성어

kieli 류 명사성어는 **kivi** 류와 오직 비정격 단수 형식만 다르다. 여기서는 전자의 굴절어간 말음 **-e**가 탈락한다. §18.2와 비교하여 보고 비정격 단수형을 주목해 보아라.

		굴절어간에 어미가 첨가된 형식		
기본형		격어미	복수어미	인칭어미
kieli	언어	**kiele/n**	**kiel/i/ssä**	**kiele/ni**
veri	피	**vere/n**	**ver/i/ssä**	**vere/ni**
meri	바다	**mere/n**	**mer/i/ssä**	**mere/ni**
tuli	불	**tule/n**	**tul/i/ssa**	**tule/ni**
tuuli	바람	**tuule/n**	**tuul/i/ssä**	**tuule/ni**
ääni	음성	**ääne/n**	**ään/i/ssä**	**ääne/ni**
lumi	눈(雪)	**lume/n**	**lum/i/ssa**	**lume/ni**
uni	꿈	**une/n**	**un/i/ssa**	**une/ni**
nuori	젊은	**nuore/n**	**nuor/i/ssa**	—
suuri	큰	**suure/n**	**suur/i/ssa**	—
pieni	작은	**piene/n**	**pien/i/ssä**	—
lapsi	어린이	**lapse/n**	**lasps/i/ssa**	**lapse/ni**

굴절어간에 어미가 첨가된 형식

기본형		격어미(비정격 제외)	비정격어미
kieli	언어	**kiele/n**	**kiel/tä**
veri	피	**vere/n**	**ver/ta** (Note: -ta)
meri	바다	**mere/n**	**mer/ta** (Note: -ta)
tuli	불	**tule/n**	**tul/ta**
tuuli	바람	**tuule/n**	**tuul/ta**
ääni	음성	**ääne/n**	**ään/tä**
lumi	눈	**lume/n**	**lun/ta** (주목: m → n)
pieni	작은	**piene/n**	**pien/tä**

굴절어간의 말음(末音) **-e**가 비정격 단수 어미가 첨가될 때 탈락하는 유일한 경우는 어떤 자음이 선행할 때이다. 아래와 같은 규칙을 설정할 수 있다.

> 비정격 단수 형식에서 굴절어간의 **-e-**는 선행하는 자음이 **l, r, n**인 경우에 탈락하고, 또한 이들 자음 혹은 어떤 모음에 후행하는 **t** 뒤에서 탈락한다.

§18.4 VESI 류 명사성어

위에 제시한 규칙은 **vesi** 류 명사성어들에도 적용된다. 이들은 기본형이 **-si**, 굴절어간이 -te-인 일군의 단어들이다.

> **Vesi** 류 명사성어들에서는 **-si**가 **-te-**와 교체한다. 복수어미 **-i-** 앞에서 **-te-**는 **-s-**로 바뀐다. **-te-**는 자음전환(§15)에 해당된다.

자음전환의 영향을 받지 않는 굴절어간의 예로 향내격(illative) 단수형을 보기로 한다. 예를 들면, **vete/en** '물/(속)으로'.

굴절어간에 어미가 첨가된 형식

기본형		격(비정격 제외)	비정격	복수	인칭어미
vesi	물	**vete/en**	**vet/tä**	**ves/i/ssä**	**vete/ni**

käsi	손	käte/en	kät/tä	käsi/ssä	käte/ni
uusi	새(新)	uute/en	uut/ta	uus/i/ssa	-
viisi	다섯	viite/en	viit/tä	viis/i/ssä	-
tosi	진실	tote/en	tot/ta	tos/i/ssa	-
kansi	덮개	kante/en	kant/ta	kans/i/ssa	kante/ni
varsi	손잡이	varte/en	vart/ta	vars/i/ssa	varte/ni

비교체형		교체형	
vete/nä	물로서	+vede/n	물의
vete/en	물(속)으로	+vede/t	물들
vete/en	우리의 물	+vede/ssä	물(안)에
vete/nne	너희의 물	+vede/stä	물에서
vete/ni	나의 물	+vede/llä	물로(with)

§19 기본 형식에 -e를 가진 명사성어

특별한 굴절어간을 가진 둘째 부류의 명사성어들은 (거의 전부가) 기본형이 **-e**로 끝나는 단어들이다. 다른 굴절 형식들은 어간 말(末)의 장모음(長母音) **-ee** 에서 형성된다. 아래 사항들도 유념해야 한다.

> 비정격 단수 형식은 **-tta** ~ **-ttä**를 기본형에 직접 붙여 형성된다.
>
> 자음전환의 규칙들이 기본형과 비정격 단수형에 적용되지만, 장모음을 가진 굴절어간에는 적용되지 않는다(§15.3).
>
> 굴절어간의 **-ee-**는 복수어미 **-i-** 앞에서 짧아진다(§16.2).

굴절어간에 머미가 첨가된 형식

기본형	의미 단수	비정격	격 (비정격 단수 제외)	복수 어미	인칭어미
perhe	가족	perhe/ttä	perhee/n	perhe/i/ssä	perhee/ni
vene	배	vene/ttä	venee/n	vene/i/ssä	venee/ni
joukkue	팀	joukkue/ttä	joukkuee/n	joukkue/i/ssa	joukkuee/ni

liike	상점	+liike/ttä	liikkee/n	liikke/i/ssä	liikkee/ni
suhde	관계	+suhde/tta	suhtee/n	suhte/issa	suhtee/ni
kone	기계	kone/tta	konee/n	kone/i/ssa	konee/ni
tarve	필요	+tarve/tta	tarpee/n	tarpe/i/ssa	tarpee/ni
+sade	비(雨)	+sade/tta	satee/n	sate/i/ssa	satee/ni
ote	파악	+ote/tta	ottee/n	otte/i/ssa	ottee/ni
liikenne	교통	+liikenne/ttä	liikentee/n	liikente/i/ssä	liikentee/ni

강전환형식		약전환형식	
liikkee/n	운동의	+liike	운동 (주격 단수)
liikkee/t	운동들		
liikkee/ssä	운동(안)에	+liike/ttä	운동 (비정격 단수)
liikke/i/ssä	운동들(안)에		

강전환형식	약전환형식
liikkee/stä	운동에서(안에서 밖으로)
liikke/i/stä	운동들에서
liikkee/mme	우리들의 운동
liikkee/nne	너희들의 운동

기본형에 **-e**를 가진 거의 모든 명사성어들은 이상과 같이 변화한다. 예외들은 §18.2 끝에 제시하였다.

§20 기본 형식이 자음으로 끝나는 명사성어들

셋째 부류의 어간들은 기본형이 자음으로 끝나는 명사성어들이다. 이 어간들은 몇 가지 하위 부류로 구별할 필요가 있다(§20.1-8). 그러나 하위 부류들은 모두가 아래와 같은 공통 특징을 가졌다.

굴절어간이 흔히 모음 **-e**로 끝나고 기본형의 어말 자음이 다른 음과 교체한다. 비정격 단수는 일반적으로 어미 **-ta ~ -tä**의 첨가로 이루어지며, 이 어미는 기본형에 직접 붙는다(§19 참고).
자음전환의 규칙이 기본형과 비정격 단수 형식에 영향을 준다.
굴절어간(보통 -e)의 어말 모음이 복수어미 -i- 앞에서 변화한다.

§20.1 IHMINEN 류 명사성어

기본형이 자음으로 끝나는 명사성어들 중에서 가장 중요한 하위 부류가 **-nen**으로 끝나는 **ihminen** '사람' 류의 단어들이다.

Ihminen 류 명사성어들은 굴절어간에서 **-nen**이 **-se-**로 바뀐다. 비정격 단수는 굴절어간의 어말 모음 **-e**를 탈락시켜 만든다.

굴절어간에 어미가 첨가된 형식

기본형	의미	격어미	비정격	복수	인칭
ihminen	사람	**ihmise/n**	**ihmis/tä**	**ihmis/i/ssä**	**ihmise/ni**
nainen	여인	**naise/n**	**nais/ta**	**nais/i/ssa**	**naise/ni**
yleinen	유행, 일반	**yleise/n**	**yleis/tä**	**yleis/i/ssä**	—
hevonen	말(馬)	**hevose/n**	**hevos/ta**	**hevos/i/ssa**	**hevose/ni**
punainen	빨간색	**punaise/n**	**punais/ta**	**punais/i/ssa**	—
toinen	또하나	**toise/n**	**tois/ta**	**tois/i/ssa**	—
jokainen	매(每)	**jokaise/n**	**jokais/ta**	—	—

§20.2 AJATUS 류 명사성어

기본형이 단모음+s로 끝나는 명사성어들에는 2부류가 있다. 그 중에서 보다 흔히 볼 수 있는 것이 **ajatus** '생각' 류의 단어들이다(§20.3).

Ajatus 류의 명사성어들에서 굴절어간은 **-s**가 **-kse-**로 바뀌어 형성된다. 비정격 단수 형식은 기본형에서 바로 형성된다.

굴절어간에 어미가 첨가된 형식

기본형	의미 단수	비정격 (비정격 단수 제외)	격어미	복수어미	인칭어미
ajatus	생각	**ajatus/ta**	**ajatukse/n**	**ajatuks/i/ssa**	**ajatukse/ni**
kysmys	질문	**kysmys/tä**	**kysmykse/n**	**kysmyks/i/ssä**	**kysmykse/ni**
vastaus	대답	**vastaus/ta**	**vastaukse/n**	**vastauks/i/ssa**	**vastaukse/ni**
teos	일	**teos/ta**	**teokse/n**	**teoks/i/ssa**	**teokse/ni**
rakennus	건물	**rakennus/ta**	**rakennukse/n**	**rakennuks/i/ssa**	**rakennukse/ni**
hallitus	정부	**hallitus/ta**	**hallitukse/n**	**hallituks/i/ssa**	**hallitukse/ni**
päätös	결정	**päätös/tä**	**päätökse/n**	**päätöks/i/ssä**	**päätökse/ni**

§20.3 TAIVAS 류 명사성어

Taivas '천국' 류 명사성어들에서는 기본형의 -s가 선행하는 모음과 같은 모음으로 바뀐다.

> **Taivas** 류 명사성어들에서는 기본형의 **-s**가 선행하는 모음과 같은 모음으로 교체하여 굴절어간이 형성된다. 비정격 단수는 기본형에서 직접 형성된다.

굴절어간에 어미가 첨가된 형식

기본형	의미 단수	비정격 (비정격 단수 제외)	격어미	복수어미	인칭어미
taivas	천국	**taivas/ta**	**taivaa/n**	**taiva/i/ssa**	**taivaa/ni**
valmis	준비	**valmis/ta**	**valmii/n**	**valmi/i/ssa**	—
rikas	부유한	**+rikas/ta**	**rikkaa/n**	**rikka/i/ssa**	—
oppilas	제자	**oppilas/ta**	**oppilaa/n**	**oppila/i/ssa**	**oppilaa/ni**
tehdas	공장	**+tehdas/ta**	**tehtaa/n**	**tehta/i/ssa**	**tehtaa/ni**
porras	계단	**+porras/ta**	**portaa/n**	**porta/i/ssa**	**portaa/ni**
+kirkas	밝은	**+kirkas/ta**	**kirkkaa/n**	**kirkka/i/ssa**	—

강전환형식		약전환형식	
tehtaa/n	공장의	**+tehdas**	공장
tehtaa/t	공장들		(주격 단수)
tehtaa/ssa	공장(안)에	**+tehdas/ta**	공장
tehta/i/ssa	공장들(안)에		(비정격 단수)
tehtaa/sta	공장들에서(안에서 밖으로)		
tehta/i/sta	공장들에서		
tehtaa/mme	우리들의 공장		
tehtaa/nne	너희들의 공장		

§20.4 HYVYYS 류 명사성어

기본형의 어말에 **-s**를 가진 명사성어들의 셋째 부류는 **hyvyys** '좋은 것, 선행(善行)' 류이다. 여기에는 어말 **-s**를 갖고 장모음이 선행하는 모든 단어들이 속하며 상이한 모음 2개가 선행하는 단어들도 다수 포함된다. 이 부류에 속하는 모든 단어들은 파생 형식들이다. 참고. **hyvä** '좋은' ~ **hyv/yys** '좋음'; **kaunis** '아름다운' ~ **kaune/us** '미인'; **osa** '부분' ~ **os/uus** '몫'.

> **Hyvyys** 류 명사성어들에서는 어말의 **-s**가 **-te-**로 변화하여 단수의 굴절어간을 형성한다. 복수어미 **-i**가 첨가될 경우는 **-s**가 **-ks-**로 변화한다. 비정격 단수는 굴절어간에서 형성되며 **-e-**가 탈락한다.

굴절어간에 어미가 첨가된 형식

기본형	의미 단수	비정격 (비정격 단수 제외)	격어미	복수어미	인칭어미
hyvyys	좋은 것	**hyvyyt/tä**	**+hyvyyde/n**	**hyvyyks/i/ä**	**hyvyyte/ni**
korkeus	높이	**korkeut/tä**	**+korkeude/en**	**korkeuks/i/a**	**korkeute/ni**
rakkaus	사랑	**rakkaut/ta**	**+rakkaude/n**	**rakkauks/i/ssa**	**rakkaute/ni**
totuus	진실	**totuut/ta**	**+totuude/n**	**totuuks/i/ssa**	**totuute/ni**

강전환형식		약전환형식	
totuutee/n	진실(속)으로	**+totuude/n**	진실의
totuute/na	진실로서	**+totuude/ssa**	진실로
totuute/mme	우리들의 진실	**+totuude/sta**	진실에서
		+totuude/lla	진실로(진실을 가지고)

§20.5 AVAIN 류의 명사성어들

Avain '열쇠'와 같이 굴절하는 단어들 대부분은 **-in**어미(참고 §93.1)를 가진 형식으로 파생된다. 어간은 **-in-**과 **-ime-**가 교체하고 비정격 단수는 기본형에서 형성된다.

기본형	의미 단수	굴절어간 + 비정격 (비정격 단수 제외)	격어미	복수어미	인칭어미
avain	열쇠	**avain/ta**	**avaime/n**	**avaim/i/ssa**	**avaime/ni**
puhelin	전화	**puhelin/ta**	**puhelime/n**	**puhelim/i/ssa**	**puhelime/ni**
kirjan	편지	**kirjain/ta**	**kirjaime/n**	**kirjaim/i/ssa**	**kirjaime/ni**

§20.6 TYÖTÖN 류의 명사성어들

Työ/tön '실직(失職)'과 같은 파생 명사성어들이 아주 흔하다. 비정격 단수형은 기본형에서 형성된다. 기타 굴절 형식들은 **-ton** ~ **-tön**과 **-ttoma** ~ **-ttömä**가 교체하는 어간을 기본으로 한다.

기본형	의미 단수	굴절어간 + 비정격 (비정격 단수 제외)	격어미	복수어미
työ/tön	실직자	**työ/tön/tä**	**työ/ttömä/n**	**työ/ttöm/i/ssä**
onne/ton	불행한	**onne/ton/ta**	**onne/ttoma/n**	**onne/ttom/i/ssa**
tie/tön	길이 없는	**tie/tön/tä**	**tie/ttömä/n**	**tie/ttöm/i/ssä**

§20.7 ASKEL 류 명사성어들

어떤 어말 자음으로 끝나는 명사성어 20~30개는 별도의 소규모 하위 부류를 형성한다. 그 단어들의 기본형 어말음 2종은 일반적으로 **-el** 혹은 **-en**이다. 비정격 단수는 기본형에서 형성된다. 굴절어간에는 **-e-**가 첨가된다. 이 **-e-**는 복수어미 **-i-** 앞에서 탈락한다.

굴절어간에 어미가 첨가된 형식

기본형	의미 단수	비정격 (비정격 단수 제외)	격어미	복수어미	인칭어미
askel	발걸음	**askel/tä**	**askele/n**	**askel/i/ssa**	**askele/ni**
sävel	곡조(曲調)	**sävel/tä**	**sävele/n**	**sävel/i/ssä**	**sävele/ni**
jäsen	멤버	**jäsen/tä**	**jäsene/n**	**jäsen/i/ssä**	**jäsene/ni**

§20.8 LYHYT 류 명사성어

어말음이 **-ut** 혹은 **-yt**인 명사성어들이 소수 존재하는데, 굴절어간에서 **-t**가 **-e-**로 교체되고, 그것은 복수 어미 **-e-** 앞에서 탈락한다. 이 부류에 **kevyt** '가벼운', **lyhyt** '짧은', **ohut** '얇은', **olut** '맥주' 등의 단어들이 속한다. 명사 **mies** '남자'와 **kevät** '봄'도 특이하게 곡용한다.

굴절어간에 어미가 첨가된 형식

기본형	의미 단수	비정격 (비정격 단수 제외)	격어미	복수어미	인칭어미
lyhyt	짧은	**lyhyt/tä**	**lyhye/n**	**lyhy/i/ssä**	—
olut	맥주	**olut/ta**	**olue/n**	**olu(e)/i/ssa**	**olue/ni**
mies	남자	**mies/tä**	**miehe/n**	**mieh/i/ssä**	**miehe/ni**
kevät	봄	**kevät/tä**	**kevää/n**	**kevä/i/ssä**	**kevää/ni**

어말 자음이 있는 새로운 차용어들은 **i** 모음을 첨가하여 굴절 어간을 만들고, 이 어미는 복수어미 **-i-** 앞에서 **e**로 바뀐다(§16.6). 예. **stadion** '스타디움' : **stadioni/n**, **stadioni/a**, **stadione/i/ta**. 그러나 어말에 **-s**를 가진 차용어는 일반적으로 **ajatus** 류 명사성어들(§20.2)과 같이 곡용한다. 예. **anis** '아니스(식물의 일종)' : **anikse/n**, **anikse/ssa**, **anis/ta**(비정격 단수).

6 동사의 활용

- 일반사항
- 부정사(不定詞 infinitive)어미
- 굴절어간(屈折語幹 inflectional stems)

§21 일반사항

동사도 명사성어와 같이 어간에 어미가 붙어 형성된다. 그러나 동사에는 명사성어의 기본형과 같이, 어미가 첨가되는 독립적/자립적 어간 기본 형식이 부재하는 점이 다르다.[1] 예를 들면, **auto/n, auto/ssa, auto/i/hin** 등 굴절형들에 고정되어 있는 기본형식 **auto** '자동차'와 같은 자립적 어간이 동사성어에는 존재하지 않는다.

핀란드어 사전에 표제어로 수록된 동사 형식들은 제1부정사형의 짧은 형식(shorter form)으로 이미 어미가 첨가되어 있다.[2] 예. **osta/a** '사기',[3] **vastat/a** '대답하기', **juo/da** '마시기'. 다른 동사형을 구성하기 위해서는 우선 동사의 어간에서 부정사 어미를 제거해야 한다. 예. **osta/a** '산다' : **osta/isi/n** '내가 살 것이다', **osta/nut** '샀다'.

일부 동사들은 한 가지 이상의 어간이 있다. 한 어간에서 다른 어간이 형성된 것이다. 예. **vastat/a** '대답하기' : **vastaa/n** '내가 대답한다'; **tul/la** '오기' : **tule/n** '내가 온다'. 명사성어들의 경우와 같이 자음전환(§15)과 **-i-** 모음 앞에서 모음변화(§16)의 규칙이 동사 어간에도 영향을 주는 것이다. 예. **anta/a** '주기' : **anna/n** '내가 준

---

1) 역자주. 국어에서도 '사람' · '자동차'와 같은 명사 어간들은 독립적으로 의미를 시현하는 자립형식이고, '가-(다)' · '오-(다)'와 같은 동사어간들은 독립적으로 의미를 나타내지 못하는 의존형식들이다. 영어 등 서구어에서는 명사(예. man, car)나 동사(go, come)나 자립형식이다.

2) 역자주. 핀란드어 사전에서와 같이 국어사전에서도 동사와 형용사 표제어들은 모두 어간에 어미 '-다'를 첨가한 형식들이다. 예. '가다' · '좋다'. 단, 현대 국어사전에는 '-다'형 한 가지로 통일되어 있는데, 핀란드어 사전에서는 제1부정사 어미 4종류 중 해당되는 형식으로 수록한 점이 다르다. 그 때문에 초보자가 핀란드어 사전에서 어떤 동사를 찾아보기 어렵다.

3) 역자주. 핀란드어 사전에 표제어로 수록된 동사의 부정사형은 국어사전의 동사/형용사 표제어형 '-다'와 의미와 기능이 다르다. 대략 국어의 동명사형 '-기'에 대응한다.

다'(자음전환) : **anno/i/n** '내가 주었다'(모음변화와 자음전환).

동사의 활용에 필요한 어간에는 부정사어간과 굴절어간이 있다. 부정사어간은 부정사 형식에서, §22절에 제시한 규칙에 의하여, 부정사 어미를 제거함으로써 확보되며, 굴절어간은 부정사어간에, 예를 들어, 인칭어미를 첨가하여 구성한다(§23). 굴절어간의 형성에 적용되는 규칙들은 §23절에 보였다.

아래 제1부정사형의 사용 예들을 보인다(§74도 참고).

Haluan *juo/da* oluutta.	나는 맥주를 마시고 싶다.
Tahtoisitko *syö/dä*?	너는 먹고 싶냐? (드시겠습니까?)
Yritän *sano/a* asiat selvästi.	나는 그 일들을 분명히 말하려고 노력하였다.
Minun täytyy *lähte/ä*.	나는 가야 한다.
Saako täällä *laula/a*?	여기서 노래할 수 있나?
Nyt sinun pitää *lopetta/a*.	지금 너는 서야 한다.
Tässä on mukava *istu/a*.	여기 앉는 것이 좋다.
Olisi kiva *men/nä* ulos.	밖에 나가면 기분 좋을 것이다.

§22 부정사 어미(不定詞語尾 Infinitive Endings)

제1부정사에는 4종의 어미가 있다. (1) **-a ~ -ä**, (2) **-da ~ -dä**, (3) **-ta ~ -tä**, (4) **-la ~ -lä**, **-ra ~ -rä**, **-na ~ -nä** 등이다. 그 중에서 가장 자주 사용되는 형식이 (1) **-a ~ -ä**이다. 모든 부정사 어미들은 부정사 어간 뒤에 붙는다.

> 부정사 어미 **-a ~ -ä**는 부정사 어간이 단모음(짧은 모음)일 때 나타난다.

anta/a	주/기, 줌	**kysy/ä**	묻/기
alka/a	시작하/기	**lähte/ä**	떠나/기
katso/a	보/기	**pitä/ä**	잡/기
puhu/a	말하/기	**tietä/ä**	알/기

> 어미 **-a ~ -ä**는 부정사 어간이 단모음 +t일 경우에도 나타난다(보통 **-at/a**, **-ä/ä** 이다).

humat/a	공고하/기	**herät/ä**	(잠을)깨/기
halut/a	원하/기	**hypät/ä**	뛰어오르/기
korjat/a	고치/기	**määrät/ä**	명령하/기
vastat/a	대답하/기	**kerät/ä**	모으/기

> 부정사 어간이 장모음이나 2중모음일 때 부정사 어미 **-da ~ -dä**가 나타난다.

saa/da	얻/기	**jää/dä**	(뒤에)남/기
tuo/da	가져오/기	**vie/dä**	취하/기
voi/da	가능하/기	**syö/dä**	먹/기
luennoi/da	강의하/기	**pysäköi/dä**	주차하/기

> 부정사 어간이 **-s**로 끝나면, **-ta ~ -tä**가 나타난다.

nous/ta	일어서/기	**pääs/tä**	허용되/기
juos/ta	달리/기	**tönäis/tä**	밀치/기
mumis/ta	중얼거리/기	**pes/tä**	씻/기
valais/ta	불붙이/기	**vilis/tä**	떼짓/기

> 부정사 어간의 어말음이 **l, n, r**이면 그와 동일한 자음으로 시작되는 부정사 어미 **-la ~ lä, -na ~ -nä, -ra ~ -rä**가 나타난다.

tul/la	오/기	**vietel/lä**	유혹하/기
ol/la	있/기	**niel/lä**	삼키/기
ajatel/la	생각하/기	**hymyil/lä**	미소하/기
pan/na	놓/기	**men/nä**	가/기
pur/ra	깨물/기		

이상에서 가장 중요한 것이 첫째 **anta/a**와 둘째 **huomat/a**의 예로 대표되는 유형이다. 셋째 **saa/da** 유형의 동사들 역시 중요하다. **-na ~ -nä**와 **-ra ~ -rä** 부정사 어미를 가지는 동사는 많지 않다.

anta/a와 **saa/da** 유형의 동사들의 굴절형식들은 모두가 그 부정사어간에 어미가 첨가된 형식들이다. 그러나 다른 부류의 동사 유형들 중에 최소한 몇 개 형식들도 이 어간에 근거하여 이루어진다. 모든 동사의 굴절형들 중에서 부정사 어간에 근거를 둔 형식들을 아래 규칙에 제시하였다.

> 모든 동사의 부정사 어간은 아래 굴절 형식들의 기반이 된다.
> 1 과거분사 (§61)
> 2 대다수의 명령형 (§66)
> 3 가능형 (§67)
> 4 피동형 (§69~70)
> 5 제2부정사 (§76)

§23 굴절어간(屈折語幹 Inflectional Stems)

이 절에서는 위에 소개한 5개 부류의 동사들이 어떻게 굴절어간을 형성하는가를 보이고(§23.1-4), 뒤에 몇 가지 특수한 예들을 제시한다(§23.5-6). 위의 규칙에서 언급한 형식들 이외의 모든 형식들은 굴절어간에서 형성된다. 각 동사에 대하여 2개의 굴절어간 예들을 제시하는 데, 자음전환(예. **an<u>t</u>a/a** '주다', **an<u>n</u>a/n** '내가 준다')의 영향을 보여주기 위해서이다.

§23.1 ANTA/A 류 동사

Anta/a 류 동사들, 즉 **-a** ~ **-ä**가 단(짧은)모음으로 끝나는 부정사 어간의 뒤에 나타나는 동사들에는 별도의 굴절어간이 존재하지 않는다. 다른 어미들도 부정사 어간에 직접 붙는다. 아래 예들에서 '+'는 자음전환을 의미한다.

> **Anta/a** 류 동사들에는 오직 부정사 어간만 존재한다.

부정사		1인칭 단수형		3인칭 단수형	
osta/a	(물건을)사/기	**osta/n**	내가 산다	**osta/a**	그가 산다

alka/a	시작하/기	**+ala/n**	**alka/a**
ymmärtä/ä	이해하/기	**+ymmärrä/n**	**ymmärtä/ä**
etsi/ä	찾/기	**etsi/n**	**etsi/i**
luke/a	읽/기	**+lue/n**	**luke/e**
neuvo/a	권유하/기	**neuvo/n**	**neuvo/o**
unohta/a	잊/기	**+unohda/n**	**unohta/a**
herättä/ä	(잠을)깨/기	**+herätä/n**	**herätt/ä**
kysy/ä	(질문을)묻/기	**kysy/n**	**kysy/y**

§23.2 HUOMAT/A 류 동사들

Huomat/a 류 동사들, 즉 일반적으로 어말이 **-at/a** ~ **-ät/ä**인 동사들은 아주 중요한 구룹이다(축약 동사). 이들 동사에서 부정사 어간과 굴절 어간의 관계는 복잡하다. 부정사의 **-t-**는 **-a-/-ä-**와 교체하고 자음전환의 규칙이 적용되는데, 굴절어간에서는 교체가 일어나지 않는다(§15.4).

> **Huomat/a** 류 동사들에서 부정사 어간의 **-t-**는 모음조화에 따라 **-a-** 혹은 **-ä-**와 교체하고, 자음전환의 규칙이 부정사 어간에 적용된다.

부정사		1인칭 단수	3인칭 단수
huomat/a	알리/기	**huomaa/n** 내가 안다	**huomaa** 그가 안다
osat/a	알 수 있/기	**osaa/n**	**osaa**
+hypät/ä	뛰어오르/기	**hyppää/n**	**hyppää**
seurat/a	따르/기	**seuraa/n**	**seuraa**
tarjot/a	제공하/기	**tarjoa/n**	**tarjoa/a**
halut/a	원하/기	**halua/n**	**halua/a**
+pelät/ä	무섭/기	**pelkää/n**	**pelkää**
määrät/ä	주문하/기	**määrää/n**	**määrää**
+veikat/a	(돈을)걸/기	**veikkaa/n**	**veikkaa**
+hakat/a	(도끼로)베/기	**hakkaa/n**	**hakkaa**

+maat/a	눕/기	makaa/n	makaa
+tavat/a	만나/기	tapaa/n	tapaa
+kadot/a	사라지/기	katoa/n	katoa/a
varat/a	비축하/기	varaa/n	varaa

§23.3 SAA/DA 류 동사들

제3부류 **saa/da** 동사들, 즉 부정사 어미가 장모음이나 2중모음 뒤에서 나타나는 동사들은 **anta/a** 류 동사들과 같이 오직 부정사 어간만 존재한다.

> **Saa/da** 류 동사들에는 오직 부정사 어간만 있다.

부정사		1인칭 단수	3인칭 단수
saa/da	얻/기	saa/n 내가 얻는다	saa 그가 얻는다
myy/dä	팔/기	myy/n	myy
juo/da	마시/기	juo/n	juo
voi/da	할 수 있/기	voi/n	voi
luennoi/da	강의하/기	luennoi/n	luennoi
kanavoi/da	지시하/기	kanavoi/n	kanavoi
pysäköi/dä	주차하/기	pysäköi/n	pysäköi
teh/dä	하/기	+tee/n	teke/e
näh/dä	보/기	+näe/n	näke/e

상용 동사인 **teh/dä** '하기'와 **näh/dä** '보기'는 예외로서, **-ke-**로 끝나는 굴절어간을 가지며, **-k**는 부정사형의 **-h-**와 교체한다.

§23.4 NOUS/TA와 TUL/LA 류 동사

이들 2개 부류의 동사들은 부정사 어간에 **-e-**를 첨가하여 굴절어간을 형성한다.

> **Nous/ta**와 **tul/la** 류 동사들의 굴절어간은 부정사 어간에 **-e-**를 첨가하여 형성된다

부정사		1인칭 단수	3인칭 단수
nous/ta	상승하/기	**nouse/n** 내가 일어선다	**nouse/e** 그가 일어선다
pes/tä	씻/기	**pese/n**	**pese/e**
tul/la	오/기	**tule/n**	**tule/e**
men/nä	가/기	**mene/n**	**mene/e**
hymyil/lä	미소짓/기	**hymyile/n**	**hymyile/e**
+ajatel/lä	생각하/기	**ajattele/n**	**ajattele/e**
kiistel/lä	논쟁하/기	**kiistele/n**	**kiistele/e**
+työskennel/lä	일하/기	**työskentele/n**	**työskentele/e**
julkais/ta	출판하/기	**julkaise/n**	**julkaise/e**

이 부류의 동사들에서도 부정사 어간에 자음전환(§15.4)이 적용된다. 예. **ajatel/la** '생각하/기' : **ajattele/n** '내가 생각한다'.

§23.5 TARVIT/A 류 동사들

부정사 어간이 **-it/a** ~ **it/ä**로 끝나는 동사들, 예를 들면 **tarvit/a** '필요하/기'는 **huomat/a** 류 동사들(§23.2)과 비슷하지만 굴절어간이 다르게 형성된다.

Tarvit/a 류 동사들의 굴절어간은 부정사 어간에 **-se-**를 첨가하여 형성된다.

부정사		1인칭 단수	3인칭 단수
tarvit/a	필요하/기	**tarvitse/n** 내가 필요하다	**tarvitse/e** 그가 필요로 하다
ansait/a	(돈을)벌/기	**ansaitse/n**	**ansaitse/e**
hallit/a	지배하/기	**hallitse/n**	**hallitse/e**
harkit/a	고려하/기	**harkitse/n**	**harkitse/e**
häirit/ä	방해하/기	**häiritse/n**	**häiritse/e**

§23.6 LÄMMET/Ä 류 동사들

부정사 어간이 **-et/a** ~ **-et/ä**로 끝나는 **lämmet/ä** '따듯해지/기'와 같은 동사들도 굴절어간이 다르게 형성된다(§23.2 참고).

Lämmet/ä 류 동사들의 부정사 어간의 **-t-**는 굴절어간에서 **-ne-**로 교체된다.

부정사		1인칭 단수		3인칭 단수	
+lämmet/ä	따듯해지/기	**lämpene/n**	내가 따듯해진다	**lämpene/e**	그가 따듯해진다
vanhet/a	늙/기	**vanhene/n**		**vanhene/e**	
+paet/a	달아나/기	**pakene/n**		**pakene/e**	
+kalvet/a	창백해지/기	**kalpene/n**		**kalpene/e**	
laaiet/a	넓어지/기	**laaiene/n**		**laaiene/e**	

7 문장의 기본 구조

- 현재시제와 인칭어미
- 주격(명사성어의 기본형)
- 단수와 복수
- 동사 olla '이다/있다(존재)'
- 핀란드어에서 '있다'(소유) 동사
- 부정문(否定文)
- 질문과 대답
- 관형어의 일치

§24 현재시제와 인칭어미

핀란드어에는 문법적 인칭(grammatical person)이 3종 있고, 각각 단수와 복수 2종으로 나타난다. 이 인칭들은 아래와 같이 국어의 대명사들과 일치한다.

minä	나	**me**	우리
sinä	너	**te**	너희
hän	그 (he, she, it)	**he, ne**	그들

3인칭 단수는 대명사 **minä** '나'와 **sinä** '너' 이외의 모든 단수 명사성어들을 대당(對當 cover)하고, 3인칭 복수는 **me** '우리'와 **te** '너희'를 제외한 모든 복수 명사성어를 대당한다. 핀란드어의 동사형식들(§13)은 문법적 주어와 인칭이 일치된다. 인칭은 각각 고유의 어미로 표시되며 동사 어간에 첨가된다. (단, 3인칭 단수는 흔히 어미가 없다.)

	단수	복수
1인칭	**-n**	**-mme**

2인칭	**-t**	**-tte**
3인칭	(아래 참고)	**-vat ~ vät**

이들 인칭 어미들은 굴절어간(§23)에 첨가되는데 시제어미나 화법어미가 있는 경우는 그 뒤에 붙는다. 현재-직설법 3인칭 단수형에서 어간의 어말 모음은 장음(長音)으로 실현된다.

현재-직설법 3인칭 단수형에서 굴절어간의 어말 자음 혹은 음절 경계에 후행하는 단모음(짧은 모음)이 장음화된다.

	단수		복수	
1인칭	**(minä) osta/n**	내가 (물건을)산다	**(me) osta/mme**	우리가 (물건을)산다
	(minä) sano/n	내가 말한다	**(me) sano/mme**	우리가 말한다
	(minä) saa/n	내가 얻는다	**(me) saa/mme**	우리가 얻는다
	(minä) syö/n	내가 먹는다	**(me) syö/mme**	우리가 먹는다
	(minä) tule/n	내가 온다	**(me) tule/mme**	우리가 온다
2인칭	**(sinä) osta/t**	네가 (물건을)산다	**(te) osta/tte**	너희가 (물건을) 산다
	(sinä) sano/t	네가 말한다	**(te) sano/tte**	너희가 말한다
	(sinä) saa/t	네가 얻는다	**(te) sano/tte**	너희가 얻는다
	(sinä) syö/t	네가 먹는다	**(te) syö/tte**	너희가 먹는다
	(sinä) tule/t	네가 온다	**(te) tule/tte**	너희가 온다
3인칭	**hän osta/a**	그가 (물건을)산다	**he osta/vat**	그들이 (물건을) 산다
	ekka sano/o	뻬까가 말한다	**he sano/vat**	그들이 말한다
	tyttö saa	소녀가 얻는다	**tytöt saa/vat**	소녀들이 얻는다
	mies syö	그 남자가 먹는다	**miehet syö/vät**	남자들이 먹는다
	auto tule/e	자동차가 온다	**autot tule/vat**	자동차들이 온다

3인칭 단수형에서 장모음과 2중모음의 둘째 모음은 장음화되지 않는다. 예. **Kalle saa** '깔레가 얻는다'; **Kalle syö** '깔레가 먹는다'. **halua/a** '원한다', **kohoa/a** '상승한다'와 같은 단어에서는 모음의 장음화가 음절 경계 뒤에서 나타난다(§9 참고). 독립된 단어로 표현되는 3인칭 주어는 일반적으로 생략될 수 없다. 그러나 1인칭과 2

인칭 대명사 주어들은 흔히 생략되며(위의 예에서 괄호로 묶어 표시했다), 그 경우 동사에 첨가된 인칭어미만이 주어를 표시하는 수단이다.[1)]

> 1인칭과 2인칭 대명사 (**minä, sinä, me, te**) 주어는 흔히 생략된다.

2인칭 복수 어미 **-tte**는 1인에 대한 경어형(敬語形 polite form)으로도 사용된다. 그리하여 **osta/tte**는 '너희가 (물건을) 산다'를 의미할 수 있고, '당신이 사십니다'도 의미할 수 있다.

인칭 동사형들에 자음전환이 적용된다. 동사 **anta/a** '(물건을) 주/기', **otta/a** '(물건을) 취하/기', **vetä/ä** '끌기'의 예들을 아래 보인다.

	단수	복수
1인칭	**anna/n**	**anna/mme**
	ota/n	**ota/mme**
	vedä/n	**vedä/mme**
2인칭	**anna/t**	**anna/te**
	ota/t	**ota/tte**
	vedä/t	**vedä/tte**
3인칭	**anta/a**	**anta/vat**
	otta/a	**otta/vat**
	vetä/ä	**vetä/vät**

이 형식들에서 **huomat/a** 류 동사들은 장모음의 영향으로 자음전환하지 않는다. 예. **hyppää/n** '내가 뛰어오른다', **hyppää/t** '네가 뛰어오른다', **hän hyppää** '그가 뛰어오른다'. 아래 보이는 예들은 가장 중요한 동사들에 인칭어미가 첨가된 형식들이다(§23 참고).

etsi/ä	찾/기	***luke/a***	읽/기	***lentä/ä***	날/기
etsi/n	etsi/mme	lue/n	lue/mme	lennä/n	lennä/mme

1) 역자주. 국어에서도 단수 1인칭('나')과 2인칭('너')은 원칙적으로 생략된다. 그러나 핀란드어와는 달리, 복수 1인칭('우리들')과 2인칭('너희들')은 일반적으로 생략되지 않는다.

etsi/t	etsi/tte	lue/t	lue/tte	lennä/t	lennä/tte
etsi/i	etsi/vät	lue/e	lue/vat	lennä/ä	lennä/vät

osat/a	어떻게 알/기	***maat/a***	거짓말하/기	***halut/a***	원하/기
osaa/n	osaa/mme	makaa/n	makaa/mme	halua/n	halua/mme
osaa/t	osaa/tte	makaa/t	makaa/tte	halua/t	halua/tte
osaa	osaa/vat	makaa	makaa/vat	halua/a	halua/vat

saa/da	얻/기	***juo/da***	마시/기	***myy/dä***	팔/기
saa/n	saa/mme	juo/n	juo/mme	myy/n	myy/mme
saa/t	saa/tte	juo/t	juo/tte	myy/t	myy/tte
saa	saa/vat	juo	juo/vat	myy	myy/vät

nous/ta	일어서/기	***tul/la***	오/기	***men/nä***	가/기
nouse/n	nouse/mme	tule/n	tule/mme	mene/n	mene/mme
nouse/t	nouse/tte	tule/t	tule/tte	mene/t	mene/tte
nouse/e	nouse/vat	tule/e	tule/vat	mene/e	mene/vät

tarvit/a	필요하/기	***ansait/a***	오/기	***häirit/ä***	가/기
tarvitse/n	tarvitse/mme	ansaitse/n	ansaitse/mme	häiritse/n	häiritse/mme
tarvitse/t	tarvitse/tte	ansaitse/t	ansaitse/tte	häiritse/t	häiritse/tte
tarvitse/e	tarvitse/vat	ansaitse/e	ansaitse/vat	häiritse/e	häiritse/vät

§25 주격(명사성어의 기본 형식)

주격(主格 the nominative) 형식은 핀란드어의 격체계가 구축되는 기반이다. 주격형은 사전에 수록된 명사성어들의 1차적인 형식이며, 동시에 대다수 명사성어들의 가장 보편적인 형식이다. 주격의 기능들은 주격과 비정격(非定格 partitive) — 즉, 격체계에서 제2의 기본 격이다 — 을 비교하면 가장 명확하게 나타난다. 비정격은 흔히 어떤 물건의 비한정(非限定) 및 무한정(無限定)의 양을 표현하고 그 물건이 더욱 많이 존재할 수 있는 가능성을 함축 표현한다. 그와 반면에 주격은 어떤 구상체 혹은 추상체의 전체, 혹은 한정되고 제한된 전체 양을 표현한다.

§25.1 주격 어미

> 주격은
> 1 단수에서는 어미가 없고
> 2 복수에서는 **-t**로 표시된다.

단수	주격	복수	주격
auto	자동차	**auto/t**	자동차/들
maa	나라	**maa/t**	나라/들
talo	집	**talo/t**	집/들
hylly	선반	**hylly/t**	선반/들
nainen	여자	**naise/t**	여자/들 (§20.1 참고)
kivi	돌	**kive/t**	돌/들 (§18.2 참고)
käsi	손	**käde/t**	손/들 (§18.4 참고)

핀란드어에는 어떤 대상물을 언급할 때 특정의 (한정된) 것인가 불특정의 (비한정의) 것인가를 구분 표시하는 형식, 예를 들어 영어의 관사 the와 a (the car, a car) 같은 단어가 부재한다. 핀란드어의 표현으로 **auto** '자동차'가 특정의 자동차인지 불특정의 자동차인지는 흔히 그 단어가 나타나는 문장에서 단어의 순서에 의하여 표현된다 (§25.3). 복수 주격, 예를 들어 **auto/t**는 거의 모든 경우에 '한정된' 대상을 지칭한다.

§25.2 불가분명사(不可分名詞 non-divisible nouns)와 가분명사(可分名詞 divisible nouns)

주격의 용법을 설명하기 위해서는 비정격과 구별되는 특징도 설명할 필요가 있다. 어떤 명사가 구체적인 실체를 지칭하는 말이고, 그 실체는 전체의 성격을 공유하는 작은 부분으로 나눌 수 없으면, 그 명사는 불가분(不可分) 혹은 '셀 수 있는 (countable)' 명사이다. 불가분명사들은 '한 x, 두 x'와 같이 셀 수 있다. 예. **auto** '자동차', **talo** '집', **hylly** '선반', **nainen** '여자', **käsi** '손', **sielu** '영혼'. (영어에서는 이러한 단어들을 "단수가산명사(單數可算名詞 singular count noun)"로 분류할 것이다.)

어떤 명사가 구상물의 집합체거나 혹은 추상적인 실체로서 전체의 성격을 공유하는 부분으로 나눌 수 있으면, 그 명사는 가분(可分) 혹은 '셀 수 없는(non-countable)' 명사이다. 예. **kahvi** '커피', **maito** '우유', **rauta** '철', **kulta** '금', **olut** '맥주', **vesi** '물', **vahvuus** '힘', **rakkaus** '사랑'. 가분명사들은 정상적으로는 셀 수 없다.[2)]

§25.3 주격의 용법

주격의 용법은 3가지 요인에 의거하여 정해진다: 명사가 가분인가 불가분인가, 가분 명사는 한정적(definite)인가 비한정적(indefinite)인가, 그리고, 어떤 경우, 명사가 단수인가 복수인가이다. 아래 4가지 규칙을 제시한다.

(1) 단수 불가분 명사 주어는 주격으로 나타나며 다음과 같은 의미를 표현한다.
(a) 문장의 시작 부분에서는 한정적 의미
(b) 문장의 끝에서는 비한정적 의미

Auto **on kadulla.**	그 자동차가 길에 있다.
Kadulla on *auto*.	길에 자동차가 있다.
Nainen **on talossa.**	그 여인이 (그) 집 안에 있다.
Talossa on *nainen*.	그 집에 여인이 있다.
Kirja **ilmestyi.**	그 책이 출판되었다.
Ilmestyi *kirja*.	책이 출판되었다.
Pullo **on kaapissa.**	그 병이 찬장에 있다.
Kaapissa on *pullo*.	찬장에 병이 있다.

문장의 첫 머리에 있는 명사들은 일반적으로 한정적인 의미를 시현한다. 즉, 청자/독자가 그 명사들이 지칭하는 대상물을 이미 알고 있다는 뜻이다.
주어와 목적어가 불가분의 명사인 문장들은 흔히 한정성의 관점에서 모호하다.

2) 역자주. 여기서 설명한 '불가분명사'는 우리나라 학교 문법서에서는 일반적으로 '가산명사(可算名詞)'로, '가분명사'는 '물질명사(物質名詞)'로 부른다.

Mies osti *kirjan*. (한) 사람이 / 그 사람이 책을 / 그 책을 샀다.

Nainen hankki *auton*. (한) 여자가 / 그 여자가 자동차 / 그 자동차를 샀다.

만약에 목적어를 앞에 놓고 주어를 끝에 놓으면, 목적어가 한정적(즉, '이미 알고 있는 것')이고 주어가 비한정적(즉, '새로운 것')으로 해석된다.

Kirjan osti *mies*. 그 책을 (한) 남자가 샀다.

단수 불가분 서술부 명사(즉, 보어)들은 항상 주격이다.

Pekka on *mies*. 뻭까가 남자이다.

Tuula on *nainen*. 뚤울라가 여자이다.

Tämä on *pöytä*. 이것이 테이블이다.

Tuo on *auto*. 그것이 자동차이다.

Auto tuo on. 자동차다 그것이! / 그것이 자동차이다!

Paavo on *opettaja*. 빠아보가 선생이다.

단수 서술부 형용사들도, 주어가 불가분 명사일 때, 주격이다.

Auto on *sininen*. (그) 자동차가 파랗다.

Tuo vene on *kallis*. 저 자동차가 비싸다.

Kalle on *pitkä*. 깔레가 크다.

Ajatuksesi on *hyvä*. 너의 아이디어가 좋았다.

Kone on *likainen*. (그) 기계가 더럽다.

(2) 불가분 명사의 복수형이 한정적인 의미를 가질 때 **t**어미를 취한다.

Auto/t ovat kadulla. (그) 자동차들은 (그) 길에 있다.

Kadulla ovat *auto/t*. (그) 길에 (그) 자동차들이 있다.

Miehe/t tulivat kotiin. (그) 사람/들/이 집에 왔다.

Kirja/t maksavat 10 mk. (그) 책/들/이 10마르크 들었다.

Ministeri/t lähtivät lomalle. (그) 목사들이 휴가갔다.

Pekka osti *kirja/t.*	뻬까가 그 책들을 샀다.
Leena näki *laiva/t.*	레에나가 배들을 보았다.
Syön nämä *omena/t.*	내가 이 사과들을 먹겠다.

> (3) 가분 명사들이 한정적(전체적, 제한적) 의미를 가질 때 단수 주격이다.

***Ruoka* maistuu hyvältä.**	(그) 음식은 맛이 좋다.
***Kahvi* on kupissa.**	그 커피는 그 컵 안에 있다.
***Liha* maksaa paljon.**	(그) 고기가 비싸다.
***Aika* loppuu.**	(그) 시간이 다 되었다.
***Osta* olut.** (§37, §38 참고)	(그) 맥주를 사라!
***Kahvi* juotiin.** (§37, §38 참고)	(그) 커피가 마셔졌다.
***Tämä* on Pekan maito.**	이것은 뻬까의 우유이다.
***Maito* on valkoista.**	(그) 우유가 희다.
***Ilma* on kirkas.**	그 공기가 맑다.

> (4) 주어는 아래 경우에 항상 주격이다.
> (a) 동사가 목적어를 가졌다.
> (b) 동사가 **olla** '이다'이고 보어가 뒤 따른다.

***Poika* potkii palloa.**	한/그 소년이 한/그 공을 찬다.	(4a)
Pojat potkivat palloa.	(그) 소년들이 한/그 공을 찬다.	(4a)
Kahvi on hyvää.	(그) 커피가 좋다.	(4b)
Mikään ei ole mahdotonta.	어느 것이(나) 안 불가능하다. (어느 것도 불가능하지 않다.)	(4b)

§26 단수와 복수

명사성어들은 단수와 복수형으로 굴절한다. 단수형은 별도의 어미가 없다. 복수형은 어미가 **-t**와 **-i-** 2가지이다. 어미 **-t**는 주격과 대격에만 나타나고(§37, §38), **-i-**는 기타의 모든 격에 나타난다.

	단 수		복 수	
주격	**talo**	집	**talo/t**	(그) 집/들
속격	**talo/n**	집의	**talo/j/en**	(그) 집/들/의
비정격	**talo/a**	집	**talo/j/a**	집/들
재내격	**talo/ssa**	집/(안)에	**talo/i/ssa**	집/들/(안)에
향외격	**talo/sta**	집/(안)으로부터	**talo/i/sta**	집/들/(안으)로부터
향내격	**talo/on**	집/(안)으로	**talo/i/hin**	집/들/(안)으로
재상격	**talo/lla**	집/(위)에	**talo/i/lla**	집/들/(위)에
탈격	**talo/lta**	집/에서부터	**talo/i/lta**	집/들/로부터
향격	**talo/lle**	집/으로(향하여)	**talo/i/lle**	집/들/로(향하여)
상황격	**talo/na**	집/으로서	**talo/i/na**	집/들/로서
전환격	**talo/ksi**	집/으로(되다)	**talo/i/ksi**	집/들/로(되다)

> 복수 어미 **-i-**는 모음 사이에서 **-j-**로 변한다.

이 규칙은 속격 복수와 비정격 복수 어미에 적용된다. **hylly/j/en** '선반/들/의', **hylly/j/ä** '선반/들'(비정격), **pullo/j/en** '병/들/의', **pullo/j/a** '병/들', **tyttö/j/en** '소녀/들/의', **tyttö/j/ä** '소녀/들'.

모든 복수 형식들은 굴절어간으로부터 형성되고(§18~20), 복수 어미 **-j-** 앞에서 모음 변화의 규칙이 적용된다(§16). 아래 표에 복수 형식의 예들이 제시되었다.

주격	단수	굴절어간	(참고절 §)	주격 복수	재내격 복수	모음변화(참고절 §)
pullo	병	pullo/n	—	pullo/t	pullo/i/ssa	—
katu	길	kadu/n	—	kadu/t	kadu/i/ssa	—
maa	나라	maa/n	—	maa/t	ma/i/ssa	16. 2
risti	십자	risti/n	18.1	risti/t	riste/i/ssä	16.6
kivi	돌	kive/n	18.2	kive/t	kiv/i/ssä	16.5
lehti	신문	lehde/n	18.2	lehde/t	leh/i/ssä	16.5
meri	바다	mere/n	18.3	mere/t	mer/i/ssä	16.5

vesi	물	vede/n	18.4	vede/t	ves/i/ssä	16.5; 18.4
kone	기계	konee/n	19	konee/t	kone/i/ssa	16.2
liike	움직임	liikkee/n	19	liikkee/t	liikke/i/ssä	16.2
työ	일	työ/n	—	työ/t	tö/i/ssä	16.3
hai	상어	hai/n	—	hai/t	ha/i/ssa	16.4
seinä	벽	seinä/n	—	seinä/t	sein/i/ssä	16.7
vanha	오래된	vanha/n	—	vanha/t	vanho/i/ssa	16.8
tavara	물건	tavara/n	—	tavara/t	tavaro/i/ssa	16.8
koira	개	koira/n	—	koira/t	koir/i/ssa	16.8
ihminen	사람	ihmise/n	20.1	ihmise/t	ihmis/i/ssä	16.5
vanhus	늙은이	vanhukse/n	20.2	vanhukse/t	vanhuks/i/ssa	16.5
taivas	천국	taivaa/n	20.3	taivaa/t	taiva/i/ssa	16.2
rikas	부자	rikkaa/n	20.3	rikkaa/t	rikka/i/ssa	16.2
totuus	진실	totuude/n	20.4	totuude/t	totuuks/i/ss	16.5; ks: 20.4
avain	열쇠	avaime/n	20.5	avaime/t	avaim/i/ssa	16.5
työtön	실업자	työttömä/n	20.6	työttömä/t	työttöm/i/ssä	16.7
jäsen	구성원	jäsene/n	20.7	jäsene/t	jäsen/i/ssä	16.5
mies	남자	miehe/n	20.8	miehe/t	mieh/i/ssä	16.5

어떤 명사들은 단수의 개념임에도 불구하고 복수형으로만 나타난다. 아래 그러한 단어들 일부를 보인다.

주격 복수		재내격 복수
kasvot	얼굴	**kasvoissa**
housut	바지	**housuissa**
sakset	가위	**saksissa**
kärryt	마차	**kärryissä**
häät	결혼	**häissä**
tanssit	춤	**tansseissa**
arpajaiset	복권	**arpajaisissa**

§27 동사 OLLA '이다'[3)]

동사 **olla**의 3인칭형은 예외적인 활용으로서 굴절어간이 **-e-**의 첨가로 이루어진다 (§23.4).

(minä) ole/n	내가 …이다	**(me) ole/mme**	우리가 …이다
(sinä) ole/t	네가 …이다	**(te) ole/tte**	너희가 …이다
hän on	그가 …이다	**he o/vat**	그들이 …이다

어미 **-e-**는 과거어미 **-i-**와 조건어미 **-isi-** 앞에서 탈락한다(§16.5).

(minä) ol/i/n	내가 … 이었다	**(me) ol/i/mme**	우리가 … 이었다
(sinä) ol/i/t	네가 … 이었다	**(te) ol/i/tte**	너희가 … 이었다
hän ol/i	그가 … 이었다	**he ol/i/vat**	그들이 … 이었다
(minä) ol/isi/n	내가 … 이겠다	**(ne) ol/isi/mme**	우리가 … 이겠다
(sinä) ol/isi/t	네가 … 이겠다	**(te) ol/isi/tte**	너희가 … 이겠다
hän ol/isi	그가 … 이겠다	**he ol/isi/vat**	그들이 … 이겠다

§28 핀란드어에서 '(가지고) 있다'

핀란드어의 소유격 구조에서 소유자는 재상격(在上格) 어미 **-lla ~ -llä**형에 **olla** 동사의 **on**이 후행하는 형태로 구성되어 그 사람이나 물건의 소유를 나타낸다.[4)]

소유자 + **-lla ~ -llä** + **on** + 사람 혹은 물건의 소유

Paavo/<u>lla</u> <u>on</u> uusi pyörä. 빠아보에게 새 자전거가 있다.

---

3) 역자주. 동사 olla는 국어의 '이다' 및 '있다'(소유)와 대응하고 또한 영어의 do나 국어의 '하다'와 같이 다른 동사의 대동사(代動詞)로도 사용한다(아래 몇 개 절 참고). 기본형(사전형) olla는 부정사형으로 국어의 동명사형 '이기' 및 '있기'에 대응하지만 이해의 편의상 절의 제목에서 '이다'와 '있다'로 번역하였다.

4) 역자주. 핀란드어에서 '소유'를 나타내는 표현은 국어에서 '…에/…에게(장소격) 있다'와 정확히 일치한다. 이러한 구조에서 소유자가 주격이 아니다.

	/빠아보가 새 자전거를 가졌다.
Isä/<u>llä</u> <u>on</u> kaksi autoa.	아버지에게 두 자동차가 있다. /아버지가 두 자동차를 가졌다.
Suome<u>lla</u> <u>on</u> hyvät mahdollisuudet.	핀란드에 좋은 기회들이 있다.
Äidi/<u>llä</u> <u>on</u> simälasit	어머니에게 안경이 있다.

인칭대명사의 재상격형은 아주 흔히 나타난다.

minu/lla on	나에(게) …있다	**mei/llä on**	우리에(게) …있다
sinu/lla on	너에(게)…있다	**tei/llä on**	너희에(게) … 있다
häne/llä on	그에(게) …있다	**hei/llä on**	그들에(게) …있다

소유 주체가 소유물을 양도할 수 없는 것(inalienable possession)이거나, 소유 주체와 소유물이 밀착되어 분리될 수 없는 것(intimate connection)을 표현할 때는 재상격 대신 재내격 **-ssa ~ -ssä**가 사용된다.

Maa/<u>ssa</u> <u>on</u> uusi hallitus.	(그) 나라(안)에 새 정부가 있다.
Venee/<u>ssä</u> <u>on</u> pitkä masto.	(그) 배(안)에 높은 돛대가 있다.
Puu/<u>ssa</u> <u>on</u> vihreät lehdet.	(그) 나무에 푸른 잎들이 있다.
Auto/<u>ssa</u> <u>on</u> neljä pyörää.	(그) 자동차에 네 바퀴가 있다.

§29 부정문

핀란드어 에는 부정(否定)을 나타내는 고정된 단어가 없다. 부정은 동사의 굴절형식으로 표현되며, 그 동사는 다른 종결형 동사와 마찬가지로 문장의 주어와 문법적 인칭이 일치한다.[5)]

	단수	복수
1인칭	**en**	**emme**
2인칭	**et**	**ette**
3인칭	**ei**	**eivät**

5) 역자주. 국어에서 부정문은 기본적으로 '…지 않다'와 '안 …다' 두 가지인데, 핀란드어의 부정문의 구조가 후자와 보다 가까운 듯하여 아래 예문에서, 비록 정식 문어형은 아니지만, 모두 '안 …다'형으로 통일하였다.

평서법 현재형의 부정문은 위 부정 동사로 표현되며 주동사의 굴절어간(§23)이 후행하는데, 장모음 앞이 아니면, 어미가 첨가되지 않는 약전환 형식(§15)이다.

부정동사 + 인칭어미 + 주동사의 약전환 형식 굴절어간(장모음 앞 환경 제외)

긍정형		부정형	
tulet	네가 온다	**et tule**	네가 안 온다
luemme	우리가 읽는다	**emme lue**	우리가 안 읽는다
he lukevat	그들이 읽는다	**he eivät lue**	그들이 안 읽는다
hän lukee	그가 읽는다	**hän ei lue**	그가 안 읽는다
hyppään	내가 뛴다	**en hyppää**	내가 안 뛴다
hyppäätte	너희가 뛴다	**ette hyppää**	너희가 안 뛴다
se vetää	그것이 끈다	**se ei vedä**	그것 이 안 끈다
vedän	내가 끈다	**en vedä**	내가 안 끈다
he vetävät	그들이 끈다	**he eivät vedä**	그들이 안 끈다
vedämme	우리가 끈다	**emme vedä**	우리가 안 끈다
hän tarvitsee	그가 필요하다	**hän ei tarvitse**	그가 안 필요하다

동사 **olla**의 부정형은 모두 **ole-** 어간을 공통적으로 가졌다.

en ole	내가 … 아니다	**emme ole**	우리가 … 아니다
et ole	네가 … 아니다	**ette ole**	너희가 … 아니다
ei ole	(그가) … 아니다	**eivät ole**	(그들이) … 아니다

다른 시제의 부정형들은 시제 자체와 함께 후에 제시한다(§63). 부정문에 대한 중요한 규칙은 아래와 같다.

> 부정문에서 다음의 성분들은 비정격형들이다.
> (1) 목적어
> (2) 소유한 것
> (3) 존재하지 않는 것

(1) **Emme juo olut/ta.**	우리가 맥주/를 안 마신다.
Ettekö näe auto/a?	자동차/가 보이지 않냐?
En tunne häm/tä.	내가 그/를 모른다.
He eivät omista vene/ttä.	그들이 배/를 소유하지 않았다.
(2) **Minulla ei ole auto/a.**	내가 자동차/를 가지지 않았다.
Meillä ei ole punaviini/ä.	우리에게 적포도주/가 없다.
Eikö tellä ole lämmin/tä ruoka/a?	너희들에게 따뜻한 음식/이 없니?
Maassa ei ole hallitus/ta.	그 나라에 정부/가 없다.
(3) **Kadulla ei ole auto/a**	길에 자동차/가 없다.
Kotona ei ole isä/ä.	집에 아버지/가 안 계신다.
Jääkaapissa ei ole maito/a.	냉장고에 유유/가 없다.
Komerossa ei ole vaatte/i/ta.	옷장에 옷/들/이 없다.

§30 질문과 대답

§30.1 –ko ~ –kö로 표현되는 질문('네/아니오' 질문)

'네' 혹은 '아니오'로 대답하는 직접 질문문은 묻는 내용을 표시하는 단어를 문장의 앞에 이동하고 전접첨사(enclitic particle) **-ko ~ -kö**를 첨가하여 표현한다. 이 첨사는 거의 모든 경우에 첨가되는 단어의 맨 끝에 붙는다. 가장 자주 쓰이는 질문어는 동사이다. **Pekka saapui Turkuun aamulla** '뻬까가 아침에 뚜르꾸에 도착했다'라는 문장에서 아래와 같은 질문문들을 만들 수 있다.

Saapu/i/ko Pekka Turkuun aamulla?	*도착했/냐? 뻬까가 뚜르꾸에 아침에[6]
Pekka/ko saapui Turkuun aamulla?	*뻬까/냐? 도착한 것이 뚜르꾸에 아침에
Turju/un/ko Peka saapui aamulla?	*뚜르꾸/냐? 뻬까가 도착한 곳이 아침에
Aamu/lla/ko Pekka saapui Turkuun?	*아침이/냐? 뻬까가 도착한 것이 뚜르꾸에

6) 역자주. 국어에서는 어순을 바꾸어도 의미는 전달할 수 있기 때문에 독자가 이해하기 쉽도록 핀란드어 어순대로 직역하고 문장의 앞머리에 비문(非文)임을 '*'으로 표하였다.

아래 직접 질문문의 구성을 보여주는 예들을 더 제시한다.

Mene/t/kö ulos?	네가 밖으로 나가/냐?
Ole/t/ko sairas?	네가 아프/냐?
Sa/isi/n/ko oluen?	맥주를 주시겠습니/까?
Pitä/ä/kö Jussi Marjasta?	유씨가 마랴를 좋아하/냐?
Tietä/vät/kö he, että tulen?	그들이 내가 오는 것을 아느/냐?
Puu/ko tämä on?	이것이 나무/냐?
Ruotsi/ssa/ko Kalle on?	깔레가 스웨덴에 있느/냐?
Häne/t/kö sinä tapaist?	네가 만난 것이 그 사람이/냐?
Presidenti/ksi/kö Koivisto valittiin?	꼬이비스또가 대통령으로 선출되었느/냐?

위와 같은 질문들에 대하여 긍정적으로 대답하는 방법에는 여러 가지가 있다. 대답문에서는 흔히 질문의 대상을 표현하는 단어를 **-ko** ~ **-kö**를 제거하고 반복하는데, 그 단어가 동사인 경우에는 적절한 인칭어미를 붙인다. 만약에 그 질문어가 동사이면 **kyllä** '응/네'라고 대답할 수도 있고, 다른 품사이면 **niin**(본의미 '그렇다')으로 대답할 수도 있다. **Kyllä**와 **niin**은 질문어의 반복과 같이 쓸 수도 있다. **Joo**는 주로 구어(口語)에서 쓰인다.

질문문	상이한 긍정 대답
Tul/i/ko Pekka Turkuun? 빽까가 뚜르꾸에 왔니?	– **Tuli.** 왔다.
	– **Kyllä tuli.** 응, 왔다
	– **Kyllä.** 응.
Ole/t/ko sairas? 너 아프냐?	– **Olen.** *나는 이다./그렇다.
	– **Kyllä olen.** 응, 그렇다.
	– **Kyllä.** 응.
Mene/tte/kö tanssimaan?	– **Menemme.**

네가 땐스에 가냐?	내가 간다.
	— **Kyllä menemme.** 응, 내가 간다.
	— **Kyllä.** 응.
O/vat/ko lapset ulkona? 아이들이 밖에 있냐?	— **Ovat.** 그들이 있다.
	— **Kyllä ovat.** 응, 그들이 있다.
	— **Kyllä.** 응.
Auto/n/ko ostitte? 네가 산 것이 자동차냐?	— **Niin.** 그래
	— **Niin, auton.** 그래, 자동차다.
	— **Auton.** 자동차다.
Mäntynieme/ssä/kö presidentti asuu? 대통령이 사는 곳이 맨뛰니에미이냐?	— **Niin.** 그래
	— **Niin, Mäntyniemessä** 그래, 맨뛰니에미이.
	— **Mäntyniemessä.** 맨뛰니에미이다.

직접 질문에 대한 부정 대답은 부정 동사(§28)로 구성되며, 이때 적절한 인칭어미를 취하고 주동사의 굴절어간에 인칭어미가 첨가되지 않고 후행할 수 있다.

Mene/e/kö Tauno Kotkaan? *그가가냐? 따우노 꼬뜨까안으로 /따우노가 꼬뜨까안으로 가냐?	— **Ei (mene).** 그가 안 (간다.)
Ole/t/ko kovin sairas? *네가 이냐? 매우 아픈 /네가 매우 아프냐?	— **En (ole).** 아니다.
Syö/tte/kö hernekeittoa?	— **Emme (syö).**

*네가 먹느냐? 콩수프 좀
/네가 콩수프 좀 먹느냐?

우리가 안 (먹는다)

— En (syö).
내가 안 (먹는다)

O/vat/ko kirjat laukussa?
*그것들이 있느냐? 책들이 가방 안에
/그 책들이 가방 안에 있느냐?

— **Eivät (ole).**
*그것들이 안 있다.
/그것들이 없다.

Viljo/ko siellä on?
*빌요냐? 저기 있는 것이
/저기 있는 것이 빌요냐?

- **Ei (vaan Auli).**
아니다 (아울리이다.)

Juna/lla/ko tulitte?
*기차에냐? 네가 온 것이
/네가 기차로 왔느냐?

- **Emme (vaan linja-autolla).**
아니다 (버스로 이다.)

특별히 정중한 질문은 조건화법 어미 **-isi-**와 혹은 전접첨사 **-han ~ -hän**로 구성된다.

Sa/isi/n/ko pullon punaviiniä?
*내가 할 수 있습니까? 한 병의 적포도주를 / 적포도주 한 병을 주실 수 있습니까?

Sa/isi/n/ko/han kylmä olun?
*내가 할 수 있습니까 찬 맥주를 / 찬 맥주를 마셔도 되겠습니까?

On/ko/han Viljo Kohonen tavattavissa?
*그가 있습니까 빌요 코호넨 만날 수 있는 / 빌요 코호넨 씨를 볼 수 있을까요?

Ol/isi/ko/han teillä nailonsukkia?
*당신한테 있습니까 나이론 스타킹이 / 당신이 나이론 스타킹을 가지고 있으신지요?

어미 **-ko ~ -kö**는 간접질문문에도 붙는다.

En tiedä, men/i/kö Auli kotiin.
*내가 모른다, 갔는가? 아울리가 집에 / 나는 아울리가 집에 갔는지 모른다.

Kysy, on/ko heillä lämmintä ruokaa.
*물어라, 그것이 있는가? 따뜻한 음식이 / 그들에게 따뜻한 음식이 있는지 물어봐라.

Ole/t/ko varma, saa/ko sinne mennä?
*네가 이냐? 확실히, 할 수 있는가? 그곳에 가기 / 그곳에 갈 수 있는지 확실히 아냐?

Kerro, maistu/i/ko ruoka hyvältä.
*말하라, 맛이 있느냐? 음식이 좋은 / 그 음식이 맛이 좋은지 말해라.

§30.2 의문대명사에 의한 의문문(WH 의문문)

의문문의 제2부류는 의문사에 의한 의문문이다. 이 의문문들은 단순히 '그렇다' 혹은 '아니다'가 아닌, 보다 정밀한 대답을 요구한다. 핀란드의 주요 의문사들은 다음과 같다(§56 참조).

mikä	무엇, 어느 것 (보다 구체적이고 한정적인 의미)
mitä	무엇, 어느 것 (보다 추상적이고 비한정적인 의미; **mikä**의 비정격)
millainen	어떤 종류의
missä	어디
mistä	어디서, 언제부터
mihin	어디로, 어느 방향으로 (보다 정확한 방향)
minne	어디로, 어느 방향으로 (보다 부정확한 방향)
miten	어떻게, 무슨 방법으로
koska	언제
miloin	언제
kuka	누구, 누가
kuinka	어떻게
kumpi	(둘 중에) 어느 것

Mikä, kuka, millainen은 일반 명사성어들과 마찬가지로 격에 따라서 곡용한다. 사실은 **mitä, missä, mistä, mihin**은 대명사 **mikä**의 굴절형식들이다. **Kenen** '누구의'는 대명사 **kuka**의 속격형이다.

질문	대답
Mikä tämä on? *무엇 이것 이다? /이것이 무엇이냐?	**(Se on) kynä.** *(그것이 이다) 펜. /(그것이) 펜이다.
Mitä tämä on? *무엇 이것 이다? /이것이 무엇이냐?	**(Se on) olutta.** *(그것이 이다) 맥주. /(그것이) 맥주이다.
Missä Auli on? *어디 아울리 있다?	**(Auli on) luennolla.** *(아울리가 있다) 강의에.

/아울리가 어디 있느냐?

/(아울리가) 강의에 있다/강의하고 있다.

Mistä tulet?
*어디에서 네가 오다
/네가 어디서 오느냐?

(Tulen) Oslosta.
*(내가오다) 오슬로에서.
/(내가 온다) 오슬로에서.

Mihin panen vaatteeni?
*어디에 내가두다 내 옷들을
/내 옷들을 어디에 둘까?

(Pane ne) sohvalle.
*(두어라 그것들) 소파위에.
/소파위에 두어라.

Millainen mies hän on?
*어떤 종류의 남자 그가 이다?
/그 남자는 어떤 사람이냐?

(Hän on) mukava (mies).
*(그가 이다) 좋은 (남자)
/(그는) 좋은 남자이다.

Koska John tuli Suomeen?
*언제 존이 왔다 핀란드에?
/존이 언제 핀란드에 왔느냐?

(Hän tuli Suomee) viime vuonna.
*(그가 왔다 핀란드에) 지난 해에.
/지난 해에 (그가 핀란드에 왔다).

Kuka tuo pitkä nainen on?
*누구 저 키큰 여자 이냐?
/저 키큰 여자는 누구이냐?

(Hän on) Tyyne Nyrkiö.
*(그는 이다) 뛰위네 뉘르끼외.
/(그는) 뛰위네 뉘르끼외이다.

Kuinka paljon pullo olutta maksaa?
*얼마나 많이 병 맥주가 값이냐?
/맥주 한 병에 얼마이냐?

(Se maksaa) kolme markkaa.
*(그것 값이다) 3 마륵까이다.
/(그것이) 3 마륵까이다.

Kenen lasi tämä on?
*누구의 안경 이것 이다?
/이것이 누구의 안경이냐?

(Se on) Jorman.
*(그것이 이다) 요르만의 것.
/요르만의 것이다.

Kenellä pallo on?
*누구에게 공이 있다?
/누구에게 공이 있느냐?

(Pallo on) minulla.
*(공이 있다) 나에게.
/나에게 (공이) 있다.

§31 관형어의 일치

관형어(attributes)는 명사성어를 수식한다. 명사 앞에 오는 관형어에는 2가지 종류가 있는데 하나는 대명사 관형어이고(**tämä ayto** '이 자동차'), 다른 하나는 형용사 관형어(**sininen auto** '파란 자동차')이다. 두 가지 다 격과 수가 피수식 명사와 일치한다.

관형어는 피수식 명사와 격과 수가 일치한다.

iso auto 큰 자동차
iso/t auto/t 큰 자동차들
iso/ssa auto/ssa 큰 자동차/(안)에
iso/i/ssa auto/i/ssa 큰 자동차/들/(안)에

sininen kukka 파란 꽃
sinise/t kuka/t 파란 꽃/들
sinise/ssä kuka/ssa 파란 꽃/(안)에
sinis/i/ssä kuk/i/ssa 판란 꽃/들/(안)에

tuo punainen kukka 그 빨간 꽃
tuo/n punaise/n kuka/n 그 빨간 꽃/의
tuo/ssa punaise/ssa kuka/ssa 그 빨간 꽃/(안)에
nuo punaise/t kuka/t 그들 빨간 꽃들
no/i/lla punais/i/lla kuk/i/lla 그들 빨간 꽃/들/으로

tämä vanha kahvi 이 오래된 커피
tä/tä vanha/a kahvi/a 이 오래된 커피 (비정격)
tä/stä vanha/sta kahvi/sta 이 오래된 커피/(안)에서
tä/llä vanha/lla kahvi/lla 이 오래된 커피/로

핵심어(核心語)의 복수형(§26) 앞에 오는 관형어들은 항상 복수형이다. 그러나 그러한 표현들은 단수를 의미할 수도 있고 복수를 의미할 수도 있다.

kaunii/t kasvo/t 아름다운 얼굴/아름다운 얼굴들
nämä kasvo/t 이 얼굴/이 얼굴들
terävä/t sakse/t 날카로운 가위/날카로운 가위들
harma/i/ssa housu/i/ssa 회색 바지에
yhde/t sakse/t 가위 한 벌
kahde/t kasvo/t 두 얼굴들

이상과 같은 '관형어와 명사의 일치 규칙'을 따르지 않는 예외적인 형용사와 유사 형용사들이 소수 있다. 그 중 가장 흔히 나타나는 것이 **ensi** '첫(째)', **eri** '다른',

joka '매(每)', **koko** '전체', **pikku** '적은', **viime** '지난, 마지막', **ensi kerra/lla** '다음 번'; **viime talve/na** '지난 겨울'; **koko kaupungi/ssa** '전체 마을에/마을 전체에'; **joka ihmise/lle** '매 사람에 / 사람마다에'; **eri sängy/ssä** '다른 침대에' 등이다.

2개 단어 합성으로 이루어진 관용(慣用) 표현 중에 구성 단어들이 상이한 격으로 굴절되는 예들이 몇 개 있다.

mi/llä tavo/i/n	어느 길로 (재상격 단수와 시사격 복수)
si/llä tapa/a	이 방법으로 (재상격 단수와 비정격 단수)

8 비정격

- 비정격(非定格 the partitive)의 형성
- 비정격의 용법

핀란드어의 격들 중에서 주격 다음으로 중요한 것이 비정격(非定格 the partitive)이다. 여러 경우에 주격과 비정격은 대조되는 성격을 나타낸다. 두 가지 다 문장의 주어・목적어・보어(목적어에 대해서는 §37도 참고)의 격으로 나타날 수 있다.

주격은 구체적 혹은 추상적 전체 혹은 한정된 수량(§25)을 표현한다. 그에 비하여 비정격은 흔히 어떤 물건의 비한정적(非限定的 indefinite) 혹은 제한되지 않은 수량을 나타내면서 그와 같은 물건이 더 존재할 가능성도 배제하지 않는다.

§32 비정격의 형성

§32.1 비정격 단수

비정격 단수의 어미에는 3가지가 있다: **-a ~ -ä**, **-ta ~ -tä**, **-tta ~ -ttä**. 앞의 2종은 복수형에도 나타난다.

> 어미 **-a ~ -ä**는 굴절어간이 자음 + 단모음(탈락될 수 있는 -e-는 제외)의 환경에 나타난다.

기본형		굴절어간 (속격 단수)	참고절 §	비정격 단수
oma	자신의	oma/n	–	oma/<u>a</u>
päivä	일(日)	päivä/n	–	päivä/<u>ä</u>
vanha	늙은	vanha/n	–	vanha/<u>a</u>

elämä	생명	elämä/n	—	elämä/ä
talo	집	talo/n	—	talo/a
tuoli	의자	tuoli/n	—	tuoli/a
hetki	순간	hetke/n	18.2	hetke/ä
katu	길	kadu/n	—	katu/a
käsky	명령, 청구	käsky/n	—	käsky/ä
Suomi	핀란드	Suome/n	18.2	Suome/a
koti	집	kodi/n	—	koti/a
kaupunki	마을	kaupungi/n	—	kaupunki/a
kivi	돌	kive/n	18.2	kive/ä
presidentti	대통령	presidenti/n	—	presidentti/ä
Helsinki	헬싱키	Helsingi/n	—	Helsinki/ä
kaikki	모두	kaike/n	18.2	kaikke/a
onni	행운	onne/n	18.2	onne/a
asia	일	asia/n	—	asia/a
ainoa	오직	ainoa/n	—	ainoa/a
tärkeä	중요한	tärkeä/n	—	tarkeä/ä
vaikea	어려운	vaikea/n	—	vaikea/a

2중모음 **-ea ~ -eä**로 끝나는 단어들은 **-a ~ -ä**나 **-ta ~ -tä**를 취한다. 예. **korkea/a ~ korkea/ta** '높은', **pehmeä/ä ~ pehmeä/tä** '부드러운'

어미 **-ta ~ -tä**는 다음과 같은 형식 뒤에 나타난다.

(a) 장모음 혹은 2중모음으로 끝나는 기본형,
(b) '자음 + **-e-**(탈락됨)'로 끝나는 굴절어간,
(c) 자음으로 끝나는 기본형,
(d) 단음절 대명사 어간.

	기본형		굴절어간 (속격 단수)	참고절 §	비정격 단수
(a)	maa	나라	maa/n	—	maa/ta

	syydm	원인	syy/n	—	syy/**tä**
	tie	길	tie/n	—	tie/**tä**
	Porvoo	(지명)	Porvoo/n	—	Porvoo/**ta**
	työ	일	työ/n	—	työ/**tä**
	pää	머리	pää/n	—	pää/**tä**
	yö	밤	yö/n	—	yö/**tä**
	kuu	달	kuu/n	—	kuu/**ta**
(b)	**kieli**	언어	keile/n	18.3	kiel/**tä**
	pieni	작은	piene/n	18.3	pien/**tä**
	lumi	눈(雪)	lume/n	18.3	lun/**ta** (NB: n)
	ääni	소리	ääne/n	18.3	ään/**tä**
	meri	바다	mere/n	18.3	mer/**ta** (-**ta**!)
	veri	피	vere/n	18.4	ver/**ta** (-**ta**!)
	vesi	물	vede/n	18.4	vet/**tä**
	uusi	새로운	uude/n	18.4	uut/**ta** (-**ta**!)
	kansi	덮개	kanne/n	18.4	kant/**ta**
	ihminen	사람	ihmise/n	20.1	ihmis/**tä**
	Virtanen	(성씨)	Virtase/n	20.1	Virtas/**ta**
	tavallinen	보통	tavallise/n	20.1	tavallis/**ta**
	hyvyys	좋은	hyvyyde/n	20.4	hyvyyt/**tä**
	likaisuus	더러운	likaisuude/n	20.4	likaisuut/**ta**
(c)	**ajatus**	사상	ajatukse/n	20.2	ajatus/**ta**
	kysymys	의문	kysymykse/n	20.2	kysymys/**tä**
	kiitos	감사	kiitokse/n	20.2	kiitos/**ta**
	taivas	천당	taivaa/n	20.3	taivas/**ta**
	kirves	도끼	kirvee/n	20.3	kirves/**tä**
	puhelin	전화	puhelime/n	20.6	puhelin/**ta**
	arvoton	무가치	arvottoma/n	20.6	arvoton/**ta**
	askel	보폭	askele/n	20.7	askel/**ta**

	mies	남자	miehe/n	20.8	mies/**tä**
	olut	맥주	olue/n	20.8	olut/**ta**
(d)	**tuo**	저(것)	tuo/n	—	tuo/**ta**
	ämä	이(것)	tämä/n	—	tä/**tä**
	se	그(것)	se/n	—	si/**tä**
	joka	어느(대명사)	jonka	—	jo/**ta**
	mikä	어느(것)	minkä	—	mi/**tä**
	kuka	누구	kene/n	—	ke/**tä**

-io ~ **-iö**로 끝나는 단어의 비정격 어미는 **-ta** ~ **-tä**이다. 예. **valtio/ta** '국가', **radio/ta** '라디오', **keittiö/tä** '부엌', **yhtiö/tä** '회사, 동반자'.

> 어미 **-tta** ~ **-ttä**는 기본형이 **-e-**로 끝나는 단어들에 붙는다(§19).

기본형		굴절어간 (속격 단수)	비정격 단수
perhe	가족	perhee/n	perhe/**ttä**
suhde	관계	suhtee/n	suhde/**tta**
liikenne	교통	liikentee/n	liikenne/**ttä**
kone	기계	konee/n	kone/**tta**
tunne	느낌	tuntee/n	tunne/**tta**
kirje	편지	kirjee/n	kirje/**ttä**
virhe	잘못	virhee/n	virhe/**ttä**

그러나 **itse** '자신', **kolme** '셋', **nukke** '인형' 등의 단어와 고유명사 **Kalle**, **Raahe**, **Ville** 등은 **-a** ~ **-ä** 어미를 취한다.

§32.2 비정격 복수

비정격 복수어미에는 **-a** ~ **-ä**와 **-ta** ~ **-tä** 두 가지가 있으며, 굴절어간에 복수어미 **-i-**가 첨가된 형식에 붙는다(§26). 복수어미 **-i-**는 어간의 모음을 바꾸고(§16) 모음

사이에서 **-i-**는 **-j-**로 바뀐다(§26). 비정격 복수형에 자음전환은 드물다. 어미들이 자음전환의 조건을 충족시키지 않기 때문이다.

> 어미 **-a** ~ **-ä**는 단수의 굴절어간이 짧은 모음으로 끝날 때에 항상 사용된다.

기본형		굴절어간 (속격 단수)	참고절 §	비정격 단수	비정격 복수
talo	집	talo/n	—	talo/a	talo/j/a
katu	길	kadu/n	—	katu/a	katu/j/a
tunti	시(時)	tunni/n	—	tunti/a	tunte/j/a
lasi	유리	lasi/n	—	lasi/a	lase/j/a
kivi	돌	kive/n	18.2	kive/ä	kiv/i/ä
lehti	신문	lehde/n	18.2	lehte/ä	leht/i/ä
tuuli	바람	tuule/n	18.3	tuul/ta	tuul/i/a
pieni	작은	piene/n	18.3	pien/tä	pien/i/ä
käsi	손	käde/n	18.4	kät/tä	käs/i/ä
kansi	덮개	kanne/n	18.4	kant/ta	kans/i/a
päivä	낮	päivä/n	—	päivä/ä	päiv/i/ä
sama	같은	sama/n	—	sama/a	samo/j/a
poika	소년	poja/n	—	poika/a	poik/i/a
kirja	책	kirja/n	—	kirja/a	kirjo/j/a
nainen	여자	naise/n	20.1	nais/ta	nais/i/a
yleinen	일반적	yleise/n	20.1	yleis/tä	yleis/i/ä
sormus	반지	sormukse/n	20.2	sormus/ta	sormuks/i/a
nuoruus	젊은이	nuoruude/n	20.4	nuoruut/ta	nuoruuks/i/a
avain	열쇠	avaime/n	20.5	avain/ta	avaim/i/a
koditon	집 없는	kodittoma/n	20.6	koditon/ta	kodittom/i/a
jäsen	멤버	jäsene/n	20.7	jäsen/tä	jäsen/i/ä
mies	남자	miehe/n	20.8	mies/tä	mieh/i/ä

3음절 혹은 그 이상의 음절로 구성된 단어들, 예를 들면 **kanava** '운하', **aurinko** '해',

ammatti '전문직' 같은 단어들의 어간말 모음이 탈락되면 **-a** ~ **-ä** 어미가 붙는다. 어말에서 두 번째 음절이 자음으로 끝나거나(**pääl.lik.kö** '우두머리', **au.rin.ko** '해'), 2중모음이 올 경우(**rat.kai.su** '결정')도 마찬가지이다.

기본형		굴절어간	비정격 단수	비정격 복수
aurinko	해	auringo/n	aurinko/a	aurinko/j/a
ammatti	전문직	ammati/n	ammatti/a	ammatte/j/a
hedelmä	과일	hedelmä/n	hedelmä/ä	hedelm/i/ä
ystävä	친구	ystävä/n	ystävä/ä	ystäv/i/ä
metalli	금속	metalli/n	metalli/a	metalle/j/a
kysely	문의	kysely/n	kysely/ä	kysely/j/ä
päällikkö	우두머리	päällikö/n	päällikkö/ä	päällikkö/j/ä
ratkaisu	결정	ratkaisu/n	ratkaisu/a	ratkaisu/j/a
omena	사과	omena/n	omena/a	omen/i/a

> 어미 **-ta** ~ **-tä**는 단수 굴절어간이 2개 모음으로 끝났을 때 사용된다.

비정격 기본형		굴절어간	참고절	비정격 단수	비정격 복수
maa	나라	maa/n	—	maa/ta	ma/i/**ta**
kun	달	kuu/n	—	kuu/ta	ku/i/**ta**
syy	이유	syy/n	—	syy/tä	sy/i/**tä**
vapaa	자유	vapaa/n	—	vapaa/ta	vapa/i/**ta**
perhe	가족	erhee/n	19	perhe/ttä	perhe/i/**tä**
lääke	약(藥)	äkkee/n	19	lääke/ttä	lääkke/i/**tä**
aine	본질	ainee/n	19	aine/tta	aine/i/**ta**
tie	길	tie/n	—	tie/tä	te/i/**tä**
tuo	그것	tuo/n	—	tuo/ta	no/i/**ta**
työ	일	työ/n	—	työ/tä	tö/i/**tä**
rikas	부유한	rikkaa/n	20.3	rikas/ta	rikka/i/**ta**
hammas	이(齒)	hampaa/n	20.3	hammas/ta	hampa/i/**ta**

kallis	비싼	kallii/n	20.3	kallis/ta	kalli/i/**ta**
ohut	얇은	ohue/n	20.3	ohut/ta	ohu/i/**ta**
lyhyt	짧은	lyhye/n	20.3	lyhyt/tä	lyhy/i/**tä**
asia	일	asia/n	—	asia/a	asio/i/**ta**
tärkeä	중요한	tärkeä/n	—	tärkeä/ä	tärke/i/**tä**
ainoa	오직	ainoa/n	—	ainoa/a	aino/i/**ta**
komea	좋은	komea/n	—	komea/a	kome/i/**ta**

3음절 혹은 그 이상의 음절로 구성되고 어말에서 두 번째 음절이 짧은 모음으로 끝나는 다수 명사들은 비정격 복수 어미가 **-ta** ~ **-tä**이다. 어말음이 **-kka** ~ **-kkä**와 **-la** ~ **-lä**인 명사들도 같은 어미를 취한다.

기본형		비정격 단수	비정격 복수
lukija	읽는 사람	lukija/a	lukijo/i/**ta**
kulkija	방랑자	kulkija/a	kulkijo/i/**ta**
lusikka	스푼	lusikka/a	lusiko/i/**ta**
kahvila	까페	kahvila/a	kahvilo/i/**ta**
käymälä	화장실	käymälä/ä	käymälö/i/**tä**
omena	사과	omena/a	omeno/i/**ta**
päärynä	배(梨)	päärynä/ä	päärynö/i/**tä**
peruna	감자	peruna/a	peruno/i/**ta**
tavara	물건	tavara/a	tavaro/i/**ta**
ankkuri	닻	ankkuri/a	ankkure/i/**ta**
arvelu	가정(假定)	arvelu/a	arvelu/i/**ta**

이런 종류의 다수 단어들은 **-ta** ~ **-tä**와 **-a** ~ **-ä**가 양쪽 다 가능하다. 그러나 어느 어미를 취하느냐에 따라서 상이한 자음전환이 적용되어 어간에 영향을 준다. 예를 들면 **päällikkö/jä** : **päällikö/i/tä** '우두머리들', **lusiko/i/ta** : **lusikko/j/a** '스푼들', **sairaalo/i/ta** : **sairaalo/j/a** '병원들', **omen/i/a** : **omeno/i/ta** '사과들'(§16 참고).

3음절 혹은 그 이상의 음절로 구성된 형용사들은 **-a** ~ **-ä** 어미를 첨가하는 정상적인 방법으로 비정격 복수형을 만든다.

기본형		비정격 단수	비정격 복수
ahkera	근면한	ahkera/a	ahker/i/a
ankara	엄한, 심한	ankara/a	ankar/i/a
hämärä	흐릿한	hämärä/ä	hämär/i/ä
vikkelä	빠른	vikkelä/ä	vikkel/i/ä

아래 보이는 대명사 형식들은 중요하다.

기본형		비정격 단수	비정격 복수
minä	나	minu/a	
sinä	너	sinu/a	
hän	그이	hän/**tä**	
me	우리		me/i/**tä**
te	너희		te/i/**tä**
he	그들		he/i/**tä**
se	그것(it)	si/**tä**	ni/i/**tä**
tämä	이것	tä/**tä**	nä/i/**tä**
tuo	저것(that)	tuo/**ta**	no/i/**ta**

§33 비정격의 용법

§33.1 비정격 주어

비정격의 용법을 이해하자면 주격의 용법과 비교하는 것이 도움이 된다(§25.3). 이들 두 가지 격은 의미상 상호 보완적이다. 아래 규칙은 비정격의 주격 및 목적격 용법에 관계되는 것이다.

> 가분단어(可分單語 divisible words)의 비정격형은 정해지지 않은 무한정의 양을 나타낸다.

따라서 비정격이 사용되는 전형적인 용례들은 **vet/tä** '물', **valo/a** '빛', **rakkaut/ta** '사

랑', **tuole/j/a** '의자들', **auto/j/a** '자동차들' 등이다. 아래 규칙은 비정격 주어에 관계된다.

> 비정격 주어를 가진 문장에서
> 1 주어는 일반적으로 문장의 끝에 놓인다.
> 2 문장종결동사(혹은 정동사)는 항상 3인칭 단수형이다.

아래 예들은 두 종류로 나뉘었다: 가분-비한정-단수 단어(divisible indefinite singular words), 즉 비한정 질량명사(indefinite mass nouns)와, 단수 형식은 불가분(不可分 non-divisible)인, 가분-비한정 단어의 복수형, 즉 비한정-복수-가산 형식(非限定-複數-加算 形式 indefinite plural count forms)이다.

> (1) 정해지지 않은(不定 indefinite)의 양(量)을 나타내는 가분 명사 주어는 비정격 단수형이다(질량명사, 추상명사, 집합명사들이다).

Purkissa on *leipä/ä*.	캔(속)에 빵이 있다.
Pullossa on *maito/a*.	병(속)에 우유가 있다.
Torille tuli *kansa/a*.	시장에 사람들이 왔다.
Huoneessa on *valo/a*.	방(안)에 빛이 있다.
Kellariinkin valui *vet/tä*.	지하실에도 물이 샜다.
Suomessa on vielä *puhdas/tailma/a*.	핀란드에는 아직 깨끗한 공기가 있다.
Täällä tapahtuu *kaikenlais/ta*.	여기서 무슨 일이든 생긴다. (즉, '모든 일들이 여기서 발생한다.')
***Kaikenlais/ta* täällä tapahtuu.**	생길 수 있는 모든 일이 여기서 일어난다. ('모든 종류의 일들이 여기서 일어난다.')
Jääkaapissa on *olut/ta*.	냉장고(안)에 맥주가 있다.
***Olut/ta* jääkaapissa on!**	맥주가 냉장고(안)에 있다!

위의 예문들을 아래 예문들과 비교해 볼 수 있다. 아래 예문들에서는 주어가 (전체로서) 한정된 양을 의미한다. 이러한 의미의 주어들은 원칙적으로 문장의 첫 머리에 온다.

Leipä on purkissa.	(그) 빵은 캔(속)에 있다.
Maito on pullossa.	(그) 우유는 병(속)에 있다.
Kansa tuli torille.	(그) 사람들은 시장에 왔다.
Vesi valui kellariin.	(그) 물은 지하실에도 새들었다.
Kulta löytyi Outokummusta.	(그) 금은 오우또꿈무에서 발견되었다.

(2) 단수 형식은 정해지지 않은 양(量)을 나타내는 불가분(不可分)의 명사가 복수 형식의 주어일 때는 비정격으로 나타난다.

Kadulla on *auto/j/a.*	길에 자동차들이 있다.
Liikkui *huhu/j/a.*	소문들이 돌아다닌다.
Täällä on *pien/i/ä laps/i/a.*	여기에 작은 아이들이 있다.
Ihmis/i/ä kuolee joka päivä.	사람들이 매일 죽는다.
Syntyi *vaikeuks/i/a.*	어려움들이 생겼다.
Minulla on mon/i/a *ystäv/i/ä.*	내게 많은 친구들이 있다.
Onko Kallella *laps/i/a?*	깔레에게 아이가 있냐?
Sellais/i/a virhe/i/tä esiintyy usein.	*그런* 잘못은 자주 발생한다.

위 문장의 주어들에 대응하는 '전체적(total)' 주어들(영어에서는, 모두 그런 것은 아니지만, 대개 한정된 의미로서 정관사 'the'를 붙인다)은 복수 주격이며, 문장 종결동사는 주어와 인칭이 일치한다.

Auto/t ovat kadulla.	(그) 자동차들은 길에 있다.
Lapse/t ovat täällä.	(그) 아이들은 여기 있다.
Ihmise/t kuolevat.	사람들은 죽는다. (즉, '모든 사람'을 의미)
Laiva/t tulevat satamaan.	(그) 배들은 항구에 왔다.
Vaikeude/t eivät tule yksin.	어려움(들)은 홀로 오지 않는다. (즉, '어떤 어려움'이 아니라 '모든 어려움')

(3) 주어가 나타내는 대상의 존재가 완전히 부정(否定)되는 경우(즉 대다수의 부정문이 이에 해당된다) 비정격이 사용된다.

Kadulla ei ole *auto/a*.	길에 자동차가 없다.
Maassa ei ole *hallitus/ta*.	(그) 나라에는 정부가 없다.
Minulla ei ole *tieto/a siitä*.	내게 그것에 대한 지식이 없다.
***Koti/a* ei enää ollut.**	가정은 없었다.
Täällä ei ole *yhtään* tuttu/a.	여기에 (내가) 아는 사람이 하나도 없다.
***Juna/a* ei vielä näy.**	(그) 기차는 (아직) 보이지 않는다.

그러나, 예를 들어 실질적으로 존재하는 어떤 대상물을 완전히 부정하지 않고, 오직 어떤 특정 장소에 존재함만 부정할 때는 주격이 사용된다.

***Auto* ei ole kadulla.**	(그) 자동차는 길에 없다.
***Hallitus* ei ole Turussa.**	(그) 정부는 뚜르꾸에 있지 않다.
***Juna/a* ei ole asemalla.**	(그) 기차는 (그) 기차역에 있지 않다.

비정격은 경우에 따라서 불가분 단어들의 주어격이 될 수 있는데, 부정적 답변을 기대하는 의문문에 사용될 때이다.

Onko teillä tä/tä *kirja/a*?	당신에게 이 책이 있습니까?
Tuleeko hänestä *lääkäri/ä*?	그가 정말 의사가 되겠습니까? (직역: 나옵니까 그에게서 의사가?)

§33.2 비정격 목적어

주어가 주격과 비정격인 것과 같이, 목적어는 비정격과 대격이다. 대격 목적어는 어떤 면에서 주격 주어에 대응한다(상이한 대격 어미에 대해서는 §38을 참고. 가장 대표적인 어미는 -n이다).

대격 목적어

Minä ostan *auto/n*.	내가 자동차를 산다 / 사겠다.
Silja joi *maido/n*.	실야가 (그) 우유를 마셨다.
Osta *auto*.	자동차를 사라.
***Auto/t* hankittiin halvalla.**	자동차들을 싸구려로 샀다.
Ostamme *auto/t*.	우리가 (그) 자동차들을 산다 / 사겠다.

주격 주어와 같이, 대격 목적어는 전체 혹은 한정된 양을 표현한다. 비정격 목적어는 보통 정해지지 않는 양을 나타내지만(아래 규칙 (3)), 목적어 격의 한 가지 형식으로 다른 기능도 가졌다(아래 규칙 (1)과 (2)).

(1) 부정문(否定文)의 목적어는 거의 항상 비정격이다.

En osta *auto/a*.	나는 자동차를 안 산다 / 사겠다.
Pekka ei nähnyt *Leena/a*.	뻬까는 레에나를 안 만났다.
Silja ei juo *maito/a*.	실야는 밀크를 안 마신다.
En tunne *Kekkos/ta*.	나는 껙꼬넨을 알지 못한다.
Paavo ei syö *puuro/a*.	빠아보는 죽을 안 먹는다.
Etkö opiskele *suome/a*?	너는 핀란드어를 안 배우냐?
He eivät ymmärrä *tä/tä*.	그들은 이것을 이해하지 못한다.
En ole koskaan tavannut *hän/tä*.	나는 그를 만난 적이 없다.
***Si/tä* emme vielä tiedä.**	그것을 우리는 아직 모른다.
Janne ei lue *sanomaleht/i/ä*.	얀네는 (그) 신문을 안 읽는다.
En tunne *no/i/ta miehi/ä*.	나는 그 남자들을 알지 못한다.
Ettekö ole lukeneet *nä/i/tä kirjo/j/a*?	너는 이들 책들을 읽지 않았느냐?

이 규칙은 항상 적용된다. 목적어의 의미가 한정적인가 비한정적인가는 상관없다. 따라서 1개 부정문은 2개 긍정문에 대응한다.

긍정문	부정문
Silja joi *maido/n*. 실야는 (그) 우유를 마셨다.	
	Silja ei juonut *maito/a*. 실야는 (그) 우유를 마시지 않았다.
Silja joi *maito/a*. 실야는 우유를 마셨다.	

(2)(a) 동사가 표현하는 행동이 어떤 '중요한' 최종 결과를 유도하지 않으면, 목적어는 비정격이다. 즉, 동사의 행동이 '비결과적(irresultative)'이다.

비정격의 이러한 용법은 영어 동사의 진행형(be + -ing)에 흔히 대응한다. 아래 예들의 영어 번역문을 보아라. 그와 반면에, 대격/목적격은 동사가 시현하는 행동이 어떤 중요한 결과를 유도한 것을 표현한다. 즉, '결과적(resultative)'이다.[1)]

비결과적 irresultative
(비정격 목적어)

Tyttö luki *läksy/ä*.

The girl was doing her homework (i.e. had not yet finished).

(그) 소녀는 숙제를 했다.
("숙제를 하고 있었다"의 의미.)

결과적 resultative
(대격 목적어)

Tyttö luki *läksy/n*.

The girl did (i.e. finished) her homework.

(그) 소녀는 숙제를 했다.
("숙제를 끝냈다"의 의미)

Väinö rakensi *talo/a*.

Väinö was building a/the house.

배이뇌는 집을 지었다.
("집을 짓고 있었다"의 의미.)

Väinö rakensi *talo/n*.

Väinö built a/the house.

배이뇌는 집을 지었다.
("집을 완성했다"는 의미.)

Väinö rakentaa *talo/a*.

Väinö is building a/the house.

배이뇌는 집을 짓는다.
(현재 짓고 있다는 뜻.)

Väinö rakentaa *talo/n*.

Väinö will build a/the house.

배이뇌는 집을 짓는다.
(지을 것이라는 뜻.)

Hän ajaa *auto/a*.

He/she is driving a/the car.

그는 자동차를 운전한다.

Hän ajaa *auto/n* talliin.

He/she drives the car into the garage.

그는 (그) 자동차를 차고로 운전해 간다.

Presidentti ampui *lintu/a*.

The president shot at (or: shot and wounded) a/the bird

(그) 대통령이 새를 쏘았다.
(혹은 "새를 쏘아 상처를 입혔다"의 의미.)

Presidentti ampui *linnu/n*.

The president shot (and probably killed) a/the bird.

(그) 대통령이 새를 쏘았다(쏘아서 어쩌면 죽였다).

1) 역자주. 저자가 영어 문장을 언급하였기 때문에 그대로 인용하고 국어 번역을 붙였다. 국어에서는 두 가지 의미의 문장을 어미에 의하여 구별하는 방법이 없다.

Kalle lämmittää ***sauna/a.***	**Kalle lämmittää** ***sauna/n.***
Kalle is warming up the sauna.	Kalle will warm up the sauna.
깔레는 사우나를 덥힌다. (깔레가 지금 하는 일이 사우나를 덥히는 일이라는 의미.)	깔레가 사우나를 덥힌다. (깔레가 지금 사우나를 덥힐 목적으로 일한다는 의미.)

다수의 동사들의 의미는 본질적으로 '비결과적'이기 때문에 그 동사들은 일반적으로 비정격형의 목적어를 취한다. 이 범주에 속하는 동사들의 한 가지 주요 부류는 감정이나 마음의 상태를 표현하는 동사들이다.[2)]

rakasta/a	사랑하다	**vihat/a**	미워하다
pelät/ä	무서워하다	**kaivat/a**	보고 싶다
kunnioitta/a	명예롭다	**sur/ra**	슬퍼하다
arvosta/a	가치 있다	**valitta/a**	불평하다
katu/a	후회하다	**sääli/ä**	불쌍히 여기다
kiittä/ä	감사하다	**harrasta/a**	흥미 있다
kiinnosta/a	흥미를 느끼게 하다	**huvitta/a**	즐겁게 하다
miellyttä/ä	즐겁게 하다	**moitti/a**	비난하다
arvostel/la	비판하다	**haukku/a**	꾸짖다
loukat/a	모욕하다	**syyttä/ä**	고소하다
uhat/a	위협하다	**kiusat/a**	괴롭히다

> (2)(b) 감정을 표현하는 동사의 목적어는 비정격형이다.

Minä rakastan ***simu/a!***	나는 당신을 사랑한다!
Rakastan ***tuo/ta nais/ta.***	나는 저 여인을 사랑한다.
Suomi kiinnostaa ***minu/a.***	핀란드는 나를 흥미 있게 한다.
Pelkäätkö ***koir/i/a?***	너는 개들을 무서워하니?
Ahtisaari kiitti ***hallitus/ta.***	아흐띠사아리는 정부에 감사했다.

2) 역자주. 여기 예를 들은 동사들은 모두 제1부정사 어미의 기본형이기 때문에, 위에서와 같이 '…기'로 대응시켜야 하지만, 이해의 편의상 '…다'로 대응시켰다.

Säälin *hän/tä.*	나는 그를 불쌍히 여긴다.
Tauno kaipaa *joita/kin uut/ta.*	따우노는 새로운 것을 보고 싶어 한다.

그 밖의 동사들 중에도, 본질적인 의미 때문에 흔히 비정격 목적어를 취하는 동사들이 있다.

jatka/a	계속하다	puolusta/a	방어하다
verrat/a	비교하다	seurat/a	따르다
ehdotta/a	제안하다	tarkoitta/a	의미하다
vastusta/a	반대하다	vaikeutta/a	어렵게 하다
edusta/a	나타내다	korosta/a	강조하다
ajatel/la	생각하다	heikentä/ä	약하게 하다

Ajattelen *sinu/a.*	나는 너를 생각한다.
Keihänen jatkoi *tominta/a.*	께이해넨은 사업을 계속했다.
Joku seuraa *minu/a.*	누가 나를 따라온다.
Voiko *suome/a* verrata ruotsiin?	핀란드어를 스웨덴어와 비교할 수 있나?
Mi/tä sinä tarkoitat?	무엇을 너는 의미하나?
Lipponen edustaa *sosialidemokraatte/j/a.*	립뽄넨은 사회민주당을 대표한다.

> (3) 정해지지 않은 양(가분 단어와 복수 형식의 단어들)을 표현하는 목적어는 비정격이다.

비정격 목적어 (비한정의 양)	대격 목적어 (한정된 양)
Ostan *jäätelö/ä.*	Ostan *jäätelö/n.*
나는 아이스크림을 산다.	나는 아이스크림을 산다. ("일정한 양을 산다"는 의미)
Pekka juo *olut/ta.*	Pekka juo *olue/n.*
빼까는 맥주를 마신다.	빼까는 맥주를 마신다. (특정의 맥주를 마신다는 의미)
Opitko *suome/a?*	Opin *suomen* kiele/n.

너는 핀란드어를 배우니?/배웠니?	나는 핀란드어를 공부했다. (핀란드어를 선택하여 공부했다는 의미)
Näen *ihmis/i/ä.*	**Näen *ihmise/t.***
나는 사람들을 보았다.	나는 (그) 사람들을 보았다.
Tuula tapaa *viera/i/ta.*	**Tuula tapaa *vieraa/t.***
뚜울라는 손님들을 맞이한다.	뚜울라는 (그) 손님들을 맞이한다.
Nieminen myy *metsä/ä.*	**Nieminen myy *metsä/n.***
니에미넨은 산림을 판다.	니에미넨은 (그) 산림을 판다.

§33.3 비정격 보어

보어(compliment)는 동사 **olla** '이다' 뒤에 오는 문장의 성분으로서 주어의 어떤 특징을 표현한다. 예를 들면 **Marketta on nainen** '마르껫따는 여자이다'와 **Marketta on mukava** '마르껫따는 친절하다'에서 **nainen** '여자'와 **mukava** '친절한'이 보어이다. 보어는 주격이나 비정격이고, 간혹 속격도 있다. 예. **Auto on minu/n** '자동차'는 나의 것이다.[3] 보어가 형용사일 때, 아래 규칙들이 적용된다.

주어가 가분 명사이면, 단수 형용사 보어(즉, 서술 형용사 / predicative adjective)는 비정격이다.

Maito on *valkois/ta.*	우유는 하얗다.
Rauta on *kova/a.*	쇠는 단단하다.
Kahvi on *kuuma/a.*	커피는 뜨겁다.
Tämä on *merkillis/tä.*	이것은 독특하다.
Musiikki on *kaunis/ta.*	(그) 음악이 아름답다.
Rehellisyys on *harvinais/ta.*	정직함이 드물다.
Uiminen on *hauska/a.*	수영은 좋다.

3) 역자주. 핀란드어와 영어에서는 계사(繫辭) 뒤에 오는 보어가 명사와 더불어 형용사도 가능하지만, 국어에서는 '명사+이다'만이 가능하고, 핀란드어와 영어의 형용사에 대응하는 관형사/관형어는 불가능하다. 따라서 핀란드어 1인칭 속격 minun에 대응하는 국어의 '나의'는 명사를 수식하는 관형 기능만 가졌고, 독자적으로는 보어가 될 수 없다.

주어가 불가분 명사이면 형용사 보어는 주격이 정상적이다.

Heidän koiransa on *valkoinen.*	그들의 개는 하얗다.
Tämä pala on *kova.*	이 비트(드릴의 촉)는 단단하다.
Kuppi on *kuuma.*	(그) 컵이 뜨겁다.
Hän on *merkillinen.*	그는 우습다.
Autoni ei ole *kaunis.*	내 자동차는 이쁘지 않다.

형용사 보어는 주어가 부정사(不定詞 infinitive) 혹은 종속절, 혹은 주어가 없을 때에 역시 비정격이다.

On *ilmeis/tä,* että…	…는 분명하다.
On *paras/ta* lähteä.	떠나는 것이 최상이다.
Luennolla oli *hauska/a.*	강의에 좋았다. (강의를 들은 것이 좋았다.)

일부 형용사의 경우는 보어로 사용될 때 주격과 비정격이 둘 다 가능하지만, 대개 비정격보다 주격이 낫다.

Minun on *vaikea(a)* tulla.	나는 오기 어렵다.
Oli *hauska(a)* tutustua.	(너를) 알게 되어 좋았다. (만나서 반가웠습니다.)
Ei ole *helppo(a)* päättää.	결정하기 쉽지 않다.

주어가 복수이면 형용사 보어도 그것과 일치하여 복수가 되어야 하는데, 대개는 비정격 복수형으로 나타난다. 그러나 주격 복수형도 역시 가능하다. 주어가 단수-복수의 구별이 없는 복수형 단어(§26)이거나 혹은 주어가 표현하는 개념이 한정된 범위가 분명할 때, 보어는 반드시 비정격 복수형이어야 한다.

복수 형용사 보어(술어형용사)는 일반적으로 비정격이다. 그러나 주어가 단수-복수의 구별이 없는 복수형 명사이거나 주어가 표현하는 개념이 명확히 한정되어 있으면 주격 형식이다.

Oletteko *ilois/i/a?*	너희들은 기쁘냐?
Omenat ovat *tanskalais/i/a.*	(그) 사과들은 덴마크(산)이다.
Nämä kirjat ovat *kalli/i/ta.*	이 책들은 비싸다.

Tulppaanit ovat *punais/i/a.*	(그) 튜립들은 빨갛다.
He ovat *miellyttäv/i/ä.*	그들은 기분 좋다. (기분 좋은 사람들이다.)
Voileivät ovat *hyv/i/ä.*	(그) 샌드위치들은 좋다.

위와 같은 문장들에서는 보어가 주격도 가능하다: **Nämä kirjat ovat kallii/t; Tulppaanit ovat punaise/t; Voileivät ovat hyvä/t**. 그러나 아래 예들에서는 보어가 반드시 주격이어야 한다. 주어가 단수-복수 구별 없는 복수형 단어이거나 신체의 일부를 지칭하는 단어이다.

Jalat ovat *likaise/t.*	(그) 발들이 더럽다.
Saappaat ovat *pitkä/t.*	(그) 장화가 높다.
Kasvot olivat *valkaise/t.*	(그) 얼굴이 희었다.
Sakset ovat *terävä/t.*	(그) 가위가 날카롭다.
Housut ovat *harmaa/t.*	(그) 바지가 회색이다.

명사 보어도 주격이나 비정격이 될 수 있다.

명사 보어가 어떤 물질의 정해지지 않은 양, 혹은 부류(部類), 혹은 종(種)을 나타낼 때 비정격이다.

Oletteko *ruotsalais/i/a?*	너희들은 스웨덴인이냐?
Olemme *suomalais/i/a.*	우리는 핀란드인이다.
He ovat *nais/i/a.*	그들은 여자이다.
Tuoli on *puu/ta.*	(그) 의자는 나무이다. (나무로 만들었다.)
Paitani on *villa/a.*	내 샤쓰는 양모(羊毛)이다. (양모로 만들었다.)
Aika on *raha/a.*	시간은 돈이다.
Tämä on *punaviini/ä.*	이것은 적포도주이다.

그 밖의 경우, 즉 명사 보어가 불가분의 명사로서 한정된 수량을 나타낼 때 주격을 취한다.

Keijo on *mies.*	께이요는 남자이다.
Tämä on *auto.*	이것은 자동차이다.
Olavi Järvinen on *lääkäri.*	올라비 애르비넨은 의사이다.

Tässä on *viini*!	여기 (그) 포도주이다! (이것이 그 포도주다!)

§33.4 양(量)을 나타내는 비정격

비정격이 수사(數詞)나 **monta** '여러', **paljon** '많은', **vähän** '작은, 적은' 같은 단어들 뒤에서는 수량을 나타낸다. 단, 수사가 굴절하는 경우는 비정격이 아니다(§52.2 참고).

수사(**yksi** '하나'는 제외) 뒤에서는 비정격 단수 형식이 사용된다.

yksi tyttö	한 소녀
kaksi tyttö/ä	두 소녀
viisi tyttö/ä	다섯 소녀
neljä maa/ta	네 나라 / 4개국
yhdeksän vene/ttä	아홉 배 (선박 9척)
kaksikymmentä kirja/a	스무 책 (책 20권)
sata mies/tä	백 사람
monta nais/ta	여러 여자

수량을 나타내는 다른 표현들 뒤에서 비정격 단수는 가분명사에 사용되고, 비정격 복수는 불가분 명사에 사용되었다.

vähän maito/a	적은 (양의) 우유
vähän auto/j/a	적은 (수의) 자동차들
paljon olut/ta	많은 (양의) 맥주
puoli tunti/a	반 시간
kuppi kuuma/a kahvi/a	(한) 컵(의) 뜨거운 커피
kaksi kuppi/a kylmä/ä tee/tä	두 컵(의) 차가운 차
lasi punaviini/ä	(한) 잔(의) 적포도주
kilo omeno/i/ta	(1)킬로(의) 사과들
kaksi kilo/a appelsiine/j/a	2킬로(의) 오렌지들
joukko ihmis/i/ä	(한) 떼(의) 사람들
pari kenk/i/ä	(한) 켜레(의) 신발들
pala leipä/ä	(한) 조각(의) 빵

pussi sokeri/a (한) 봉지(의) 설탕

수량을 나타내는 단어가 문장의 주어일 때, 문장종결동사(정동사)는 3인칭 단수형이다.

Kaksi miestä kulke/e kadulla. 두 남자가 길을 걷는다.

비교: **Miehet kulke/vat kadulla.** 남자들이 길을 걷는다.

Neljä pääministeriä kokoontu/u Helsinkiin. 네 수상들이 헬싱키에서 만난다.

비교: **Pääministerit kokoontu/vat Helsinkiin.** (그) 수상들이 헬싱키에서 만난다.

만약에 수사가 주격 이외의 어떤 격 형식이면, 그 수사가 포함된 구(句) 전체가 같은 격이다(§52.2 concord '일치' 참고).

Ajamme Helsinkiin kahde/lla auto/lla.
우리는 운전한다 헬싱키에 두 차동차에.
(우리는 자동차 두 대로 헬싱키에 운전해 간다.)

Minulla ei ole kolme/a velje/ä.
나에게 없다 세 형제가. (내게 세 형제가 없다.)

Kirjoitin kirjan kuude/ssa viiko/ssa.
나는 (그 / 한) 책을 여섯 주일에 썼다.

§33.5 전치사 및 후치사와 결합된 비정격

전치사 몇 가지와 후치사 2~3가지는 수식하는 단어의 격이 비정격이다. 예를 들면, 전치사 **lähellä** '…가까이', **ilman** '…없이', **ennen** '…앞에 / 전에', **pitkin** '…와 같이 / 따라서', **kohti** '…향하여', **vasten** '…에 대항하여' 등과 후치사 **kohtaan** '…를 향하여', **varten** '…을 위하여' 등이다.

Tuletko kotiin ennen joulu/a? 너는 크리스마스 전에 집에 오냐?

Pertti selviää ilman auto/a. 뻬르띠는 자동차 없이 지낸다.

He kävelivät pitkin silta/a. 그들은 다리를 따라서 걸었다.

Tunnen sääliä sinu/a kohtaan. 나는 너에게 향하여 (너에 대하여) 불쌍히 여긴다.

Tä/tä varten olemme tulleet. 이것을 위하여 우리가 왔다.

9 속격, 소유접미사, 대격

- 속격의 형성
- 속격의 용법
- 소유접미사(所有接尾辭 possessive suffixes)
- 대격(對格 accusative)은 무엇인가?
- 대격 어미들
- 목적격 어미(目的格 語尾 object case)를 취하는 수량부사(數量副詞 quantity adverbs)

이 장(章)에서는 속격과 대격, 두 가지 격 및 격 형식들과는 다른 성격을 가진 소유접미사를 취급한다. 대격은 엄밀한 의미에서 격의 일종이 아니라, 목적어로 사용되는 몇 가지 격(주격, 속격 및 **-t** 대격)을 통합적으로 지칭하는 명칭이며, 비정격(partitive)과 대립하는 개념이다. 속격과 소유접미사는 공통적으로 '소유'를 흔히 나타내기 때문에 상호 관계가 있다.

§34 속격의 형성

§34.1 속격 단수

속격 단수 어미는 항상 **-n**이며, 굴절어간에 붙는다. 속격 어미는 단일 자음이기 때문에 대개 굴절 어간에 자음전환(약전환 형식)을 유발한다(§15).

이것은 어말음이 **-e**인 명사성어들(§19)에는 적용되지 않고, 자음으로 끝나는 어말음을 가진 단어로서 기본형과 비정격 단수형은 약전환 형식이고 다른 격들은 강전환 형식인 일부 명사성어들(§20)에도 해당되지 않는다.

속격 단수 어미는 **-n** 이며, 굴절어간에 첨가된다.

기본형		속격형	참고절 §
Rauno	(남성의 이름)	Rauno/n	—
puu	나무, 숲	puu/n	—
Suvikki	(여성의 이름)	Suviki/n	—
Kaisu	(여성의 이름)	Kaisu/n	—
teltta	텐트	telta/n	—
tunti	시각	tunni/n	—
onni	행운	onne/n	18.2
Suomi	핀란드	Suome/n	18.2
saari	섬	saare/n	18.3
tuli	불(火)	tule/n	18.3
käsi	손	käde/n	18.4
varsi	손잡이	varre/n	18.4
laite	가정용 기구	laittee/n	19
kone	기계	konee/n	19
Järvinen	(성씨)	Järvise/n	20.1
toinen	다른 것	toise/n	20.1
teos	일	teokse/n	20.2
tehdas	공장	tehtaa/n	20.3
taivas	하늘	taivaa/n	20.3
rakkaus	사랑	rakkaude/n	20.4
puhelin	전화	puhelime/n	20.5
isätön	아비 없는	isättömä/n	20.6
sävel	악곡	sävele/n	20.7
mies	남자	miehe/n	20.8
kevät	봄	kevää/n	20.8

어떤 명사성어의 속격 단수형을 알면, 그것에서 **-n**어미를 제거함으로써 쉽게 굴절어간을 확인할 수 있다. 대다수의 격 형식들은 이 굴절어간에 필요한 경우 복수 어미와 격어미를 첨가하여 형성된다.

§34.2 속격 복수

속격 복수는 핀란드어 격 형식에서 가장 복잡하다. 가장 일반적인 속격 복수 어미는 **-den**(항상 **-tten**으로 교체될 수 있다)과 **-en**이며, 원칙적으로 복수 어간 **-i** 뒤에 첨가된다(§16, §26). 일부 곡용 유형에서는 **-ten**도 사용되는데, 단수형식의 어말 자음 뒤에 붙는다(특히 **ihminen** 류의 단어들, §20.1). 일반적으로 속격 복수형을 비정격 복수형과 비교하여 보는 것이 도움이 된다.

> 비정격 복수 어미가 **-ta** ~ **-tä**(즉, 굴절어미가 2중모음으로 끝날 때와 또한 일부 단음절 단어들, §32.2)이면, 속격 복수 어미는 **-den**이다.

기본형		굴절어간 (속격 단수)	참고절 §	비정격 복수	속격 복수
maa	나라	maa/n	–	ma/i/ta	ma/i/<u>den</u>
puu	나무, 숲	puu/n	–	pu/i/ta	pu/i/<u>den</u>
vapaa	자유	vapaa/n	–	vapa/i/ta	vapa/i/<u>den</u>
este	장애물	estee/n	19	este/i/tä	este/i/<u>den</u>
peite	덮개	peittee/n	19	peitte/i/tä	peitte/i/<u>den</u>
hammas	이(齒)	hampaa/n	20.3	hampa/i/ta	hampa/i/<u>den</u>
hidas	느린	hitaa/n	20.3	hita/i/ta	hita/i/<u>den</u>
korkea	높은	korkea/n	–	korke/i/ta	korke/i/<u>den</u>
tärkeä	중요한	tärkeä/n	–	tärke/i/tä	tärke/i/<u>den</u>
asia	일(事)	asia/n	–	asio/i/ta	asio/i/<u>den</u>
lukija	독자	lukija/n	–	lukijo/i/ta	lukijo/i/<u>den</u>
tavara	물건	tavara/n	–	tavaro/i/ta	tavaro/i/<u>den</u>
peruna	감자	peruna/n	–	peruno/i/ta	peruno/i/<u>den</u>
ankkuri	닻	ankkuri/n	–	ankkure/i/t	ankkure/i/<u>den</u> (~ankkuri/<u>en</u>)
kukkula	언덕	kukkula/n	–	kukkulo/i/ta	kukkulo/i/<u>den</u>

> 어미 **-den**은 언제나 어미 **-tten**으로 바꿀 수 있다.

짝을 이루는 2가지 형식을 비교하여 보아라. **ma/i/den~ma/i/tten, este/i/den~este/i/tten, korke/i/den~korke/i/tten** 등.

> 비정격 복수 어미가 **-a** ~ **-ä**일 때 (즉, 굴절 어간이 자음으로 끝나고 짧은 모음이 후행할 때, 또한 일부 복수 음절 단어들, §32.2) 속격 복수 어미는 **-en**이다.

기본형		굴절어간 (속격 단수)	참고절 §	비정격 복수	속격 복수
katto	지붕	kato/n	—	katto/j/a	katto/j/**en**
karhu	곰	karhu/n	—	karhu/j/a	karhu/j/**en**
kala	물고기	kala/n	—	kalo/j/a	kalo/j/**en**
muna	계란	muna/n	—	mun/i/a	mun/i/**en**
isä	아버지	isä/n	—	is/i/ä	is/i/**en**
tunti	시각	tunni/n	—	tunte/j/a	tunti/**en**
lasi	유리	lasi/n	—	lase/j/a	lasi/**en**
ovi	문	ove/n	18.2	ov/i/a	ov/i/**en**
kaikki	모두	kaike/n	18.2	kaikk/i/a	kaikk/i/**en**
kieli	언어	kiele/n	18.3	kiel/i/ä	kiel/i/**en**
sieni	버섯	siene/n	18.3	sien/i/ä	sien/i/**en**
käsi	손	käde/n	18.4	käs/i/ä	käs/i/**en**
viisi	다섯	viide/n	18.4	viis/i/ä	viis/i/**en**
hevone	말(馬)	hevose/n	20.1	hevos/i/a	hevos/i/**en**
nainen	여자	naise/n	20.1	nais/i/a	nais/i/**en**
kokous	모임	kokoukse/n	20.2	kokouks/i/a	kokouks/i/**en**
sormus	반지	sormukse/n	20.2	sormuks/i/a	sormuks/i/**en**
totuus	진실	totuude/n	20.4	totuuks/i/a	totuuks/i/**en**
vaikeus	어려움	vaikeude/n	20.4	vaikeuks/i/a	vaikeuks/i/**en**
avain	열쇠	avaime/n	20.5	avaim/i/a	avaim/i/**en**

työtön	실업자	työttömä/n	20.6	työttöm/i/ä	työttöm/i/en
askel	발걸음 폭	askele/n	20.7	askel/i/a	askel/i/en
mies	남자	miehe/n	20.8	mieh/i/ä	mieh/i/en
hedelmä	과일	hedelmä/n	—	hedelm/i/ä	hedelm/i/en
sopiva	알맞은	sopiva/n	—	sopiv/i/a	sopiv/i/en
hämärä	희미한	hämärä/n	—	hämär/i/ä	hämär/i/en
asema	역(驛)	asema/n	—	asem/i/a	asem/i/en
opettaja	선생	opettaja/n	—	opettaj/i/a	opettaj/i/en
aurinko	해	auringo/n	—	aurinko/j/a	aurinko/j/en
ammatti	전문 직업	ammati/n	—	ammatte/j/a	ammatti/en
päällikkö	두목	päällikö/n	—	päällikkö/j/ä	päällikkö/j/en

3음절 혹은 그 이상의 음절로 구성된 다수 단어에서는 **-den**과 **-en**이 둘 다 가능하지만, 일부 단어에서 자음전환의 결과에 주목해야 한다. **päällikö/i/den ~ päällikkö/j/en, ammate/i/den ~ ammatti/en, ankkure/i/den ~ ankkuri/en.**

어떤 단어들에서는 속격 복수형이 **-ten**어미로 형성되기도 하는데, 기본형이 자음으로 끝나는 단어들(§32.1의 (c) 부류)과 기본형 어간 말의 모음이 탈락한 자음 어간 말음을 가진 단어들(§32.1의 (b) 부류)이 해당된다. 이 단어들의 비정격 단수 형식은 항상 **-ta ~ -tä**이다. 이 어미는 특히 **ihminen** 류의 단어들에서 흔히 볼 수 있다.

> 비정격 단수 어미가 **-ta ~ -tä**이면 속격 복수 어미는 **-ten**이고 어말자음 뒤에 붙는다.

기본형		굴절어간	참고절 §	속격/복수	대다수 단어들에 간혹 나타나는 형식
kieli	언어	kiele/n	18.3	kiel/ten	~ kiel/i/en
pieni	작은	piene/n	18.3	pien/ten	~ pien/i/en
nuor	젊은	nuore/n	18.3	nuor/ten	~ nuor/i/en
nainen	여자	naise/n	20.1	nais/ten	~ (nais/i/en)
ruotsalainen	스웨덴 사람	ruotsalaise/n	20.1	ruotsalais/ten	~ (ruotsalais/i/en)
ostos	구매	ostokse/n	20.2	ostos/ten	~ ostoks/i/en

hammas	이(齒)	hampaa/n	20.3	hammas/**ten**	~ hampa/i/**den**
kallis	비싼	kallii/n	20.3	kallis/**ten**	~ kalli/i/**den**
puhelin	전화	puhelime/n	20.5	puhelin/**ten**	~ puhelim/i/**en**
askel	걸음 폭	askele/n	20.7	askel/**ten**	~ askel/i/**en**
mies	남자	miehe/n	20.8	mies/**ten**	~ mieh/i/**en**

§35 속격의 용법

속격은 흔히 소유자가 누구 혹은 무엇에 소속됨을 표하거나 소유자의 근원을 표하는 역할을 한다.

Presidenti/n **nimi on Ahtisaaari.**
(그) 대통령의 이름은 아흐띠싸아리이다.

Auli/n **auto on keltainen.**
아울리의 자동차는 노랗다.

Ihmise/n **elämä on lyhyt.**
사람의 수명은 짧다.

Kaarle **Kustaa on ruotsalais/ten kuningas.**
칼 구스타프(Carl Custaf)는 스웨덴의 왕이다.

Oletko **juonut Aura/n olutta?**
너는 아우라의 맥주를 마셨냐 / 마셔보았냐?

Mies/ten **vaatteet ovat pohjakerroksessa.**
남성의 의류는 지하층에 있다.

Öljyma/i/den **politiikka kovenee.**
석유생산국의 정책이 엄격해진다.

Kirjo/j/en **sisältö on muuttunut.**
(그) 책들의 내용이 바뀌었다.

아래와 같은 속격 표현들은 핀란드어에 전형적으로 나타난다. 다수의 유럽어에서 대응하는 표현들은 전치사 혹은 형용사 구조이거나 복합명사들이다. (역자. 아래 예들의 번역에서 우선 핀란드어의 표현을 직역하고 괄호 안에 적절한 국어 표현을 보였다.)

Turu/n kaupunki	뚜르꾸의 시 (뚜르크시)
Helsingi/n yliopisto	헬싱키의 대학 (헬싱키대학)
englanni/n kieli	잉글리쉬의 언어 (영어)
Venäjä/n ulkoministeri	러시아의 외무부장관
Summa/n taistelut	숨마의 전투들
Niemise/n perhe	니에미넨(Nieminen)의 가족
Virtase/n Reino	비르따넨의 레이노 / Reino Virtanen (구어체)
Lapi/n mies	라피(족)의 남자 (라플란드 Lapland 남자)
maido/n hinta	우유의 가격 (우유 값)
Suome/n kansa	수오미의 국민 (핀란드 국민 / 민족, 핀란드인)
Pohjoisma/i/den neuvosto	북국(北國)의 협의회 / 노르딕(Nordic)제국협의회
Ranska/n vallankumous	프랑스의 혁명(프랑스 혁명)
kadu/n mies	길의 남자 (길에 있는 남자)
ruotsi/n kiele/n opettaja	스웨덴의 언어의 선생 (스웨덴어 선생)
Espanja/n matka	스페인의 여행 (스페인 여행)

속격형은 '필요성'이나 '의무성'을 나타내는 동사(**täytyy** '해야 하다', **on pakko** '해야 하다' 등)와 양태적 의미(modal meaning)를 시현하는 일부 동사들(**kannattaa** '…할 가치가 있다', sopii '…해도 되다', onnistuu '…에 성공하다' 등)의 주어 형식이다.[1]

Minu/n **täytyy lähteä.**	나는 떠나야 한다.
He/i/dän **täytyy lähteä.**	그들은 떠나야 한다.
Saksalais/ten **täytyy lähteä.**	독일인들은 떠나야 한다.
Suome/n **kannattaa yrittää.**	핀란드가 시도할 가치가 있다.
Vireni/n **onnistui voittaa.**	비렌이 우승에 성공하였다.
Mies/ten **on pakko poistua.**	(그) 남자들은 가버려야 한다.
Sinu/n **ei pidä uskoa kaikkea.**	너는 무엇이든 믿어서는 안 된다.

1) 역자주. 속격이 주어가 되는 핀란드어 문장의 일부를 한국어로 직역할 수도 있나. 예. 여기 뒤의 예 "나는 울라의 옴을 보았다."

전통적인 핀란드어 문법에서는 이들 속격들을 항상 주어로 분석하지는 않았다. 대신에 여격부사어(dative adverbials)로 불렀다. 주어의 기본적인 격은 주격과 비정격이다(§25.3, §33.1).

속격은 또한 **on hyvä** '…이 기분 좋다', **on paha** '…이 나쁘다', **on hauska** '…이 기분 좋다'와 같은 표현이 서술하는 주어의 격이다. (전통적으로는 '여격부사어'이다.)

Minu/n **on hyvä olla.**	나는 기분 좋다.
Mauno/n **oli hauska päästä kotiin.**	마우노가 집에 온 것이 좋았다.
Suomalais/ten **oli paha palata.**	핀란드인들은 돌아온 것을 나쁘게 느꼈다.
Mikä ***Tuula/n*** **on?**	뚜울라는 무엇이냐(하냐)?

다수의 분사(participle)와 부정사(infinitive) 구문에서 주어가 속격으로 나타난다.

Talve/n **tullessa…**	겨울이 오면…(직역: '겨울의 옴에…')
Kesä/n **tultua…**	봄이 와서…
kaikki/i/en **tuntema kirjailija**	모두가 아는 작가
Näin ***Ulla/n*** **tulevan.**	나는 울라가 오는 것을 보았다. (직역: '나는 울라의 옴을 보았다.')
Huomasin ***Kalle/n*** **tulleen.**	나는 깔레가 온 것을 알았다. (직역: '나는 깔레의 왔음을 알았다.')

끝으로, 다수 후치사들은 선행하는 단어가 속격형이다.[2)]

pöydä/n ***alla***	테이블(의) 아래
kesä/n ***aikana***	여름(의) 동안
auto/n ***jäljessä***	(그) 자동차(의) 뒤에
huonee/n ***keskellä***	(그) 방(의) 가운데
äidi/n ***luo***	어머니(의) 한테
Virolaise/n ***mielestä***	비롤라이넨의 의견으로

2) 역자주. 예문의 번역에서 핀란드어의 속격 -n에 대응하는 국어의 속격 '-의'를 참고로 괄호 안에 넣어 보였다. 국어에서는 선행 명사에 속격어미 '-의'가 붙어도 되지만 붙지 않는 쪽이 자연스러운 것이 다수이다.

talo/n ***sisällä***	(그) 집(의) 안에
raha/n ***tähden***	돈(의)을 위하여
isä/n ***vieressä***	아버지(의) 다음에
tämä/n ***yhteydessä***	이것(의)과 관련하여
tori/n ***ympärillä***	시장(의) 주변에

§36 소유접미사

핀란드어에는 문법적 인칭이 소유함을 표현하는 별도의 소유대명사(possessive pronoun)가 존재하지 않는다.[3] 이 기능은 인칭대명사의 속격이 담당한다.

minä	나	**minu/n**	나의
sinä	너	**sinu/n**	너의
hän	그	**häne/n**	그의
me	우리들	**mei/dän**	우리들의
te	너희들	**tei/dän**	너희들의
he	그들	**hei/dän**	그들의

'소유' 혹은 '소속'될 수 있는 사물을 의미하는 단어들은 소유 / 소속자를 표시하는 소유접미사(possessive suffix)를 또한 취하는데, 인칭에 따라 다른 어미들이다. 단, 3인칭 단수와 복수 어미는 같다.

	단 수	복 수
1인칭	**-ni**	**-mme**
2인칭	**-si**	**-nne**
3인칭	**-nsa ~ -nsä**	**-nsa ~ -nsä**

> 1인칭 및 2인칭 인칭대명사 속격은 소유접미사와 같이 나타날 때 생략할 수 있다.

(minun) velje/ni 나의 형제

3) 역자주. 소유대명사의 예를 들면 영어의 mine '나의 것', yours '너의 것', ours '우리들의 것'.

(minun) äiti/ni 나의 어머니

(sinun) sisare/si 너의 자매

hänen poika/nsa 그의 아들
hänen isä/nsä 그의 아버지

(meidän) talo/mme 우리들의 집
(meidän) perhee/mme 우리들의 가족

(teidän) paikka/nne 너희들의 장소
(teidän) kirja/nne 너희들의 책

heidän talo/nsa 그들의 집
heidän ystävä/nsä 그들의 친구

1인칭과 2인칭 인칭대명사는 주체가 문장의 주어와 같고 소유의 의미가 다른 기능(즉, 목적어 기능)을 가질 때 특히 잘 생략된다.[4)]

Otan *kirja/ni*. 나는 나의 책을 갖는다.
Myyttekö *auto/nne*? 너희들은 너희들의 자동차를 파느냐?
Löydätkö *avaime/si*? 너는 너의 열쇠를 찾을 수 있니?
Teemme *parhaa/mme*. 우리들은 우리들의 최선을 (다)한다.
Emme muuta *asunno/sta/mme*. 우리들은 우리들의 아파트에서 이사가지 않는다.

3인칭 대명사들은 원칙적으로 문장의 주어와 같은 대상일 때에 한해서만 생략될 수 있다. 그리하여, 그러한 경우 다수의 다른 언어들에 존재하는 소유대명사들과 대응한다.

Hän ajaa *auto/nsa* kotiin. 그는 그의 자동차를 집으로 운전한다.
Kalle ajaa *auto/nsa* kotiin. 깔레는 그의 자동차를 집으로 운전해 간다.

---

4) 역자주. 여기서 '대명사+속격어미'(국어의 '나의', '너의' 등)가 생략되는 예들을 설명하고 예문을 보였는데, 핀란드어에서는 소유접미사(-ni '나의', -si '너의' 등)에 그 의미가 표현되었기 때문에 국어 번역문에 '나의', '너의' 등 대명사의 속격형을 넣었다.

He juovat *olue/nsa*.	그들은 그들의 맥주를 마신다.
Miehet juovat *olue/nsa*.	그 남자들은 그들의 맥주를 마신다.
Presidentti lähtee *linna/a/nsa*.	그 대통령은 그의 궁(宮)에 간다.

3인칭 대명사가 주어가 아닌 경우인 아래 예문들을 위와 비교하여 보아라.

Kalle ajaa *hänen auto/nsa* kotiin.
깔레는 그의('어떤 다른 사람의') 자동차를 집으로 운전한다.

Amerikkalaiset tapaavat *heidän edustaja/nsa*.
그 미국인들은 그들('자신들이 아닌 상대방 측')의 대표들을 만난다.

단어의 구성에서 소유접미사는 항상 격어미의 뒤, 전접첨사의 앞에 붙는다.

auto/lla/ni	나의 자동차로
auto/sta/si	너의 자동차에서
maa/ta/mme	우리들의 나라 (비정격)
poika/nne/kin	너의 아들도
äidi/ltä/ni/hän	나의 어머니로부터 + (강조)
isä/lle/si/kö	너의 아버지께?

소유접미사가 자음으로 끝나는 격어미 다음에 나타날 때에 아래 교체가 일어난다:

> 격어미의 어말 자음은 소유접미사가 뒤에 붙을 때 탈락된다.

자음의 탈락은 특히 속격 단수 어미 **-n**, 속격 복수 어미 **-iden ~ -itten ~ -en ~ -ten**, 주격 복수 어미 **-t** 및 향격 어미 **-Vn ~ -hVn ~ -seen ~ -siin**에 적용된다.

어근 + 격어미		어근 + 격어미 + 소유접미사	
laiva/n	(그) 배의	**laiva/ /ni**	나의 배의
tytö/n	(그) 소녀의	**tyttö/ /mme**	우리들의 소녀의
talo/t	(그) 집들	**talo/ /nne**	너희들의 집들
lauku/t	(그) 가방들	**laukku/ /si**	너의 가방들
auto/on	(그) 차(안)으로	**auto/o/ni**	나의 차(안)으로
maa/han	(그) 나라(안)으로	**maa/ha/nsa**	그의 나라(안)으로

이상과 같은 어말 자음의 탈락의 결과로, 몇 가지 격이 소유접미사가 첨가될 때 동일한 형식으로 나타난다. 즉, 주격 단수 및 복수와, 속격 단수가 동일하게 된다.

Veneeni on uusi.	나의 배(船)는 새것이다.
Veneeni ovat uudet.	나의 배들은 새것이다.
Veneeni nimi on Tarantella.	나의 배의 이름은 따란뗄라이다.
Oletko nähnyt *veneeni*?	너는 나의 배(들)를 보았느냐?

위 첫 2개 예문을 구별해 주는 것은 동사의 일치(concord)이다. **on** '이다'는 3인칭 단수형이고 **ovat** '이다'는 3인칭 복수형이다.

이상에서 기술한 바에 의하여 자음의 전환(consonant gradation)은 소유접미사 바로 앞에서는 발생하지 않는 사실을 알 수 있을 것이다. 명사 **laukku** '가방'의 굴절 형식을 참고로 보인다.

(minun) laukku/ni	(meidän) laukku/mme
(sinun) laukku/si	(teidän) laukku/nne
hänen laukku/nsa	heidän laukku/nsa

어말 자음의 탈락 때문에, 예를 들면 **(minun) laukku/ni**는 '나의 가방'(단수 주격) 혹은 '나의 가방들'(복수 주격) 혹은 '나의 가방의'(단수 속격)를 의미할 수 있다.

단수 주격에서 소유접미사는 항상 굴절어간에 첨가된다.

기본형	굴절어간+ 소유접미사		참고절 §
ovi	ove/mme	우리들의 문	18.2
ääni	ääne/si	너의 음성	18.3
käsi	käte/ni	나의 손	18.4
kone	konee/nne	너희들의 기계	19
hevonen	hevose/nsa	그(들)의 말	20.1
kysymys	kysymykse/si	너의 질문	20.2
kirves	kirvee/nsä	그(들)의 도끼	20.3

단모음(짧은 모음)을 가진 격어미 뒤에 나타나는 3인칭 소유접미사는 일반적으로

-Vn(모음+**-n**)이다. '**V**'는 바로 앞에 있는 음절의 모음과 같은 모음을 의미한다. 그러한 환경에서 소유접미사 **-nsa ~ -nsä**도 간혹 볼 수 있지만, 이 어미는 항상 단모음으로 끝나지 않는 격어미 뒤에 사용되는 것이다.

heidän talo/ssa/an	그들의 집(안)에
hänen auto/lla/an	그의 자동차로
heidän isä/lle/en	그들의 아버지에게
hänen äidi/ltä/än	그의 어머니한테서
äiti/ä/än	그의 어머니 (비정격)
pää/tä/än	그의 머리 (비정격)
maa/ta/an	그의 나라 (비정격)

3인칭 소유접미사 앞에 위에 언급한 격어미가 없는 아래 예들과 비교하여 보아라.

heidän talo/o/nsa	그들의 집(안)으로 (향내격)
hänen auto/nsa	그의 자동차 (주격 혹은 속격)
heidän isä/ä/nsä	그들의 아버지 (비정격 혹은 향내격)
hänen äiti/nsä	그의 어머니 (주격 혹은 속격)

§37 대격(Accusative)은 무엇인가?

대격은 단일한 형태론적 격 형식이 아니라, 문장의 목적어를 표시하는 일련의 격 어미들을 통합하여 지칭하는 용어이다. 이에 해당하는 격들은, 어미가 없는 단수 주격(**-0**), 어미 **-n**으로 표시되는 단수 속격, 인칭대명사의 특징인 **-t** 대격, 그리고 **-t**어미의 복수 주격이다. 이와 같은 몇 가지 격들로 표현되는 대격은 목적어(object)의 격으로 나타나며 비정격(partitive)과 대립한다.

목적어에 붙일 격어미를 선택할 때는 우선 비정격이 선택되는 조건들(§33.2) 중에서 어느 것에 해당되는지 확인해야 한다. 만약 해당된다면 목적어는 비정격으로 표현되고, 그 목적어는 대격보다 '강한(stronger)' 목적어가 된다. 만약 비정격 목적어의 조건들이 해당되지 않으면, 기타의 격어미들 중에서 적절한 것을 결정한다.

> 목적어가 비정격의 조건(§33.2) 중에서 어느 것에 해당되면 비정격 어미를 갖고, 해당되지 않으면 대격 어미들 (**0**, **-n**, **-t**) 중에서 한 가지를 취한다.

비정격 목적어는 3가지 경우에 나타난다: (a) 부정문(否定文)에 나타나고, (b) 동사가 표현하는 행위가 비결과적(非結果的)일 때 나타나고, 그리고 (c) 목적어가 정해지지 않은 양(indefinite quantity)을 표현할 때 나타난다.

(a)	**En tunne *tuo/ta mies/tä.***	나는 그 남자를 알지 못한다.
	Risto ei lue *sanomalehte/ä.*	리스또는 (그) 신문을 읽지 않는다.
(b)	**Reino lukee *hyvä/ä kirja/a.***	레이노는 좋은 책을 읽는다.
	He katsovat *ottelu/a.*	그들은 (그) 시합을 관람한다.
(c)	**Opiskelemme suomen *kiel/tä.***	우리는 핀란드 언어를 배운다.
	Ostatteko *olut/ta?*	네가 맥주를 (누구에게) 사주냐?

그러므로 목적어가 대격인 경우는 (a) 문장이 긍정문일 때, (b) 동사의 행위가 결과적(resultative)일 때, (c) 목적어가 사물의 전체 혹은 한정된 양을 나타낼 때에 국한되어 있다. (c)와 관련하여, 대격은 주어를 표시하는 주격과 비교될 수 있을 것이다 (§25.3).

> 대격은 2가지를 표현한다:
> (a) '결과적' 의미의 행위,
> (b) 긍정문에서 전체 혹은 한정된 양.

	대격 목적어	비정격 목적어
(a)	**Tuula kirjoittaa *kirjee/n.***	**Tuula kirjoittaa *kirje/ttä.***
	뚜울라가 편지를 쓴다.	뚜울라가 편지를 쓰고 있다.
	Hän kantoi *kassi/n* kotiin.	**Hän kantoi *kassi/a.***
	그가 '그' 가방을 집에 가져갔다.	그가 가방을 가져가고 있다.
	Suurensin *valokuva/n.*	**Suurensin *valokuva/a.***

나는 그 사진을 확대했다.
(예를 들어, '특정 크기로 확대했다'는 의미도 가능)

나는 사진을 확대하고 있었다.
혹은: 나는 사진을 확대했다('좀' 확대했지만 더 크게 할 수도 있었다는 뜻).

(b) **Ostin *leivä/n.***

나는 빵을 샀다 (일정 양을 샀다는 의미도 가능).

Ostin *leipä/ä.*

나는 빵을 (좀)샀다.

Syötkö *kala/n?*

너는 (그) 물고기를 먹겠니?

Syötkö *kala/a?*

너는 물고기를 먹니?

Tunnen *ruotsalaise/t.*

나는 그 스웨덴인을 안다.

Tunnen ruotsalais/i/a.

나는 스웨덴 사람을 좀 안다.

대격 어미 **0**, **-n**, **-t**는 모두 이러한 의미를 기본적으로 시현한다. 다음 절에서는 어떤 경우에 어떤 어미가 사용되어야 하는지, 그 선택의 요인에 대하여 기술한다.

§38 대격 어미들

대격 어미들은 각각 어떤 경우에 사용되는가? 3가지 규칙을 제시할 수 있다.

(1) 대격 어미 **-t**는 (a) 복수 형식과 (b) 인칭대명사 형식에서 항상 목적어를 표시한다.

(1)(a) **Luen *kirja/t.*** 나는 그 책들을 읽는다.[5)]

Kansa valitsee *kansanedustaja/t.* 국민은 국회의원을 선출한다.

Vien *kirjee/t* postiin. 나는 그 편지들을 우체국에 가져간다.

---

5) 원저자의 주. 여기서 보는 것과 같은, 핀란드어의 "결과적 동사의 현재형+대격 목적어" 구조는 흔히 영어에서 미래시제형 'will+동사'에 대응한다. 만약 그 문장들을 핀란드어의 구조대로 단순 현재형으로 번역하면 동사가 함유하고 있는 '결과적' 의미가 소실된다.

역자주. 여기서 저자가 설명하는 것은, 예를 들어, 위 첫째 예문 "**Luen kirja/t.**"를 영어의 현재 시제 "I read the book."으로 번역하지 않고, 미래 시제 "I will read the book."으로 번역하였다는 것이나. 국어에서는 동사의 현재(진행)형이 미래의 의미로도 해석할 수 있기 때문에, 원문의 영역에서 미래형을 국어의 미래형 "나는 책을 읽을 것이다"로 번역하지 않고 현재형 "나는 책을 읽는다."로만 번역하였다. 이 점에서 핀란드어와 국어는 공통성이 있다.

Isä vie *lapse/t* kouluun.	아버지가 아이들을 학교에 데려다 준다.
Vie *lapse/t* kouluun.	아이들을 학교에 데려가라.
Lapse/t vietiin kouluun.	아이들을 학교에 데려갔다. (피동문)
Tunnetko *nämä maa/t?*	너는 이(들) 나라들을 아느냐?
Sylvi avasi *ikkuna/t.*	쉴비는 창문들을 열었다.
Hallitus korvaa *vahingo/t.*	정부가 손해를 배상한다. / 배상할 것이다.
Huomenna ostan uude/t *kengä/t.*	내일 나는 새 신발을 산다.
Minun täytyy ostaa *kirja/t.*	나는 그 책들을 사야 한다.

이상 예문에서 보는 목적어의 복수어미 **-t**의 용법은 주어의 복수어미 **-t**의 용법과 완전히 일치한다(§25.3).

인칭대명사는 목적어로 기능할 때 **-t**어미를 취한다: **minu/t**, **sinu/t**, **häne/t**; **meidä/t**, **teidä/t**, **heidä/t**.

(1)(b)	Risto vei *minu/t* elokuviin.	리스토는 나를 영화관에 데려갔다.
	Vie *minu/t* elokuviin!	나를 영화관에 데려가라!
	Oletko nähnyt *häne/t?*	너는 그를 보았니?
	Neiti Mäkinen saattaa *teidä/t* ovelle.	미쓰 매끼넨이 너희들을 문에(으로) 안내한다.
	Saatanko *sinu/t* kotiin?	내가 너를 집에 데려갈까?
	Kyllä Tuula tuntee *heidä/t.*	뚜울라는 그들을(이) 괜찮은 것을 알았다.
	Tuo *häne/t* tänne!	그를 여기 데려와!
	Minu/t vietiin elokuviin.	나를 영화관에 데려갔다. (피동문)

만약에 목적어가 단수이고, 아울러 대명사 **minä** : **minu/t**, **sinä** : **sinu/t**, **hän** : **häne/t** 중 어느 하나가 아니면, 어미에 2가지 가능성이 있다. 어떤 때는 **-n**어미가 붙고 어떤 때는 어미가 전혀 붙지 않는 것이다. 단수 목적어는 서술 동사가 1인칭 혹은 2인칭 명령형일 때, 피동형일 때, 혹은 주어가 속격(§35)이면서 동사가 '구속성 / 강제성'을 표현할 때 어미를 취하지 않는다. 그 밖의 경우에 단수 목적어는 **-n**어미를 취한다.

(2) 단수 대격 목적어는
  (a) 보통 **-n**어미를 취하고,
  (b) 동사가 1인칭 및 2인칭 명령형일 때, 피동형일 때, 구속성 / 강제성의 의미일 때 어미를 취하지 않는다.

(Minä) ostan *kirja/n*.
나는 책을 산다.

Tunsitko *Olli Nuutise/n*?
너는 올리 누우띠넨을 아니?

Isä vie *lapse/n* kouluun.
아버지는 (그) 아이를 학교에 데려갔다.

Irma avaa *ikkuna/n*.
이르마는 창문을 연다.

Join kupi/n kahvia ja söin *leivoksen*.
나는 (한) 컵의 커피를 마셨고 타트를 먹었다.

***Hallitukse/n* muodostaa Paavo Lipponen.**
정부는 빠아보 립뽀넨에 의하여 구성된다.

Ilkka ostaa *sormukse/n* vaimolleen.
일록까는 부인에게(부인을 위하여) 반지를 산다.

Pekka Pekkanen saa *paika/n*.
뻬까 뻬까넨이 그 일을 한다.

Poliisit pysäyttävät *liikentee/n*.
경찰이 교통을 정지했다.

Kommunistit esittävät uude/n *ehdotukse/n*.
공산주의자들은 새로운 안을 제출하였다.

Rakennamme *tehtaa/n* Tampereelle.
우리는 땀뻬레에 공장을 짓는다.

Osta *kirja*!
책을 사라!

Ostakaa *kirja*!
(너희들) 책을 사라! (복수)

Ostakaamme *kirja*!
책을 사자!

Kirjoita *kirje* loppuun!
(그) 편지를 끝까지 써라!

Viekää *koira* pois!
(그) 개를 끌어내! (복수)

Ostettiin *kirja*.
책을 샀다. (피동)

Ostetaan *kirja*.
책을 사자!

***Koira* vietiin pois.**
(그) 개를 끌어냈다.

Onko *kirje* kirjoitettu loppuun?
(그) 편지를 끝냈니?

Kalle *Nieminen* nähtiin viimeksi Kuopiossa.
깔레 니에미넨을 꾸오삐오에서 마지막으로 보았다. (피동)

Minun täytyy ostaa *kirja*.
나는 책을 사야 한다

Sinun on pakko viedä *kirje* postiin.
너는 그 편지를 우체국에 가져가야 한다.

Nyt *koira* on vietävä ulos.
지금 (그) 개를 밖으로 끌어내야 한다. (피동)

Teidän pitäisi tavata *Raija*.
너는 라이야를 만나야 한다.

Meidän täytyy hyväksyä *tämä*.
우리는 이것을 받아들여야 한다.

세 번째로 중요한 대격 관련 규칙은 수(數)와 관계되는 것이다.

(3) 수사에는, **yksi** '하나'를 제외하고, 대격 어미가 없다.

Kadulla näin *kolme* ihmistä.
나는 길에서 세 사람을 보았다.

Saanko *kaksi* tuoppia olutta?
2 텀블러(큰 컵)의 맥주를 주시겠습니다?

Väinö söi *kuusi* appelsiinia.

배이노가 여섯 개의 오렌지를 먹었다.

Kansa valitsee *kaksisataa* kansanedustajaa.
국민은 200명의 국회의원을 선출하였다.

그러나 수사가 '하나'일 때는 대격형으로 명사의 대격과 일치한다.

Saanko *yhde/n kup/in* kahvia?	한 컵의 커피를 (주문)할 수 있습니까? (커피 한 잔을 주시겠습니까?)
Reijo lainaa *yhde/n kirja/n.*	레이요는 한 (권의) 책을 빌린다.

위에서(§36) 기술한 소유접미사에 관한 특기 점을 다시 언급하면, 어말 자음의 탈락으로 인하여 일부 격 형식들이 동일하게 된다.

소유 접미사가 붙지 않은 형식	소유 접미사가 붙은 형식
Ostin *auto/n.* 나는 자동차를 샀다.	**Ostin *auto/ni.*** 나는 나의 자동차를 샀다.
Ostin *auto/t.* 나는 (그) 자동차들을 샀다.	**Ostin *auto/ni.*** 나는 나의 자동차들을 샀다.
Ostin *auto/n* moottorin. 나는 (그) 자동차의 엔진을 샀다.	**Ostin *auto/ni* moottorin.** 나는 나의 자동차의 엔진을 샀다.

끝으로 강조해 둘 것은, 비정격 규칙들이 항상 대격 규칙에 우선하는 사실이다. 예를 들면, 부정문에서는 대응하는 긍정문의 대격 어미에 상관없이 목적어는 항상 비정격이다.

긍정문(대격)	부정문(비정격)
Luen *kirja/t.* 나는 (그) 책들을 읽는다.	**En lue *kirjo/j/a.*** 나는 책들을 읽지 않는다.
Tunnen *nämä maa/t.* 나는 이(들) 나라들을 안다.	**En tunne *nä/i/tä ma/i/ta.*** 나는 이(들) 나라들을 모른다.
Risto vie *minu/t* elokuviin. 리스토가 나를 영화관에 데려간다.	**Risto ei vie *minu/a* elokuviin.** 리스토가 나를 영화관에 안 데려간다.

Näen *häne/t*.
나는 그를 본다.

En näe *hän/tä*.
나는 그를 보지 않는다.

Ostan *kirja/n*.
나는 책을 산다.

En osta *kirja/a*.
나는 책을 사지 않는다.

Pekka Virtanen sai *paika/n*.
뻬까 비르따넨이 그 일을 한다.

Pekka Virtanen ei saa *paikka/a*.
뻬까 비르따넨이 그 일을 하지 않는다.

Sinun on pakko viedä *kirje* postiin.
네가 그 편지를 우체국에 가져 가야 한다.

Sinun ei ole pakko viedä *kirje/ttä* postiin.
네가 그 편지를 우체국에 가져가야 할 필요 없다.

Pertti ostaa *neljä* vihkoa.
뻬르띠 4(권의) 노트북을 산다.

Pertti ei osta *neljä/ä* vihkoa.
뻬릇띠는 4(권의) 노트북을 사지 않는다.

Juotko *kaksi* kuppia kahvia?
너는 두 컵의 커피를 마시니?

Etkö juo *kah/ta* kuppia kahvia?
너는 두 컵의 커피를 마시지 않니?

§39 목적어격을 취하는 수량부사

핀란드어에는 수량을 나타내는 일부 표현들이 목적어가 규칙에 의하여 비정격 혹은 대격 어미를 취하는 것과 유사하게 어미를 취한다. 이 표현들에는 '얼마나 오래?', '얼마나 멀리?', '몇 번이나?', '몇 번째?'와 같은 의문문에 대한 답변들이 포함된다.

Olen ollut Suomessa *viiko/n*. 나는 1주일을 핀란드에 있었다.
En ole ollut Suomessa *viikko/a*. 나는 1주일을 핀란드에 안 있었다.
Ole Suomessa *viikko*! 핀란드에 1주일을 있어라!
Suomessa ollaan *viikko*. 핀란드에 1주일을 있는다.
Viren juoksee *kilometri/n*. 비렌은 1킬로미터를 뛴다.
Viren ei juokse *kilometri/ä*. 비렌은 1킬로미터를 안 뛴다.
Juokse *kilometri*! 1킬로미터를 뛰어라!
Olen nähnyt hänet *kaksi kertaa*. 나는 그를 두 번 보았다.
En ole nähnyt häntä *kah/ta kertaa*. 나는 그를 두 번 보지 않았다.

10 장소격 여섯 가지

- 일반사항
- 재내격(在內格 Inessive)
- 향외격(向外格 Elative)
- 향내격(向內格 Illative)
- 재상격(在上格 Adessive)
- 탈격(奪格 Ablative)
- 향격(向格 Allative)
- 방향동사(方向動詞 Directional verbs)
- 장소명(場所名 Place names)

§40 일반사항

핀란드어에 존재하는 15개 격(格 case) 중에서 6가지가 '장소'와 '방향'을 나타내는 공통적인 기본 기능을 시현하면서, 격체계 내에서 1개 하위 체계를 이루고 있다. 6가지 장소격 어미는 재내격 **-ssa** ~ **-ssä**, 향외격 **-sta** ~ **-stä**, 향내격 **-Vn** ~ **-hVn** ~ **-seen** ~ **-siin** ('V'는 임의의 모음을 나타낸다), 재상격 **-lla** ~ **-llä**, 탈격 **-lta** ~ **-ltä**, 향격 **-lle**이다.[1)]

---

1) 역자주. 핀란드어의 여섯 가지 장소격의 용법은 외국인들이 이해하기에 상당히 어렵다. 그러나 한국어의 장소격들과 일치하거나 유사한 용법들이 있기 때문에, 영어보다는 한국어로 이해하는 편이 쉽다. 이 사실을 고려하여 이 장(章)에 제시된 예문의 번역은 원서의 영역(英譯)에 의존하지 않고, 설혹 부자연스럽더라도, 국어로 직역이 가능하면 그것을 제시하려 노력하였다. 비문은 별표 '*'로 표시하고 괄호 안에 정문을 제시하였다.

국어에는 기본적으로 3가지 형식의, 본서에서 설명하는, 장소격(local case) 어미가 있다: '-에'·'-에서'·'-(으)로'이다. 이 3가지 기본 격어미(국어문법에서는 '조사' 혹은 '격조사'로 부른다)가 표현하는 격 의미는 기본적으로 4가지이다: (1) 여격/향격은 '-에'와 '-으로' (예. 학교에 간다. 학교로 간다), (2) 장소격은 '-에서'와 '-에' (예. 학교에서 공부한다. 학교에 있다.), (3) 탈격은 '-에서' (예. 학교에서 온다.), (4) 기구격은 '-으로' (예. 나무로 만들었다. 볼펜으로 쓴다.)로 표현한다. 그 밖에, 통칭 '특수조사' 범주에 속하는 '-부터'와 '-까지'가 있고, 사람이나 동물에만 장소격의 체계는 2가지 차원에서 각각 대립하는 구조로 이루어져 있다. 하나는 '장소적 차원'으로, '안(內)' 혹은 '즉시 접할 수 있는 것'과 '밖'의 구별이다. 다른 하나는 '방향적 차원'으로, '정적(靜的 static '움직이지 않는')'과 '동적(動的)'의 구분, 그것은 다시 '…로 움직임(movement towards)'과 '…로부터 움직임(movement away from)'에 의한 구별이다. 그리하여 여섯 가지 장소격 어미는 아래와 같이 분류할 수 있다. 어미는 이형태들 중에서 하나만 제시하였다.

		장소	
		안(Inside)	밖(Outside)
	움직이지 않음(Static)	**-ssa**	**-lla**
방향	…로부터 움직임(Away from)	**-sta**	**-ltä**
	…로 움직임(Toward)	**-Vn**	**-lle**

장소격들의 용법을 아래 '집' 그림으로 보인다. 'x'는 '움직이지 않는(정태적 靜態的)' 장소를 표시한다. 장소격들은 '장소'와 '방향' 이외에도 여러 가지 의미를 시현하는 사실을 유념할 필요가 있다. 예를 들어 어떤 것은 '시간'을, 어떤 것은 '이유'를, 어떤 것은 '기구'를 어떤 것은 '방법'을 의미한다.

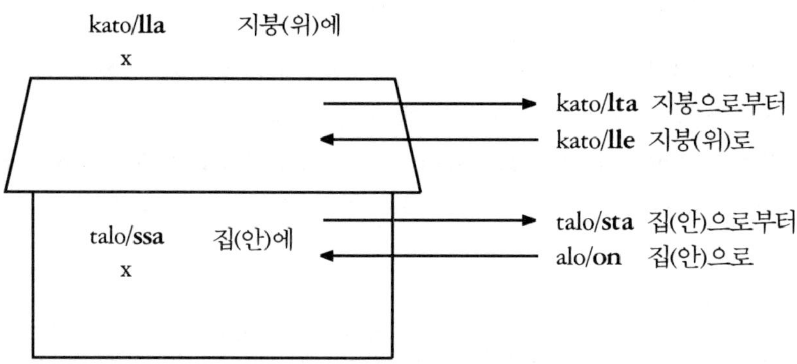

사용하는 '-에게', 보통 구어체에만 쓰이는 '-한테', 그리고 경어체인 '-께' · '-께서'가 핀란드어의 다양한 장소격에 대응하는 국어의 형식들이다.

본 장에서 설명하는 핀란드어 장소격의 특수한 용법은 국어에도 존재한다. 예를 들면, '-에'는 기본적으로 방향이나 장소를 의미하지만, '열시에 만나자!'에서는 '시간', '한 개에 백원이다.'에서는 '단위'를 나타내고, '-에서'의 기본 의미는 '장소'와 '이탈'이지만 '우리 과에서 일등했다'에서는 주격어미와 같이 쓰였다.

§41 재내격

재내격(在內格 inessive) 어미는 **-ssa** ~ **-ssä**이다. 단수에서는 이 어미가 굴절어간에 직접 붙고(§18~20), 복수에서는 굴절어간에 첨가된 복수 어미 **-i-** 뒤에 붙는다(§26). 재내격 어미의 어두가 2중 자음이기 때문에, 이 어미는 자음전환의 규칙이 정상적으로 적용된다(§15). vene 류 단어들(§19)과 기본형이 자음으로 끝나는 단어들(§20)에서는 굴절어간이 강전환(strong grade) 형식으로 나타난다.

> 재내격의 기본 의미는 '어떤 것의 안쪽 장소'이고, 때로는 '직접 접촉성(direct contact)'이다.

기본형	재내격	단수	재내격	복수
talo	**talo/<u>ssa</u>**	집(안)에	**talo/i/<u>ssa</u>**	집들(안)에
puu	**puu/<u>ssa</u>**	나무(안)에	**pu/i/<u>ssa</u>**	나무들(안)에
maa	**maa/<u>ssa</u>**	나라(안)에	**ma/i/<u>ssa</u>**	나라들(안)에
tunti	**tunni/<u>ssa</u>**	시간(안)에	**tunne/i/<u>ssa</u>**	시간들(안)에
kivi	**kive/<u>ssä</u>**	돌(안)에	**kiv/i/<u>ssä</u>**	돌들(안)에
käsi	**käde/<u>ssä</u>**	손(안)에	**käs/i/<u>ssä</u>**	손들(안)에
liike	**liikkee/<u>ssä</u>**	상점(안)에	**liikke/i/<u>ssä</u>**	상점들(안)에
nainen	**naise/<u>ssa</u>**	여인(안)에	**nais/i/<u>ssa</u>**	여인들(안)에
ajatus	**ajatukse/<u>ssa</u>**	생각(안)에	**ajatuks/i/<u>ssa</u>**	생각들(안)에
syvyys	**syvyyde/<u>ssä</u>**	깊이(안)에	**syvyyks/i/<u>ssä</u>**	깊이들(안)에
avain	**avaime/<u>ssa</u>**	열쇠(안)에	**avaim/i/<u>ssa</u>**	열쇠들(안)에

재내격 어미가 '직접 접촉'의 의미를 시현하는 경우는 극히 드물다. 그러나 몇 가지 일반적인 표현에서 이와 같은 의미로 사용된다.

Minulla on sukat *jala/ssa.*
나는 발에 양말을 신었다.
(직역: 나에게 양말이 발에 있다.)

Pekalla on hansikkaat *käde/ssä.*
뻬까는 손에 장갑을 끼었다.

(직역: 뻬까에게 장갑이 손에 있다.)

Venee/ssä **on kakside mastoa.**
(그) 배에 마스트가 2개 있다.

Tuopi/ssa **on korvat.**
(그) 탱카드에 손잡이가 있다.
(영어. tankard '뚜껑과 손잡이가 달린 맥주용 큰 컵')

Onko sinulla hattu *pää/ssä*?
너는 머리에 모자를 썼니?
(직역. 너에게 머리에 모자가 있니?)

Laiva on *laituri/ssa*.
그 배는 부두에 있다. (부두에 대어 있다.)

재내격은 시간의 표현, 특히 어떤 행위가 일어난 시간을 표현할 때 일반적으로 사용된다.

Luin kirjan *tunni/ssa*.
나는 (그)책을 (한) 시간(안)에 읽었다.

Pimenee *kymmene/ssä minuuti/ssa*.
10분(안)에 어두어진다.

Hän luki lääkäriksi *viide/ssä vuode/ssa*.
그는 5년(안)에 의사 자격이 된다.

Päivä/ssä pääsee **Helsingistä Kuopioon.**
헬싱키에서 꾸오삐오를 1일(안)에 도착한다.

Tulen Norjaan *ensi kuu/ssa*.
나는 다음 달(안)에 노르웨에 온다.

어떤 때는 재내격이 무엇을 덮은 물건 / 물질을 표시한다.[2)]

Talo on *tule/ssa*.	*그 집이 불(안)에 있다. (불로 덮혔다.)
Nenä oli *vere/ssä*.	*(그의) 코가 피(안)에 있다. (코가 피로 덮혔다.)
Aurajoki on *jää/ssä*.	*아우라강이 얼음(안)에 있다. (얼음으로 덮혔다.)
Lasi on *huurtee/ssa*.	*(그) 유리가 서리(안)에 있다. (서리로 덮혔다.)

2) 역자주. 핀란드어 표현의 구조를 국어와 비교하여 이해하는데 도움이 될 수 있도록 직역한 비문(非文) 앞에 별표(*)를 붙여 표시하였다.

'일치(concord)'의 규칙은 일반적인 방법으로 적용된다. 대명사와 형용사 수식어는 동일한 격으로 굴절하고, 수(數)는 핵심어의 수에 따른다.

iso/ssa talo/ssa	(그)큰 집(안)에
tä/ssä talo/ssa	이 집(안)에
piene/ssä auto/ssa	(그)작은 자동차(안)에
iso/i/ssa talo/i/ssa	(그)집들(안)에
tavallise/ssa liikkee/ssä	보통 상점(안)에
tavallis/i/ssa liikke/i/ssä	보통 상점들(안)에
toise/ssa maa/ssa	다른 나라(안)에
tois/i/ssa ma/i/ssa	다른 나라들(안)에

§42 향외격

향외격(向外格 elative) 어미는 **-sta ~ -stä**이며, 굴절어간에 첨가되고 위의 재내격과 마찬가지로 자음전환을 유발한다. 향외격의 기본 의미는 '안(내부)에서 밖(외부)으로' 이다.

> 향외격의 기본의미는 '안에서 밖으로'이며, 어떤 경우에는 '기원(起源)'이나 '접촉하는 표면으로부터 나가는 방향'을 의미한다.

기본형	향외격 단수		향외격 복수
talo	**talo/sta**	(그)집으로부터	**talo/i/sta**
maa	**maa/sta**	(그)나라로부터	**ma/i/sta**
kivi	**kive/stä**	(그)돌로부터	**kiv/i/stä**
vesi	**vede/stä**	(그)물로부터	**ves/i/stä**
ihminen	**ihmise/stä**	(그)사람으로부터	**ihmis/i/stä**
tiede	**tietee/stä**	과학으로부터	**tiete/i/stä**

아래 예문들이 향외격의 기본 의미를 나타낸다.

Sylvi nousee *sängy/stä* kello kahdeksan.

쉴비는 8시에 침대(안)에서 나왔다.

Noudan paketin *posti/sta.*
내가 그 소포를 우체국(안)에서 가져 온다.

***Mi/stä* Teuvo tulee?**
떼우보는 어디에서 왔니?

Hän tulee *Kemi/stä.*
그는 께미에서 왔다.

Nousemme *juna/sta* satamassa.
우리는 항구에서 기차(안)에서 내렸다.

Älä juo olutta *pullo/sta*!
병에서 맥주를 마시지 말라!

Pekka tulee *koulu/sta.*
뻬까는 학교에서 온다.

Merimiehet karkasivat *laiva/sta.*
선원들은 배에서 탈출하였다.

Vesi loppuu *kaivo/sta.*
*물이 우물에서 끝난다. (우물이 말랐다)

Tulen *hammaslääkäri/stä.*
나는 치과에서 온다.

***Mi/stä* löysit kynäsi?**
어디에서 네 펜을 찾았니?

Otan hatun *pää/stä/ni.*
나는 나의 머리에서 모자를 벗는다.

***Jyväskylä/stä* Helsinkiin**
위배스뀔래에서 헬싱키로

Johtaja on palannut *Brasilia/sta.*
책임자가 브라질에서 돌아왔다.

향외격은 자주 사용되는 어떤 동사들에 후행하여 부사성으로 사용되는 경우가 많다. 이런 동사들에는 '말하다', '글쓰다', '생각하다', '이해하다', '좋아하다', '알다' 등의 의미를 가진 단어들이 포함된다.[3]

---

3) 역자주. 향외격의 기본 의미는 국어의 '…에서(부터)'인데, 여기 예문들에서는 '…에 대하여'에 대응하고, 끝에서 둘째 셋째 예문도 그와 같이 이해할 수 있으나, '…를'이 자연스러운 해석이

Pentti kertoo *matka/sta/an.*	뻰띠는 그의 여행에 대하여 말한다.
Hän puhuu *kokemuks/i/sta/an.*	그는 그의 경험들을 이야기한다.
Mitä ajattelet *Vennamo/sta?*	벤나모에 대하여 어떻게 생각하니?
Mitä luulet *tä/stä?*	이것에 대하여 어떻게 생각하니?
En pidä musta/sta *kahvi/sta.*	나는 블랙커피를 좋아하지 않는다.
Minä pidän *Liisa/sta.*	나는 리이사를 좋아한다.
Mi/stä sen tiedät?	어떻게 아냐? (직역: 무엇에서 아냐?)

향외격은 또한 어떤 물건을 만든 자료, 기원, 원인 등을 표현하기도 한다.

Pöytä on tehty *puu/sta.*	(그)테이블은 나무로 만들었다.
Teen puvun *villa/sta.*	나는 양모(羊毛)로 드레스를 만든다.
Häne/stä tulee lääkäri.	그는 의사가 된다. (직역: 그에게서 의사가 나온다.)
isä/stä poikaan	아버지에게서 아들에게
kolme/sta neljään kilometriä	3에서 4킬로미터
Witold on *Puola/sta.*	위똘드는 폴란드에서 왔다. (직역: -에서 이다.)
Lapsi itkee *pelo/sta.*	(그) 아이는 공포에서 운다.
Hän hymyili *onne/sta.*	*그는 행복에서 미소짓는다.
Mi/stä syy/stä Ahti lähti?	*무슨 이유에서 아흐띠가 떠났니?

향외격에는 아래와 같은 기능들도 있다.

kaksi *te/i/stä*	*너희들에서 둘(국어: 너희 중에서 두 사람)
viisi *nais/i/sta*	(그) 여인들(중)에서 다섯
Kiitos *ruua/sta.*	음식에 감사한다. (직역: 음식에서…)
Maksan 100 mk *taki/sta.*	나는 (그) 코트에 100마르카를 지불한다.
Minu/sta hän on sairas.	내 의견으로 그는 아프다. (직역: 나에서…)
aamu/sta iltaan	아침에서 저녁까지
Hän on ollut täällä viime *vuode/sta.*	그는 작년부터 여기 있다.

다. 현대 국어에 자주 등장하는 '…에 대하여'는 본래 '…을 대하여'였으나 일본어의 영향을 받아 바뀐 것이라 한다.

'일치' 규칙은 정상적으로 적용된다.

piene/stä talo/sta	작은 집에서
varhaise/sta aamu/sta	이른 아침에서부터
tä/stä auto/sta	이 자동차에서
mu/i/sta ma/i/sta	다른 나라들에서

§43 향내격

향내격(向內格 illative) 어미에는 3가지가 있다: **-Vn**과 **-hVn** ('V'는 항상 바로 앞에 있는 음절의 모음과 같은 모음을 뜻한다), 그리고 **-seen**이다. 향내격 복수 어미도 간혹 **-siin**이다. 향내격 어미 앞에서는 자음전환이 일어나지 않는다(§15). 향내격의 기본적인 의미는 '안으로'이다.

> 향내격의 기본 의미는 '안으로'(방향)이고, 어떤 경우에는 '변화나 동작의 종결점'을 나타내기도 한다.

어미 **-Vn**은 짧은 모음으로 끝나는 굴절어간 뒤에 나타난다. 또한 복수어간 뒤에도 나타나는데, 복수어간이 2중모음이면 향내격 어미는 **-hVn**이 된다.

기본형	향내격 단수		향내격 복수
talo	**talo/on**	(그) 집(안)으로	**talo/i/hin**
koulu	**koulu/un**	학교로	**koulu/i/hin**
kaupunki	**kaupunki/in**	(그) 도시로	**kaupunke/i/hin**
lehti	**lehte/en**	(그) 신문(안)으로	**leht/i/in**
kivi	**kive/en**	(그) 돌(속)으로	**kiv/i/in**
käsi	**käte/en**	(그) 손(안)으로	**käs/i/in**
meri	**mere/en**	(그) 바다(속)으로	**mer/i/in**
kunta	**kunta/an**	(그) 구역(안)으로	**kunt/i/in**
ihminen	**ihmise/en**	(그) 사람(속)으로	**ihmis/i/in**
ajatus	**ajatukse/en**	(그) 사상(안)으로	**ajatuks/i/in**

avain	avaime/en	(그) 열쇠(안)으로	avaim/i/in
korkea	korkea/an	(그) 높이(안)으로	korke/i/hin (-siin)
sairaala	sairaala/an	(그) 병원(안)으로	sairaalo/i/hin

어미 **-hVn**는 단음절 굴절어간(단수 혹은 복수)과 또한 2중모음으로 끝나는 복수 어간 뒤에 나타난다.

기본형	향내격 단수		향내격 복수
maa	maa/han	(그) 나라(안)으로	ma/i/hin
tie	tie/hen	(그) 길(쪽)으로	te/i/hin
työ	työ/hön	일에, 일(쪽)으로	tö/i/hin
suu	suu/hun	입(안)으로	su/i/hin
tämä	tä/hän	이것(안)으로	nä/i/hin
tuo	tuo/hon	그것(안)으로	no/i/hin
joka	jo/hon	어느 것(안)으로	jo/i/hin
mikä	mi/hin	무엇(안)으로	mi/hin
pullo	pullo/on	(그) 병(속)으로	pullo/i/hin
kala	kala/an	(그) 물고기(속)으로	kalo/i/hin
vaikea	vaikea/an	(그) 어려움(속)으로	vaike/i/siin (-hin)
purkki	purkki/in	(그) 냄비(속)으로	purkke/i/hin

어미 **-seen**은 장모음으로 끝나는 다음절(多音節) 굴절어간 뒤에 나타난다. 그리하여 향내격 복수 어미는 **-siin** 혹은 **-hin**이다.

기본형	향내격 단수		향내격 복수
vapaa	vapaa/seen	자유(속)으로	vapa/i/siin (-hin)
harmaa	harmaa/seen	회색빛(속)으로	harma/i/siin (-hin)
perhe	perhee/seen	(그) 가족(속)으로	perhe/i/siin (-hin)
tiede	tietee/seen	과학(속)으로	tiete/i/siin (-hin)
rikas	rikkaa/seen	부자(속)으로	rikka/i/siin (-hin)
taivas	taivaa/seen	하늘로, 천당으로	taiva/i/siin (-hin)

아래 예문들은 향내격이 기본 의미로 사용된 용례들이다.

Isä ajaa auton *autotalli/in.*
아버지께서 자동차를 차고(안)으로 운전한다.

Panetko sokeria *kahvi/in?*
너는 커피에 설탕을 넣니?

Hän pani avaimen *lukko/on.*
그는 (그) 열쇠를 자물쇠(안)에 넣었다.

Kyllä minä vastaan *puhelime/en.*
네, 내가 (그) 전화에 대답합니다. (내가 전화를 받겠습니다.)

Lähetän kirjeen *Tukholma/an.*
나는 스톡홀름에 편지를 보냅니다.

Seija laski paketin *maa/han.*
세이야는 (그) 소포를 땅에 놓았다.

Kesällä aion matkustaa *Tanska/an.*
여름에 나는 덴마크에 여행할 생각이다.

Kuningatar lähtee *Lontoo/seen.*
(그) 여왕이 런던에 간다.

Lintu rakensi pesänsä *puu/hun.*
(그) 새는 그의 둥지를 나무(안)에 지었다.

***Mi/hin ma/i/hin* Koivisto lähtee tänä vuonna?**
어느 나라들에 꼬이비스또가 금년에 가니?

Aurinko laskee *länte/en.*
해는 서쪽으로 진다.

Aamulla kaikki menevät *työ/hön.*
아침에 모두가 일에 간다. (일하러 간다.)

Pekka menee *koulu/un.*
뻬까는 학교에 간다.

Aion mennä *sänky/yn.*
*나는 침대에로 생각이다. (잠 잘 생각이다.)

Muutamme uute/en *paikka/an.*
우리는 새로운 장소로 이사한다.

Nixon ei joutunut *vankila/an.*
닉슨은 감옥에 안 떨어졌다. (감옥에 갈 필요가 없었다.)

향내격은 또한 동작이나 변화의 종결점(終結點)을 표시하거나, 혹은 어떤 동작이 지향・도달하여 직접 접촉하는 표면을 표현하는 데도 사용된다.

Käte/en **tuli haava.**
손에 상처가 왔다. (손을 다쳤다.)

Lamppu ripustetaan *katto/on.*
(그) 램프는 천장에 달렸다.

Emäntä panee ruuan *pöytä/än.*
(그) 여종업원은 음식을 테이블에 놓는다.

Lapsi panee lakin *pää/hän.*
(그) 아이는 모자를 머리에 쓴다.

Pane kengät *jalka/an*!
발에 신을 신어라!

Opettaja löi nyrkin *pöytä/än.*
(그) 선생은 그의 주먹을 테이블에 쳤다. (주먹으로 테이블을 쳤다.)

향내격은 또한 '시간의 표현'에도 사용된다. 한정된 2개 시점(時點) 중 뒤의 시점을 표시하거나, 어떤 동작이 아직 발생하지 않은 시점을 표시하는 데 사용된다.

viikosta *viikko/on*	주일에서 주일로
aamusta *ilta/an*	아침에서 저녁으로 (저녁까지)
tammikuusta *maaliskuu/hun*	1월에서 3월로 (3월까지)

En ole käynyt Ruotsissa *vuote/en.*
*나는 스웨덴에서 1년(안)에 보내지 않았다. (1년 동안 가지 않았다)

Pekka ei ole ollut kotona kolme/en *viikko/on.*
*뻬까는 3주일(안)에 집에 있지 않았다. (3주일 동안 집에 없었다)

En ole nähnyt häntä pari/in tunti/in.
*나는 그를 두 시간(안)에 못 보았다. (두 시간 동안 못 보았다)[4]

일반적인 '일치'의 규칙이 적용된다.

piene/<u>en</u> kaupunki/<u>in</u>	작은 마을(안)으로
pien/i/<u>in</u> kaupunke/i/<u>hin</u>	작은 마을들(안)으로

---

4) 원문의 pariin tunti는 '(한)쌍의 시간'으로 영어의 'a couple of hour'와 같은 표현이다.

korkea/an puu/hun	높은 나무(안)으로
kaikk/i/in kone/i/siin	(그)모든 기계(속)으로

향내격 어미의 끝 자음은 소유접미사 앞에서 탈락한다.

talo/on	(그) 집(안)으로
talo/o/ni	나의 집(안)으로
talo/o/mme	우리들의 집(안)으로
talo/i/hin	(그) 집들(안)으로
talo/i/hi/nne	너희들의 집들(안)으로

§44 재상격

위에서 제시한 재내격・향외격・향내격 등 세 가지 격은 '내부적(內部的 internal)' 장소격이다: **talo/ssa** '집(안)에', **talo/sta** '집(안)으로부터', **talo/on** '집(안)으로'. 이 3 격과 대응하는 '외부적(外部的 external)' 장소격은 재상격・탈격・향격이다. 참고. **kadu/lla** '길(위)에', **kadu/lta** '(그)길에서부터', **kadu/lle** '(그)길(쪽)으로'; **Peka/lla** '빼깔라에게/한테', **Peka/lta** '빼깔라에게서', **Peka/lle** '빼깔라에게로'.

재상격(在上格 adessive)의 어미는 **-lla** ~ **-llä-**이며 단수나 복수나 굴절어간에 첨가되고, 자음전환을 유발한다.

> 재상격은 흔히 '위' 혹은 '가까운' 장소를 의미하고, '소유자'나 어떤 행위가 이루어지게 하는 '기구'도 의미한다.

기본형	재상격 단수		재상격 복수
pöytä	**pöydä/llä**	테이블(위)에	**pöyd/i/llä**
katu	**kadu/lla**	길(위)에	**kadu/i/lla**
auto	**auto/lla**	자동차(옆)에	**auto/i/lla**
ihminen	**ihmise/llä**	(그)사람에게	**ihmis/i/llä**
kone	**konee/lla**	기계로	**kone/i/lla**
vastaus	**vastaukse/lla**	(그)대답으로	**vastauks/i/lla**

재상격의 기본 의미에 의한 용례들을 아래 보인다.

Matto on *lattia/lla.*	(그) 매트는 바닥(위)에 있다.
Kupit ovat *pöydä/llä.*	(그) 컵들은 테이블(위)에 있다.
Onko juna jo *asema/lla?*	(그) 열차는 벌써 기차역에 있니?
Vaatteeni ovat *tuoli/lla.*	내 옷들은 의자(위)에 있다.
Auto on jo *lauta/lla.*	(그) 자동차는 이미 도선(渡船 ferry) 위에 있다.
Kokous on *Ylioppilastalo/lla.*	(그) 회의는 학생관에서 있다.
Vainikkala on *Venäjän raja/lla.*	바이닉깔라는 러시아 국경선에 있다.
Penkki on *peräseinä/llä.*	(그) 벤치는 뒷벽에 있다.
Puukko on *vyö/llä.*	(그) 칼은 혁대에 있다.
Poja/lla/ni on kolme lasta.	내 아들에게 세 아이가 있다.
Minu/lla ei ole rahaa.	나에게 돈이 없다.
Perti/llä on uusi vene.	뻬릇띠에게 새 보트가 있다.
Isä/llä on harmaat hiukset.	(나의) 아버지께 회색 머리가 있다.
Matkustamme Kuopioon *juna/lla.*	우리는 꾸오삐오에 기차로 여행한다.
Hän kirjoittaa *kynä/llä.*	그는 펜으로 글을 쓴다.
Syön keittoa *lusika/lla.*	나는 국을 숟가락으로 먹는다.

재상격은 '시간'의 표현에도 사용되는데, 특히 선행하는 수식어가 없으면 재상격이다. (관형어의 수식을 받는 '시간' 표현은 흔히 상황격 **-na** ~ **-nä**이다. §49.) 그러나 **hetki** '순간', **tunti** '시각', **viikko** '주일', **kausi** '기간', **vuosisata** '세기' 등과 같은 시간 표현어의 경우는 예외 없이 재상격 어미를 가진다.

Talve/lla **voi hiihtää.**
겨울에 스키를 탈수 있다.

Päivä/llä **teen työtä.**
나는 낮에 일한다.

Yö/llä **pitäisi nukkua.**
밤에 자야 한다.

Tä/llä **hetke/llä en voi tulla.**

그 순간에 나는 올 수 없다.

Viime *tunni/lla* puhuimme objektista.
마지막 과(課)에서 우리는 목적어에 대하여 말했다.

Ensi *viiko/lla* lähden Lappiin.
다음 주일에 나는 라쁘란드를 간다.

재상격은 태도 / 습관(manner)을 표현할 수도 있다.

***Tä/llä tava/lla* ei voi tehdä.**	이런 방법으로 할 수 없다.
Puhukaa *kova/lla* ääne/llä.	큰 소리로 말해라.
Tulen *miele/llä/ni*.	나는 기쁨으로 오겠습니다.

선행 관형어는 정상적인 방법으로 격이 일치된다.

kolme/lla auto/lla	세 자동차로
pitkä/llä kadu/lla	긴 길에
tä/llä pöydä/llä	이 테이블(위)에
vanha/lla miehe/llä	(그) 노인(옆)에

§45 탈격

탈격(奪格 ablative) 어미는 **-lta ~ -ltä**이며, 단수나 복수나 굴절어간에 첨가되고, 자음전환을 유발한다.

> 탈격은 '어떤 표면에서 떨어져 있거나 그로부터 떨어져 나오는 동작, '가까이에서부터' 혹은 '어떤 사람으로부터' 분리되어 나오는 동작을 의미한다.

기본형	탈격 단수		탈격 복수
maa	**maa/lta**	(그) 나라로부터/-에서	**ma/i/lta**
pöytä	**pöydä/ltä**	(그) 책상에서 떨어져서	**pöyd/i/ltä**
meri	**mere/ltä**	(그) 바다로부터/-에서	**mer/i/ltä**
ihminen	**ihmise/ltä**	(그) 사람으로부터	**ihmis/i/ltä**
mies	**miehe/ltä**	(그) 남자로부터	**mieh/i/ltä**

다음에 탈격의 용례 몇 가지를 보인다.

Juna lähtee *asema/lta.* (그) 기차는 역에서 떠난다.

Otatko maton *lattia/lta?* 네가 매트를 바닥에서 치우겠냐?

Reino nousi *penki/ltä.* 레이노는 벤치에서 일어났다.

Linja-auto ajoi *tie/ltä.* (그) 버스가 길 밖으로 운행한다.

Tuula tulee *kaupungi/lta.* 뚜울라는 (그) 마을에서 온다.

Huomenna johtaja palaa *kesäloma/lta/an.*
내일 (그) 부장이 여름 휴가에서 돌아온다.

Raitiovaunu kääntyy *Aurakadu/lta* Eerikinkadulle.
전차는 아우라가에서 에릭가로 돈다.

Tänään tuli kirje *poja/lta/ni.*
오늘 내 아들한테서 편지가 왔다.

Lainaan rahaa *äidi/ltä.*
나는 어머니한테서 돈을 빌린다.

Kysy *häne/ltä*, missä posti on.
그에게서(에게) 물어라, 우체국이 어디 있는지.

Ostan auton *Niemise/ltä.*
나는 니에멘에게서 자동차를 산다.

Pyydän sinu/lta anteeksi.
나는 너에게서(에게) 용서를 바란다.

Anoin *rehtori/lta* lupaa.
나는 (그) 교장에게서(에게) 허가서를 신청했다.

Laulaja/lta meni ääni.
*(그) 가수에게서 목소리가 갔다. (그 가수가 목소리를 잃었다.)

Paja/lta katkesi jalka.
*(그) 소년에게서 다리가 부러졌다. (그 소년의 다리가 부러졌다.)

Kaikki jää *minu/lta* kesken.
모든 것이 남아있다 나에게서 끝나지 않은 채로.

탈격은 또한 '시간', '용량', 어떤 때는 '어떤 대상물의 속성'을 표현한다.

Viini on *vuode/lta* 1879.
*(그) 포도주는 1879년에서 이다. (그 포도주는 1879년 산이다.)

Lopetamme *tä/ltä päivä/ltä.*
*우리는 오늘에서(에) 끝낸다.

Opetus alkaa *kello yhdeksä/ltä.*
수업은 아홉시부터 시작한다.

Lounas on *kello kahde/lta/toista.*
점심은 열두시부터 이다. (…에 있다.)

Perunat maksavat markan *kilo/lta.*
*감자는 킬로에서 마르까 값나간다. (감자 값은 1킬로에 1마르까이다.)

Maito maksaa kaksi markkaa *litra/lta.*
*우유는 리터에서(에) 2마르까 값이다. (우유 값은 1리터에 2마르까이다.)

Kankaan hinta on 25 mk *metri/ltä.*
*그 천의 값은 미터에서 25마르까이다. (그 천 값은 1미터에 25마르까이다.)

Hän on *luontee/lta/an* vilkas.
*그는 천성에서(으로) 쾌활하다.

Olen paino/lta/ni normaali.
*나는 체중에서(이) 정상이다.

감각한 내용을 표현하는 동사들, 예를 들어 **näyttää** '…처럼 보이다', **tuntua** '…같아 보이다', **maistua** '…맛이다', **kuulostaa** '…같이 들리다'와 같은 동사들은 탈격 부사성어(보어)를 취하는 것에 특별히 유의해야 할 것이다.

Tämä näyttää *kummu/lta.*	이것은 이상하게 보인다.
Puku näyttää *hyvä/llä.*	그 드레스는 좋아 보인다.
Ehdotus tuntuu *huono/lta.*	그 제안은 나쁜 것 같다.
Laulu tuntui mukava/lta.	그 노래는 좋은 것 같다.
Ruoka maistuu *huonoilta.*	*그 음식은 나쁜 맛이다. (맛이 나쁘다.)
Kuulostaa *mainio/lta.*	(그것은) 뛰어나게 들린다.

'일치'의 규칙이 정상적으로 적용된다.

mi/<u>ltä</u> laituri/<u>lta</u>?	어느 승강장(프랫트폼)에서?
likaise/<u>lta</u> lattia/<u>lta</u>	더러운 마루에서
tuo/<u>lta</u> vanha/<u>lta</u> naise/<u>lta</u>	저 늙은 부인에게서

§46 향격

향격(向格 allative) 어미는 **-lle**이며 단수나 복수나 굴절어간에 첨가되고, 자음전환을 유발한다.

> 향격은 어떤 '표면'이나 '사람'에게 향하는 동작을 표현한다.

기본형	향격 단수		향격 복수
katto	**kato/lle**	(그) 지붕으로	**kato/i/lle**
tuoli	**tuoli/lle**	(그) 의자로	**tuole/i/lle**
nainen	**naise/lle**	(그) 여자에게로	**nais/i/lle**
tyttö	**tytö/lle**	(그) 소녀에게로	**tytö/i/lle**

향격의 용례들을 아래 보인다.

Kirja putosi *lattia/lle.*	(그) 책이 마루로 떨어졌다.
Pane tyynyt *sohva/lle!*	(그) 쿠션을 소파에 놓아라!
Istuudun *tuoli/lle.*	나는 의자에 앉는다.
Lähdemmekö *ostoks/i/lle?*	우리들이 구매에 갈까? (물건 사러 갈까?)
Kuka vie koiran *kävely/lle?*	누가 그 개를 걷기에 데려가나?
Menen *parvekkee/lle.*	나는 발코니로 간다.
Älä sylje *lattia/lle!*	바닥에 침을 뱉지 마라!
Tapio lähtee *matka/lle* huomenna.	따삐오는 내일 여행에 떠난다.
Illalla menemme *Ylioppilastalo/lle.*	저녁에 우리는 학생관에 간다.

Lähdemmekö *asema/lle?*
우리들이 기차역에 갈까?

Hän on muuttanut *Kauppiaankadu/lle.*
그는 까웁삐안까뚜(상인가 商人街)로 이사했다.

Oikea/lle vai *vasemma/lle?*
오른쪽으로 혹은 왼쪽으로?

Puhun *sinulle.*
나는 너에게 말한다.

Kerro asia *minu/lle.*
나에게 그 일을 말해라.

Annan lahjan *vaimo/lle/ni.*
나는 내 처에게 선물을 준다.

Näytän *te/i/lle* tien.
내가 너에게 길을 가르쳐 준다.

Tarjoamme viera/i/lle *illallisen.*
우리는 손님들에게 저녁을 제공했다.

Opetan suomea *skandinaave/i/lle.*
나는 스칸디나비아 사람들에게 핀란드어를 가르친다.

탈격의 경우와 같이, 감각한 내용을 표현하는 동사들이 향격도 받을 수 있다. 그러나 표준어에서는 탈격이 보다 보편적이다.

Tämä näyttää kumma/lle ~ kumma/lta. 이것은 이상하게 보인다.
Ruoka maistui huono/lle ~ huono/lta. 그 음식은 맛이 나쁘다.

끝으로, 몇 가지 '일치'의 예들을 보인다.

tä/lle miehe/lle 이 남자에게
pitkä/lle kävely/lle 오랜 걷기에
likaise/lle lattia/lle 더러운 마루에
kaik/i/lle nä/i/lle laps/i/lle 이들 모든 아이들에게

§47 방향 동사

이상에서 설명한 장소격들은 자연 상황적 의미에 따라 3종으로 분류된다(§40): 첫째는 안(內) 혹은 밖의 정적(靜的 static) 장소, 둘째는 '…를 향한' 동작, 셋째는 '…로부터'의 동작이다. 핀란드어에서는 '변화'나 '방향'을 나타내는 동사에 연결되는 명사 성어들이 4가지 방향격(方向格 dictional cases), 즉 향외격, 향내격, 탈격, 향격 중 하나이다. 그와 대응하는 다수 인도-유럽어의 표현에는 '정적'인 전치사가 포함되어 있을 것이다.[5] 이 범주에 속하는 핀란드어 동사는 **etsiä** '찾다', **jättää** '떠나다', **jäädä** '머무르다', **löytää** '발견하다', **ostaa** '사다', **pysähtyä** '정지하다'(자동사),

pysäyttää '정지시키다'(타동사), **rakentaa** '건축하다', **unohtaa** '잊다' 등이다.

Hän etsii avainta *tasku/sta.* He looks *in his pocket* for the key.
그는 그의 주머니에서(향외격) 열쇠를 찾는다.

Hän löytää kolikon *kadu/lta.* He finds the coin *in the street.*
그는 길에서(탈격) 그 동전을 발견한다.

Hän löytää avaimen *tasku/sta.* He finds the key *in his pocket.*
그는 그의 주머니에서(향외격) 열쇠를 발견한다.

***Elanno/sta* löysin uudet kengät.** I found new shoes *at Elanto.*
엘란또에서(향외격) 나는 새 구두를 발견했다.

Aion jäädä *Ruotsi/in.* I intend to stay *in Sweden.*
나는 스웨덴에서(향내격) 체류할 생각이다.

Paavo jäi *luoka/lle.*
*빠아보는 클라스에서(향내격) 머물렀다. (유급했다.)

Jätän auton *autotalli/in.*
나는 자동차를 차고에(향내격) 남겨둔다.

Onko hän unohtanut avaimen *lukko/on?*
그가 열쇠를 열쇠구멍에(향내격) 두고 잊었니?

Unohdin kirjat *huonee/see/ni.*
나는 책들을 내 방에(향내격) 두고 잊었다.

Ostan olutta *Alko/sta.*
나는 알꼬에서(향외격) 맥주를 산다.

Ostammeko kartan *kirjakaupa/sta?*
우리 지도를 서점에서(향외격) 살까?

Rakennamme uuden hotellin *Turku/un.*
우리는 뚜르꾸에(향내격) 새 호텔을 짓는다.

Juna pysähtyi *asema/lle.*
기차가 역에서(탈격) 정지했다.

---

5) 역자주. 영문 번역도 전재한 아래 첫 다섯 예문들에서 보는 바와 같이, 핀란드어에서 '동적' 격인 향외격, 향내격 등이 영어에서 '정적' 전치사 in으로 대응하는 현상을 말하는 것이다. 국어에서는 부사격어미 '-에', '-에서', '-로'를 정적-동적 어느 한 쪽으로 규정하기 어렵다. 후행하는 동사의 의미에 따라 정적 혹은 동적이 된다고 설명할 수 있다. 예를 들면, '-에'가 '집에 있다'에서와 같이 장소를 지칭할 때는 정적이고, '집에 간다'에서와 같이 방향을 지칭할 때는 동적이다.

Poliisi pysäytti auton *kadunkulma/an.*
경찰이 자동차를 길 모퉁이에(향내격) 세웠다.

§48 장소명

장소명은 내부적 장소격(재내격, 향외격, 향내격)으로나 혹은 외부적 장소격(재상격, 탈격, 향격)으로 곡용하는데, 내부적 장소격의 변화가 보다 일반적이다. 나라 이름들은 거의 항상 내부적 장소격으로 곡용한다.[6)]

Suome/ssa	핀란드에/-에서 (재내격)
Suome/sta	핀란드에서/-로부터 (향외격)
Suome/en	핀란드에/-로 (향내격)
Tanska/ssa	덴마크에/-에서 (재내격)
Unkari/in	홍가리에/-로 (향내격)
Sveitsi/stä	스위스에서/-로부터 (향외격)
Englanti/in	영국에/-으로 (향내격)
Neuvostoliito/ssa	소련에/-에서 (재내격)
Neuvostoliitto/on	소련에/-으로 (향내격)
Yhdysvallo/i/sta	미국에서/-으로부터 (향외격)
Yhdysvalto/i/hin	미국에/-으로 (향내격)
NB: Venäjä/llä	예외: 러시아에/-에서 (재상격)

대다수 도시나 다른 지역 이름들도 내부적 장소격으로 곡용하지만, 예외가 있다.

Helsingi/ssä	헬싱키에/-에서 (재내격)
Turu/ssa	뚜르꾸에/-에서 (재내격)
Oulu/sta	오울루에서/-로부터 (향외격)
Pori/in	빠리에/-로 (향내격)
Jyväskylä/ssä	위배스꿜래에/-에서 (재내격)

6) 역자주. 아래 예들의 번역에 국어에서 기본적으로 대응하는 2가지 형식을 제시하고 핀란드어의 격 이름을 괄호 안에 썼다.

Kuopio/sta	꾸오뻬오에서/-로부터 (향외격)
Tukholma/an	스톡홀름에/-으로 (향내격)
Moskova/ssa	모스크바에/-에서 (재내격)
Lontoo/seen	런던에/-으로 (향내격)
Pariisi/ssa	빠리에/-에서 (재내격)
Tamperee/lla	땀뻬레에/-에서 (재상격)
Tamperee/lta	땀뻬레에서/-로부터 (탈격)
Tamperee/lle	땀뻬레에/-로(향격)
Rauma/lla	라우마에/-에서(재상격)
Riihimäe/ltä	리이히매끼에서/-로부터(탈격)
Rovanieme/llä	로바니에미에/-에서(재상격)
Seinäjoe/lla	세이내요끼에/-에서(재상격)

11 기타의 격

- 상황격(狀況格 Essive)
- 전환격(轉換格 Translative)
- 부재격(不在格 Abessive)
- 공동격(共同格 Comitative)
- 시사격(示唆格 Instructive)

§49 상황격

상황격의 어미는 **-na** ~ **-nä**이며 단수형이나 복수형이나 굴절어간에 첨가된다. 상황격 어미는 그러한 음절 구조 때문에 자음전환을 유발하지 않는다(§15.2). 상황격은 보통(임시적인) '상황' 혹은 '기능'을 표현하며, 때로는 '환경'이나 '조건' 혹은 '원인'을 나타낸다. 상황격은 또한 '시간 표현'에도 사용된다.

기본형	상황격 단수		상황격 복수
auto	**auto/na**	자동차로서	**auto/i/na**
ihminen	**ihmise/nä**	사람으로서	**ihmis/i/nä**
nuori	**nuore/na**	젊은이(로서)	**nuor/i/na**
vanha	**vanha/na**	늙은이(로서)	**vanho/i/na**

Heikki on Jämsässä *lääkäri/nä.*
헤익끼는 얨새에서 의사로 있다. (…의사로 일한다.)

Olemme siellä *vuokralais/i/na.*
*우리는 그곳에서 하숙인으로 있다. (…하숙하고 있다.)

Lähetän ilmoituksen *pikakirjee/nä.*
나는 그 통지서를 속달우편으로 보낸다.

Kuka siellä on *apu/na?*
누가 그곳에서 보조자로 있나?

Pidämme ehdotusta *järkevä/nä.*
우리는 그 제안을 의미 있는 것으로 생각한다.

Olen Suomessa *turisti/na.*
나는 핀란드에 여행자로 있다.

Pentti oli kolme viikkoa *sairaa/na.*
*뻰띠는 3주일 동안 환자로 있었다. (3주일 동안 아팠다.)

Viini kelpaa *kylmä/nä/kin.*
포도주는 찬것으로도 좋다.

Minulla on *tapa/na* polttaa vain illalla.
*나에게 습관으로 저녁에만 담배 피우는 것이 있다.
(나는 저녁에만 담배피우는 습관이 있다.)

Pekka lähti *iloise/na* luennolle.
*뻭까는 즐거움으로 그 강의에 갔다. (즐겁게 그 강의에 참석하였다.)

Syön puuron *kuuma/na.*
*나는 (그) 오트밀죽을 뜨거움으로 먹는다. (뜨겁게 먹는다.)

Pysyykö ilma *kirkkaa/na?*
*공기가 맑음으로 유지될까? (맑게 유지될까?)

Arto tuli *väsynee/nä* kotiin.
*아르또는 집에 피곤으로 왔다. (피곤해져서)

상황격은 표현 대상이 축제일이나 요일 이름일 때, 그리고 일반적으로 시간을 표현하는 핵심 단어에 선행하는 수식어가 있을 때, 시간의 표현에 사용된다. (참고 §44)

***Joulu/na* olin kotona.**
크리스마스에 나는 집에 있었다.

***Itsenäisyyspäivä/nä* presidentillä on vastaanotto.**
독립기념일에 대통령은 리셉션을 가졌다.

***Juhannukse/na* aion purjehtia.**
한여름에 나는 요트타러 간다.

Tuletko meille *lauantai/na?*
*너희들 오겠니 우리에게 토요일에? (토요일에 우리에게 오겠느냐?)

***Perjantai/na* kaikki menevät saunaan.**
금요일에 누구나 사우나에 간다.

Minulla on luento *maanantai/na.* 나는 월요일에 강의가 있다.

Sunnuntai/na täytyy levätä.	일요일에 쉬어야 한다.
Viime talve/na olin sairaana.	지난 겨울에 나는 아팠다.
Ensi kesä/nä lähden Italia/an.	다음 여름에 나는 이탈리아에 간다.
Erää/nä päivä/nä tapasin hänet.	어느 날 나는 그를 만났다.
Kahte/na yö/nä on ollut hallaa.	두(이틀) 밤에 서리가 내렸다.
Mi/nä päivä/nä hän tulee?	어떤 날 그가 오냐?

Kuumi/i/na kes/i/nä on paljon kärpäsiä.
무더운 여름에는 파리가 많다.

Tä/nä vuon/na inflaatio on taas noussut.
금년에 인플레이션이 다시 올랐다.

Tammikuun ***seitsemänte/nä*** päivä/nä.
1월 7일에

ensi '다음, 오는', **viime** '지난'과 같은 수식어들은 '일치'의 규칙을 따르지 않는다. 예. **ensi talve/na** '오는 겨울', **viime talve/na** '지난 겨울'.

§50 전환격

전환격(轉換格 translative)의 어미는 **-ksi**이며, 단수형이나 복수형이나 굴절어간에 첨가되고 자음전환을 유발한다. (어미가 2중 자음으로 시작된다.) 전환격은 일반적으로 어떤 물건이나 사람이 들어가는 상황, 성질, 기능 혹은 위치를 표현하며, 또는 동작이나 변화의 귀결점을 나타내기도 한다.[1)]

기본형	전환격 단수		전환격 복수
auto	auto/ksi	자동차로 (되다)	auto/i/ksi
pieni	piene/ksi	소규모로 (되다)	pien/i/ksi
lahja	lahja/ksi	선물로 (되다)	lahjo/i/ksi
rengas	renkaa/ksi	반지로 (되다)	renka/i/ksi

1) 역자주. 국어에서는 관형사나 형용사에 부사격 조사가 첨가될 수 없으나, 핀란드어에서는 형용사(국어의 관형사와 형용사)도 명사성어로 곡용이 가능하다. 따라서 핀란드어 형용사에 부사격 조사가 첨가된 형식들은 국어로 직역하기 어렵다.

Lauri tuli *iloise/ksi*. *라우리는 기쁘게 되었다. (라우리는 기뻤다.)

Isä on tullut *vanha/ksi*. *아버지는 늙게 되었다. (아버지는 늙었다.)

Tuletko *kipeä/ksi*? *너는 병들게 되나? (너는 아프나?)

Tyttö aikoo *insinööri/ksi*. *(그) 소녀는 엔지니어로 되려고 했다. (…엔지니어가…)

Pekka antoi kirjan *lahja/ksi*. 뻭까는 그 책을 선물로 주었다.

Juotko lasin *tyhjä/ksi*?
*너는 잔을 비우게 마시겠느냐. (잔을 비우겠느냐?)

Poikasi on kasvanut *pitkä/ksi*.
*너의 아들이 크게 자랐다. (너의 아들이 컸다.)

Jalat käyvät *kanke/i/ksi*.
*(그의) 다리들이 굳어 갔다. (그의 다리가 굳어 갔다.)

Kirjoitan kirjan *valmii/ksi*.
*나는 그 책을 끝나게 쓰겠다. (책 집필을 끝내겠다.)

Olot muuttuivat *normaale/i/ksi*.
상태가 정상적으로 된다.

Pääsetkö *opettaja/ksi* Helsinkiin?
너는 헬싱키에서 선생으로 될 수 있니?

Tämä riittää *perustelu/ksi*.
이것은 설명으로 충분하다.

Auli luuli minua *norjalaise/ksi*.
아울리는 내가 노르웨이인으로 생각했다.

Turkua sanotaan vanha/ksi *kaupungi/ksi*.
뚜르꾸는 옛 도시로 말해진다. (알려져 있다.)

Vennamoa ei saa kutsua *idiooti/ksi*.
벤나모는 바보로 불러서는 안 된다.

Opettaja puhuu *suome/ksi*. (그) 선생은 핀란드어로 말한다.

Kaikki esitelmät ovat *ruotsi/ksi*. *모든 강의는 스웨덴어로 있다. (… 스웨덴어로 한다)

Mitä 'auto' on *englanni/ksi*? '자동차'가 영어로 무엇이냐?

Tule vähän *lähemmä/ksi*! 좀 가까이로 와라!

Siirtykää hiukan *kauemma/ksi*! 조금 더 멀리로 가!

Nouse *ylemmä/ksi*! 보다 높이 일어나!

전환격은 또한 시간, 특히 어떤 사건이 발생한 시점이나 진행된 시간, 혹은 어떤 사항이 연기된 시간을 표현한다.

Tulen kotiin *joulu/ksi*.
나는 크리스마스에 집에 온다.

Onko meillä ohjelmaa *iltapäivä/ksi*?
우리는 오후에 프로그램이 있냐?

Minun täytyy ehtiä kotiin kello *kolme/ksi*.
나는 세시에 집에 도착해야 한다.

Pekka lähtee Espanjaan *viiko/ksi*.
뻭까는 (한) 주일 동안 스페인에 간다.

Poistun kahde/ksi *tunni/ksi*.
나는 두 시간 동안 부재한다.

Ostatko ruokaa *sunnuntai/ksi*?
너는 일요일 (용으)로 식료품을 좀 사냐?

Lykkäämme kokouksen *huomise/ksi*.
우리는 그 회의를 내일까지 연기한다.

Maksu siirtyy *myöhemmä/ksi*.
납부금은 후로 옮겨졌다. (납입 기일이 후일로 연기되었다.)

상황격과 전환격의 대조되는 점을 아래 예들에서 관찰해 보아라.

Tulen kotiin *joulu/ksi*.	*나는 크리마스로(…를 위하여) 집에 온다.
Joulu/na olen kotona.	크리스마스에 나는 집에 있는다.
Ostatko ruokaa *sunnuntai/ksi*?	*너는 일요일로(…을 위하여) 식품을 좀 사냐?
Sunnuntai/na emme mene kirkkoon.	일요일에 우리는 교회에 가지 않는다.
Kesä/ksi lähden Suomeen.	나는 여름으로(동안) 핀란드에 간다.
Kesä/llä olen Suomessa.	여름에 나는 핀란드에 있는다.

전환격 어미 뒤에 소유접미사가 첨가되면 말음 **-i**가 **-e-**로 바뀐다.

Tuletko *vaimo/kse/ni*?	너는 나의 처로(처가) 되겠냐?
Laulan *oma/ksi* ilo/kse/ni.	나는 나 자신의 즐거움으로 노래한다.

Juomme maljan sinun *kunnia/kse/si*.
우리는 너의 명예로(를 위하여) 마신다. (너의 영광을 위하여 건배한다.)

He ottavat lapsen *oma/kse/en*.
그들은 그들 자신으로 그 아이를 얻었다. (그들 자신의 아이로 양자를 들였다.)

§51 부재격 · 공동격 · 시사격

부재격(不在格 abessive) · 공동격(共同格 comitative) · 시사격(示唆格 instructive) 등 세 가지 격들은 모두 드물게 사용된다. 시사격과 공동격은 주로 관용어와 같은 고정된 형식으로 나타난다.

부재격 어미는 **-tta ~ -ttä**이며 단수나 복수나 굴절어간에 붙고 자음전환을 유발한다. 의미는 '부재(不在), …없이'이다.

Hän lähti ulkomaille *raha/tta* ja passi/tta.
그는 돈 없이 그리고 여권 없이 해외에 갔다.

Hänet tuomittiin *syy/ttä*.
그는 이유 없이 처벌되었다.

Joka *kuri/tta* kasvaa, se *kunnia/tta* kuolee.
규율 없이 자란 사람은 명예 없이 죽는다.

일반적으로 부재격 대신에 전치사 **ilman** '…없는'이 사용되는데, 이 전치사는 후행 명사의 비정격을 취한다. 예. **iman raha/a** '돈 없이', **ilman passi/a** '여권 없이'.

시사격의 어미는 **-n**이다. 이 어미는 극소수의 복수형식 표현에 제한되었다.

om/i/<u>n</u> silm/i/<u>n</u>	자신의 눈(들)으로
kaik/i/<u>n</u> puol/i/<u>n</u>	모든 공경심으로
palja/i/<u>n</u> pä/i/<u>n</u>	민 머리로
nä/i/llä ma/i/<u>n</u>	이 부분들에서
kaks/i/<u>n</u> käs/i/<u>n</u>	양손으로

공동격 어미는 **-ine-**이며 항상 소유접미사가 뒤에 붙는다. 사실 이 어미의 **-i-** 모음은 복수어미 **-i-**가 화석화(化石化 fossilized)된 것이다(§26). 공동격에는 단수와 복수의 구분이 없다. 의미는 '…와/과, …와 더불어'이다.

Läsnä oli Viljo Kohonen *vaimo/ine/en.*
*참석(자)는 빌요 꼬호넨이 그의 부인과 이었다. (빌요 꼬호넨과 그의 부인이었다.)

Läsnä olivat Viljo Kohonen ja Esko Kallio *vaimo/ine/en.*
*참석자는 빌요 꼬호넨과 에스꼬 깔리오, 그들의 부인들과 이었다.
(빌요 꼬호넨과 에스꼬 깔리오와 그들의 부인이었다.)

Rauma on mukava kaupunki *vanho/ine* talo/ine/en ja kape/ine katu/ine/en.
라우마는 오래된 집들과 좁은 길들을 가진 쾌적한 도시이다.

12 수사

- 기수 (基數 Cardinal numbers)
- 서수 (序數 Ordinal numbers)

§52 기수

§52.1 기수의 굴절

모든 기수(基數 cardinal numbers)는 명사, 형용사, 대명사와 같이 곡용한다. 즉, 수(數)와 격에 따라서 변화한다. 몇 가지 음운 교체가 변화형식에 일어난다.

	기본형	굴절어간 (자음전환 불적용)	굴절어간 (자음전환 적용)	비정격 단수
1	**yksi**	**yhte/en**	**yhde/n**	**yh/tä**
2	**kaksi**	**kahte/en**	**kahde/n**	**kah/ta**
3	**kolme**	**kolme/en**		**kolme/a**
4	**neljä**	**neljä/än**		**neljä/ä**
5	**viisi**	**viite/en**	**viide/n**	**viit/tä**
6	**kuusi**	**kuute/en**	**kuude/n**	**kuut/ta**
7	**seitsemän**	**seitsemä/än**		**seitsemä/ä**
8	**kahdeksan**	**kahdeksa/an**		**kahdeksa/a**
9	**yhdeksän**	**yhdeksä/än**		**yhdeksä/ä**
10	**kymmenen**	**kymmene/en**		**kymmen/tä**

11~19의 기수는 1~9기수에 고정된 형식 **toista**(참고. toinen '다른, 부차적')를 첨가하여 형성된다.

11 **yksitoista**

12 **kaksitoista**

13 **kolmetoista**

14 **neljätoista**

15 **viisitoista**

16 **kuusitoista**

17 **seitsemäntoista**

18 **kahdeksantoista**

19 **yhdeksäntoista**

어미는 수사의 첫째 구성 성분의 굴절어간에 붙는다.

yhde/ssä/toista	열하나(중)에
kolme/n/toista	열셋의
viide/stä/toista	열다섯에서
seitsemäs/ä/toista	열일곱(비정격)
yhdeksä/lle/toista	열아홉에

20 이상의 10배수는 1~9의 기수에 **kymmentä** (참고. kymmenen '10')를 첨가하여 형성된다.

20 **kaksikymmentä**

30 **kolmekymmentä**

40 **neljäkymmentä**

50 **viisikymmentä**

60 **kuusikymmentä**

70 **seitsemänkymmentä**

80 **kahdeksankymmentä**

90 **yhdeksänkymmentä**

100 **sata**

27 **kaksikymmentäseitsemän**

39 **kolmekymmentäyhdeksän**

52 **viisikymmentäkaksi**

76 **seitsemänkymmentäkuusi**

99 **yhdeksänkymmentäyhdeksän**

kymmentä (kymmenen)는 수사의 다른 구성성분과 함께 곡용한다.

kahde/n/kymmene/n	20의
kolme/lle/kymmene/lle	30에
viide/stä/kymmene/stä	50에서
kuute/na/kymmene/nä	60으로
yhdeksä/llä/kyminene/llä	90과
kahde/lta/kymmene/ltä/kolme/lta	23에서
seitsemä/stä/kymmene/stä/kahdeksa/sta	78에서

기수는 그와 같은 방식으로 계속된다. 백배수과 천배수는 1~9기수에 **sataa** '100', **tuhatta** '1000', **miljoonaa** '100만'을 첨가하여 형성되며 이들은 다른 기수와 마찬가지로 모두 수와 격에 따라서 굴절한다.

200	**kaksisataa**
300	**kolmesataa**
700	**seitsemänsataa**
1,000	**tuhat (tuhante/en, tuhanne/n, tuhat/ta)**
3,000	**kolmetuhatta**
9,000	**yhdeksäntuhatta**

238	**kaksisataakolmekymmentäkahdeksan**
902	**yhdeksänsataakaksi**
2,134	**kaksituhatta satakolmekymmentäneljä**
9,876	**yhdeksäntuhatta kahdeksansataaseitsemänkymmentäkuusi**
87,100	**kahdeksankymmentäseitsemäntuhatta sata**
456,302	**neljäsataaviisikymmentäkuusituhatta kolmesataakaksi**
1,000,000	**miljoona**

4,000,000 **neljä miljoonaa**

격어미는 기수 구성성분 모두에 붙는다. 그러나 긴 수에서는 어미가 흔히 마지막 성분에만 붙는다.

kahde/n/sada/n	200의
kolme/lle/sada/lle	300에
viide/stä/tuhanne/sta	5,000에서
kolme/lla/tuhanne/lla sada/lla/kahde/lla	3.102로
kolmetuhatta satakahde/lla	3,102로

운동경기에서는 아래와 같은 구어체 수사가 흔히 사용된다. **ykkönen** (1), **kakkonen** (2), **kolmonen** (3), **nelonen** (4), **viitonen** (5), **kuutonen** (6), **seiska** (7), **kasi** (8), **ysi** (9), **kymppi** (10).

§52.2 기수의 사용

기수가 주어, 목적어 혹은 보어일 경우, 즉 기수가 주격 혹은 비정격으로 나타날 경우, 그 기수가 수식하는 단어들은 비정격 단수형을 취한다. 예. **kolme talo/a** '세 집'

기수가 주어, 목적어 혹은 보어일 경우, 그 기수가 수식하는 단어는 비정격이다.

수사가 주어일 경우, 서술 동사는 단수형이다.

Kadulla seisoo *kolme mies/tä.*
길에 세 남자가 서 있다.

Minulla on *kaksi velje/ä.*
나에게 두 형제가 있다.

***Neljä ministeri/ä* erosi hallituksesta.**
네 장관이 내각에서 사직하였다.

***Kuusitoista ihmis/tä* sai surmansa lento-onnettomuudessa.**
열여섯 사람이 그 비행기 충돌 사고로 사망하였다.

Ostan *kolme pullo/a* punaviiniä.

나는 세 병의 적포도주를 산다.

Eilen kirjoitin *seitsemän sivu/a.*
어제 나는 7페이지를 썼다.

En omista *kah/ta auto/a.*
두 대의 자동차를 소유하지 않았다.

Opiskelen *kolme/a kieliä.*
나는 세 언어를 공부한다.

Viit/tä/kymmen/tä osanottaja/a emme voi hyväksyä.
50인 참가자를 우리는 받아들일 수 없다.

Hän ei maksa *kolme/a/tuhatta markka/a* koneesta.
그는 그 기계로 3000마르크를 지불하지 않는다.

Hinta on *yhdeksän markka/a* kilolta.
가격은 킬로에 9마르크이다.

기수가 관형어나 부사어일 경우, 즉 그 기수가 주격이나 비정격으로 나타나지 않는 경우에, 그 격은 핵심어(명사)의 격에 의하여 결정되고 복합수사의 모든 구성 성분이 같이 굴절한다. 복수-단수의 구별이 없이 항상 복수인(invariable plural) 단어들을 제외하고는 이들 수사 표현들은 항상 단수이다.

기수의 격은 핵심어의 속격, 여섯 가지 장소격, 그리고 상황격 및 전환격과 일치한다.

Matkallani käyn *kolme/ssa maa/ssa.*
나의 여행에서 세 나라를 방문한다.

Neljä/n litra/n hinta on seitsemän markkaa.
4 리터의 가격은 7마르크이다.

En ole käynyt Suomessa *viite/en/toista* vuote/en.
나는 15 년 동안 핀란드를 방문하지 않았다.

Hän on *kahde/n piene/n lapse/n* äiti.
그는 두 아이의 어머니이다.

Verotoimistot palauttavat rahaa *seitsemä/lle/sada/lle/tuhanne/lle suomalaise/lle.*
세무부에서는 70만의 핀란드인에게 돈을 환급한다.

tuhanne/n ja yhde/n yö/n tarinat

1001 밤의 이야기

Yhte/nä päivä/nä **viikossa olen Helsingissä.**
1주일에 1일에(을) 나는 헬싱키에 있다.

Olen *kolme/n/kymmene/n/kahde/n vuode/n* ikäinen.
나는 32 세이다.

Kuude/ssa/toista tapaukse/ssa **sairas kuoli.**
16 케이스(경우)에 환자들이 사망하였다.

Kirje tuli *kande/lta ystävä/ltä/ni.*
그 편지는 나의 두 친구에게서 왔다.

Kahde/lla/tuhanne/lla marka/lla **pääsee jopa Afrikkaan.**
2000 마르크에 아프리카까지 도달할 수 있다.

Minulla on *kahde/t sakse/t.*
나는 두 벌의 가위가 있다.

Tänä lauantaina on vain *yhde/t hää/t.*
이번 토요일에는 오직 한 결혼식이 있다.

Tämä kangas pitää leikata *kaksi/i/lla saksi/i/lla.*
이 천은 두 벌의 가위로 재단해야 한다.

위에서 언급한 바와 같이, 수사가 주어인 경우 동사는 일반적으로 단수이다. 예를 들면, **kolme tyttöä juokse/e** '세 소녀가 뛴다'. 그러나 수사 앞에 **nämä** '이들', **nuo** '그들'과 같은 구(句)의 의미를 한정하는 단어들이 있을 경우에는 동사가 복수형이다.

Nämä kolme miestä *seiso/vat* kadulla.
이들 세 남자는 길에 서 있다.

Nuo kaksi *o/vat* naimisissa.
그들 둘은 결혼했다.

Nämä neljä ehdotusta *o/vat* yhtä hyviä.
이들 4 제안은 똑같이 좋다.

다른 문맥에서도 동사가 복수 형식일 수 있는데, 주어가 한정적인 수사 표현일 경우이다.

Kuusi paikallissijaa *tuli/vat* esille luvussa 10.
6개 장소격은 10장(章)에서 논의되었다.

Kolmetoista maata *pääsi/vät* eilen sopimukseen.
13개국은 어제 합의에 도달하였다.

§53 서수

서수(序數 ordinal numbers)의 주격형은 기수의 굴절어간에 어미 **-s**를 첨가하여 형성된다(예외는 ensimmäinen '첫째', toinen '둘째'). 서수의 굴절어간에서는 **-s**어미가 **-nte-**로 바뀌고, 이 어미는 자음전환의 규칙에 따라 **-nne-**와 교체한다. 비정격 단수형은 **-ta** ~ **-tä**어미를 가졌고, 그에 따라 **-s**가 **-t-**로 바뀐다.

	기본형	굴절어간 (자음전환 불적용)	굴절어간 (자음전환 적용)	비정격 단수
제(第)1	ensimmäinen	ensimmäise/en		ensimmäis/tä
제2	toinen	toise/en		tois/ta
제3	kolma/s	kolma/<u>nte</u>/en	kolma/<u>nne</u>/n	kolma/t/ta
제4	neljäs	neljänteen	neljännen	neljättä
제5	viides	viidenteen	viidennen	viidettä
제6	kuudes	kuudenteen	kuudennen	kuudetta
제7	seitsemäs	seitsemänteen	seitsemännen	seitsemättä
제8	kahdeksas	kahdeksanteen	kahdeksannen	kahdeksatta
제9	yhdeksäs	yhdeksänteen	yhdeksännen	yhdeksättä
제10	kymmenes	kymmenenteen	kymmenennen	kymmenettä
제11	yhdestoista	yhdenteentoista	yhdennentoista	yhdettätoista
제12	kahdestoista	kahdenteentoista	kahdennentoista	kahdettatoista
제13	kolmastoista	kolmanteentoista	kolmannentoista	kolmattatoista
제16	kuudestoista	kuudenteentoista	kuudennentoista	kuudettatoista
제20	kahdes-kymmenes	kahdenteen-kymmenenteen	kahdennen-kymmenennen	kahdetta-kymmenettä
제50	viides-kymmenes	viidenteen-kymmenenteen	viidennen-kymmenennen	viidettä-kymmenettä
제100	sadas	sadanteen	sadannen	sadatta

제300	kolmas-sadas	kolmanteen-sadanteen	kolmannen-sadannen	kolmatta-sadatta
제1,000	tuhannes	tuhannenteen	tuhannennen	tuhannetta
제9,000	yhdeksäs-tuhannes	yhdeksänteen-tuhannenteen	yhdeksännen-tuhannenteen	yhdeksättä-tuhannetta

긴 복합 서수의 경우 흔히 맨 끝에 있는 수에만 어미가 붙는다.

제3,134째/ **kolmetuhatta satakolmekymmentäneljä/s**
(참고. **kolma/s/tuhanne/s sada/s/kolma/s/kymmene/s/neljä/s**)
kolmetuhatta satakolmekymmentäneljä/nne/n
(참고. **kolma/nne/n/tuhanne/nne/n/sada/nne/n/kolma/nne/n/kymmene/nne/n/neljä/nne/n**)

'제21' · '제32'와 같은 서수들은 2가지 형식들이 교체한다: **kahdeskymmenesyhdes** 혹은 **kahdeskymmenesensimmäinen**, **kolmaskymmeneskahdes** 혹은 **komaskymmenestoinen**이다. '첫째 / 제1'과 '둘째 / 제2'는 구어체 형식인 **eka**와 **toka**가 자주 사용된다.

서수는 형용사와 같이 기능하며 격과 수가 핵심어와 일치한다.

Miettusen *kolma/nne/ssa* hallituksessa
미엣뚜넨의 제3 내각에서

Vasta *toinen* yritys onnistui.
오직 두 번째 시도가 성공하였다.

tammikuun *neljä/nte/nä* päivänä
1월의 네 번째 날에 (1월 4일에)

helmikuun seitsemä/ntelnä/toista päivänä
2월의 제17일에 (2월 17일에)

Olen syntynyt joulukuun *kahde/nte/na/kymmene/nte/nä/kuude/nte/na* päivänä.
나는 12월 26일에 출생하였다.

Poikani on *ensimmäise/llä* luokalla.
나의 아들은 첫째 반에 있다.

Hissi menee *viide/nte/en* kerrokseen.
승강기는 제5 층에 간다.

Joka *seitsemä/nne/llä* suomalaisella on liian pitkä työmatka.
*매 일곱 번째 핀란드인에 너무 먼 직장 왕래이다.
(핀란드인 7분의 1은 출퇴근을 너무 먼 거리에서 한다.)

13 대명사

- 인칭대명사(人稱代名詞 Personal pronouns)
- 지시대명사(指示代名詞 Demonstrative pronouns)
- 의문대명사(疑問代名詞 Interrogative pronouns)
- 부정대명사(不定代名詞 Indefinite pronouns)
- 관계대명사(關係代名詞 Relative pronouns)

핀란드어에서 대명사는 수(數)와 격(格)에 따라 어형이 변화한다. 어떤 대명사들은 명사와 같이 독립된 단어의 기능을 가졌고(아래 a 예), 어떤 대명사들은 형용사와 같이 핵심어와 일반적인 방법으로 어미가 '일치'한다(아래 b 예).

(a) ***Tämä*** **on kirja.** 이것은 책이다.
Tuo **ei ole totta.** 그것은 진실이 아니다.
Hän **on näyttelijä.** 그는 배우이다.

(b) **Asun** ***tä/ssä talo/ssa.*** 나는 이 집에 산다.
Mi/ssä talo/ssa **asut?** 어느 집에 너는 사느냐?
Mi/nä päivä/nä **lähdette?** 어느 날에 너는 떠나느냐?

대명사의 곡용형에는 예외가 자주 나타난다(아래 제시한다). 특히 대명사 **joka** '누구, 어느(것)', **mikä** '어느(것), 무엇', **tämä** '이(것)' 등의 끝 음절 **-ka**, **-kä**, **-mä**는 주격 단수와 복수 및 속격 단수 형식에만 나타난다. 다른 모든 형식에서는 이 어미들이 탈락한다. 참고. **tämä** '이(것)', **tämä/n** '이것의', **tä/ssä** '이것(안)에', **tä/llä** '이것에'.

다음 절에서 대명사들을 5개 부류로 나누었고, 각 대명사의 가장 중요한 격 형식의 단수형과 복수형(나타날 경우)을 용례들과 더불어 제시하였다.

§54 인칭대명사

	단수			복수		
주격	**minä** 나	**sinä** 너	**hän** 그	**me** 우리	**te** 너희	**he** 그들
속격	minu/n	sinu/n	häne/n	me/i/dän	te/i/dän	he/i/dän
대격	minu/t	sinu/t	häne/t	me/i/dät	te/i/dät	he/i/dät
부정격	minu/a	sinu/a	hän/tä	me/i/tä	te/i/tä	he/i/tä
재내격	minu/ssa	sinu/ssa	häne/ssä	me/i/ssä	te/i/ssä	he/i/ssä
향외격	minu/sta	sinu/sta	häne/stä	me/i/stä	te/i/stä	he/i/stä
향내격	minu/un	sinu/un	häne/en	me/i/hin	te/i/hin	he/i/hin
재상격	minu/lla	sinu/lla	häne/llä	me/i/llä	te/i/llä	he/i/llä
탈격	minu/lta	sinu/lta	häne/ltä	me/i/ltä	te/i/ltä	he/i/ltä
향격	minu/lle	sinu/lle	häne/lle	me/i/lle	te/i/lle	he/i/lle

Sinu/ssa **ei ole mitään vikaa.**	너에게 어떤 잘못이 없다.
Minä rakastan ***te/i/tä.***	나는 당신을 사랑합니다. (복수형, 공손형 단수)
Anna kirje ***häne/lle!***	그 편지를 그에게 주어라!
Minu/lla **on kova nälkä.**	*나에게 강한 배고픔이 있다. (심히 배고프다.)
He/i/hin **ei voi luottaa.**	그들을 믿을 수 없다.
Minu/sta **ehdotus on hyvä.**	나의 의견으로 그 제안은 좋다.
Näin ***häne/t*** **ravintolassa.**	나는 그를 식당에서 보았다.
Tämä on ***he/i/dän*** **kirjansa.**	이것은 그들의 책이다.
Saatte vastauksen ***me/i/ltä*** **huomenna.**	너희들은 대답을 우리들로부터 내일 받는다.
Saatamme ***te/i/dät*** **kotiin.**	우리는 너희들을 집에서 본다.
Ettekö enää tunne ***minu/a?***	너는 더 이상 나를 모르느냐?

인칭대명사와 동사의 문법형식의 '일치'에 대해서는 §24, 소유 형식과 소유접미사에 대해서는 §36을 참고하여라.

핀란드어의 재귀대명사(reflexive pronoun)는 **itse** '자신의'이다. 이 대명사는 격에 따라서 굴절하며 적절한 소유접미사가 뒤에 붙는다. 재귀대명사에는 별개의 복수 형식이 없다.

Haen sen *itse*.	나는 그것을 나 자신이 가져온다.
Ajan *itse* partani.	나는 수염을 나 자신이 깎는다.
Annan kirjeen hänelle *itse/lle/en*.	나는 그 편지를 그 자신에게 전한다.
Saitko kirjeen häneltä *itse/ltä/än*?	너는 편지를 그 자신에게서 받았느냐?
Pidätkö *itse/ä/si* viisaana?	너는 네 자신이 현명하다고 여기느냐?
Pohdin asiaa *itse/kse/ni*.	나는 그 일을 나 자신이 고려하겠다.
***Itse/e/nsä* ei voi luottaa.**	자기 자신을 믿을 수 없다.
Ole oma *itse/si*!	네 자신이 되어라!

짝을 이루는 표현인 **toinen-toinen** '각각, 서로간에'는 상호(reciprocal) 행위를 표현한다. 앞의 **toinen**은 굴절하지 않으나 둘째 것은 단수형식에 적절한 격어미와 소유접미사가 붙는 형태이다. 상호 행위의 다른 표현 방식은 **toinen** 한 단어만 사용하는 것이다. 이때는 복수 형식에 역시 적절한 격어미와 소유접미사가 붙는다.

Lähetämme kirjeitä *toinen toise/lle/mme* (~tois/i/lle/mme).
우리는 서로가 편지를 보냈다.

Rakastatteko toinen tois/ta/nne (~tois/i/a/nne)?
너희들은 서로가 사랑하느냐?

Ajamme toinen toise/mme (~tois/te/mme) autoilla.
우리는 서로 상대방의 자동차를 운전했다.

§55 지시대명사

가장 주가 되는 지시대명사는 **tämä** '이(것)'과 **tuo** '그 / 저(것)'이다.[1] 대명사 **se** '그(것)'은 기본적으로 '앞서 언급한 것'을 의미한다. 이 지시대명사들의 복수형은, 어두자음까지 바뀌는 등, 불규칙하다. **tämä**의 곡용 형식에서 음절 **-mä**는 오직 주격 단수와 복수 및 속격에만 나타난다.

1) 역자주. 국어에서 '이(것)'은 기본적으로 화자에 가까이 있는 물건을 가리키고, '그(것)'은 화자에게서 떨어져 있고 청자에 가까이 있는 물건을 가리키기도 하고, 또는 화자와 청자 시야에 보이지 않는 것이나 이전에 언급하였던 것(핀란드어의 se와 같은 의미)을 가리키기도 한다. 예. 네 옆에 있는 그것이 무엇이냐? 어제 본 그것이 무엇이냐? 아까 말한 그것이 무엇이지?

	단수			복수		
주격	**tämä**	**tuo**	**se**	**nämä**	**nuo**	**ne**
	이(것)	저/그(것)	그(것)	이것들	저/것들	그것들
속격	tämä/n	tuo/n	se/n	nä/i/den	no/i/den	ni/i/den
비정격	tä/tä	tuo/ta	si/tä	nä/i/tä	no/i/ta	ni/i/tä
재내격	tä/ssä	tuo/ssa	sii/nä	nä/i/ssä	no/i/ssa	ni/i/ssä
향외격	tä/stä	tuo/sta	sii/tä	nä/i/stä	no/i/sta	ni/i/stä
향내격	tä/hän	tuo/non	sii/hen	nä/i/hin	no/i/hin	ni/i/hin
재상격	tä/llä	tuo/lla	si/llä	nä/i/llä	no/i/lla	ni/i/llä
탈격	tä/ltä	tuo/lta	si/ltä	nä/i/ltä	no/i/lta	ni/i/ltä
향격	tä/lle	tuo/lle	si/lle	nä/i/lle	no/i/lle	ni/i/lle
상황격	tä/nä	tuo/na	si/nä	nä/i/nä	no/i/na	ni/i/nä
전환격	tä/ksi	tuo/ksi	si/ksi	nä/i/ksi	no/i/ksi	ni/i/ksi

Tämä **kirja on minun.**	이 책은 나의 것이다.
Tämä **on kirja.**	이것은 책이다.
Tuo **nainen on Tyyne Nyrkiö.**	저 여인은 뛰위네 뉘르끼외이다.
Onko tuo **sinun autosi?**	그것이 너의 자동차이냐?
Se **on minun autoni.**	그것은 나의 자동차이다.
Se **auto on Tyynen.**	그 자동차는 뛰위네의 것이다.
Tä/ssä **on leipää ja juustoa.**	여기에 빵과 치즈가 좀 있다.
Tä/ssä **ravintolassa on hyvä ruoka.**	이 식당에 좋은 음식이 있다.
Hän meni ***tuo/hon*** **taloon.**	그는 저 집으로 갔다.
Miksi puhut ***tuo/lla*** **tavalla?**	너는 왜 그 식으로 말하느냐?
Si/llä **tavalla ei saa puhua!**	그 식으로 말해서는 안 된다!
Si/nä **päivänä aurinko paistoi.**	그 날에 해가 비췄다.
Sii/nä **huoneessa ei voi olla.**	그 방(안)에 머물 수 없다. (그 방을 쓸 수 없다.)
Tauno meni ***sii/hen*** **huoneeseen missä Ristokin oli.**	따우노는 리스또도 있었던 그 방에 갔다.
Sii/tä **asia/sta en tiedä mitään.**	그 일에 대하여 나는 모른다.

Tunnetko *no/i/ta* miehiä?	너는 그 사람들을 아느냐?
En tunne *he/i/tä.*	나는 그들을 모른다.
He/i/llä on uusi talo.	그들은 새 집이 있다.
En kerro *he/i/lle* tästä.	나는 그들에게 이것에 대하여 말하지 않는다.
Nämä kukat maksavat viisi markkaa.	이 꽃들은 5마르크 값이다.
Mitä *nuo* maksavat?	저것들은 얼마 값이냐?
Ne/kin maksavat viisi markkaa.	그것들도 5마르크이다.
Nä/i/den kukkien hinta on kolme markkaa.	이 꽃들의 값은 3마르크이다.
Entä *no/i/den?*	그리고 저것들은?
Ni/i/nä aikoina asuin kotona.	그 때(들에) 나는 집에 살았다.

Tällainen '이 같은, 이런(것)', **tuollainen** '저 같은, 저런(것)', **sellainen** '그 같은, 그런(것)', **semmoinen** '그 같은, 그런(것)'은 모두 **ihminen** 류 명사성어와 같이 곡용한다(§20.1).

Tällaise/lla autolla ei voi ajaa.
이런 자동차에 타고갈 수 없다.

Paljonko *tuollainen* auto maksaa?
그런 자동차는 얼마나 값나가나?

Oletko syönyt *tälläis/ta* ruokaa ennen?
너는 이런 음식을 전에 먹었느냐? (먹어 보았느냐?)

En ole syönyt *sellais/ta* ruokaa.
나는 그런 음식을 먹지 않았다. (먹어 보지 않았다.)

Sellais/i/a ihmisiä ei ole paljon.
그런 사람들이 많이 있지 않다.

Tällaise/ssa tilanteessa täytyy olla hiljaa.
이런 상황에서는 조용히 있어야 한다.

En lue *tuollais/i/a* kirjoja.
나는 그런 책들을 읽지 않는다.

§56 의문대명사

의문대명사는 위 §30.2에서 간단히 소개하였다. 여러 의문사들(question words)은 사실은 의문대명사 **kuka** '누구'와 **mikä** '무엇, 어느(것)'의 굴절형식들이다. 단수형 **kuka**는 어간 **kene-**에 근거(주목: 비정격 단수형 ke/tä)한 것이며, 복수 형식들은 어간 **ke-**에 근거한 것이다. 특히 대격 단수형 **kene/t**와 주격 복수형 **ke/t/kä**를 관찰해 보아라. **mikä**의 곡용에서 음절 **-kä**가, 주격 단수와 복수 및 속격 단수형(mikä, mi/n/kä, mi/t/kä)을 제외한 모든 형식에서 탈락한다. 거의 모든 **mikä**의 복수 형식들은 단수와 동일하다.

	단수		복수	
주격	**kuka** 누구	**mikä** 어느(것), 무엇	ke/t/kä	mi/t/kä
속격	kene/n	mi/n/kä	ke/i/den	mi/n/kä
대격	kene/t	mi/n/kä	ke/t/kä	mi/t/kä
비정격	ke/tä	mi/tä	ke/i/tä	(이하 형식들은
재내격	kene/ssä	mi/ssä	ke/i/ssä	단수형과 동일)
향외격	kene/stä	mi/stä	ke/i/stä	
향내격	kene/en	mi/hin	ke/i/hin	
재상격	kene/llä	mi/llä	ke/i/llä	
탈격	kene/ltä	mi/ltä	ke/i/ltä	
향격	kene/lle	mi/Ile	ke/i/lle	
상황격	kene/nä	mi/nä	ke/i/nä	
전환격	kene/ksi	mi/ksi	ke/i/ksi	

Kuka **tuo mies on?**	저 남자는 누구이냐?
Kene/n **kynä tämä on?**	이것은 누구의 펜이냐?
Mi/ssä **talossa asut?**	너는 어느 집에서 사느냐?
Mi/tä **kieltä opiskelemme?**	우리들은 무슨 언어를 배우느냐?
Mi/hin **ravintolaan mennään?**	우리들은 어느 식당을 가느냐?
Kene/ssä **vika on?**	누구에게 잘못이 있냐?

Mi/n/kä **omenan valitset?** 어느 사과를 너는 선택하느냐?

Ke/t/kä **nuo ihmiset ovat?** 저 사람들은 누구이냐?

Kene/ltä **voimme kysyä?** 우리는 누구에게서 물을 수 있느냐?

Mi/hin **kaupunkeihin matkustat?** 너는 어느 도시들을 여행하느냐?

Mi/tä **ihmisiä tapasit siellä?** 너는 그곳에서 어떤 사람들을 만났느냐?

Ke/i/lle **lähetämme kirjat?** 우리는 누구에게 그 책들을 보내냐?

Mi/ltä **sää näyttää?** 어떤 날씨로 보이느냐?

Mi/tä **tämä on?** 이것이 무엇이냐?

Kene/t **näit?** 너는 누구를 보았느냐?

Mi/nä **päivänä he tulevat?** 어떤 날에 그들이 오느냐?

Kumpi '(한 쌍 중 어느) 짝, 쪽'은 형용사의 비교급 형식(§85 참고)과 같이 곡용한다.

	단수	복수
주격	**kumpi** (둘 중) 어느 것	kumma/t
속격	kumma/n	kump/i/en
비정격	kumpa/a	kump/i/a
재내격	kumma/ssa	kumm/i/ssa
향외격	kumma/sta	kumm/i/sta
향내격	kumpa/an	kump/i/in
재상격	kumma/lla	kumm/i/lla
탈격	kumma/lta	kumm/i/lta
향격	kumma/Ile	kumm/i/lle
상황격	kumpa/na	kump/i/na
전환격	kumma/ksi	kumrn/i/ksi

Kumma/lla **puolella olet?**
너는 어느 쪽에 있느냐? (어느 편이냐?)

Kumma/ssa **huoneessa Reino on?**
(두 방 중) 어느 쪽 방에 레이노가 있느냐?

Kumma/t **kengät ostat?**

(2켤레 중) 어느 짝들(켤레)의 구두를 사느냐?

Kumpa/an **kaupunkiin muutat?**
(두 도시 중) 어느 도시로 이사하느냐?

Kumma/lle **annat lahjan?**
(두 사람 중) 어느 분에게 선물을 주느냐?

의문대명사 **millainen**과 **minkälainen** '어떤 종류, 무슨 종류'는 **ihminen** 류의 명사와 같이 곡용한다(§20.1).

Millainen **sää on ulkona?**	밖에 어떤 (종류의) 날씨인가?
Minkälais/ta **lihaa teillä on?**	어떤 (종류의) 고기가 너에게 있느냐?
Millaise/n **palkan saat?**	어떤 (종류의) 급여를 받느냐?

Minkälaise/ssa **lentokoneessa pääministeri saapuu?**
어떤 (종류의) 비행기로 수상(首相)이 도착하느냐?

Millais/i/a **vieraita teille tulee?**
어떤 (종류의) 손님이 너에게 있느냐?

§57 부정대명사

가장 자주 사용되는 부정대명사(不定代名詞 indefinite pronouns)는 **joku** '어떤 사람, 누군가', **jokin** '어떤 것, 무언가', (ei) **kukaan** '아무도', (ei) **mikään** '아무 것도', **jompikumpi** '…도', **kumpikin** '(둘이) 각각', **kukin** '각자' 등이다. **joku**는 **jo**-와 -**ku**, 두 형식의 결합으로 이루어진 대명사로 필요한 어미가 붙어 굴절한다.

	단수	복수
주격	**joku** 누군가	jo/t/ku/t
속격	jo/**n**/ku/**n**	jo/i/**den**/ku/i/**den**
비정격	jo/ta/ku/ta	jo/i/ta/ku/i/ta
재내격	jo/ssa/ku/ssa	jo/i/ssa/ku/i/ssa
향외격	jo/sta/ku/sta	jo/i/sta/ku/i/sta
향내격	jo/hon/ku/hun	jo/i/hin/ku/i/hin
재상격	jo/lla/ku/lla	jo/i/lla/ku/i/lla

탈격	jo/lta/ku/lta	jo/i/lta/ku/i/lta
향격	jo/lle/ku/lle	jo/i/lle/ku/i/lle
상황격	jo/na/ku/na	jo/i/na/ku/i/na
전환격	jo/ksi/ku/ksi	jo/i/ksi/ku/i/ksi

Joku **koputtaa oveen.**
누군가 문을 노크한다.

Olet saanut kirjeen *jo/lta/ku/lta.*
너는 어떤 사람으로부터(누군가로부터) 편지를 받았다.

Tunnetko *jo/ta/ku/ta* hyvää lääkäriä?
너는 어떤 좋은 의사를 아니?

Jo/i/den/ku/i/den **mielestä meidän pitäisi lähteä jo nyt.**
어떤 사람의 의견으로 우리는 지금 즉시 떠나야 한다.

Jo/lla/ku/lla **on avaimet.**
누군가에게 열쇠들이 있다.

Jo/i/hin/ku/i/hin **ei voi luottaa.**
어떤 사람들은 믿을 수 없다.

Pitäisin enemmän *jo/sta/ku/sta* toisesta.
나는 누군가를 (어떤 다른 사람을) 더 좋아하겠다.

대명사 **jokin**에서 **-kin**은 전접첨사이기 때문에 수(數)와 격어미가 단어의 중간에 놓인다. 격어미의 말음이 **-a**인 경우(예를 들어 -lla, -ta, -sta), **-k-**가 탈락할 수 있다. 이 현상은 구어에서 흔하지만 문어에서도 자주 볼 수 있다.

	단수		복수	
주격	**jokin** 어떤 것		jo/t/kin	
속격	jo/**n**/kin		jo/i/**den**/kin	
비정격	jo/ta/kin	(~ jotain)	jo/i/ta/kin	(~ joitain)
재내격	jo/ssa/kin	(~ jossain)	jo/i/ssa/kin	(~ joissain)
향외격	jo/sta/kin	(~ jostain)	jo/i/sta/kin	(~ joistain)
향내격	jo/hon/kin		jo/i/hin/kin	
재상격	jo/lla/kin	(~ jollain)	jo/i/lla/kin	(~ joillain)
탈격	jo/lta/kin	(~ joltain)	jo/i/lta/kin	(~ joiltain)

향격	jo/lle/kin		jo/i/lle/kin	
상황격	jo/na/kin	(~ jonain)	jo/i/na/kin	(~ joinain)
전환격	jo/ksi/kin		jo/i/ksi/kin	

Olohuonessa liikkuu *jokin.*
방안에서 어떤 것이(무엇인가) 움직인다.

***Jo/na/kin* sunnuntaina lähden hiihtämään.**
어느 일요일에 나는 스키타러 간다.

***Jo/lla/kin* tavalla aion myydä sen.**
어떤 길로(방법으로) 나는 그것을 팔겠다.

Sinulla on aina *jo/i/ta/kin* esteitä.
너에게는 항상 어떤 장애물이 있다.

Söisin mielelläni *jo/ta/kin.*
나는 어떤 것을(무엇을) 먹고 싶다.

***Jo/t/kin* asiat ovat hyvin tärkeitä.**
어떤 일들은 아주 중요하다.

Olen lukenut sen *jo/sta/kin.*
나는 그것을 어디에서 읽었다.

***Jo/i/hin/kin* ihmisiin ei voi uskoa.**
어떤 사람들은 믿을 수 없다.

***Jo/i/lle/kin* asioille ei voi mitään.**
어떤 일들에 대해서는 아무것도 할 수 없다.

Olli on *jo/ssa/kin* ulkona.
올리는 어딘가 밖에 있다.

위의 예문에 보이는 바와 같이, **jokin**은 때로 사람도 지칭한다. 특히 구어체에서 그러하다.

joku에 대응하는 부정 의미의 단어는 **(ei) kukaan** '아무도, 누구도'이다. 이 단어에서 **-kaan ~ -kään**은 전접첨사이기 때문에 다른 어미들이 그 앞에 온다. **kukaan**은 보통 부정 동사와 같이 나타난다. 대다수 단수 형식들의 어간은 **kene-**이고, 복수형은 **ke-**이다. 위 §56에 보인 **kuka**의 곡용을 참고하라. 단수 형식으로는 그 밖에도 단축된 교체형식들이 있다.

	단수	복수
주격	(ei) **kukaan** 아무도	(eivät) ke/t/kään
속격	(ei) kene/n/kään	(ei) ke/i/den/kään
비정격	(ei) ke/tä/än	(ei) ke/i/tään
재내격	(ei) kene/ssä/kään (~ kessään)	(ei) ke/i/ssä/kään
향외격	(ei) kene/stä/kään (~ kestään)	(ei) ke/i/stä/kään
향내격	(ei) kene/en/kään (~ kehenkään)	(ei) ke/i/hin/kään
재상격	(ei) kene/llä/kään (~ kellään)	(ei) ke/i/llä/kään
탈격	(ei) kene/ltä/kään (~ keltään)	(ei) ke/i/ltä/kään
향격	(ei) kene/lle/kään (~ kellekään	(ei) ke/i/lle/kään

Kukaan **ei usko minua.**	아무도 나를 안 믿는다.
En usko *ke/tä/än.*	나는 아무도 믿지 않는다.
Kene/ssä/kään **ei ole vikaa.**	아무에게도 잘못이 없다.
Onko täällä *ke/tään?*	여기에 누구 있느냐?
Ke/i/tään **ei ole näkynyt.**	아무도 보이지 않았다.
Älä tee *kene/lle/kään* pahaa!	누구에게도 나쁜 짓 하지 마라.
Tämä ei ole *kene/stä/kään* hyvää.	이것은 누구도 좋다 하지 않았다.
Ke/t/kään **eivät kannata ehdotusta.**	누구도 그 제안에 지지하지 않았다.
En saa apua *kene/ltä/kään.*	나는 누구에게서도 도움 받지 않았다.
Ke/i/llä/kään **ei ole varaa tähän.**	누구도 이것을 살 수 없다.

jokin에 대응하는 부정대명사 **(ei) mikään** '아무것(도 안…)'의 곡용 역시 **mikä** (§56)와 유사한다. **mikä**와 **mikään**의 복수 형식들은 거의 모두 대응하는 단수 형식들과 동일하다.

	단수	복수
주격	(ei) **mikään** 아무런(것)	(eivät) mi/t/kään
속격	(ei) mi/n/kään	(기타는 단수와 동일)
비정격	(ei) mi/tä/än	
재내격	(ei) mi/ssä/än	

향외격	(ei) mi/stä/än
향내격	(ei) mi/hin/kään
재상격	(ei) mi/llä/än
탈격	(ei) mi/ltä/än
향격	(ei) mi/lle/kään
상황격	(ei) mi/nä/än
전환격	(ei) mi/ksi/kään

Mikään **ei auta.**	아무것도 도움이 안 된다.
En näe ***mi/tä/än.***	나는 아무것도 안 본다. (보이지 않는다.)
Siellä ei ole ***mi/tä/än.***	그곳에 아무것도 있지 않다.
Hän ei välitä ***mi/stä/än.***	그는 아무것도 걱정하지 않는다.
Tyynestä ei ole ***mi/hin/kään.***	뚜위네에게 아무것도 있지 않다. (좋은 점이 아무것도 없다.)

En voi auttaa teitä ***mi/llä/än*** **tavalla.**
당신을 아무런 방법으로 도울 수 없습니다.

Siitä ei ole ***mi/tä/än*** **hyötyä.**
그것은 아무런 가치가 없다.

Mi/t/kään **selitykset eivät auta.**
아무런 설명도 도움이 되지 않는다.

Mi/stä/än **maasta ei tule enemmän edustajia kuin Suomesta.**
아무런 나라(어떤) 나라들에서도 핀란드에서 보다 많은 대표들이 오지 않았다.

Mi/n/kään **koneen ominaisuudet eivät ole paremmat kuin tämän.**
아무런(어떤) 기계들의 성능도 이것보다 낫지 않다.

Mi/ssä/än **tapauksessa en suostu tähän.**
아무런(어떤) 경우에서나 나는 이것에 동의하지 않는다.

Mi/nä/än **vuonna ei ole satanut niin paljon kuin tänä vuonna.**
어떤 해에도 금년 보다 더 비가 오지 않았다.

jompikumpi '(둘 중에서) 어느 것'은 **joku**와 비슷한데, 두 구성 성분 **jompi**와 **kumpi**가 각각 곡용한다. **kumpikin** '(둘 중에서) 어느 쪽, 양쪽 (둘)다'에서 첫째 성분은 **kumpi**(§56)와 완전히 같게 곡용하고 불변사(particle) **-kin**이 첨가된다. **kumpikaan** '(둘 중) 어느 것도, 양쪽 다(+부정)'는 **kumpikin**과 같이 곡용한다.

	단수	복수
주격	**jompikumpi** (둘 중) 어느 것	jomma/t/kumma/t
속격	jomma/n/kumma/n	jomp/i/en/kump/i/en
비정격	jompa/a/kumpa/a	jomp/i/a/kump/i/a
재내격	jomrna/ssa/kumma/ssa	jomm/i/ssa/kumm/i/ssa
향외격	jomma/sta/kumma/sta	jomm/i/sta/kumm/i/sta
향내격	jompa/an/kumpa/an	jomp/i/in/kump/i/in
재상격	jomma/lla/kumma/lla	jomm/i/lla/kumm/i/lla
탈격	jomma/lta/kumma/lta	jomm/i/lta/kumm/i/lta
향격	jomma/lle/kumma/lle	jomm/i/lle/kumm/i/lle
상황격	jompa/na/kumpa/na	jomp/i/na/kump/i/na
전환격	jomma/ksi/kumma/ksi	jomm/i/ksi/kumm/i/ksi

	단수	복수
주격	**kumpikin** 어느 것(쪽), 양쪽	kumma/t/kin
속격	kumma/n/kin	kump/i/en/kin
비정격	kumpa/a/kin	kump/i/a/kin
재내격	kumma/ssa/kin	kumm/i/ssa/kin
향외격	kumma/sta/kin	kumm/i/sta/kin
향내격	kumpa/an/kin	kump/i/in/kin
재상격	kumma/lla/kin	kumm/i/lla/kin
탈격	kumma/lta/kin	kumm/i/lta/kin
향격	kumma/lle/kin	kumm/i/lle/kin
상황격	kumpa/na/kin	kump/i/na/kin
전환격	kumma/ksi/kin	kumm/i/ksi/kin

***Jompikumpi* ehdotus voittaa.**
(두 가지 제안 중) 어떤 쪽 제안이 이길 것이다.

***Kumpikaan* ei voita.**
어느 쪽도 이기지 못한다.

En tunne *kumpa/a/kaan* heistä.

나는 그들 (두 사람 중)에서 어느 쪽도 알지 못한다.

jomma/ssa/kumma/ssa tapauksessa
(두 가지 중) 어느 쪽의 경우에나

Pidän *kumma/sta/kin.*
나는 양쪽 다 간직한다.

Tulen *jompa/na/kumpa/na* pääsiäispäivänä.
나는 부활절 (일요일과 월요일 이틀 중) 어느 날에 온다.

En tule *kumpa/na/kaan* päivänä.
(2일 중) 어느 날에도 나는 오지 않는다.

Kumma/sta/kin talosta tulee yksi mies.
(두) 집 각각에서 한 남자가 나왔다.

Kumpa/an/kin perheeseen syntyi tyttö.
(양쪽) 가족 각각에서 딸이 태어났다.

Voit ottaa jomma/t/kumma/t kengät.
어느 쪽 구두든 가져라.

Kumma/t/kin häät ovat ennen joulua.
양쪽 결혼식 다 크리스마스 전에 있다.

En pidä *kumma/sta/kaan* kirjasta.
(두 책 중에서) 어느 책도 좋아하지 않는다.

Sain kirjan *jomma/lta/kumma/lta,* en muista keneltä.
(두 사람 중) 어느 쪽에서 편지를 받았는데, 어느 쪽인지 기억하지 못한다.

Hän ei osaa *kumpa/a/kaan* kieltä.
그는 (두 언어 중) 어느 언어도 말하지 못한다.

Kumma/n/kin kengät ovat eteisessä.
(두) 구두 다 홀(큰방)에 있다.

kukin '(사람, 물건)마다, 각자, 매(每)-' 역시 격어미들이 전접첨사 **-kin** 앞에 붙는다.

	단수
주격	**kukin** 각자, -마다
속격	ku/n/kin
비정격	ku/ta/kin

재내격	ku/ssa/kin
향외격	ku/sta/kin
향내격	ku/hun/kin
재상격	ku/lla/kin
탈격	ku/lta/kin
향격	ku/lle/kin
상황격	ku/na/kin
전환격	ku/ksi/kin

Kukin **saa yhden voileivän.**
사람마다 한 샌드위치를 (한 개씩을) 가졌다.

Annamme *ku/lle/kin* yhden voileivän.
우리는 각자에게 한 샌드위치를 준다.

Ku/lla/kin **on huolensa.**
사람마다 그의 걱정이 있다.

Ku/ssa/kin **talossa asuu neljä perhettä.**
집집마다 네 가족이 산다.

Ku/n/kin **täytyy tehdä kaikkensa.**
각자 그의 최선을 다 해야 한다.

Maksamme sata markkaa *ku/lta/kin* sivulta.
우리는 매 페이지에 100마르크를 지불했다.

Perehdymme *ku/hun/kin* tapaukseen erikseen.
우리는 사건마다 별도로 조사했다.

아래와 같은 단어들은 대응하는 명사와 형용사들과 같이 곡용함을 유의하라.

기본형		속격	비정격
eräs	어떤	erää/n	eräs/tä
jokainen	…마다, 매(每)	jokaise/n	jokais/ta
kaikki	모두	kaike/n	kaikke/a
molemma/t	둘 다	molemp/i/en	molemp/i/a
moni	많은 (a)	mone/n	mon/ta
muutama	몇몇	muutama/n	muutama/a

muu	그 밖의, 다른	muu/n	muu/ta
toinen	또 하나, 그 밖의	toise/n	tois/ta
usea	많은, 몇 개의	usea/n	usea/a

molemma/t, muutama, usea는 단수형으로도 나타나고 복수형으로도 나타난다.

***Melkein* jokaise/lla perheellä on televisio.**
거의 매 가정마다 텔레비전이 있다.

***Kaikki* tulevat meille illalla.**
모두가 저녁에 우리에게 온다.

***Kaiki/lla* on hauskaa.**
모두에게 즐거운 시간이다.

***Molemma/t* lapset ovat koulussa.**
두 아이 다 학교에 있다.

Annan banaanin *molemm/i/lle.*
나는 둘 다에게 바나나를 준다.

***erää/nä* päivänä viime viikolla**
지난 주일 어떤 날

Teos on *erää/llä* tavalla hyvä.
그 일은 어떤 면에서 좋다.

***Eräs* toinen tyttö tuli sisään.**
어떤 다른 소녀가 들어 왔다.

Tiedän *kaike/n.*
나는 모든 것을 안다.

***Moni* yritys epäonnistuu.**
많은 시도가 실패한다.

Tuli *mon/ta* vierasta.
많은 손님들이 온다.

Olen ollut *mon/i/ssa* maissa (~mone/ssa maassa).
나는 많은 나라에 있었다. (가 봤다)

***Mon/i/en* mielestä tämä on huono ehdotus.**
많은 사람들의 의견으로 이것은 나쁜 제안이다.

***Mone/lla* yrittäjällä on vaikeuksia.**
많은 기업인들에게 어려움이 있다.

Tunnen *mon/i/a* ihmisiä.
나는 많은 사람들을 안다.

Muu/t ovat eri mieltä.
다른 이들은 다른 의견이다.

Olen käynyt *mu/i/ssa/kin* Pohjoismaissa.
나는 다른 노르딕 (스칸디나비아) 나라들도 방문하였다.

Ostin takin *muutama/lla* markalla.
나는 코오트를 몇 마르크에 샀다.

Muutama/t ihmiset väittävät, että …
몇몇 사람이 요구하기를….

Työ on valmis *muutama/ssa* minuutissa.
(그) 일은 몇 분 이내에 완료된다.

muutam/i/a vuosia sitten
몇 년 전에

Selitän asian *muutama/lla* sanalla.
내가 그 일을 몇 단어로 설명하겠다.

Tämä on *toinen* asia.
이것은 다른 일이다.

Usea/t ihmiset sanovat, että …
여러 사람들이 말하기를 ….

use/i/ssa tapauksissa
여러 경우에

Use/i/den mielestä hallitus on kelvoton.
여러 사람의 의견으로 정부가 좋지 않다.

En ole nähnyt Osmoa *use/i/hin* vuosiin.
나는 오스모를 몇 년 동안 보지 못했다.

§58 관계대명사

가장 자주 나타나는 관계대명사는 **joka** '…한 사람(who), …한 것(which)[2)]이다. **joka**의 둘째 음절 **-ka**는 오직 주격 단수와 복수 및 속격 단수에만 나타난다.

---

2) 역자주. 주지하는 바와 같이, 국어에는 관계대명사가 없어서 적절한 단어로 대응 번역할 수 없다.

	단수	복수
주격	**joka**(who, whick, that)	jo/t/ka
속격	jo/n/ka	jo/i/den
비정격	jo/ta	jo/i/ta
재내격	jo/ssa	jo/i/ssa
향외격	jo/sta	jo/i/sta
향내격	jo/hon	jo/i/hin
재상격	jo/lla	jo/i/lla
탈격	jo/lta	jo/i/lta
향격	jo/lle	jo/i/lle
상황격	jo/na	jo/i/na
전환격	jo/ksi	jo/i/ksi

mikä는 위에서(§56) 의문대명사로 설명하였는데, 관계대명사로도 쓰인다. **mikä**의 복수형은 주격과 대격을 제외하고는 대응하는 단수형들과 같다. **joka**와 같이 곡용한다.

	단수	복수
주격	**mikä** (which, that)	mi/t/kä
속격	mi/n/kä	(기타 형식들은 단수와 동일)
비정격	mi/tä	
재내격	mi/ssä	
향외격	mi/stä	
향내격	mi/hin	
재상격	mi/llä	
탈격	mi/Itä	
향격	mi/Ile	
상황격	mi/nä	
전환격	mi/ksi	

관계대명사로서 **joka**가 **mikä**보다 빈번히 사용된다. **jokä**는 항상 그런 것은 이니지

만, 흔히 '살아있는 것(animate)'을 지칭한다. **mikä**는 주로 무생물체에 한정하여 사용되고, 또한 절(節 clasue)이나 최상급 표현을 포함하고 있는 단위를 언급할 때도 사용된다.

Hän on mies, *joka* ei pelkää.
그는 무서워하지 않는 남자이다. (직역: 그는 남자이다. 무서워하지 않는)

Tämä on kirja, *jolta* en halua lukea.
이것은 내가 읽기를 원하지 않는 책이다.
(직역: 이것은 책이다. 내가 읽기를 원하지 않는)

Talo *jo/ssa asun* on Vilhonkadulla.
내가 사는 집은 빌혼까투에 있다.

Sain lahjan, *jo/sta* on hyötyä.
나는 유용한 선물을 받았다.

Ne olivat aikoja, *jo/t/ka* eivät palaa.
그것들은 결코 돌아오지 않는 시간들이다.

Tapahtumat *jo/i/sta* kuulin olivat kauheita.
내가 들은 사건은 무서운 것들이었다.

Se on paras paikka *mi/n/kä* tiedän.
그것은 내가 아는 가장 좋은 곳이다.

Tässä ovat kirjeet, *mi/t/kä* lähetit minulle.
여기에 네가 나에게 보낸 편지들이 있다.

Tuo on kertomus, *jo/hon* en usko.
그것은 내가 믿지 않는 이야기이다.

Tuli sade, *mikä* esti matkamme.
비가 와서, 그것이 우리들의 여행을 막았다.

14 시제(時制)

- 현재(現在 Present)
- 과거(過去 Past)
- 완료(完了 Perfect)
- 과거완료(過去完了 Pluperfect)
- 부정 형식(否定 形式 Negative forms)

§59 현재시제

핀란드어에는 4종의 시제 형식이 있다. '현재'와 '과거' 2 종은 단순 형식이고 '완료'와 '과거완료' 2종은 복합 형식이다. 예. 현재형 **sano/n** '나는 말한다', 과거형 **sano/i/n** '나는 말했다', 완료형 **ole/n sano/nut** '나는 말해왔다', 과거완료형 **ol/i/n sanonut** '나는 말해 왔었다'. 현재시제는 비(非)과거 시간의 표현에 사용된다. 일반적으로는 말하는 순간과 같은 시간의 표현에 이용되지만, 때로는 미래 시간, 즉 말하는 순간보다 후의 시간을 표현하는 데도 사용된다. 현재시제는 또한 '불변의 진리'를 표현하는 데도 사용된다.[1] 예를 들면, **leijona on eläin** '사자는 동물이다', **leijonat ovat eläimiä** '사자들은 동물들이다'.

현재시제를 표현하는 별도의 어미는 없다. 그러나 3인칭 단수형에서 어간 말의 짧은 모음이 두 배로 길어진다(§24). 그 밖에는 정상적인 인칭 어미들이 굴절어간에 첨가되어 현재시제를 표현한다.

Kalle *on* ulkona.	깔레는 밖에 있다.
(Minä) *ole/n* kotona.	나는 집에 있다.
(Me) *lue/mme* sanomalehteä.	우리는 신문을 읽는다. (읽고 있다.)

---

1) 역자주. 국어에서도 동사의 현재형이 현재와 미래를 표현한다. 예. 나는 (지금) 학교에 간다. 나는 (내일) 학교에 간다.

Pertti ***luke/e*** **sanomalehteä.** 뻬룻띠는 신문을 읽는다.

Mitä ***sano/tte?*** 너는 무엇을 말하니?

Auto ***seiso/o*** **tallissa.** 자동차는 차고에 서있다.

Ritva ***halua/a*** **olutta.** 리뜨바는 맥주를 원한다.

Tuula ja Leena ***lähte/vät*** **Espanjaan.** 뚜울라와 레에나는 스페인에 간다.

Mattikin ***lähte/e*** **sinne.** 마띠도 그곳에 간다.

Pekka on ***kirjoitta/ma/ssa*** **kirje/ttä.** 뻬까는 편지를 쓴다.

§60 과거시제

과거시제는 말하는 순간보다 이전의 시간에 발생한 행위를 표현하는 데 사용된다. 과거시제의 어미는 **-i**이며 굴절어간(§23)에 붙고 인칭어미가 뒤따른다.

> 과거시제의 어미는 **-i**이고 굴절어간에(§23) 첨가된다.

아래, 3개 동사 **sano/a** '말하다(say)', **puhu/a** '말하다(speak)',[2] **anta/a** '주다'의 과거시제 활용형을 보인다(자음전환에 대해서는 §15 참고).

1인칭 단수	**(minä)**	**sano/i/n**	내가 말했다 (I said)
		puhu/i/n	내가 말했다 (I spoke)
		anno/i/n	내가 주었다
2인칭 복수	**(sinä)**	**sano/i/t**	네가 말했다
		puhu/i/t	네가 말했다
		anno/i/t	네가 주었다
3인칭 단수	**(hän)**	**sano/i**	그가 말했다
	äiti	**puhu/i**	어머니가 말했다
	Kalle	**anto/i**	깔레가 주었다
1인칭 복수	**(me)**	**sano/i/mme**	우리가 말했다

2) 역자주. 국어에는 영어에서 구별되는 say와 speak, 아울러 talk, tell 등의 단어들까지, 모두 '말하다' 한 단어로 번역되기 때문에, 원저자가 대응시킨 영어 단어를 괄호 안에 보였다. 예문에서는 1인칭 단수에서만 원저자의 영역(I said, I spoke)을 괄호 안에 보였다.

		puhu/i/mme	우리가 말했다
		anno/i/mme	우리가 주었다
2인칭 복수	**(te)**	**sano/i/tte**	너희들이 말했다
		puhu/i/tte	너희들이 말했다
3인칭 복수	**he**	**sano/i/vat**	그들이 말했다
	naiset	**puhu/i/vat**	(그) 여자들이 말했다
	miehet	**anto/i/vat**	(그) 남자들이 주었다

과거시제 어미 **-i** 앞에서 통상적인 모음변화의 규칙들(§16)이 적용된다. 위 예문에서 **anno/i/n** 등 참고. 아래 표에 먼저 동사의 기본형(제1부정사 1st infinitive)을 수록했고 이어서 굴절어간을 보여주기 위한 예로 3인칭 단수 현재형을 제시한 다음, 모음변화의 규칙을 설명하는 참고절(§)을 표시하고, 끝으로 3인칭 단수 과거시제(자음전환 규칙 비적용)와 1인칭 단수 과거시제(자음전환 규칙 적용)를 보였다.

부정사		3인칭단수 현재	참고절 §	3인칭단수 과거	1인칭단수 과거
kerto/a	말하다(tell)	kerto/o	16(1)	kerto/i	kerro/i/n
asu/a	살다	asu/u	〃	asu/i	asu/i/n
pysy/ä	머무르다	pysy/y	〃	pysy/i	pysy/i/n
luke/a	읽다	luke/e	16(5)	luk/i	lu/i/n
etsi/ä	찾다	etsi/i	16(6)	ets/i	ets/i/n
oppi/a	배우다	oppi/i	〃	opp/i	op/i/n
vetä/ä	끌다	vetä/ä	16(7)	vet/i	ved/i/n
yrittä/ä	노력하다	yrittä/ä	〃	yritt/i	yrit/i/n
anta/a	주다	anta/a	16(8)	anto/i	anno/i/n
sata/a	비오다	sata/a	〃	sato/i	
jaka/a	나누다	jaka/a	〃	jako/i	jao/i/n
muista/a	기억하다	muista/a	〃	muist/i	muist/i/n
otta/a	취하다(take)	otta/a	〃	ott/i	ot/i/n
rakasta/a	사랑하다	rakasta/a	〃	rakast/i	rakast/i/n
osta/a	사다	osta/a	〃	ost/i	ost/i/n

saa/da	얻다(get)	saa	16(2)	sa/i	sa/i/n
myy/dä	팔다	myy	〃	my/i	my/i/n
voi/da	할 수 있다	voi	16(4)	vo/i	vo/i/n
juo/da	마시다	juo	16(3)	jo/i	jo/i/n
pysäköi/dä	주차하다	pysäköi	16(4)	pysäkö/i	pysäkö/i/n
luennoi/da	강의하다	luennoi	〃	luenno/i	luenno/i/n
nous/ta	일어나다	nouse/e	16(5)	nous/i	nous/i/n
tul/la	오다	tule/e	〃	tul/i	tul/i/n
men/nä	가다	mene/e	〃	men/i	men/i/n
ajatel/la	생각하다	ajattele/e	〃	ajattel/i	ajattel/i/n
kierrel/lä	둥글게 에워싸다	kiertele/e	〃	kiertel/i	kiertel/i/n
julkais/ta	출판하다	julkaise/e	〃	julkais/i	julkais/i/n
tarvit/a	필요하다	tarvitse/e	〃	tarvits/i	tarvits/i/n
häirit/ä	방해하다	häiritsee	〃	häirits/i	häirits/i/n
paet/a	달아나다	pakene/e	〃	paken/i	paken/i/n

일부 **anta/a** 류 동사들에서는 어말의 **-a** 혹은 **-ä**가 탈락하면서, **-t**가 과거시제 어미 **-i** 바로 앞에 나타나게 되어 **-s**로 바뀐다. 이 현상은 **-t-**가 두 모음 뒤나 혹은 자음 **l n r** 뒤에 올 때 가장 빈번히 나타난다.

간혹 **-t-**가 **-s-**로 교체되는데, 어간말의 **-a** 혹은 **-ä**가 탈락한 결과, **-t-** 바로 뒤에 과거시제 어미가 첨가될 때이다.

부정사		3인칭 단수 현재	3인칭 단수 과거	1인칭 단수 과거
tietä/ä	알다	tietä/ä	ties/i	ties/i/n
löytä/ä	발견하다	löytä/ä	löys/i	löys/i/n
huuta/a	소리치다	huuta/a	huus/i	huus/i/n
piirtä/ä	끌다	piirtä/ä	piirs/i	piirs/i/n
työntä/ä	밀다	työntä/ä	työns/i	työns/i/n
lentä/ä	날다	lentä/ä	lens/i	lens/i/n

kiertä/ä	돌다	kiertä/ä	kiers/i	kiers/i/n
pyytä/ä	묻다	pyytä/ä	pyys/i	pyys/i/n
kiiltä/ä	빛나다	kiiltä/ä	kiils/i	kiils/i/n

이 규칙이 적용되지 않는 동사들에는 **pitä/ä** '간직하다', **vetä** '끌다', **sietä/ä** '(아기) 낳다', **hoita/a** '돌보다' 등이 있다. 예. **hän pit/i** '그가 간직했다', **pid/i/n** '내가 잡았다', **Rejo vet/i** '레요가 끌었다', **ved/i/n** '내가 끌었다.

Huomat/a 류 동사들의 과거 형식은 아래와 같은 특수한 변화에 따라 형성된다.

> **Huomat/a** 류 동사들의 과거시제는 굴절어간 말의 **-a** 혹은 **-ä**를 **-s-**로 변화시키고 과거시제 어미 **-i**를 첨가하여 형성된다.

부정사		3인칭 단수 현재	3인칭 단수 과거	1인칭 단수 과거
huomat/a	통고하다	huomaa	huomas/i	huomas/i/n
osat/a	…할 줄 알다	osaa	osas/i	osas/i/n
hypät/ä	뛰어오르다	hyppää	hyppäs/i	hyppäs/i/n
pelät/ä	무서워하다	pelkää	pelkäs/i	pelkäs/i/n
maat/a	눕다	makaa	makas/i	makas/i/n
tavat/a	만나다	tapaa	tapas/i	tapas/i/n
määrät/ä	명령하다	määrä	määräs/i	määräs/i/n
halut/a	원하다	halua/a	halus/i	halus/i/n
tarjot/a	제공하다	tarjoa/a	tarjos/i	tarjos/i/n

아래 예문들은 과거시제의 용법을 보여준다.

Koira *makas/i* lattialla.	그 개는 마루에 누웠다.
Oskari *anto/i* minulle suukon.	오스까리는 나에게 키스를 (해)주었다.
Poliisi *kysy/i* nimeäni.	경찰은 나의 이름을 물었다.
Kuka siellä *ol/i?*	그곳에 누가 있었니?
***Jo/i/t/ko* punaviiniä eilen?**	너는 어제 붉은포도주를 마셨느냐?
Mitä he *tek/i/vät* illalla?	그들은 저녁에 무엇을 했니?

Mitä *te/i/tte* illalla?	그들은 저녁에 무엇을 했니?
Niin me *ajattel/i/mme/kin.*	그것이 바로 우리가 생각했던 것이다.
***Ajo/i/n* Turusta Helsinkiin kahdessa tunnissa.**	나는 뚜르꾸에서 헬싱키에 2시간 운전했다.
Mitä *ost/i/t* Kaleville lahjaksi?	너는 깔레비에게 선물을 무엇을 샀니?
He *läht/i/vät* jo aamulla.	그들은 아침에 이미 떠났다.
***Ties/i/tte/kö* tämän?**	너는 이것을 알았니?
Keijo *avas/i* vieraille oven.	께이요는 손님들에게 문을 열었다.

동사 **käy/dä** '가다'에는 예외적인 과거시제 형식 **käv/i**가 있다. 참고. **käv/i/n** '나는 갔다', **he käv/i/vät** '그들은 갔다'.

§61 완료시제

완료시제는 과거의 행위를 표현하는 데 사용되는데, 그 행위의 영향이 말하는 현재 시점에서 어떤 형태로 유효한 것이다. '완료'는 '현재에 관여하는' 시제이다. 완료시제는 조동사 **olla** '이다 / 있다'의 현재형들(인칭에 따른 굴절형들)과 과거분사형(단수 혹은 복수형)의 결합으로 형성된다. 분사의 어미는 **-nut** ~ **-nyt**이다. 예. **(minä) ole/n sanonut** '나는 말해왔다', **(sinä) ole/t luke/nut** '너는 읽어왔다', **hän on syö/nyt** '그는 먹어왔다'.[3)]

> 과거분사형은 부정사 어간(§23)에 어미 **-nut** ~ **-nyt**을 첨가하여 형성한다.
> 부정사 어간이 자음으로 끝나고 그 자음이
> (a) **l r s**인 경우에는, 과거분사 어미의 **n**이 2차적인 **l r s**로 변화하고,
> (b) **t**인 경우에는, 이 **t**가 **n**으로 바뀐다.

부정사		과거분사	3인칭 단수 현재형
osta/a	사다	osta/<u>nut</u>	osta/a

3) 역자주. 영문법을 통하여 잘 알려진 바와 같이, 국어에는 완료시제가 존재하지 않기 때문에 영어의 'I have said', 'you had read'와 같은 완료 시제 문장의 정확한 번역이 어렵다. 여기서는 전통적으로 통용되어 온 '…아/어왔다'로 번역하였다.

itke/ä	울다	itke/**nyt**	itke/e
seiso/a	서다	seiso/**nut**	seiso/o
tanssi/a	춤추다	tanssi/**nut**	tanssi/i
löytä/ä	발견하다	löytä/**nyt**	löytä/ä
anta/a	주다	anta/**nut**	anta/a
näyttä/ä	보여주다	näyttä/**nyt**	näyttä/ä
synty/ä	태어나다	synty/**nyt**	synty/y
saa/da	얻다	saa/**nut**	saa
myy/dä	팔다	myy/**nyt**	myy
juo/da	마시다	juo/**nut**	juo
soi/da	종울리다	soi/**nut**	soi
vartioi/da	감시하다	vartioi/**nut**	vartioi
nous/ta	솟아오르다	nous/**sut**	nouse/e
pes/tä	씻다	pes/**syt**	pese/e
tul/la	오다	tul/**lut**	tule/e
ol/la	이다/있다	ol/**lut**	on
ajatel/la	생각하다	ajatel/**lut**	ajattele/e
pur/ra	깨물다	pur/**rut**	pure/e
väitel/lä	논쟁하다	väitel/**lyt**	väittele/e
huomat/a	통지하다	huoman/**nut**	huomaa
osat/a	할 줄 알다	osan/**nut**	osaa
halut/a	원하다	halun/**nut**	halua/a
veikat/a	(돈을)걸다	veikan/**nut**	veikkaa
pelät/ä	무서워하다	pelän/**nyt**	pelkää
hypät/ä	위로 뛰다	hypän/**nyt**	hyppää
kelvat/a	흡족하다	kelvan/**nut**	kelpaa
tarvit/a	필요하다	tarvin/**nut**	tarvitse/e
paet/a	도망하다	paen/**nut**	pakene/e
lämmet/ä	따뜻해지다	lämmen/**nyt**	lämpene/e
havait/a	관찰하다	havain/**nut**	havaitse/e

과거분사의 굴절어간은 **-ut ~ -yt**를 **-ee-**로 교체하여 형성한다, 예를 들면, **sano/nut** : **sano/nee-**, 그리고 기타 어미들이 이 어간에 첨가된다. 그리하여, 인칭에 따른 완료시제 형식들은 아래와 같다.

1인칭 단수	(minä)	ole/n	sano/nut	내가 말해 왔다 (have said)
		ole/n	ol/lut	내가 있어 왔다 (have been)
		ole/n	huoman/nut	내가 알아 왔다 (have noticed)
2인칭 단수	(sinä)	ole/t	sano/nut	네가 말해 왔다
		ole/t	ol/lut	네가 있어 왔다
		ole/t	huoman/nut	네가 알아 왔다
3인칭 단수	hän	on	sano/nut	그가 말해 왔다
	hän	on	ol/lut	그가 있어 왔다
	hän	on	huoman/nut	그가 알아 왔다
1인칭 복수	(me)	ole/mme	sano/neet	우리가 말해 왔다
		ole/mme	ol/leet	우리가 있어 왔다
		ole/mme	huoman/neet	우리가 알아 왔다
2인칭 복수	(te)	ole/tte	sano/neet	너희들이 말해 왔다
		ole/tte	ol/leet	너희들이 있어 왔다
		ole/tte	huoman/neet	너희들이 알아 왔다
3인칭 복수	he	ovat	sano/neet	그들이 말해 왔다
	he	ovat	ol/leet	그들이 있어 왔다
	he	ovat	huoman/neet	그들이 알아 왔다

아래 완료시제의 용례 몇 가지를 예로 보인다.

Keihänen on *matkusta/nut* Espanjaan.
께이해넨은 스페인에 여행하여 왔다. (여행했다, 여행하여 보았다.)

***On/ko* johtaja *men/nyt* lounaalle?**
매니저가 점심에(점심먹으러) 나갔습니까?

***Ole/tte/ko* ennen *ol/leet* Suomessa?**
너는 전에 핀란드에 있어 왔느냐? (있었느냐)

Kari ja Pertti ovat *lähte/neet* pois.

까리와 빼룻띠가 가 버렸다.

Ole/t/ko jo syö/nyt?
너는 벌써 먹었니?

Ole/n maan/nut sängyssä koko päivän.
나는 하루 종일 침대에 누워있었다.

Ole/tte/ko luke/neet Salaman uusimman kirjan?
너는 살라마의 최근 책을 읽어보았니?

완료시제는 조건서법(conditional mood)으로도 나타날 수 있다. 이때는 어미 **-isi-**가 조동사 **olla**에 첨가된다. 가능서법(potential mood)에서는 동사 **olla**의 예외적인 어간인 **liene-**에서 형성된다. 이들 서법 형식에 인칭어미가 첨가된다. 서법 형식의 조동사 뒤에 동사의 과거분사형이 따른다(15장 참고).

Ol/isi/n ol/lut iloinen, jos *ol/isi/t* tul/lut.
내가 즐거웠을 것이다, 만약 네가 왔었더라면.

Ol/isi/mme lähte/neet Espanjaan, jos meillä *ol/isi ol/lut* rahaa.
우리는 스페인에 갔을 것이다, 만약 우리에게 돈이 있었더라면.

Ahtisaari *liene/e käy/nyt* Marokossa.
아흐띠사아리는 아마 모로크를 방문했을 것이다. (가능성이 있다.)

He *liene/vät hankki/neet* auton.
그들은 아마 자동차를 확보했을 것이다.

§62 과거완료시제

과거완료시제는 과거 어느 시점 이전에 발생한 행위를 표현하는 데 사용된다. 과거완료시제는 조동사 ol/la의 과거형(ol/i/n, ol/i/t, ol/i, ol/imme, ol/i/tte, ol/i/vat)에 동사의 과거분사형(§61)을 후행시켜 표현한다.

Ol/i/n juuri *tul/lut* kotiin, kun soitit.
나는 바로 집에 돌아왔었다, 네가 종을 울렸을 때.

Ol/i/mme tul/leet kotiin …
우리는 집에 돌아왔었다…

Hän *ol/i opiskel/lut* suomea ennen kuin hän tuli Suomeen.
그는 핀란드어를 공부 해왔다, 그가 핀란드에 오기 전에.

Kalle *ol/i odotta/nut* kymmenen minuuttia kun tulin.
깔레는 10분을 기다렸었다, 내가 왔을 때.

He *ol/i/vat* odotta/neet…
그들은 기다렸었다…

§63 부정 형식

모든 부정(否定) 형식들은 부정동사(negation verb) **en, et, ei, emme, ette, eivät**로 형성된다. 현재시제의 부정에 대해서는 위에서(§29) 이미 설명했다. 현재시제 부정형은 부정동사와, 자음전환의 규칙이 적용되는, 주동사의 최소어간형식(minimal stem form)의 결합으로 이루어진다.

긍정	부정
kerro/n 나는 말한다	**en kerro** 나는 안 말한다 (말하지 않는다)
kerro/t	**et kerro**
hän kerto/o	**hän ei kerro**
kerro/mme	**emme kerro**
kerro/tte	**ette kerro**
he kerto/vat	**he eivät kerro**

> 과거시제의 부정문은 다른 방법으로 형성된다: 부정 동사에 과거분사가 후행한다 (§61).

긍정	부정
kerro/i/n 나는 말했다	**en kerto/nut** 나는 안 말했다 (말하지 않았다)
kerro/i/t	**et kerto/nut**
hän kerto/i	**hän ei kerto/nut**
kerro/i/mme	**emme kerto/neet**
kerro/i/tte	**ette kerto/neet**
he kerto/i/vat	**he eivät kerto/neet**

과거시제 부정문의 예를 아래 더 보인다.

긍정	부정
tanss/i/n 나는 춤췄다	**en tanssi/nut** 나는 춤추지 않았다
tanss/i/tte 너희들은 춤췄다	**ette tanssi/neet**
itk/i/t 너는 울었다	**et itke/nyt**
hän näytt/i 그는 보여주었다	**hän ei näyttä/nyt**
he anto/i/vat 그들은 주었다	**he eivät anta/neet**
lu/i/n 나는 읽었다	**en luke/nut**
ol/i/mme 우리들이 있었다	**emme ol/leet**
ol/i/t 네가 있었다	**et ol/lut**
nous/i/n 나는 일어났다	**en nous/sut**
he nous/i/vat 그들은 일어났다	**he eivät nous/seet**
ajattel/i/mme 우리는 생각했다	**emme ajatel/leet**
Tuula sa/i 뚜울라가 얻었다	**Tuula ei saa/nut**
osas/i/mme 우리는 할 줄 알았다	**emme osan/neet**
osas/i/t 너는 할 줄 알았다	**et osan/nyt**
hän pelkäs/i 그는 무서워했다	**hän ei pelän/nyt**
pelkäs/i/tte	**ette pelän/neet**

너희들은 무서워했다

tarvits/i/n 나는 필요했다	**en tarvin/nut**
he häirits/i/vät 그들은 방해했다	**he eivät häirin/neet**

완료시제의 부정문은 부정동사와 뒤따르는 **ole**(인칭어미 없음) 및 주동사(단수 혹은 복수)의 과거분사형으로 이루어진다.

긍정	부정
ole/n osta/nut 내가 사 왔다(샀다)	**en ole osta/nut** 내가 사오지 않았다
ole/t osta/nut 네가 사 왔다	**et ole osta/nut**
hän on osta/nut 그가 사 왔다	**hän ei ole osta/nut**
ole/mme osta/neet 우리는 사 왔다	**emme ole osta/neet**
ole/tte osta/neet 너희들이 사 왔다	**ette ole osta/neet**
he ovat ostaneet 그들이 사 왔다	**he eivät ole osta/neet**
ole/n ol/lut 내가 있어 왔다	**en ole ol/lut**
ole/mme ol/leet 우리가 있어 왔다	**emme ole ol/leet**
ole/t näyttä/nyt 네가 보여줘 왔다	**et ole näyttä/nyt**
he ovat anta/neet 그들이 주어 왔다	**he eivät ole anta/neet**
ole/mme saa/neet 우리가 얻어 왔다	**emme ole saa/neet**
ole/n ajatel/lut 내가 생각해 왔다	**en ole ajatel/lut**

hän on osan/nut 그가 할 줄 알아 왔다	hän ei ole osan/nut
ole/mne pelän/neet 우리가 무서워 왔다	emme ole pelän/neet
ole/n tarvin/nut 내가 필요해 왔다	en ole tarvin/nut
ol/isi/n osta/nut 내가 사려고 해 왔다	en ol/isi osta/nut
ol/isi/tte osta/neet 네가 사려고 해 왔다	ette ol/isi osta/neet
he ol/isi/vat osta/neet 그들이 사려고 했다	he eivät ol/isi osta/neet
hän liene/e osta/nut 그가 사려고 했다	hän ei liene osta/nut

과거완료시제의 부정문은 부정동사와 **ol/la -ol/lut ~ ol/leet-**의 과거분사형 및 주동사의 과거분사형의 결합으로 형성된다.

긍정	부정
ol/i/n osta/nut 내가 샀었다	en ol/lut osta/nut 나는 사지 않았었다
ol/i/t ostanut 네가 샀었다	et ol/lut osta/nut
hän ol/i osta/nut 그가 샀었다	hän ei ol/lut osta/nut
ol/i/mme osta/neet 우리가 샀었다	emme ol/leet osta/neet
ol/i/tte osta/neet 너희들이 샀었다	ette ol/leet osta/neet
he ol/i/vat osta/neet 그들이 샀었다	he eivät ol/leet osta/neet
ol/i/n ol/lut 내가 있었었다	en ol/lut ol/lut
ol/i/mme ol/leet	emme ol/leet ol/leet

우리가 있었었다

ol/i/t näyttä/nyt 네가 보여주었었다	**ei ol/lut näyttä/nyt**
ol/i/mme osan/neet 우리가 할 줄 알았었다	**emme ol/leet osan/neet**
ol/i/t saa/nut 네가 얻었었다	**et ol/lut saa/nut**
hän ol/i pelän/nyt 그가 무서워했었다	**hän ei ol/lut pelän/nyt**
ol/i/mme tul/leet 우리가 왔었다	**emme ol/leet tul/leet**
ol/i/n näh/nyt 내가 보았었다	**en ol/lut näh/nyt**

끝으로 아래 예문들을 주의해 보아라.

En *osta* maitoa.	나는 밀크를 사지 않는다. (현재 혹은 미래)
En *osta/nut* maitoa.	나는 밀크를 사지 않았다. (과거)
En *ole osta/nut* maitoa.	나는 밀크를 사지 않아 왔다. (완료)
En *ol/lut osta/nut* maitoa.	나는 밀크를 사지 않았었다. (과거완료)

15 서법(敍法)

- 평서법 (平敍法 Indicative)
- 조건서법 (條件敍法 Conditional)
- 명령서법 (命令敍法 Imperative)
- 가능서법 (可能敍法 Potential)

§64 평서법

'서법(敍法 mood)'은 어떤 동사 어미에 의하여 동사가 나타내는 행위를 표현하는 화자의 '태도(manner)'를 지칭한다. 핀란드어에는 네 가지 서법이 있다. **평서법**(별도의 어미로 표시되지 않는다)이 평상적으로 가장 자주 사용되는데, 동사가 시현하는 행위를 '의미 그대로' 표현한다. **조건서법**은 어미 **-isi-**로 표현되며, 대개 '가정적(假定的)인 행위'를 나타낸다. **명령서법**은 인칭에 따라 다른 몇 가지 어미로 표현되며, '명령'을 나타낸다. **가능서법**은 **-ne-** 어미로 표현되며, '가능성 있는' 혹은 '생각해 낼 수 있는' 행위를 나타낸다.

평서법은 평상적으로 가장 빈번히 사용되는 서법으로, 동사의 의미가 시현하는 행위를 그대로 전달할 뿐, 화자의 '의도(attitude)'가 개재되지 않는다. 평서법에는 특별한 어미가 없고, 시제와 인칭 어미가 통상적인 방법으로 첨가된다.

Nyt *mene/n* kotiin.	지금 나는 집에 간다.
Lapsi *leikki/i* pihalla.	아이가 뜰에서 논다.
Vieraat *tule/vat* illalla.	손님들이 저녁에 온다.
Eilen *sa/i/n* kaksi kirjettä.	어제 나는 두 편지(편지 두통)를 받았다.
Koska *sairastu/i/t?*	너는 언제 아팠느냐? (아프기 시작했냐?)
He *o/vat asu/neet* kymmenen vuotta Turussa.	그들은 뚜르꾸에 10년 살아 왔다. (10년 동안 살았다.)

Missä *ole/t synty/nyt?*	너는 어디에서 태어났니?
Vuonna 1960 Paasikivi *|i jo kuollut.*	1960년에 빠아시끼비는 이미 사망했었다.

위 각 예문의 주동사에는 서법어미가 부재하고 오직 인칭어미와 시제어미(필요한 곳에만)만 첨가되어 있다.

§65 조건서법

조건서법의 어미 **-isi-**는 대부분 '가상적으로 제시되는 행위'를 나타내며, 주로 **jos** '만약'으로 시작되는 조건절(條件節) 및 병행하는 주절(主節)에 등장한다.

> 조건서법의 어미는 **-isi-**이며, 굴절어간(§23)에 첨가된다.

조건서법의 어미 **-isi-**는 선행하는 어간에 자음전환을 유발하지 않지만(§15.2), 굴절어간의 모음에 변화를 주는 다양한 규칙들이 적용된다(§16). 조건서법 어미에는 인칭어미가 첨가되고, 그 뒤에 전접첨사가 붙을 수 있다.

동사 **sano/a** '말하다(say)', **puhu/a** '말하다(speak)', **anta/a** '주다'의 3가지 단수 인칭의 조건서법 형식은 아래와 같다.

1인칭 단수	**(minä)**	**sano/is/n**	내가 말했을 것이다 (say)[1]
		puhu/isi/n	내가 말했을 것이다 (speak)
		anta/isi/n	내가 주었을 것이다
2인칭 단수	**(sinä)**	**sano/isi/t**	네가 말했을 것이다
		puhu/isi/t	네가 말했을 것이다
		anta/isi/t	네가 주었을 것이다

1) 역자주. 주지하는 바와 같이, 핀란드어와 영어 등 서양 언어에 존재하는 조건서법(가정법)을 국어로 적절히 번역하기가 어렵다. 여기서는 '…했을 것이다/…할 것이다'로 번역하였고, jos '만약에'로 시작되는 종속절은 '만약 …하면'으로 번역하였다.
위에서 언급한 것과 같이, 영어의 say, speak, tell 등의 동사에 적절히 대응시킬 수 있는 상이한 동사가 국어에 부재하기 때문에 모두 '말하다' 하나로 번역한다. 이 책에서는 '말하다'에 이어 괄호 안에 원서에 제시된 영어 단어를 보였고, 여기서와 같이 반복 등장할 경우 첫째 예에서만 밝혔다.

3인칭 단수	**hän**	**sano/isi**	그가 말했을 것이다
	Kalle	**puhu/isi**	깔레가 말했을 것이다
	äiti	**anta/isi**	어머니가 주었을 것이다

조건서법의 어미 첨가로 인한 어간 모음의 변화 예들을 아래 보인다. 이 표에서는 우선 '동사의 기본형'을 제시하였고, 이어서 굴절어간의 예를 보이기 위하여 3인칭 단수 현재 평서법 형식을 제시하였고, 해당 음운 변화를 설명한 참고절(§)의 번호를 밝혔고, 끝으로 조건서법의 1인칭 단수 형식을 보였다. (기타 인칭의 조건서법 형식은 오직 인칭어미만 다르다.)

부정사 (不定詞)		3인칭 단수 현재 평서법	참고절 §	1인칭 단수 조건서법 형식
kerto/a	말하다(tell)	kerto/o	16(1)	kerto/isi/n
asu/a	살다	asu/u	〃	asu/isi/n
pysy/ä	머므르다	pysy/y	〃	pysy/isi/n
luke/a	읽다	luke/e	16(5)	luk/isi/n
tunte/a	알다, 느끼다	tunte/e	〃	tunt/isi/n
oppi/a	배우다	oppi/i	16(6)	opp/isi/n
salli/a	허용하다	salli/i	〃	sall/isi/n
näyttä/ä	보여주다	näyttä/ä	16(7)	näyttä/isi/n
vetä/ä	끌다	vetä/ä	〃	vetä/isi/n
jaka/a	나누다	jaka/a	16(8)	jaka/isi/n
otta/a	획득하다	otta/a	〃	otta/isi/n
rakasta/a	사랑하다	rakasta/a	〃	rakasta/isi/n
huomat/a	깨닫다	huomaa	16(2)	huoma/isi/n
hypät/ä	뛰어오르다	hyppää	〃	hyppä/isi/n
pelät/ä	무서워하다	pelkää	〃	pelkä/isi/n
tavat/a	만나다	tapaa	〃	tapa/isi/n
saa/da	얻다	saa	16(2)	sa/isi/n
tuo/da	가져오다	tuo	16(3)	to/isi/n
vie/dä	갖다	vie	〃	ve/isi/n

syö/dä	먹다	syö	〃	sö/**isi**/n
voi/da	할 수 있다	voi	16(4)	vo/**isi**/n
pysäköi/dä	주차하다	pysäköi	〃	pysäkö/**isi**/n
nous/ta	떠오르다	nouse/e	16(5)	nous/**isi**/n
tul/la	오다	tule/e	〃	tul/**isi**/n
men/nä	가다	mene/e	〃	men/**isi**/n
ajatel/la	생각하다	ajattele/e	〃	ajattel/**isi**/n
hymyil/lä	미소하다	hymyile/e	〃	hymyil/**isi**/n
tarvit/a	필요하다	tarvitse/e	〃	tarvits/**isi**/n
vanhet/a	늙다	vanhene/e	〃	vanhen/**isi**/n

조건서법의 용례들을 아래 보인다.

Ol/isi/n **iloinen,** ***jos tul/isi/t.***
나는 기쁠 것이다, 만약에 네가 오면.[2]

Jo/isi/n **mielelläni kahvia.**
나는 즐거움으로 커피를 마실 것이다. (커피를 마시겠습니다.)

Jos vesi ***ol/isi*** **lämmintä,** ***sa/isi/t*** **uida.**
만약 물이 따뜻하면, 너는 수영을 할 수 있을 것이다.

Väittä/isi/n, **että …**
나는 …을 주장할 것이다.

Muutta/isi/t/ko **pois Suomesta?**
너는 핀란드에서 이사 가버릴 것이냐?

Tul/isi/vat/ko **he jos pyytä/isi/mme?**
그들이 올 것일까, 만약 우리가 요청하면.

Kyllä Kantanen ***voitta/isi*** **jos halua/isi.**
깐따넨은 반드시 이길 것이다, 만약 우리가 원한다면.

때로는 조건서법이 공손하고 예의를 갖춘 표현으로 사용된다.

Kaata/isi/t/ko **lisää teetä?** 차를 좀 더 부어주시겠습니까?

---

2) 역자주. 국어의 어순으로는 당연히 종속절이 앞에 와서 '만약에 네가 오면, 내가 기쁠 것이다' 이지만, 이와 같은 경우 핀란드어의 어순을 살려두어도 국어로 이해하는데 문제가 없기 때문에, 독자가 비교 이해하기에 편하도록 핀란드어의 어순을 그대로 두었다.

Kysy/isi/n, **onko teillä…**	…을 소유하고 계신지, 내가 물을 수 있겠습니까?
Läht/isi/mme/kö **Shall we go home now?**	우리 이제 집에 갈까요?
Ruoka *ol/isi* nyt valmista.	음식이 지금 준비되어 있습니다.

위에서 언급한 것과 같이(§61), 조건서법도 완료형으로 나타난다. 그 구조는 **ol/isi/n ~ ol/isi/t**와 후행하는 보동사의 과거분사형의 결합으로 이루어진다.

Ol/isi/n **ol/lut iloinen, jos …**
내가 감사했을 것이다, 만약….

Ol/isi/n **mielelläni lähte/nyt Ruotsiin, jos ol/isi/n voi/nut.**
나는 스웨덴에 갔었을 것이다, 만약 할 수 있었었다면.

Ol/isi/t/ko **tul/lut meille?**
너는 우리에게 올 수 있었었나?

Ol/isi/vat/ko **he suostu/neet tähän?**
그들이 이것에 동의했을까?

Ol/isi/n **sairastu/nut, ellei Martti ol/isi autta/nut minua.**
나는 병들었을 것이다, 마룻띠가 도와주지 않았었다면.

조건서법의 부정 형식은 부정 동사 **en ~ et** 등과 주동사에 **-isi-**가 첨가된 형식의 결합으로 구성되는데, 인칭어미는 붙지 않는다.

긍정	부정
ol/isi/n 내가 있었을 것이다	**en ol/isi** 내가 있지 않았을 것이다
tul/isi/t 네가 왔을 것이다	**et tul/isi**
he anta/isi/vat 그들이 주었을 것이다	**he eivät anta/isi**
kerto/isi/mme 우리가 말했을 것이다	**emme kerto/isi**
halua/isi/n 나는 …바랍니다	**en halua/isi**
sata/isi 비가 올 것이다	**ei sata/isi**

sö/isi/n 내가 먹을 것이다	en sö/isi
luk/isi/mme 우리가 읽을 것이다	emme luk/isi
he vetä/isi/vät 그들이 끌 것이다	he eivät vetä/isi
ol/isi/n otta/nut 내가 가졌었을 것이다	en ol/isi otta/nut
ol/isi/tte syö/neet 네가 먹었을 것이다	ette ol/isi syö/neet
he ol/isi/vat lähte/neet 그들이 떠났었을 것이다	he eivät ol/isi lähte/neet

§66 명령서법

명령서법은 기본적으로 '명령', '요구', '충고'의 표현에 사용되고, 3인칭 명령형은 '소망'에도 사용된다. 1인칭 단수의 명령형은 존재하지 않는다.[3)]

	단수	복수
1인칭	—	**-kaamme ~ -käämme**
2인칭	(어미 붙지 않음)	**-kaa ~ -kää**
3인칭	**-koon ~ -köön**	**-koot ~ -kööt**

명령서법 중에서는 2인칭 단수와 복수형, 예를 들면 **sano** '말하라', **sanokaa** '말들 해라'가 가장 자주 사용된다. 3인칭 명령형은 대부분 문어에 나타난다.

> 2인칭 단수 명령형은 평서법의 1인칭 단수 형식에서 어말의 **-n**이 없는 형식과 동일하다.

3) 역자주. 전통적으로 우리나라 문법 학자들은 본서에서 '2인칭 명령'(국어에서 '-해!', '-해라!', '-하십시오!', '하세요!' 등에 해당)으로 지칭하는 어미형식들만 '명령형'으로 부르고, 본서의 '1인칭 복수 명령형'은 청유형(請誘形 '-하자', '-합시다'. '-해요' 등), '3인칭 명령형'은 기원형(祈願形 '-게 하소서' 등)으로 불러왔다.

1인칭 단수 명령형은 또한 평서법 현재형 부정문의 주동사와 같다(§63). 참고. **sano/n** '내가 말한다(say)', **tule/n** '내가 온다', **pelkää/n** '내가 무서워한다', **en sano** '내가 말하지 않는다', **en tule** '내가 안 온다', **en pelkää** '내가 안 무서워한다' – **sano** '말해!', **tule** '와!', **pelkää** '무서워해!'.

> 기타의 명령 형식들은 부정사 어간에 근거한다(§22).

그리하여, **sano/a** '말하다(say)', **men/nä** '가다', **kerto/a** '말하다(tell)'의 명령 형식들은 다음과 같다.

	단수	복수
1인칭	–	**sano/kaamme** (우리) 말하자 (say)
	–	**men/käämme** (우리) 가자
	–	**kerto/kaamme** (우리) 말하자 (tell)
2인칭	**sano** 말해라!	**sano/kaa** (너희들) 말들해라!
	mene 가라!	**men/kää** (너희들) 가라!
	kerro 말해라!	**kerto/kaa** (너희들) 말해라!
3인칭	**sano/koon** (그가) 말하게 하소서	**sano/koot** (그들이) 말하게 하소서
	men/köön (그가) 가게 하소서	**men/kööt** (그들이) 가게 하소서
	kerto/koon (그가) 말하게 하소서	**kerto/koot** (그들이) 말하게 하소서

아래 표에서 동사의 부정형, 1인칭 단수 현재형, 2인칭 단수와 복수 명령형을 보였다.

부정사		1인칭 단수 현재형	2인칭 단수 명령형	2인칭 복수 명령형
anta/a	주다	anna/n	anna	anta/**kaa**
osta/a	사다	osta/n	osta	osta/**kaa**
unohta/a	잊다	unohda/n	unohda	unohta/**kaa**
luke/a	읽다	lue/n	lue	luke/**kaa**
vetä/ä	끌다	vedä/n	vedä	vetä/**kää**
sulke/a	닫다	sulje/n	sulje	sulke/**kaa**
herättä/ä	(잠을)깨다	herätä/n	herätä	herättä/**kää**

avat/a	열다	avaa/n	avaa	avat/**kaa**
maat/a	눕다	makaa/n	makaa	maat/**kaa**
tavat/a	만나다	tapaa/n	tapaa	tavat/**kaa**
määrät/ä	명령하다	määrää/n	määrää	määrät/**kää**
hakat/a	(도끼로)찍다	hakkaa/n	hakkaa	hakat/**kaa**
tarjot/a	제공하다	tarjoa/n	tarjoa	tarjot/**kaa**
myy/dä	팔다	myy/n	myy	myy/**kää**
syö/dä	먹다	syö/n	syö	syö/**kää**
ui/da	수영하다	ui/n	ui	ui/**kaa**
teh/dä	하다	tee/n	tee	teh/**kää**
pysäköi/dä	주차하다	pysäköi/n	pysäköi	pysäköi/**kää**
nous/ta	솟아오르다	nouse/n	nouse	nous/**kaa**
tul/la	오다	tule/n	tule	tul/**kaa**
men/nä	가다	mene/n	mene	men/**kää**
juos/ta	뛰다	juokse/n	juokse	juos/**kaa**
ajatel/la	생각하다	ajattele/n	ajattele	ajatel/**kaa**
harkit/a	고려하다	harkitse/n	harkitse	harkit/**kaa**
paet/a	도망하다	pakene/n	pakene	paket/**kaa**

명령형의 목적어는, 비정격의 어떤 규칙이 적용되면(§33.2), 비정격이다. 1인칭과 2인칭 명령형의 대격 목적어에는 어미가 첨가되지 않고, 3인칭 명령형에는 **-n**이 붙는다(§38 참고).

아래 명령형의 용례들을 보인다.

Mene **kotiin!**	집에 가라! (단수)
Men/kää **kotiin!**	집에들 가라! (복수)
Tule **tänne!**	와라! (단수)
Tul/kaa **tänne!**	(너희들,) 와라! (복수)
Osta **minulle kuppi kahvia!**	내게 한잔의 커피를(커피 한 잔) 사라!
Anta/kaa **meille vettä.**	우리들에게 물 좀 주시오! (복수)

Anna minulle lusikka!	내게 스푼을 줘라!
Ol/kaa hyvä!	Please. (복수) (국어에서 대응 표현: '…해 주시겠습니까?')
Ole hyvä!	Please. (단수) (국어에서 대응 표현: '…해 주겠니?')
Ole hyvä ja avaa ovi!	문 좀 열어주시겠습니까? (단수)
Teh/käämme kuten hän sanoo.	(우리,) 그가 말하는 대로 합시다.
Varat/kaa meillekin pöytä!	우리들도 테이블을 예약해 주시겠습니까? (복수)
Elä/köön Suomi!	핀란드가 살게 하소서! (국어의 대응 표현: '핀란드 만세!')
Onneksi *ol/koon*!	당신의 행운이 있게 하소서! (국어의 대응 표현: '축하합니다')
Puhu/kaamme suomea.	핀란드어를 말하자. (speak)
Juo/kaamme Lipposen malja!	립뽀넨을 위하여 축배를 듭시다!
Tul/koot he tänne.	그들이 여기 오게 하십시오.
Men/kööt he sinne, me jäämme kotiin.	그들이 그곳에 가게 하십시오, 우리는 집에 머물겠습니다.
Ajattele asiaa!	(그) 일을 생각해라!
Nous/kaa ylös!	일어들 나!
Kukin *teh/köön* kuten haluaa.	각자 그가(자기가) 희망하는 것을 하게 하소서.
Luke/kaa läksynne kunnolla!	너희들의 숙제를 똑바로 읽어라 (해라)! (복수)
Lue läksysi kunnolla!	너의 숙제를 똑바로 읽어라 (해라)! (단수)

구어체에서는 1인칭 복수 명령형 대신 피동형이 항상 사용된다. 예를 들면, **sanotaan**은 본래 피동형 '(누가) 말하더라'의 의미이지만 1인칭 복수 명령형 **sanokaamme**와 같이 '(우리,) 말하자!'의 의미로 흔히 쓰이고, 마찬가지로 **menkäämme** '(우리,) 가자'와 **tehkäämme** '(우리,) 하자' 대신에 피동형 **mennään**와 **tehdään**이 쓰인다.

명령형의 부정형은 다른 방법으로 형성된다. 여기에서도 2인칭 단수가 다른 형식들과 다르다.

> 2인칭 단수 부정 명령형은 **älä**를 긍정 명령형의 앞에 붙여 형성한다.

긍정		부정	
osta	사라!	**<u>älä</u> osta**	사지 말아라!
lue	읽어라!	**<u>älä</u> lue**	읽지 말아라!
vedä	끌어라!	**<u>älä</u> vedä**	끌지 말아라!
avaa	열어라!	**<u>älä</u> avaa**	열지 말아라!
makaa	누워라!	**<u>älä</u> makaa**	눕지 말아라!
syö	먹어라!	**<u>älä</u> syö**	먹지 말아라!
tule	와라!	**<u>älä</u> tule**	오지 말아라!

다른 형태의 부정 명령문은 어간 **äl-**에 적절한 명령형 어미를 첨가한 형식에 주동사의 부정사(infinitive)형에 **-ko ~ -kö**를 첨가한 형식을 후행시켜 표현한다.

부정어(negation word) **äl-**의 인칭에 따른 형식들은 **älkäämme** (1인칭 복수), **älkää** (2인칭 복수), **älkööt** (3인칭 복수)이다.

부정사(infinitive)		부정(negative) 명령형 2인칭	
sano/a	말하다(say)	**<u>älkää</u>** sano/**<u>ko</u>**	말하지 말아라!
otta/a	취(取)하다	**<u>älkää</u>** otta/**<u>ko</u>**	
pelät/ä	무서워하다	**<u>älkää</u>** pelät/**<u>kö</u>**	
määrät/ä	명령하다/주문하다	**<u>älkää</u>** määrät/**<u>kö</u>**	
maat/a	눕다	**<u>älkää</u>** maat/**<u>ko</u>**	
tuo/da	가져오다	**<u>älkää</u>** tuo/**<u>ko</u>**	
tul/la	오다	**<u>älkää</u>** tul/**<u>ko</u>**	
men/nä	가다	**<u>älkää</u>** men/**<u>kö</u>**	
ajatel/la	생각하다	**<u>älkää</u>** ajatel/**<u>ko</u>**	

부정 명령의 용례들을 아래 보인다. 목적어들은 통상적인 비정격 규칙에 따른 (§33.2) 비정격 형식들이다.

Älä pelkää **koiraa!**	그 개를 무서워하지 말아라! (단수)
Älkää syö/kö **niin nopeasti!**	그렇게 빨리 먹지들 말아라! (복수)
Älä polta **täällä!**	여기서 담배피우지 말아라! (단수)
Älkää poltta/ko **täällä!**	여기서 담배 피우지들 말아라! (복수)

Älkää lähte/kö kotiin vielä!	아직 집에 가지들 말아라! (복수)
Älä lyö minua!	나를 때리지 말아라! (단수)
Älkää lyö/kö minua!	나를 때리지들 말아라! (복수)
Älkäämme ajatel/ko sitä enää.	이 이상 더 그것을 생각하지 말자. (복수)
Älä tanssi Uolevin kanssa!	우올레바와 춤추지 말아라! (단수)
Älköön kukaan ***usko/ko***, että!	누구도 …을 믿게 하지 말아라! (단수)
Älkää avat/ko tuota ikkunaa!	그 창문을 열지들 말아라! (복수)
Älä sylje lattialle!	바닥에 침을 뱉지 말아라! (단수)

§67 가능서법

가능서법(potential mood)은 **-ne-**어미로 구성되는데, 드물게 사용되며, 따라서 상대적으로 중요성이 낮다. 가능서법은 동사가 표현하는 행위의 가망성, 가능성, 혹은 예측 가능성을 표시한다.[4)]

> 가능서법의 기본 어미는 **-ne-**이며 부정사 어간(§22)에 첨가된다.

가능서법은 따라서 어미 **-nut** ~ **-nyt**(§61)을 갖는 과거분사와 같은 방법으로 형성된다. 음성의 교체도 동일하다.

> 가능서법 어미 **-ne-**는
> (a) 부정사의 어간이 자음 **l r s**로 끝나면, **-ne-**의 **n**이 **l r s**로 바뀐다.
> (b) 부정사의 어간이 자음 **t**로 끝나면, **t**가 **n**으로 바뀐다.

어미 **-ne-** 뒤에 인칭어미가 첨가된다.

부정사		3인칭 단수 가능서법	참고. 3인칭 단수 현재 평서법
anta/a	주다	anta/<u>ne</u>/e	anta/a

4) 원서의 주. 가능서법은 독자적으로 영어의 'may'로 보통 번역되는데(예를 들어 본서 부록에 제시된 굴절표), 실제 문맥에서는 가능성의 정도를 영어의 'probably'로 번역하는 것이 보다 정확하다.

löytä/ä	발견하다	löytä/**ne**/e	löytä/ä
luke/a	읽다	luke/**ne**/e	luke/e
saa/da	얻다(get)	saa/**ne**/e	saa
voi/da	할 수 있다	voi/**ne**/e	oi
vartioi/da	보호하다	vartioi/**ne**/e	vartioi
nous/ta	솟아오르다	nous/**se**/e	nouse/e
tul/la	오다	tul/**le**/e	tule/e
ajatel/la	생각하다	ajatel/**le**/e	ajattele/e
huomat/a	알리다	huoman/**ne**/e	huomaa
kohdat/a	만나다	kohdan/**ne**/e	kohtaa
leikat/a	자르다	leikan/**ne**/e	leikkaa
tarvit/a	필요하다	tarvin/**ne**/e	tarvitse/e
valit/a	선택하다	valin/**ne**/e	valitse/e
häirit/ä	방해하다	häirin/**ne**/e	häiritse/e

ol/la '이다 / 있다'의 가능형식(potential form)들은 예외이다. 그 형식들은 어간 **liene-**를 기간으로 삼고 인칭어미를 첨가하여 형성된다. 즉, **liene/n, liene/t, liene/e, liene/mme, liene/tte, lienne/vät**.

가능서법의 용례들을 아래 보인다.

Presidentti Havel *saapu/ne/e* huomenna.
하벨 대통령은 (아마) 내일 도착할 것이다.

Eduskunta *valin/ne/e* Riitta Uosukaisen puhemieheksi.
국회는 (아마) 리잇따 우오수까이센을 의장으로 선출할 것이다.

Ahtisaari *liene/e* ulkomailla.
아흐띠사아리는 (아마) 해외에 있을 것이다.

Utsjoki *sijain/ne/e* pohjoisessa.
우뜨쇼끼는 (아마) 북쪽에 위치해 있을 것이다.

He *liene/vät* samaa mieltä kanssamme.
그들은 (아마) 우리와 같은 의견일 것이다.

***Hyväksy/ne/tte* päätöksemme.**
너는 (아마) 우리의 결정을 수용할 것이다.

가능서법도 완료 형식으로 나타나는데, 그 구조는 liene-에 주동사의 과거분사형(§61)을 결합한 것이다.

Ahtisaari *liene/e käy/nyt* Brasiliassa.
아흐띠사아리는 (아마) 브라질에 있었을 (가봤을) 것이다.

Hän liene/e *ol/lut* myös Marokossa.
그는 또한 모로코에 있었을(가보았을) 것이다.

***Liene/mme näh/neet* tämän elokuvan aikaisemmin.**
우리는 (아마) 이 영화를 전에 보았을 것이다.

가능서법의 부정 형식들은 통상적인 방법으로 구성된다. 현재형은 부정 동사 **en, et** 등과 인칭어미가 붙지 않는 가능형식(potential form)을 결합하여 구성한다. 예를 들면, **en osta/ne** '나는 (아마) 사지 않을 것이다'. 가능서법 완료형의 부정형도 동일한 형태로 이루어진다. 부정 동사 + **liene**(인칭어미 붙지 않음) + 과거분사. 예. **en liene osta/nut** '나는 (아마) 사지 않았을 것이다'.

Virtanen ei *syö/ne* tällaista ruokaa.
비르따넨은 (아마) 이런 음식을 먹지 않을 것이다.

Emme *uskalta/ne* tehdä näin.
우리는 (아마) 감히 이것을 시도하지 않을 것이다.

Utsjoki *ei sijain/ne* Pohjanmaalla.
우뜨쇼끼는 (아마) 뽀흐얀마아(Ostrobothnia)에 있지 않을 것이다.

He *eivät liene soitta/neet* vielä.
그들은 (아마) 아직 종을 울리지 않았을 것이다.

16 피동(被動)

- 일반사항 (General)
- 현재피동형 (Passive present)
- 과거피동형 (Passive past)
- 완료와 과거완료 피동형 (Passive perfect and pluperfect)
- 피동서법 (Passive moods)

§68 일반사항

핀란드어에서 피동형은 자주 사용되는 중요한 동사 형식이다. 피동형은 동사의 행위가 명시되지 않은 어떤 사람에 의하여 이루어졌음을 나타낸다. 즉, 행위자가 불특정인(비한정인)이다. 그러한 의미에서 핀란드어 피동형의 기능은 스웨덴어와 독일어에서 man …, 프랑스어에서 on…, 영어에서 one…의 표현 기능과 대략 일치한다.[1)]

피동형 표시 어미에는 두 가지가 있다. 하나는 피동 어미 자체로서 **-tta- ~ -ttä-** 혹은 **-ta- ~ -tä-**이고, 다른 하나는 특수한 인칭어미인 **-Vn**으로, 예를 들면 **sano/ta/an** '(사람들이, 어느 누가) 말한다, 말하더라, 말해졌다'이다.

피동문은 일반적인 진리나 사물의 법칙 혹은 상황을 표현하는 일반의미문(一般意味文 generic sentence)과[2)] 구별된다. 일반의미문의 술어동사는 3인칭 단수 능동형으로 나타나고 별도의 주어가 부재한다. 아래 몇 가지 예를 보인다.

Usein *kuule/e*, että… …하는 것을 자주 듣는다.

---

1) 역자주. 핀란드어의 'passive(피동)'는 영어 문법에서 피동과 다르고, 국어 문법에서 '피동'과도 완전히 일치하지 않는 점에 유의해야 한다.

2) 역자주. 'generic sentence'는 문법학에서 별로 사용하지 않는 용어이다. 저자 자신도 그 사실을 알고 있었든지, 여기서 이 용어를 쓰면서 그 개념을 설명하였다. 각종 영한(英韓) 사전에 문법 용어로서 'generic'을 '총칭적(總稱的)'으로 대응시켰는데, 'generic sentence'의 번역어로는 적당하지 않다. 본 번역에서는 '일반적인 현상 혹은 보편화된 지식을 전달하는 문장'이라는 본래의 개념을 일부 표현할 수 있는 '일반의미문'으로 썼다.

Siellä *saa* hyvää kahvia.	그곳에서 좋은 커피를 얻는다(마신다).
Tästä *näkel/e* hyvin.	여기에서 잘 볼 수 있다.
Jos *juoksel/e* joka aamu, tule/e terveeksi.	만약 아침마다 뛰면, 건강해진다.

피동형은 모든 시제(현제, 과거, 완료, 과거완료)와 모든 서법(평서법, 조건서법, 명령서법, 가능서법)에 나타난다. 피동의 기본적인 형식들을 아래 표에 제시한다.

어근	피동	시제・서법	인칭	불변사	
sano	**ta**	**an**			(누가)[3] 말한다 (현재)
sano	**tt**	**i**	**in**		(누가) 말했다 (과거)
sano	**tta**	**isi**	**n**		(누가) 말할 것이다 (조건서법)
sano	**tta**	**ne**	**en**		(누가) 말할 수 있을 것이다 (가능서법)
sano	**tta**	**ko**	**on**		(누가) 말하게 하자 (명령서법)
sano	**ta**	**an**	**han**		(누가) 말을(!) 한다 (현재, 강조)
sano	**tt**	**i**	**in**	**ko**	(누가) 말하냐?

본 장(章)에서는 피동의 구성을 어미의 첨가 방식으로 설명하지 않는다. 예를 들면, "'현재피동형'은 어미 **-ta-**와 **-Vn**을 첨가하여 형성한다, 예. **sano/ta/an** '(누가) 말한다'"와 같이 설명하지 않는다. 그 대신에 여러 가지 '지름길'을 이용한다. '지름길'이란 피동형이 우리가 이미 설명한 몇 가지 형식들, 특히 부정사(infinitive) 형식들과 유사성이 있기 때문에 가용한 설명 방법이다. 이렇게 함으로써 피동형에 연계된 여러 가지 복잡한 음운변화들에 대한 설명을 자동적으로 추론할 수 있다.

§69 현재피동형

현재피동형은 아래와 같은 단순한 규칙에 의하여 형성된다. 다만 **anta/a** 류 동사들이 예외이다.

3) 역자주. 원서에서 핀란드어의 피동절을 영어의 'one+동사…'로 대응시켰는데, 핀란드어나 영어나 완전한 문장에서가 아니라 피동절만 예로 제시되었을 경우 국어로 정확히 번역하기 어렵다. 여기서 일률적으로 '(누가)…'로 번역한다.

> 현재피동형은 제1부정사에 어미 **-an ~ -än**을 첨가하여 형성한다. (이 규칙은 **anta/a** 류 동사에는 적용되지 않는다.)

위의 규칙은 **huomat/a, saa/da, nous/ta, tul/la, lämme/tä** 류의 동사들에 적용된다. 아래 예들에서 사선(斜線)이 피동형의 기본 어미들의 위치를 표시한다.

제1부정사	현재피동형	
huomat/a	**huomat/a/an**	(누가) 깨닫는다.
osat/a	**osat/a/an**	(누가) 어떻게 하는지 안다
hypät/ä	**hypät/ä/än**	(누가) 위로 뛴다
määrät/ä	**määrät/ä/än**	(누가) 명령한다
pelät/ä	**pelät/ä/än**	(누가) 무서워한다
saa/da	**saa/da/an**	(누가) 얻는다
myy/dä	**myy/dä/än**	(누가) 판다
voi/da	**voi/da/an**	(누가) 할 수 있다
teh/dä	**teh/dä/än**	(누가) 한다
nous/ta	**nous/ta/an**	(누가) 일어난다
men/nä	**men/nä/än**	(누가) 간다
tul/la	**tul/la/an**	(누가) 온다
ajatel/la	**ajatel/la/an**	(누가) 생각한다
julkais/ta	**julkais/ta/an**	(누가) 출판한다
tarvit/a	**tarvit/a/an**	(누가) 필요로 한다
valit/a	**valit/a/an**	(누가) 선택한다
paet/a	**paet/a/an**	(누가) 도망한다

anta/a 류 동사의 현재피동형은 피동어미 **-ta/an ~ -tä/än**을 능동형의 1인칭 단수 어간에 첨가하여 형성한다. 예. **sano/n: sano/ta/an** '(누가) 말한다'. 피동 어미 바로 앞에 일반적인 자음전환의 규칙이 적용된다(§15.2 B(a) 규칙 참고). 어간 말음이 **-a** 혹은 **-ä**인 경우, **-e**로 바뀐다.

anta/a 류 동사들의 현재피동형은 (a) **-ta/an** ~ **-tä/än**어미를 1인칭 단수 어간에 첨가시키고, (b) 어간말음 **-a** 혹은 **-ä**를 **-e**로 변화하여 형성한다.

부정사	1인칭 현재	피동형	
sano/a	sano/n	sano/ta/an	(누가) 말한다
osta/a	osta/n	oste/ta/an	(누가) 산다 (물건을)
etsi/ä	etsi/n	etsi/tä/än	(누가) 찾는다
kysy/ä	kysy/n	kysy/tä/än	(누가) 묻는다
nukku/a	nuku/n	nuku/ta/an	(누가) 잔다
anta/a	anna/n	anne/ta/an	(누가) 준다
sulke/a	sulje/n	sulje/ta/an	(누가) 닫는다 (문을)
lentä/ä	lennä/n	lenne/tä/än	(누가) 날아 간다
unohta/a	unohda/n	unohde/ta/an	(누가) 잊는다
otta/a	ota/n	ote/ta/an	(누가) 취한다 (take)
luke/a	lue/n	lue/ta/an	(누가) 읽는다
pyytä/ä	pyydä/n	pyyde/tä/än	(누가) 요청한다

현재피동형의 부정 형식은 부정동사 **ei**에 피동형을 후행시켜 구성하는데, 인칭어미 **-an** ~ **än**은 제외된다.

긍정형	부정형	
huomat/a/an	ei huomat/a	(누가) 깨닫지 못한다
osat/a/an	ei osat/a	(누가) 어떻게 하는지 모른다
saa/da/an	ei saa/da	(누가) 얻지 않는다
teh/dä/än	ei teh/dä	(누가) 하지 않는다
men/nä/än	ei men/nä	(누가) 가지 않는다
nous/ta/an	ei nous/ta	(누가) 일어나지 않는다
tarvit/a/an	ei tarvit/a	(누가) 필요로 하지 않는다
sano/ta/an	ei sano/ta	(누가) 말하지 않는다
anne/ta/an	ei anne/ta	(누가) 주지 않는다

pyyde/tä/än	ei pyyde/tä	(누가) 요청하지 않는다
ote/ta/an	ei ote/ta	(누가) 취하지 않는다

아래 예문들은 현재 피동문의 용례들이다.[4]

Suomessa *juo/da/an* sekä maitoa että olutta.
핀란드에서는 (사람들이) 우유와 맥주 양쪽 다 마신다.

Ravintolassa *tanssi/ta/an* kello yhteentoista.
(그) 식당에서 11시까지 춤춘다.

Tanskassa *puhu/ta/an* tanskaa.	덴마크에서는 덴마크어를 말한다.
Ei/kö täällä *puhu/ta* ruotsia?	스웨덴어는 이곳에서 말해지지 않나?
Nyt *näh/dä/än,* että⋯.	지금 ⋯한 것을 본다.
Mitä täällä *teh/dä/ä?*	이곳에서 무엇하고(들) 있나?
Täällä *ei tarjot/a* olutta.	이곳에서 맥주는 제공하지(팔지) 않는다.
Pelät/ä/än, että Suomi häviää.	핀란드가 (경기에) 진다고 두려워(들)한다.
Väite/tä/än, että hän on sairas.	그가 아프다고 (그들이) 주장한다.

피동형 동사의 단수 대격 목적어에는 어미가 첨가되지 않는다(§38).

Huomiseksi lue/ta/an *seuraava kappale.*
다음 장(章)을 내일 읽는다.

Kirja pan/na/an pöydälle.
(그) 책을 테이블에 놓았다.

Ovi sulje/ta/an avaimella.
(그) 문을 열쇠로 닫았다.

Auto voi/da/an ajaa pihalle.
자동차를 마당으로 운전할 수 있다.

구어(口語)에서는 통상적으로 1인칭 복수 직설법과 명령법 대신에 피동형이 사용된다.

문어		구어(통상적)
(me) juo/mme	우리가 마신다	(me) juo/daan
(me) kerro/mme	우리가 말한다	(me) kerro/taan

4) 역자주. 이하 피동문의 예문들에서 '행위의 주체', 즉 '주어'가 나타나지 않음에 주목.

(me) halua/mme	우리가 원하다	**(me) halut/aan**
(me) ajattele/mme	우리가 생각한다	**(me) ajatel/laan**
juo/kaamme!	우리 마시자!	**juo/daan!**
kerto/kaamme!	우리 말하자!	**kerro/taan!**
ajatel/kaamme!	우리 생각하자!	**ajatel/laan!**
lähte/käämme!	우리 떠나자	**lähde/tään!**

§70 과거피동형

피동형의 과거시제는 어미 **-tta-** ~ **-ttä-** 혹은 **-ta-** ~ **-tä-**가 첨가되어 이루어지며, 이 때 과거시제 어미 **-i-** 앞에서 어말 모음이 탈락한다(§16). 피동형 어미 뒤에 과거형 어미 **-i-**와 인칭어미 **-Vn**이 온다. 과거피동형에 대한 설명을 단순하게 하기 위하여 이러한 어미들의 조합형을 **-ttiin**과 **-tiin**으로 표시한다. 과거피동형은 아래 규칙에 의거하여 현재피동형으로부터 파생될 수 있다.

> 과거피동형은 현재피동형 어미 **-taan** ~ **-tää** 대신에 (a) 모음 뒤에서는 **-ttiin**, (b) 기타 경우에는 **-tiin**을 첨가하여 형성한다.

예)

부정사	1인칭단수	현재피동형	과거피동형	의미
sano/a	**sano/n**	**sano/taan**	**sano/ttiin**	(누가) 말했다(said)
osta/a	**osta/n**	**oste/taan**	**oste/ttiin**	(누가) 샀다
vaati/a	**vaadi/n**	**vaadi/taan**	**vaadi/ttiin**	(누가) 요구했다
anta/a	**anna/n**	**anne/taan**	**anne/ttiin**	(누가) 주었다
pyytä/ä	**pyydä/n**	**pyyde/tään**	**pyyde/ttiin**	(누가) 요청했다
rakasta/a	**rakasta/n**	**rakaste/taan**	**rakaste/ttiin**	(누가) 사랑했다
huomat/a	**huomaa/n**	**huomat/aan**	**huomat/tiin**	(누가) 깨달았다
osat/a	**osaa/n**	**osat/aan**	**osat/tiin**	(누가) 어떻게를 알았다
palat/a	**palaa/n**	**palat/aan**	**palat/tiin**	(누가) 돌아왔다
pelät/ä	**pelkää/n**	**pelät/ään**	**pelät/tiin**	(누가) 무서워했다

saa/da	saa/n	saa/daan	saa/tiin	(누가) 얻었다
vie/dä	vie/n	vie/dään	vie/tiin	(누가) 취(取)했다
syö/dä	syö/n	syö/dään	syö/tiin	(누가) 먹었다
tuo/da	tuo/n	tuo/daan	tuo/tiin	(누가) 가져왔다
nous/ta	nouse/n	nous/taan	nous/tiin	(누가) 일어났다
tul/la	tule/n	tul/laan	tul/tiin	(누가) 왔다
men/nä	mene/n	men/nään	men/tiin	(누가) 갔다
ajatetel/la	ajattele/n	ajatel/laan	ajatel/tiin	(누가) 생각했다
ol/la	ole/n	ol/laan	ol/tiin	(누가) 이었다
tarvit/a	tarvitse/n	tarvit/aan	tarvit/tiin	(누가) 필요했다
paet/a	pakene/n	paet/aan	paet/tiin	(누가) 도망했다
ansait/a	ansaitsen	ansait/aan	ansait/tiin	(누가) 벌었다
harkit/a	harkitse/n	harkit/aan	harkit/tiin	(누가) 고려했다

과거피동형의 부정형은 '**ei** + 과거분사 피동형'(§71)의 구조이다. 아래 과거피동 긍정문의 용례들을 보인다.

Viime *vuonna* Suomeen tuo/tiin enemmän kuin Suomesta *vie/tiin.*
작년에 핀란드에 수입한 것이 핀란드에서 수출한 것보다 많았다.

***Ol/tiin* sitä mieltä, että…**
(우리는) …한 의견이었다.

Pian *havait/tiin*, että Eero oli lähtenyt.
(우리는) 에에로가 떠난 것을 곧 알았다.

Meille *anne/ttiin* monta hyvää neuvoa.
우리에게 좋은 충고를 많이 주었다.

***Tul/tiin* Helsinkiin aamulla.**
(우리는) 헬싱키에 아침에(들) 왔다.

Maahan *valit/tiin* uusi presidentti.
(그) 나라에 새 대통령이 선출되었다.

Tukholmasta *lenne/ttiin* Osloon.
(우리는) 스톡홀름에서 오슬로로 비행하였다.

***Nuku/ttiin* eri huoneissa.**

다른 방에서(들) 잤다.

위의 일부 예문들에서 피동문의 행위 주체가 '우리'임을 감지할 수 있고, 특히 구어에서 그렇게 이해할 수 있다.

§71 완료와 과거완료 피동형

완료 및 과거완료 피동형은 '**on** (완료) 혹은 **oli** (과거완료) + 과거분사 피동형'의 구조로 형성된다(과거분사 능동형에 대해서는 §61 참고). 과거분사 피동형은 아래 규칙에 의거하여 과거시제형에서 아주 쉽게 만들 수 있다.

과거분사 피동형은 과거피동형 어미 **-iin**을 **-u** 혹은 **-y**로 바꿈으로써 형성된다.

부정사	1인칭단수	과거피동	과거분사피동	의미[5]
osta/a	**osta/n**	**oste/ttiin**	**oste/ttu**	산 ('사다'의과거분사)
anta/a	**anna/n**	**anne/ttiin**	**anne/ttu**	준 ('주다'의 〃)
nukku/a	**nuku/n**	**nuku/ttiin**	**nuku/ttu**	잔 ('자다'의 〃)
pyytä/ä	**pyydä/n**	**pyyde/ttiin**	**pyyde/tty**	요청한 ('요청하다의 〃)
huomat/a	**huomaa/n**	**huomat/tiin**	**humat/tu**	깨달은 ('깨닫다'의 〃)
määrät/ä	**määrää/n**	**määrät/tiin**	**määrät/ty**	명령한 ('명령하다'의 〃)
pelät/ä	**pelkää/n**	**pelät/tiin**	**pelät/ty**	무서워한 ('무서워하다'의 〃)
saa/da	**saa/n**	**saa/tiin**	**saa/tu**	얻은 ('얻다'의 〃)
syö/dä	**syö/n**	**syö/tiin**	**syö/ty**	먹은 ('먹다'의 〃)
myy/dä	**myy/n**	**myy/tiin**	**myy/ty**	판 ('팔다'의 〃)
nous/ta	**nouse/n**	**nous/tiin**	**nous/tu**	일어난 ('일어나다'의 〃)
ol/la	**ole/n**	**ol/tiin**	**ol/tu**	인 ('이다'의 〃)
men/nä	**mene/n**	**men/tiin**	**men/ty**	간 ('가다'의 〃)
tarvit/a	**tarvitse/n**	**tarvit/tiin**	**tarvit/tu**	필요로 한 ('필요로하다'의 〃)

5) 역자주. 핀란드어나 영어의 동사 형식인 '과거분사형'에 대응하는 국어 형식이 없기 때문에, 과거분사 기능중의 하나인 수식 기능과 대응하는 국어의 과거 관형형을 쓰고 괄호 안에 "'사다'의 과거분사"와 같이 밝혔다.

완료 및 과거 완료 피동문의 예를 아래 보인다.

***On sano/ttu*, että Suomi on tuhansien järvien maa.**
핀란드는 수천 개 호수의 나라다고 말해 왔다. (완료피동)

***Olli sano/ttu*, että⋯**
⋯다고 말해왔었다. (과거완료피동)

***On väite/tty*, ettei hän eroa koskaan.**
그가 결코 사임하지 않는다고 발표해 왔다.

Tähän *on tul/tu*.
(누가) 여기 왔다.

***Ol/i anne/ttu* sellainen neuvo, että⋯**
⋯라는, 그러한 조언이 주어져 왔다.

Kouluissa *on lue/ttu* saksaa jo pitkään.
그 학교들에서 독일어를 오랫동안 공부해 왔다.

***Olli huomat/tu*, että laiva uppoaa.**
배가 가라앉는 것을 알아 왔었다.

***Ol/i jo* syö/ty, kun vieraat tulivat.**
손님들이 왔을 때, (우리는) 이미 먹었었다.

***On esite/tty* kolme ehdotusta.**
세 가지 안(案)이 제출되어 왔다.

Tätä on *pelät/ty* monta vuotta.
여러 해 동안 이것을 두려워해 왔다.

***On ol/tu* myös sitä mieltä, että⋯**
⋯한 것이 또한 (사람들의) 의견이어 왔다.

***On/ko nyt* men/ty liian pitkälle?**
(누가 / 우리가) 이미 너무 멀리 갔나?

Auto *ol/i oste/ttu* jo eilen.
(그) 자동차를 어제 이미 샀었다.

Autot *ol/i oste/ttu*⋯
(그) 자동차들을 ⋯ 샀었다.

완료피동 부정형은 '**ei ole** + 주동사의 과거분사 피동형'의 형식이고, 그에 대응하는 과거완료 피동 형식은 '**ol/lut** + 동일한 과거분사 피동형'이다(§63 참고).

긍정형	부정형	의미
on saa/tu	**ei ole saa/tu**	(누가) 얻지 못해왔다
ol/i saa/tu	**ei ol/lut saa/tu**	(누가) 얻지 못했었다
on sano/ttu	**ei ole sano/ttu**	(누가) 말하지 않아왔다
ol/i sano/ttu	**ei ol/lut sano/ttu**	(누가) 말하지 않았었다
on määrätty	**ei ole määrät/ty**	(누가) 명령하지 않아 왔다
ol/i määrät/t	**ei ol/lut määrät/ty**	(누가) 명령하지 않았었다
on ol/tu	**ei ole ol/tu**	(누가) 있지 않아 왔다
ol/i ol/tu	**ei ol/lut ol/tu**	(누가) 있었었지 않았다.

과거 피동 부정문이 부정동사 ei와 과거분사 피동형의 결합으로 구성된 점에 유의해야 할 것이다(§70 참고).

긍정	부정	의미
sano/ttiin	**ei sano/ttu**	(누가) 말하지 않았다
oste/ttiin	**ei oste/ttu**	(누가) 사지 않았다
kysy/ttiin	**ei kysy/tty**	(누가) 묻지 않았다
huomat/tiin	**ei huomat/tu**	(누가) 깨닫지 않았다
osat/tiin	**ei osat/tu**	(누가) 할 수 없었다
pelät/tiin	**ei pelät/ty**	(누가) 무서워하지 않았다
saa/tiin	**ei saa/tu**	(누가) 얻지 않았다
syö/tiin	**ei syö/ty**	(누가) 먹지 않았다
tul/tiin	**ei tul/tu**	(누가) 오지 않았다
ol/tiin	**ei ol/tu**	(누가) 있지 않았다
men/tiin	**ei men/ty**	(누가) 가지 않았다
tarvit/tiin	**ei tarvit/tu**	(누가) 필요로 하지 않았다

피동 부정문의 용례들을 아래 더 보인다.

Tätä ei ole *tarvit/tu* ennenkään.
이것은 전에도 필요로 하지 않아 왔다.

***Ei/kö ole oste/ttu* ruokaa?**
식료품을 안 사왔냐?

Keneltäkään *ei kysy/tty* neuvoa.
누구도 조언을 묻지 않았다.

50 vuotta sitten Suomen kouluissa *ei* paljon *opiske/tu* englantia.
50년 전에 핀란드 학교들에서 영어를 많이 공부하지 않았었다.

Virtasta *ei valit/tu* puheenjohtajaksi.
비르따넨을 의장으로 선출하지 않았다.

Häntä *ei ol/lut näh/ty* kaupungilla.
그를 마을에서 보지 못했었다.

Lakon aikana *ei saa/tu* sähköä.
파업 기간에 전기를 얻지 못했다.

Läksyä *ei osat/tu* hyvin.
숙제를 잘 알지 못했다.

Paitaanne *ei* vielä *ole pes/ty*.
너희들의 샤쓰를 아직 세탁하지 않았다.

Seurauksia *ei ol/lut ote/ttu* huomioon.
그 결과들은 아직 고려하지 않아 왔다.

Ehdotusta *ei ymmärre/tty*.
그 제안을 이해하지 못했다.

Sotaa *ei* koskaan *unohde/ttu*.
그 전쟁을 결코 잊지 못한다.

§72 피동서법(Passive moods)

직설법에는 서법 어미가 없다. 이들 형식에 대해서는 §69 참고. 예. **sano/ta/an** '(누가) 말한다(say)', **kerro/ta/an** '(누가) 말한다(tell)', **tul/la/an** '(누가) 온다'. 다른 서법들, 즉 조건서법(**-isi-**어미), 명령서법(**-ko-** ~ **-kö-**), 가능서법(**-ne-**)의 피동형들은 모두 과거피동형(§70 참고)에서 형성된다.

> 과거 피동 어미 **-iin**을 **-a** 혹은 **-ä**로 바꾸고, 필요한 서법의 어미와 인칭어미 **-Vn**을 첨가한다.

부정사	과거피동	조건서법 피동형	가능서법 피동형	명령서법 피동형	의미
katso/a	**katso/ttiin**	**katso/ttaisiin**	**katso/ttaneen**	**katso/ttakoon**	보다
tunte/a	**tunne/ttiin**	**tunne/ttaisiin**	**tunne/ttaneen**	**tunne/ttakoon**	느끼다
odotta/a	**odote/ttiin**	**odote/ttaisiin**	**odote/ttaneen**	**odote/ttakoon**	기다리다
avat/a	**avat/tiin**	**avat/taisiin**	**avat/taneen**	**avat/takoon**	열다
lisät/ä	**lisät/tiin**	**lisät/täisiin**	**lisät/täneen**	**lisät/täköön**	더하다
juo/da	**juo/tiin**	**juo/taisiin**	**juo/taneen**	**juo/takoon**	마시다
saa/da	**saa/tiin**	**saa/taisiin**	**saa/taneen**	**saa/takoon**	얻다
ol/la	**ol/tiin**	**ol/taisiin**	**ol/taneen**	**ol/takoon**	이다/있다
men/nä	**men/tiin**	**men/täisiin**	**men/täneen**	**men/täköön**	가다
hävit/ä	**hävit/tiin**	**hävit/täisiin**	**hävit/täneen**	**hävit/täköön**	사라지다

위 피동서법형들에 상응하는 부정형들의 형성 방식은 조건서법과 가능서법의 부정형은 부정동사 **ei**와 해당 피동 형식이 인칭어미 **-Vn** 없이 결합하여 형성하고; 명령서법의 부정형은 **älköön**과 역시 해당 피동 형식이 인칭어미 **-Vn** 없이 결합하여 이룬다.

긍정형	부정형	의미
juo/ta/isi/in	**ei juo/ta/isi**	(누가) 마시지 않을 것이다
ol/ta/isi/in	**ei ol/ta/isi**	(누가) 있지 않을 것이다
men/tä/neen	**ei men/tä/ne**	(누가) 가지 않을/못할 것이다
sano/tta/koon	**älköön sano/tta/ko**	(누가) 말하지 않게 하자
teh/tä/isi/in	**ei teh/tä/isi**	(누가) 하지 않을 것이다
rakenne/tta/isi/in	**ei rakenne/tta/isi**	(누가) 짓지 않을 것이다
todet/ta/ne/en	**ei todet/ta/ne**	(누가) 증명하지 않을/못할 것이다.

예문:

Tätä ei *sano/tta/isi*, jos ei olisi aihetta.
만약 원인이 없으면, 이것을 말하지 않을 것이다.

***Voi/ta/isi/in/ko* tehdä näin?**
(어떤 사람이) 이런 방식으로 할 수 있나?

Ei voi/ta/isi.	(누가) 할 수 없다.
Pääte/ttä/ne/en, **että⋯.**	⋯한 것이 결정될 것이다.
Mitä ***sano/tta/isi/in,*** **jos⋯**	만약 ⋯하면, 무엇들을 말할 것인가.
Ei **kai** ***sano/tta/isi*** **mitään.**	아무 것도 말하지 않을 것이라고 나는 생각한다.

Lakko ***lopete/tta/isi/in,*** **jos** ***pääs/tä/isi/in*** **sopimukseen.**
만약 합의가 이루어지면, 파업은 끝날 것이다.

Ovea ***älköön avat/ta/ko*** **liian nopeasti.**
문이 너무 빨리 열리지 않게 해라.

Tätä päätöstä ***ei*** **siis** ***teh/tä/ne.***
이 결정은 아마 그렇게 이루어지지 않을 것이다.

17 부정사(不定詞)

- 일반사항 (General)
- 제1부정사 (First infinitive)
- 제2부정사 (Second infinitive)
- 제3부정사 (Third infinitive)
- 제4부정사 (Fourth infinitive)

§73 일반사항

핀란드어에서 부정사와 분사(分詞 participles)는 일련의 비종결 동사 형식(non-finite verb form)들로서 모두 인칭어미가 첨가되지 않는다.[1] 부정사의 기본 형식들은 위(§14)에서 이미 제시하였다. 부정사들은 각각 고유의 표시 형식이 있으며, 이들은 실질적 의미가 없는 기능어미(functional ending)들이다. 일부 부정사들(특히 제2부정사)은 피동형으로도 나타나며, 일부 부정사들(특히 제3부정사)은 몇 가지 격어미를 취하기도 한다. 어떤 경우에는 제1부정사와 제2부정사 어미 뒤에 소유접미사가 첨가되기도 한다. 모든 부정사들에는 전접첨사(enclitic particles)가 첨가될 수 있다. 부정사에는 수(數)를 표시하는 형식이 전혀 붙지 않는다.

문장 내에서 부정사들은 동사의 명사성 형식으로 명사와 같이 기능하고, 분사들은 형용사(관형사)와 같이 기능한다. 아래 예들에서 부동사와 본래 명사들의 유사성을 관찰할 수 있을 것이다.

Haluan ***omena/n.***	나는 사과를 원한다. (본래 명사)
Haluan ***ui/da.***	나는 수영하기를 원한다. (제1부정사)
Haluan ***osta/a omenan.***	나는 사과를 사기를 원한다. (제1부정사)

1) 역자주. 핀란드어 문법에서 '부정사'와 국어 문법에서 대응하는 형식에 대해서는 §14의 각주 참고.

Nälkä katoaa *minuuti/ssa.*	배고픔이 일순간(안)에 사라진다. (명사-재내격)
Nälkä katoaa *syö/de/ssä.*	배고픔이 먹음에(먹으면서) 사라진다. (제2부정사-재내격)
Menen *Helsinki/in.*	나는 헬싱키에 간다. (명사-향내격)
Menen ulos *juokse/ma/an.*	나는 뛰기에(뛰러) 나간다. (제3부정사-향내격)
Satamaan pääsee myös *linja-auto/lla.*	항구에 버스로 또한 도달할 수 있다. (명사-재상격)
juokse/ma/lla hankitut tulot	뛰기에서 벌은 수입 (제3부정사-재상격)

§74 제1부정사

§74.1 제1부정사의 기본형

제1부정사는 오직 두 가지 격으로만 나타난다: 기본형은 오직 부정사 어미로만 나타나고(예. **sano/a** '말하기', **saa/da** '얻기'), 전환격은 부정사 어미 뒤에 **-kse-**(§50)와 소유접미사가 붙는다.

제1부정사의 어미들은 위(§22)에서 제시하였다. 이 부정사가 사전에 표제어로 수록되는 동사의 형식으로, 예를 들면, Nykysuomen sanakirja(표준 현대 핀란드어 사전)와 여러 핀란드어 교재에 기본형으로 수록된 형식들이다. 제1부정사에는 네 가지 어미가 있다: (1) **-a** ~ **-ä**, (2) **-da** ~ **-dä**, (3) **-ta** ~ **-tä**, (4) **-la** ~ **-lä**, **-ra** ~ **-rä**, **-na** ~ **-nä** 등. 이 형식들의 용례를 아래 보인다.[2)]

---

2) 역자주. 위 §73에 설명된 바와 같이 핀란드어 부정사(특히 제1부정사)의 기본 기능은 '명사성'이다. 따라서 국어의 동명사형 '-기' 혹은 '-(으)ㅁ'형과 일치시켜, 예를 들어 여기 보이는 첫 단어들 osta/a는 '사기' 혹은 '삼', tuoda는 '가져오기' 혹은 '가져옴'으로 번역하는 것이 원래 핀란드어의 의미에 보다 가깝지만, 혼란을 피하기 위하여 현대국어 사전들에서 표제어로 채택하고 있는 '-다'형으로 모두 번역한다. 이 사항은 이미 제6장에서 언급하였고, 이 책 전체에서, 문장의 일부가 아닌, 개별 단어의 부정사형으로 제시된 예의 번역은 모두 국어의 '-다'형으로 의미를 표시하였다.

참고로, 이 책의 원서에서는 부정사형의 의미를 영어 동사의 기본형, 위 두 예의 경우 'buy'와 'bring'으로 제시하였다. 영어에서는 원칙적으로 단일 형식이 동사와 명사의 기능을 양쪽 다 발휘할 수 있기 때문에, 핀란드어 부정사와 영어 동사의 기본형의 대응이 가능하다고 볼 수 있다.

(1)	**osta/a**	사다	(2) **tuo/da**	가져오다
	vetä/ä	끌다	**jää/dä**	머무르다
	varat/a	예약하다	**saa/da**	얻다
	levät/ä	쉬다	**kanavoi/da**	지시하다
(3)	**juos/ta**	달리다	(4) **ol/la**	이다/있다
	nous/ta	일어나다	**kysel/lä**	묻다
	valais/ta	불붙이다	**pur/ra**	깨물다
	väris/tä	떨다	**men/nä**	가다

Aion *lähte/ä* ulos.	나는 밖으로 나가기를 생각한다. (나가려고 생각한다)
Yritämme *ymmärtä/ä*.	우리는 이해하기를 노력한다. (이해하려고 노력한다)
Mitä haluat *syö/dä*?	너는 무엇을 먹기를 원하느냐?
Saat *laina/ta* tämän kirjan.	너는 이 책을 빌려가기를 할 수 있다. (빌려갈 수 있다)
Teillä on oikeus *otta/a* yksi kuva.	너에게 사진 한 장 찍기 권리가 있다. (촬영할 수 있는 권리가 있다)
On aika vaikea *oppi/a* suomea.	핀란드 말 배우기가 아주 어렵다.
Onko sinulla jo ollut mahdollisuus *tilat/a*?	너에게 벌써 주문하기 기회가 있었느냐? (주문할 기회가 있었느냐?)
Teidän täytyy *tul/la* meille!	너희들은 우리에게 와야 한다.
Täytyy *aja/a* varovasti.	조심해서 운전하기를 해야 한다. (운전해야 한다)
Anna hänen *men/nä*!	그의 가기를 주어라! (그를 가게 하라)
Antakaa Kallen *men/nä*!	(너희들) 깔레의 가기를 주어라! (깔레를 가게 하라)
Koneessa täytyy *ol/la* vika.	그 기계에 결함이 있음이 틀림없다.
Vian täytyy *ol/la* koneessa.	결함은 그 기계에 있음에 틀림없다.

Minulla on ajatus *lähte/ä* Unkariin ensi kesänä.
나에게 내년 여름 헝가리로 떠나기 생각이 있다.
(나는 내년 여름에 헝가리에 갈 생각이다.)

Pakolaisten sallittiin *poistu/a* maasta.
피난민들에게 그 나라를 떠나기가 허용되었다.

몇 가지 특수 동사들에 주의를 해야 한다. 즉, 의무성(obligation)의 동사 **täytyy** '해야 한다(must)'와 **pitää** '하지 않으면 안 된다'; 허용(許容 permission)의 동사 **antaa *x*/:n tehdä jotakin** '*x*가 …을 하게 하다'와 **sallia** '허용하다' 등이며, 이들은 빈번히 속격과 함께 나타나고(**antakaa Kalle/n mennä; via/n täytyy olla koneessa**), 뒤에 제1부정사형이 온다(**antakaa Kallen men/nä; vian täytyy ol/la koneessa**).

§74.2 제1부정사 전환격

제1부정사의 기본형에는 전환격 어미 **-kse-**와, 그리고, 문장의 주어와 일치하는 소유 접미사가 첨가될 수 있다. 이 문장 구조는 일반적으로 어떤 목표나 목적에 대한 의견 혹은 생각을 표현한다.3)

어근	제1부정사 어미	전환격 어미	소유 접미사	전접 첨사	의미
sano	**a**	**kse**	**ni**		내가 말하러 / 말하기 위하여
elä	**ä**	**kse**		**mme**	우리가 살러 / 살기 위하여
oppi	**a**	**kse**	**en**	**han**	(3인칭) 배우러(강조) / 배우기 위하여
tavat	**a**	**kse**	**si**		네가 만나러 / 만나기 위하여
juo	**da**	**kse**		**en**	(3인칭) 마시러 / 마시기 위하여
ol	**la**	**kse**		**nne**	너희들이 있으러 / 있기 위하여

예.

Lähdin Hollantiin *levät/ä/kse/ni*. 나는 홀란드에 쉬러 갔다.

Ihminen syö *elä/ä/kse/en*. 사람은 살기 위하여 먹는다.

Elätkö *syö/dä/kse/si*? 너는 먹기 위하여 사니?

Pyörähdin *men/nä/kse/ni*. 나는 가기 위하여 돌았다.

Monet suomalaiset menevät Ruotsiin *saa/da/kse/en* työtä.
수많은 핀란드 사람들이 스웨덴에 일을 얻으러 (일자리를 찾아서) 간다.

---

3) 역자주. '제1부정사+전환격 어미'의 의미는 국어의 '…하러' 혹은 '하기 위하여'와 대체로 일치한다.

Otako työn ***the/dä/kse/si?***	너는 그 일을 하기 위하여 떠맡느냐?
Muista/a/kse/ni **asia on näin.**	내가 기억하기로 (그) 일은 이렇다.

Tietä/ä/kse/mme **hän ei ole täällä.**
우리가 알기로 그는 여기 있지 않다.

Osku on hyvin voimakas *ol/la/kse/en* niin pieni.
오스꾸는 그같이 작은 이로 매우 강하다. (작은 사람으로 매우 강하다)

§75 제2부정사

§75.1 제2부정사 재내격

제2부정사에도 두 가지 격 어미가 첨가된다. 재내격 **-ssa ~ -ssä**는 '시간'을 표시하고, 시사격 **-n**은 '태도, 방법'을 표시한다. 시사격은 아주 드물게 사용된다.

때로는 소유접미사가 제2부정사에 첨가되어 주어를 표시한다. 예. **sano/e/ssa/ni** '내가 말함에(말할 때)'. 재내격은 피동형으로도 나타난다. 예. **sano/tta/e/ssa** '(누가) 말함에(말할 때)'.

일반적으로 말해서, 제2부정사는 **kun** '…한 때(when…)'으로 시작되는 시표종속절(時表從屬節 temporal subordinate clause)에[4] 대응한다고 말할 수 있다.

제2부정사의 어간을 형성하는 가장 단순한 방법을 아래 규칙으로 설명한다. (다른 어미들에 대해서는 §14 참고.)

> 제2부정사는 제1부정사의 **-a ~ -ä**를 **-e**로 바꾸어 형성한다.

제1부정사	의미	제2부정사 어간
sano/a	말하다	**sano/e-**
vetä/ä	끌다	**vetä/e-**
herät/ä	깨어나다	**herät/e-**
tilat/a	주문하다	**tilat/e-**

4) 역자주. '시표종속절'은 '때/시(時)가 표현된 종속절'이라는 뜻으로 썼다. 국어에서 '(누가) …을 할 때'와 같은 절이다. "§83 시표구문" 참고.

saa/da	얻다	**saa/de-**
myy/dä	팔다	**myy/de-**
ol/la	이다	**ol/le-**
men/nä	가다	**men/ne-**
havait/a	관찰하다	**havait/e-**

> 제1부정사의 어간 말음이 **-e**이면, 제2부정사에서 **-i**로 바뀐다.

제1부정사	의미	제2부정사 어간
luke/a	읽다	**luki/e-**
itke/ä	울다	**itki/e-**
tunte/a	느끼다	**tunti/e-**
koke/a	험하다	**koki/e-**

제2부정사의 피동형은 피동형 어간에 **-e-**를 첨가함으로써 쉽게 파생시킬 수 있다. 이것은 §72에 설명한 첫째 규칙에 의하여 도달하는 결론이다. 즉, 과거피동형 어미 **-inn**을 **-a** ~ **-ä**로 바꾸기 때문에, 피동 어간 **sano/tta-**는 **sano/ttiin**에서 파생한 것이다. 제2부정사의 형식들은 아래 테이블에 보인다.

어근	피동	부정사	격어미	소유접미사	불변사	의미
sano		**e**	**ssa**	**ni**		내가 말함에 (말할 때)[5]
sano		**e**	**ssa**	**nne**		너희들이 말함에
sano		**e**	**n**			말하기
sano	**tta**	**e**	**ssa**			(누가) 말함에 (말할 때)
sano	**tta**	**e**	**ssa**		**han**	(누가) 말을함에 (강조)
sano		**e**	**ssa**	**mme**	**kin**	우리도 말함에
ol		**le**	**ssa**	**ni**		내가 있음에
ol	**ta**	**e**	**ssa**			(누가) 있음에
juo		**de**	**ssa**	**an**		그가 마심에

5) 역자주. 핀란드어의 '제2부정사+재내격'은 국어에서 '동명사형+장소격조사', 즉 '-(으)ㅁ+에'와 유사하게 느껴진다. 원문에서 영역은 'when one says…'와 같이 하여 국어로는 '(누가) 말할 때…'로 대응시킬 수 있으나, 국어 표현이 부자연스럽지만 핀란드어의 성분을 직역하였다.

	juo ta	**e**	**ssa**		(누가) 마심에
Pekan	**herät**	**e**	**ssä**		뻬까가 깨어남에
	herät tä	**e**	**ssä**		(누가) 깨어남에
	luki	**e**	**ssa**	**nne**	네가 읽음에
Kallen	**tunti**	**e**	**ssa**		깔레가 느낌에

제2부정사 재내격형은 시표종속절과 일치한다고 볼 수 있다. 특히 동사의 행위가 주절(主節) 동사의 행위와 동시에 발생하는 경우에 그렇다. 예. **sano/e/ssa/ni tämän kaikki nousivat** '내가 말함에(말하였을 때), 모두가 일어섰다'.

시표종속절의 재내격 구조에서 주어는 아래와 같이 나타난다.

> 시표 종속절의 주어는
> (a) 주어가 주절의 주어와 일치할 때, 소유접미사로만 표현된다;
> (b) 주어가 주절의 주어와 다를 때, 독립된 단어의 속격형으로 표현된다;
> (c) 인칭대명사의 속격형(**minun** '나의' 등)으로 표현되고, 뒤에 항상 부정사 재내격에 소유접미사가 첨가된 형식이 온다(강세가 없는 1인칭 및 2인칭 대명사는 탈락될 수 있다).

Kun 절('…할 때' , when…)	제2부정사 재내격 절
Kun oli/n Ruotsissa, tapasi/n useita ystäviä.	***Ol/le/ssa/ni*** **Ruotsissa tapasin useita ystäviä.**

내가 스웨덴에 있을 때, 나는 많은 친구들을 만났다.[6)]

Kun *Pekka* heräsi, hän oli sairas.	***Herät/e/ssä/än*** **Pekka oli sairas.**

뻬까가 잠깨었을 때, 그는 병들어 있었다.

Kun *aja/t, sinun* pitää olla varovainen.	***Aja/e/ssa/si*** **sinun pitää olla varovainen.**

너는 운전할 때, 너는 조심해야 한다.

---

6) 역자주. 원서에는 앞의 'Kun…'절의 영어 번역문만 제시하고 뒤의 제2부정사 재내격 형식의 절 문장의 번역은 제시하지 않았다. 두 문장의 의미가 거의 같고, 영어로는 양자 간의 차이를 구별하기가 어렵기 때문일 것이다. 뒤의 문장을 국어로 직역하면 '내가 스웨덴에 있음에 많은 친구들을 만났다', '그의 깨어남에 뻬까가 병들어 있었다' 등이다.

2개 이상의 절로 구성된 국어 문장에서는 주어를 한 절에만 표시하는 것이 자연스럽기 때문에, 여기 번역문에서 밑줄 친 주어들은 생략되어야 한다. 핀란드어에서 모든 동사에 첨가되어 행위 주체를 표시하는 인칭어미를 주어로 번역한 것이다.

Kalevi ajattelee paremmin, kun hän juo kahvia.	Kalevi ajattelee paremmin *juo/de/ssa/an* kahvia.

깔레비는 커피를 마실 때, 그는 생각을 더 잘 한다.

Ihmiset nauttivat, kun *he* lähtevät lomalle.	Ihmiset nauttivat *lähti/e/ssä/än* lomalle.

사람들은 즐거워한다, 그들이 휴일을 떠날 때. (사람들은 휴일을 맞았을 때 즐거워한다.)

Kun *Pekka* herää, *Liisa* lähtee töihin.	*Peka/n herät/e/ssä* Liisa lähtee töihin.

뻬까가 잠이 깰 때, 리이사는 일하러 간다.

Viren tuli maaliin, kun *Päivärinta* oli vielä loppusuoralle.	Viren tuli maaliin *Päivärinna/n ol/le/ssa* vielä loppusuoralla.

비렌은 결승선에 왔다, 빼이배린따가 아직 마지막 직선 코스(final straight)에 있을 때. (빼이베린따가 아직 마지막 직선 코스를 달리고 있을 때리고, 비렌은 결승선에 도달했다.)

Muut nukkuivat, kun *hän* heräsi.	Muut nukkuivat *häne/n herät/e/ssä/än.*

다른 이(사람)들은 자고 있었다, 그가 깨었을 때. (그가 잠을 깨었을 때, 다른 사람들은 아직 자고 있었다.)

Vaimoni heräsi, kun *(minä) tuli/n* kotiin.	Vaimoni heräsi (minun) tul/le/ssa/ni kotiin.

나의 처는 깨었다, 내가 집에 왔을 때. (내가 집에 왔을 때, 처는 잠을 깨었다.)

재내격 구조 피동형의 용례를 아래 보인다.

Turkuun *tul/ta/e/ssa* satoi.
*뚜르꾸에 (누가 / 우리가) 옴에 비가 왔다. (뚜르꾸에 왔을 때 비가 오고 있었다.)

Musiikkia *kuunnel/ta/e/ssa* pitää olla hiljaa.
*음악을 (누가) 들음에 조용히 있어야 한다. (음악을 들을 때는 조용히 해야 한다.)

Ikkunan pitää olla auki *nuku/tta/e/ssa.*
*창문이 열려 있어야 한다, (누가) 잠에. (잘 때에는 창문을 열어 놓아야 한다.)

Tästä setelistä Suomen Pankki maksaa vaadi/tta/e/ssa sata mk.
*이 은행권에 대하여 핀란드 은행은 지불한다, (누가) 요청함에, 100마르크를.
(이 은행권에 대하여 요청하면 핀란드 은행은 100마르크를 지불한다.)

위에서 이미 설명한 바와 같이, 재내격 구조는 동사의 행위가 주절 동사의 행위와 동시에 발생함을 표현할 때 사용된다. 만약 **kun-** 절 동사의 행위가 주절 동사 행위보다 앞서 발생하였을 경우에는 다른 구조, '과거분사(§83)의 비정격 형식'이 사용된다.

Ile/n herät/ty/ä Mia lähti töihin.	*일레의 깨었었음에 미아는 일하러 떠났다. (일레가 잠을 깨었을 때 미아는 이미 일하러 나갔다.)
Jäät lähtivät *kevää/n tul/tu/a.*	*얼음들이 떠났다, 봄이 왔었음에. (봄이 왔을 때 얼음이 녹았다.)

§75.2 제2부정사 시사격

제2부정사 시사격 형식은 앞 절(§75.1)에서 설명한 기본 규칙에 의하여 조성된 부정사 어간에 시사격 어미 **-n**을 첨가하여 형성한다. 예. **sano/e/n** '말하며', **naura/e/n** '웃으며', **hymyil/le/n** '미소지으며', **huomat/e/n** '깨달으며'. 이 구조는 주로 '태도'를 표현하며, 다수의 '고정된 표현'에 가장 흔히 나타난다.[7)]

Lapsi tuli *itki/e/n* kotiin.
그 아이는 울면서 집에 왔다.

He astuivat *naura/e/n* sisään ovesta.
그들은 웃으면서 문을 들어섰다.

Kyllä sinne *kävel/le/n/kin* pääsee.
그래 그곳에 걸으면서(걸어서) 도달할 수도 있다.

kaikesta *päättä/e/n*
모든 것으로 **결정하며** (모든 것을 고려하여)

illan *tul/le/n*
저녁때가 **오면서** (저녁이 되면서, 저녁때에)

Kalle nauroi kaikkien *näh/de/n.*
*깔레는 웃었다 모든 이들이 **보면서** (깔레는 모든 사람들이 보는데서 웃었다.)

näin ol/le/n
그렇게/이렇게 있으면서 (이와 같이)

---

7) 역자주. §51에서 시사격이 소수의 관용적 표현에만 나타난다고 설명하였고, 여기서는 제2부정사형에 첨가되는 시사격 역시 주로 고정된 표현에만 나타난다고 설명하였다. '명사+시사격'의 의미는 일정하게 파악하기 어렵지만, '동사의 제2부정사형+시사격'은, 여기 제시된 예문으로는, 국어에서 '…하며' 혹은 '…하면서'와 대체로 일치하는 것으로 보인다. 국어의 '…하며'도 어원적으로 동명사어미 '-ㅁ'에 장소격 조사의 첨가로 이루어졌다고 설명할 수 있을 것이다.

§76 제3부정사

§76.1 형성

제3부정사의 어미는 **-ma-** ~ **-mä-**이다. 이 부정사 형식은 문어에서나 구어에서나 자주 볼 수 있어서 중요하다. 제3부정사는 다섯 가지 격으로 나타난다. 재내격 **-ssa** ~ **-ssä**, 향외격 **-sta** ~ **-stä**, 향내격 **-Vn**, 재상격 **-lla** ~ **-llä**, 부재격 **-tta** ~ **-ttä** 등이다.

제3부정사의 어간은 동사의 굴절어간(§23)에 **-ma-** ~ **-mä-**를 첨가하여 형성된다.

굴절어간은 3인칭 단수 현재 직설법 형식에서 인칭어미를 제거함으로써 파생될 수 있다.

제1부정사	의미	3인칭 단수 현재형	제3부정사 어간
vetä/ä	끌다	**vetä/ä**	**vetä/mä-**
otta/a	취(取)하다	**otta/a**	**otta/ma-**
rakenta/a	건축하다	**rakenta/a**	**rakenta/ma-**
huomat/a	깨닫다	**huomaa**	**huomaa/ma-**
kaivat/a	바라다	**kaipaa**	**kaipaa/ma-**
levät/ä	쉬다	**lepää**	**lepää/mä-**
maat/a	눕다	**makaa**	**makaa/ma-**
lyö/dä	때리다	**lyö**	**lyö/mä-**
ol/la	이다	**on**	**ole/ma-** (주의!)
tul/la	오다	**tule/e**	**tule/ma-**
men/nä	가다	**mene/e**	**mene/mä-**
valit/a	선택하다	**valitse/e**	**valitse/ma-**

제3부정사의 형식들을 보인다.

어근	부정사	격어미	불변사	의미
lepää	**mä**	**ssä**		쉼에
lepää	**mä**	**än**		쉼으로

lepää	mä	än	kö	쉼으로?
vetä	mä	llä		끌음에
vetä	mä	llä	kin	끌음에도
mainitse	ma	tta		언급 없음에
mainitse	ma	tta	kaan	언급 없음에도
teke	mä	stä		함에서

§76.2 제3부정사 재내격

재내격은 현재 계속적인, 즉 어떤 진행중인 행위나 과정을 표시한다. 재내격은 보통 ol/la 동사와 함께 나타나고, 때로는 상황을 나타내는 다른 동사와 같이 나타나기도 한다.8)

Ville on kirjastossa *luke/ma/ssa.*
*빌레는 도서관에서 읽음에 있다. (읽고 있다)

Veljeni on *opiskele/ma/ssa* Tampereella.
*내 형제는 땀뻬레에서 공부함에 있다. (공부하고 있다)

Lapset ovat ulkona leikki/mä/ssä.
아이들은 밖에서 놀음에 있다. (놀고 있다)

Olitko jo *nukku/ma/ssa* kun soitin?
*너는 이미 잠에 있었느냐, 내가 전화했을 때?
(너는 내가 전화했을 때 이미 자고 있었냐?)

Kalle ja Pekka ovat olutta *osta/ma/ssa.*
깔레와 뻬까는 맥주를 삼에 있다. (맥주를 사고 있다.)

Huomenna käyn äitiäni *katso/ma/ssa.*
내일 나는 나의 어머니를 가서 본다.9) (방문한다)

Istumme juuri *syö/mä/ssä.*
바로 지금 우리는 먹으면서 앉아 있다.

Pyykki on *kuivu/ma/ssa.*
*세탁물이 마름에 있다. (마르고 있다)

---

8) 역자주. 'olla+제3부정사 재내격'의 의미는 국어의 대략 '…고 있다'와 같은 듯하다.

9) 역자주. käydä는 '발생하다, 가다, 다니다' 등등 여러 가지 의미를 지닌 단어로 후행하는 다른 단어와 여러 가지 관용어를 형성한다. käydä katssomssa '방문하다'도 그 중 하나이다.

§76.3 제3부정사 향외격

향외격은 실제 행동적 혹은 추상적인 동작을 나타내는 동사, 예를 들면, **tul/la** '오다', **palat/a** '돌아오다'와 같은 동사들과 같이 나타나며, '무엇을 하는 것에서' 오는 동작을 표현한다. 아래 제시한 동사들은 항상 제3부정사가 후행함을 유의하라.

estä/ä	방해하다	**elasta/a**	구하다
esty/ä	방해받다	**pelastu/a**	구해지다
kieltä/ä	금지하다	**varo/a**	조심하다
kieltäyty/ä	거부하다	**varoitta/a**	경고하다
lakat/a	중지하다	**välttä/ä**	피하다

Tuula tuli rannalta *ui/ma/sta*.
*뚜울라는 해변에서 수영하기에서 왔다. (수영하다가 왔다)

Eva palasi Turusta *opiskele/ma/sta*.
*에바는 뚜르꾸에서 공부에서 돌아왔다. (공부하다가 왔다)

Silja lakkasi *itke/mä/stä*.
*실랴는 울기에서 멈추었다. (울다가 그쳤다)

Kieltäydyn *poltta/ma/sta* savukkeita.
*나는 담배 피우기에서 거부한다. (담배 피우기를 거부한다)

Älä estä minua *näke/mä/stä*!
*나를 보기에서 방해하지 말아라! (내가 보는 것을 방해하지 말아라)

Hän pelasti minut *hukku/ma/sta*.
*그는 나를 물에 빠지기에서 구했다. (내가 물에 빠진 것을 구했다)

§76.4 제3부정사 향내격

제3부정사 향내격형은 동작을 나타내는 동사 뒤에 사용되고, 시작되려는 어떤 행위를 표시한다. 특별히 유의해 볼 구조는 "**tul/la** '오다'+제3부정사 향내격"이다. 이 구조는 미래 시제를 표현한다. 예. **Tule/n palaa/ma/an** '나는 돌아 온다'. 제3부정사 향내격형에 선행하는 동사들 중에서 가장 자주 나타나는 동사들은 아래와 같다.

joutu/a	오다, 되다	**pysty/ä**	할 수 있다 (할 능력이 있다)
jättä/ä	떠나다	**pyytä/ä**	요청하다

jää/dä	머물다	**pääs/tä**	얻다
kehotta/a	강력 요청하다	**ruvet/a**	시작하다
kyet/ä	할 수 있다	**ryhty/ä**	착수하다
käske/ä	명령하다	**sattu/a**	(우연히) 발생하다
pakotta/a	강제로 시키다		

Menen ulos *syö/mä/än.*	*나는 먹기에(먹으러) 밖으로 나간다.
***Tanssi/ma/an/ko* te menette?**	*너희들은 춤추기에(춤추러) 가느냐?
Matkustan maalle *lepää/mä/än.*	*나는 쉬기에(쉬러) 시골에 간다.
Illalla tulen teille *sauno/ma/an.*	*저녁에 나는 너에게 사우나하기에(하러) 온다.
Lähden *hake/ma/an* lapset koulusta.	*나는 아이들을 데려오기에(데려오려) 학교로 떠난다. (아이들을 데려오려고 학교에 간다.)
Menetkö kotiin *nukku/ma/an?*	*너는 집에 잠자기에(잠자러) 가냐?
Tulen *lähte/mä/än* pois.	*나는 떠나기에(떠나려고) 온다. (멀리 떠나간다.)
Jätin Kallen kotiin *luke/ma/an.*	*나는 깔레를 읽기에(독서하라고) 집에 두었다.
Jään vielä *työskentele/mä/än.*	*나는 일좀하기에(일좀하려고) 조금 더 머무른다.
Kehotan teitä *lopetta/ma/an* tupakoimisen.	*나는 너희들에게 흡연을 중단하기에(하기를) 강력히 요구한다.
Poliisi käski meitä *poistu/ma/an.*	*그 경찰은 우리들에게 가기에(가라고) 말했다.
Pystytkö *aja/ma/an* Helsinkiin?	*너는 헬싱키에 운전하기에(운전하여 갈) 할 수 있니?
Tuija pyysi minua *tanssi/ma/an.*	*뚜이야가 내게 춤추기에(춤추기를) 청했다.
Illalla rupesi *sata/ma/an.*	*저녁에 비오기에(비오기) 시작하였다.
Reijo sattui *ole/ma/an* paikalla.	*레이요가 그 자리에 있기에(있는 일이) 우연히 발생하였다. (우연히 그 자리에 있었다.)

제3부정사 향내격은 어떤 형용사들 뒤에도 나타난다. 가장 자주 볼 수 있는 그러한 형용사는 **halukas** '하고 싶은', **innostunut** '예리한', **kiinnostunut** '흥미있는', **valmis** '준비된' 등이다.

Kuka on halukas *vastaa/ma/an*?	*누가 대답하기에(대답하기를) 자신하냐?
En ole innokas *tule/ma/an*.	*나는 오기에(오는데 대하여) 예민하지 않다.
Olen kyllä kiinnostunut *osta/ma/an* pesukoneen.	*그래, 나는 세탁기 사기에 관심 있다.
Karikin on valmis *lähte/mä/än syö/mä/än*.	*까리도 나가기에 먹기에(나가서 먹을) 준비 되었다.

§76.5 제3부정사 재상격과 부재격

재상격은 '수단'을 표시하고, 때로는 '태도'를 나타낸다.

Voitin miljoonan *veikkaa/ma/lla*.
*나는 내기하기에서(내기에서) 100만을 얻었다.

Sinne pääsee mukavasti *kävele/mä/llä*.
*그곳에 걷기에서(걸어서) 쉽게 도달할 수 있다.

Hän elää *kirjoitta/ma/lla* kirjoja.
*그는 책을 쓰기에서(써서) 산다.

Kieliä oppii parhaiten *puhu/ma/lla*.
*언어들은 말하기에서(말하기로) 가장 잘 배운다.

부재격의 의미는 '부재(不在), 없음'이다. 목적어는 비정격을 취한다(§33.2 참고). 주어가 있을 경우에는 속격형이다. 그리고 만약 그 주어가 대명사이면 소유접미사도 첨가된다.

Sehän on *sano/ma/tta/kin* selvää.
*그것은 누가 말함이 없이도 (말하지 않아도) 분명하다.

***Syö/mä/ttä* ja *juo/ma/tta* ei elä.**
*먹음이 없이 그리고 마심이 없이 살 수 없다. (먹지 않고 마시지 않고 살 수 없다.)

Kalle teki sen (meidän) *tietä/mä/ttä/mme*.
*깔레는 그것을 우리의 알음없이 (우리가 알지 못하는 사이) 했다.

Myyjä tuli sisään Leenan *huomaa/ma/tta* mitään.
*그 장사는 레에나의 무엇을 깨달음이 없이 안으로 왔다.
(레에나가 무엇을 알지 못하는 사이에 안으로 들어 왔다.)

Koira karkasi hänen *huomaa/ma/tta/an*.
*그 개는 그의 깨달음 없이(그가 알지 못하는 사이에) 달아났다.

어미 **-ma-** ~ **-mä**를 갖는 형식은, 통칭 '동작주구문(動作主構文 agent construction)' 이라는 구조에서(§84), 형용사(관형어)로도 사용된다. 몇 가지 예를 보인다.

Kalle/n *osta/ma* auto
*깔레의 산 차동차 (깔레가 산 자동차)

Oletko istunut Kalle/n *osta/ma/ssa* autossa?
*너는 깔레의(-가) 산 자동차에 앉았었느냐?

En ole nähnyt Kalle/n *osta/ma/a* autoa.
*나는 아직 깔레의(-가) 산 자동차를 못 보았다.

§77 제4부정사

제4부정사의 어미는 **-minen**이며, 동사의 굴절어간에 첨가된다(§23, §76.1 참고). 예를 들면,

제1부정사	의미	3인칭 단수형	제4부정사형
tietä/ä	알다	**tietä/ä**	**tietä/minen**
suoritta/a	행하다	**suoritta/a**	**suoritta/minen**
halut/a	원하다	**halua/a**	**halua/minen**
todet/a	증명하다	**totea/a**	**totea/minen**
lakat/a	중지하다	**lakkaa**	**lakkaa/minen**
jää/dä	머무르다	**jää**	**jää/minen**
ol/la	이다	**on**	**ole/minen**
juos/ta	뛰다	**juokse/e**	**juokse/minen**
havait/a	관찰하다	**havaitse/e**	**havaitse/minen**

제4부정사는 아주 드물게 사용되는 오직 두 가지 형식만 있다: '강한 의무(obligation)' 를 나타내는 '주격'과 그에 대응하는 '비정격'이다.

Sinne ei ole *mene/mis/tä*. (비정격)
그곳에 가서는 안 된다.

행위를 이행하도록 구속받는 사람은 속격형임을 유의해라. 예를 들어, 위 예문에서,

minu/n '나의'이다.

'강한 의무성'을 표현하면서 제4부정사보다 자주 사용되는 방법들의 예를 아래 보인다.

(a) **Minun *täytyy* mennä ~ pitää mennä ~ on mentävä sinne.**

(b) **Tämä tehtävä *on suoritettava ~ pitää suorittaa.***

(c) **Sinne ei *pidä* mennä.**

제4부정사는 비정격 단수형으로 '자체의 형식' 뒤에 오는 구조에서도 사용된다.

Tilanne huononee huonone/mis/ta/an.
*상황은 악화됨이 악화된다. (상황은 더욱더 악화된다.)

어미 **-minen**은 제4부정사형에서보다 동사에서 파생되는 명사(즉 '탈동사-명사' §93.1 참고)의 표지로 훨씬 빈번히 사용된다.

***Tupakoi/minen* on täällä kielletty.**	흡연하기는 여기서 금지되었다.
Auton *aja/minen* on hankalaa.	자동차를 운전하기는 어렵다.
***Sauno/minen* on mukavaa.**	사우나 하기는 즐겁다.

18 분사

- 일반사항 (General)
- 현재분사 능동형 (Present participle active)
- 현재분사 피동형 (Present participle passive)
- 과거분사 (The past participles)
- 분사구문 (The participial construction)
- 시제구문 (The temporal construction)
- 행위자구문 (The agent construction)

§78 일반사항

분사(分詞 participle)는 부정사와 같이 비종결(非終結 non-finite) 동사 형식들이며, 인칭에 따라서 굴절하지 않는다. 핀란드어에는 두 가지 분사 형식이 있다: 현재분사와 과거분사이다. 두 가지 다 능동형과 피동형이 있다. (§14에 모든 비종결 형식들을 소개하였다.) 동사 **sano/a** '말하다(say)'의 4가지 분사 형식들은 아래와 같다.

	능동형		피동형	
현재분사	**sano/va**	말하는	**sano/tta/va**	(누가) 말할
과거분사	**sano/nut**	말한	**sano/ttu**	(누가) 말한

분사는 부분적으로는 동사와 같은 기능을 하고, 예를 들면, **(olen) sano/nut** '(나는) 말해왔다'(§61); **(on) sano/ttu** '(누가) 말해 왔다'(§71), 부분적으로는 형용사의 기능을 한다. 후자의 기능일 때 분사는 일반 형용사들과 같이 수(數)와 격에 따라서 굴절한다.

pitkä **mies**	(키) 큰 남자
syö/vä mies	먹는 남자

syö/nyt mies	먹어온 남자
lyö/tä/vä mies	(매)맞을 남자
lyö/ty mies	(매)맞은 남자
pitkä/t **miehe/t**	(키) 큰 남자들
syö/vä/t miehe/t	먹는 남자들
syö/nee/t miehe/t	먹어온 남자들
lyö/tä/vä/t miehe/t	맞을 남자들
lyö/dy/t miehe/t	맞은 남자들

위 예에서 보는 바와 같이, 분사는 전치(前置) 수식어이며, 따라서 한정어로서 피한정어와 '일치'의 규칙을 적용 받는다(§31).

분사에는 다른 용법도 있다. 예를 들어, 속격으로 굴절된 모든 분사 형식들은 일반적으로 '분사구문(分詞構文 participial construction)'이라고 부르는 절에서 사용될 수 있다(§82).[1]

Näen, että Pekka tulee 나는 뻬까가 오는 것을 본다.	~	**Näen Peka/n *tule/va/n.*** *나는 뻬까의 옴을 본다.
Näen, että Pekka on tullut. 나는 뻬까가 온 것을 본다.	~	**Näen Peka/n *tul/lee/n.*** *나는 뻬까의 왔음을 본다.

과거분사 피동형의 비정격은, 주절의 행위보다 앞서 발생한 행위를 표현하는 시표종속절(시간을 표시하는 종속절) 대신에 사용될 수도 있다(§83과 §75.1 참고).

Nukahdin, kun Pekka oli tullut. 나는 뻬까가 왔었을 때 잠들었었다.	**Nukahdin Peka/n *tul/tu/a.*** *나는 뻬까의 돌아왔음이 잠들었었다.

제3부정사 어간(**-ma- ~ -mä-**, §76.1)은 행위자 구성(agent construction)의 문장에서 관계절을 대신하여 사용된다.

---

1) 역자주. 왼편의 예문은 관계대명사 että가 이끄는 절로 구성되었고, 오른편의 예문은 Pekka의 속격형(…의)이 분사(동명사)를 수식하는 구문이다. 부자연스럽지만 국어로도 의미가 통할 수 있기 때문에 양자를 구별하기 위하여 직역하였다.

Peka/n osta/ma **auto** 뻬까의 산 자동차	**auto, jonka Pekka oli ostanut** 뻬까가 산 자동차(관계절 the car that Pekka had bought)

§79 현재분사 능동형

현재분사 능동형의 어미는 **-va-** ~ **-vä-**이며, 동사의 굴절어간(§23)에 첨가된다. 이 분사형은 계속되는 행동이나 과정을 표시한다.

제1부정사	3인칭 단수	현재 분사	의미
kerto/a	**kerto/o**	**kerto/<u>va</u>**	말하는 (telling)
kylpe/ä	**kylpe/e**	**kylpe/<u>vä</u>**	목욕하는
luvat/a	**lupaa**	**lupaa/<u>va</u>**	약속하는
kadot/a	**katoa/a**	**katoa/<u>va</u>**	사라지는
määrät/ä	**määrää**	**määrää/<u>vä</u>**	명하는
soi/da	**soi**	**soi/<u>va</u>**	종이 울리는
men/nä	**mene/e**	**mene/<u>vä</u>**	가는
ol/la	**on**	**ole/<u>va</u>**	…인/있는
häirit/ä	**häiritse/e**	**häiritse/<u>vä</u>**	방해하는
ratkais/ta	**ratkaise/e**	**ratkaise/<u>va</u>**	결정하는

현재분사형은 흔히 현재시제 동사로 구성된 관계절과 일치한다.[2)]

분사구 구조	관계절 구조
Pihalla *seiso/va* auto on sininnen.	**Auto, *joka seisoo* pihalla, on sininen.**

마당에 서있는 자동차는 푸른색(하늘색)이다.

Oletko nähnyt pihalla *seiso/va/n* auton?	**Oletko nähnyt auton, *joka seisoo* pihalla?**

너는 마당에 서있는 자동차를 보았니?

---

2) 역자주. 여기 짝을 이루어 놓은 예문들의 왼쪽 것은 분사구문으로 '동사의 분사형(관형형)+명사'이다. 어순 그대로 국어 번역이 가능하다. 오른쪽 것은 관계절 구조로 '명사+관계대명사+주어+동사' 구성으로 영어로는 "The car, which is standing in the yard, is blue."(첫째 예문)와 같이 그대로 직역이 가능하지만, 국어 번역으로는 왼쪽 분사구문과 구조적 차이를 보이기 어렵다. 아래 보이는 예문들에서도 마찬가지이다.

työtä *teke/vä* luokka 일을 하는 계급 (노동자계급)	**luokka, *joka tekee* työtä**
Pihalla on *huuta/v/i/a* lapsia. 마당에 소리치는 아이들이 있다.	**Pihalla on lapsia, *jotka huutavat*.**
***Ratkaise/va/t* päätökset tehdään nyt.** 결정한 결정들이 지금 만들어졌다. (최종 결정이 지금 만들어졌다.)	**Päätökset, *jotka ovat ratkaisevia*, tehdään nyt.**
hyvää musiikkia *soitta/va* yhtye 좋은 음악을 연주하는 악단	**yhtye, *joka soittaa* hyvää musiikkia**

위 예문들에서 한정어(수식어)로 기능하는 분사는 목적어나 부사어를 앞에 두는 것을 볼 수 있다. ***musiikkia*** **soittava yhtye** '음악을 연주하는 악단'('음악을'-목적어); ***pihalla*** **seisova auto** '마당에 서있는 자동차'('마당에'-부사어).

§80 현재분사 피동형

현재분사 피동형은 과거시제 피동형(§80)에서 아래 규칙에 의하여 용이하게 파생시킬 수 있다. 이 규칙은 피동서법의 파생 규칙과 동일하다(§72).

과거시제 피동형 어미 **-iin**을 **-a** 혹은 **-ä**로 바꾸고, **-va-** ~ **-vä-**를 첨가한다.

예. **sano/ttiin** '(누가) 말했다' → **sano/tta/va**. 이 분사형은 여러 가지 특수한 의미를 시현하는데, 대개 아래와 같은 유형의 관계절의 의미와 같은 것들이다.

sano/<u>tta</u>/<u>va</u> asia	(1) 반드시 말해지거나 말해져야 하는 사항 (현재, 강한 의무성)
'말하다'(say)	(2) 말해질 수 있는 사항 (가능성)
	(3) 말해질 사항 (미래)
	(4) 말해지는 사항 (현재)

제1부정사	과거시제 피동	현재분사 피동	의미
kerto/a	**kerro/ttiin**	**kerro/<u>tta</u>/<u>va</u>**	말해질 (which is to be told)
luke/a	**lue/ttiin**	**lue/<u>tta</u>/<u>va</u>**	읽힐
johta/a	**johde/ttiin**	**johde/<u>tta</u>/<u>va</u>**	끌

huomat/a	huomat/tiin	huomat/ta/va	깨달을
pelät/ä	pelät/tiin	pelät/tä/vä	두려워할
rakenta/a	rakennet/tiin	rakenne/tta/va	지을(건물을)
juo/da	juo/tiin	juo/ta/va	마실
ajatel/la	ajatel/tiin	ajatel/ta/va	생각할
hävit/ä	hävit/tiin	hävit/tä/vä	잃을

현재분사 피동형의 용법은 아래 예문에서 분명해질 것이다. 각 예문에서 분사는 문맥에 따라 위 (1)~(4)의 의미 어느 것이나 가능하다.

syö/tä/vä sieni
먹는 버섯, 먹을 수 있는 버섯

Tämä ei ole *suositel/ta/va* kirja.
이것은 추천할 수 있는 책이 아니다.

Nämä eivät ole *suositel/ta/v/i/a* kirjoja.
이것들은 추천할 수 있는 책들이 아니다.

Onko teillä *ilmoite/tta/v/i/a* tuloja?
너에게 신고할 수입이 있느냐?

Onko jääkaapissa jotain *juo/ta/va/a?*
냉장고에 무엇 마실 것이 있느냐?

Ei tämä ole mikään *pelät/tä/vä* koira!
이것은 전혀 무서워할 개가 아니다.

Onko teillä *tarvit/ta/va* pääoma?
너에게 필요한 자본이 있느냐?

Ratkais/ta/va/t kysymykset ovat…
해결해야 할 문제들은 …이다.

Onko vielä jotain *lisät/tä/vä/ä?*
아직 추가할 무엇이 있느냐?

Minulla ei ole muuta *sano/tta/va/a.*
나에게 말할 것이 없다.

Lainat/ta/va/t kirjat ovat oikealla.
빌려갈 수 있는 책들은 오른쪽에 있다.

Viimeinen *suorite/tta/v/i/sta* töistä oli vaikein.
마지막(으로) 해야 할 일들이 가장 어렵다.

현재분사 피동은 그 밖에도 여러 가지 특수한 표현에 사용된다. 예를 들면, 아래와 같은 구문에서 '강한 의무성(obligation)'을 나타낸다.

속격형식의 주어 + on, oli, olisi, lienee + 현재분사 피동형

Minun on *sano/tta/va* tämä.	나는 이것을 말해야 한다.[3]
Mies/ten oli *lähde/ttä/vä*.	그 남자들은 떠나야 했다.
Nyt minun on *syö/tä/vä*.	지금 나는 먹어야 한다.
On/ko sinun *lähde/ttä/vä* jo?	너는 떠나야 하냐, 벌써?
Meidän oli *tilat/ta/va* taksi.	우리는 택시를 예약했어야 했다.
Kaikkien on *men/tä/vä* ulos.	모두 밖으로 나가야 한다.
Pekan on *usko/tta/va*, että…	뻬까는 …을 믿어야 한다.
Heidän oli *matkuste/tta/va* Helsinkiin.	그들은 헬싱키에 가야 했다.

현재분사 피동형으로 재내격 복수 어미가 첨가된 형식은 **ol/la** '이다' 동사와 결합하여 '무엇이 될 수 있다(없다)'를 나타낸다.

Onko Bill *tavat/ta/v/i/ssa*?	빌을 만날 수 있습니까?
Eikö johtaja ole *tavat/ta/v/i/ssa*?	매니저를 만날 수 없습니까? (부정 의문)
Päätös on *teh/tä/v/i/ssä*.	그 결정은 만들 수 있다.
Tämä asia ei ole *muute/tta/v/i/ssa*.	이 일은 변경할 수 없다.

이 분사형은 몇 가지 고정된 표현에도 나타난다.

Onko teillä huoneita *vuokrat/ta/va/na*?
너에게 세놓을 아파트들이 있느냐?

autoja *myy/tä/vä/nä*
팔/파는 자동차

Virka on julistettu *hae/tta/va/ksi*.
일자리가 신청하도록 공시되었다. (구직 신청자 응모 광고)

3) 역자주. 이와 같이 속격형(국어의 '-의'형)이 주어인 특수한 용법은 국어로 직역하기가 어렵다.

Paavo on sairaalassa *tutki/tta/va/na.*
빠아보는 검사 받으려 병원에 있다.

§81 과거분사

과거분사는 주로 복합 시제, 즉, 완료시제와 과거완료시제에 나타난다. 예. **on sano/nut** '말해 왔다', **on sano/ttu** '(누가) 말해 왔다', **oli sano/nut** '말해 왔었다', **oli sano/ttu** '(누가) 말해 왔었다'. 이 분사들의 형성에 대해서는 §61과 §71을 참고하라. 아래 그것을 요약하는 몇 가지 예문을 제시한다.

과거분사(완료시제 능동형)

(minä) olen anta/nut	내가 주어왔다
(sinä) olet anta/nut	네가 주어왔다
Pekka on anta/nut	뻭까가 주어왔다
(me) olemme anta/neet	우리가 주어왔다
(te) olette anta/neet	너희들이 주어왔다
he ovat anta/neet	그들이 주어왔다
on anne/ttu	(누가) 주어왔다

위 예문들에 대응하는 과거완료 형식은 **(minä) olin anta/nut** '내가 주어왔었다', **he olivat anta/neet** '그들이 주어왔었다', **oli anne/ttu** '(누가) 주어왔었다' 등이다.

과거분사 형식은 완료된 행위(**anta/nut, anne/ttu**)를 나타내고, 현재분사 형식들은 아직 완료되지 않은 행위를 나타낸다(§79, §80 참고).

과거분사도 형용사성어(관형어)로, 특히 전치 수식어로 나타난다. 예. **lahjan anta/nut mies** '선물을 준 남자', **anne/ttu lahja** '(누가) 준 선물'. 분사가 목적어나 부사를 가지면 모두 분사 앞에 놓인다(§79 참고).

아래 예들은 능동 분사형(**-nut ~ -nyt**)의 용례들이다. 굴절 어간은 **-nee-**이다.

paljon ***matkusta/nut*** **ihminen**
많이 여행한 사람

koke/nut **lääkäri**
경험 있는 의사

Tunnen *koke/nee/n* lääkärin.
나는 경험 있는 의사를 안다.

En tunne *koke/nut/ta* lääkäriä.
나는 경험 있는 의사를 알지 못한다.

pois *juos/sut* koira
달아나버린 개

Vietnamissa *ol/lee/t* ihmiset sanovat, että…
베트남에 있었던 사람들은 …라고 말한다.

Eilen *saapu/nee/t* matkustajat ovat jo lähteneet.
어제 도착한 여행객들이 벌써 떠났다.

Viime syksynä *ilmesty/nee/t* kirjat ovat hyviä.
지난 가을에 출판된 책들이 좋다.

Pommin *löytä/nyt* koira kuoli.
포탄을 발견한(했었던) 개가 죽었다.

Pommin *löytä/nee/lle* koiralle annettiin mitali.
포탄을 발견한(했었던) 개에게 훈장을 주었다.

Näin *pala/nee/n* talon.
나는 불탄 집을 보았다.

***Pala/nee/ssa* talossa oli ollut ihmisiä.**
불탄 집에 사람들이 있었다.

Oletteko *väsy/ne/i/tä?*
너는 피곤하냐?

He ovat hyvin *koke/ne/i/ta.*
그들은 아주 경험이 많다.

같은 방법으로, 과거분사 피동형 **-(t)tu ~ -(t)ty**는 어떤 미지의 사람에 의하여 이루어진 완료된 행동을 나타낸다.

kaupasta *oste/ttu* kirja
상점에서 산 책

syksyllä *rakenne/ttu* talo
가을에 지은 집

He asuvat syksyllä *rakenne/tu/ssa* talossaan.
그들은 가을에 지은 그들의 집에 산다.

hyväksy/tty ehdotus
합격된 계획안

Hyväksy/ty/t opiskelijat voivat jatkaa.
합격된 학생들은 계속할 수 있다.

syö/ty piirakka
(누가) 먹은 파이

Eilen *syö/dy/t* piirakat olivat hyviä.
어제 먹은 파이는 좋았다.

anne/ttu lahja
준 선물

Anne/ttu/j/a lahjoja ei voi ottaa takaisin.
준 선물은 돌려받을 수 없다.

pelaste/ttu merimies
구조된 선원

Pelaste/tu/t merimiehet olivat hyvässä kunnossa.
구조된 선원들은 좋은 건강에 있다. (건강 상태가 좋다)

maatat/tu seinä
페인트칠한 벽

Seinät eivät ole *maala/tu/t.*
벽들은 페인트칠하지 않았다.

§82 분사구문

분사구문(分詞構文 participial construction)은 긍정문 **että**('that') 절을 축소하기 위한 목적으로 사용할 수 있다. **että** 절은 **että**로 시작하는 절로, 어떤 동사들, 즉, **näh/dä** '보다', **kuul/la** '듣다', **usko/a** '믿다', **sano/a** '말하다' 등과 같은 동사들의 목적어 기능을 하는 절이다. 현재분사와 과거분사, 그리고 능동형과 피동형이 모두 분사구문에 나타난다. 분사구문에서 분사는 항상 속격(-n)이다. 예로 아래 **itke/ä** '울다' 동사의 분사구문에 나타나는 형식들을 보인다.

		기본형	속격형
현재분사	(능동형)	**itke/vä**	**itke/vä/n**
	(피동형)	**itke/ttä/vä**	**itke/ttä/vän**

과거분사	(능동형)	itke/<u>nyt</u>	itke/<u>nee</u>/<u>n</u>
	(피동형)	itke/<u>tty</u>	itke/<u>ty</u>/<u>n</u>

이 형식들은 다음과 같은 문맥에서 사용된다.

Että 절	분사구문
Näen, että Kalle itke/e. 나는 깔레가 우는 것을 본다.	**Näen Kalle/n *itke/vä/n.*** (나는 깔레의 울음을 본다.)[4]
Näen, että Kalle on itkenyt. 나는 깔레가 울어 온 것을 본다.	**Näen Kalle/n *itke/nee/n.*** (나는 깔레의 울어왔음을 본다.)
Näen, että täällä itke/tään. 나는 여기서 (사람들이) 우는 것을 본다.	**Näen täällä *itke/ttä/vä/n.***
Näen, että täällä on itke/tty. 나는 여기서 (사람들이) 울어왔음을 본다.	**Näen täällä *itke/ty/n.***

현재분사 혹은 과거분사의 사용은 **että** 절과 주절 사이의 시간적 선후 관계에 의하여 결정된다. 아래 그 규칙을 제시한다.

> 현재분사는 **että** 절의 행위가 주절 동사의 행위와 동시에 발생하거나 후에 발생할 때 사용된다. 과거분사는 **että** 절 동사의 행위가 주절 동사의 행위보다 먼저 발생하였을 때 사용된다.

분사구문에서 **että** 절의 주격 주어를 표현할 때는 다음의 규칙이 적용된다. 이 규칙은 오직 능동문에만 해당된다. 물론 피동문에는 주어가 없기 때문이다! 재내격 구조의 주어 규칙 참고(§75.1).

> **että** 절의 주격 주어는 아래 방법으로 표현된다.
> (a) 주어가 주절의 주어와 같을 경우, 소유접미사로만 표현된다.
> (b) 주어가 주절의 주어와 다를 경우 및 주어가 인칭대명사일 경우, 분사 앞에 선행하는 속격 형식으로 표현된다.

4) 역자주. 여기 짝을 지어 보인 **että** 절과 분사구문은 동일한 의미이지만, 국어로는 분사구문을 이와 같이 직역할 수 있다. 처음 2개 예문의 직역을 참고로 보였다.

아래 보이는 예문들은, 가장 자주 나타나는 구조, 즉 현재분사 능동형 (**-va/n** ~ **-vän**)의 용례를 보여준다. 이 구조는 **että** 절 동사의 행위가 주절 동사의 행위와 동시에 발생하였거나 혹은 뒤에 발생하였을 경우에 사용된다. 위의 주어에 관한 규칙 (a)가 적용되면, 속격 어미 **-n**이 탈락한다(§36).

Että 절	분사구문
Uskoin, että ***nuku/n.*** 나는 내가 잔다는(잘) 것을 믿는다.	Uskon ***nukku/va/ni.*** (나는 나의 잠을 믿는다.)
Usko/t/ko, että ***nuku/t?*** 너는 네가 잔다는(잘) 것을 믿느냐?	Uskotko ***nukku/va/si?*** (너는 너의 잠을 믿느냐?)
Tiedä/n, että ***ole/n*** vanha. 나는 내가 늙었다는 것을 안다.	Tiedän ***ole/va/ni*** vanha. (나는 나의 늙음을 안다.)
Pekka luuli, että ***hän*** oli Lipponen. 뻬까는 그가 립뽀넨이라고 생각했다.	Pekka luuli ***ole/va/nsa*** Lipponen.
He sanoivat, että ***he*** tulisivat huomenna. 그들은 그들이 내일 온다고 말했다.	He sanoivat ***tule/va/nsa*** huomenna.
Hän väittää, että ***hän*** on sairas. 그는 그가 아프다고 주장한다.	Hän väittää ***ole/va/nsa*** sairas.
Tuula huomasi, että ***hän*** itki. 뚜울라는 그가 울고 있는 것을 깨달았다.	Tuula huomasi ***itke/vä/nsä.***
Hallitus tietää, että ***se*** tulee eroamaan. 정부는 정부가 사퇴할 것을 안다.	Hallitus tietää ***eroa/va/nsa.***
Luule/mme, että ***lähde/mme*** huomenna. 우리는 우리가 내일 떠나는 것을 생각한다.	Luulemme ***lähte/vä/mme*** huomenna.
Tiedä/n, että ***hän*** on ulkomailla. 나는 그가 해외에 있는 것을 안다.	Tiedän ***häne/n ole/va/n*** ulkomailla.
Luule/t/ko, että ***tiedä/n*** tämän? 너는 내가 이것을 안다고 생각하느냐?	Luuletko minu/n ***tietä/vä/n*** tämän?
Näi/mme, että ***he*** lähtivät. 우리는 그들이 떠나는 것을 보았다.	Näimme heidä/n lähte/va/n.

Kuuli/mme, että *lapsi* huusi. 우리는 아이가 외치는 것을 들었다.	Kuulimme *lapse/n huuta/va/n.*
Pekka kuuli, että *juna* saapui. 뻬까는 열차가 도착하는 것을 들었다.	Pekka kuuli *juna/n saapu/va/n.*
He luule/vat, että *suostu/t* ehdotukseen. 그들은 네가 그 제안에 동의한다고 생각한다.	He luulevat *sinu/n suostu/va/n* ehdotukseen.

분사구문에서 että 절의 인칭대명사 주어가 속격으로만 표현된 것에 주목하라. 즉, …minu/n ole/va/n '나의 …임에' 등. 그와 반면에, kun('…때, when') 절의 인칭대명사 주어는 시표구문(時表構文 temporal construction, §83)으로 표현된다.

아래 예문들은 과거분사 능동형의 용법을 보여준다. 과거분사 능동형은 että 절 동사의 행위가 주절 동사의 행위보다 앞선 경우에 사용된다.

Että 절	분사구문
Luule/n, että *ole/n* nukkunut. 나는 내가 잠잤다고 생각한다. (나는 나의 잤음을 생각한다.)	Luulen *nukku/nee/ni.*
Usko/t/ko, että *nukui/t?* 너는 네가 잠잤다고 생각하느냐?	Uskotko *nukku/nee/si?*
Tiedä/n, että *oli/n* sairas. 나는 내가 아팠다는 것을 안다.	Tiedän *ol/lee/ni* sairas.
Huomasi/mme, että *oli/mme* myöhästyneet. 우리는 우리가 늦었다는 것을 깨달았다.	Huomasimme *myöhästy/nee/mme.*
He sanoivat, että *he* olivat tulleet jo eilen. 그들은 그들이 어제 이미 왔었다고 말했다.	He sanoivat *tul/lee/nsa* jo eilen.
Tuula huomasi, että *hän* oli itkenyt. 뚜울라는 그가 울었다는 것을 깨달았다.	Tuula huomasi *itke/nee/nsä.*
TPS tajusi, että se oli hävinnyt. TPS(운동 팀 이름)는 그 (팀)이 패했다는 것을 알았다.	TPS tajusi *hävin/nee/nsä.*
Tiedä/n, että *hän* on ollut ulkomailla.	Tiedän *häne/n ol/lee/n* ulkomailla.

나는 그가 해외에 있었던 것을 안다.

Luule/t/ko, että *minä* tiesin tämän?	Luuletko *minu/n tietä/nee/n* tämän?

너는 내가 이것을 알았다고 생각하느냐?

Ymmärsi/mme, että *he* olivat lähteneet.	Ymmärsimme *heidä/n lähte/nee/n*.

우리는 그들이 떠났다는 것을 알았다.

Pekka kuuli, että *juna* oli saapunut.	Pekka kuuli *juna/n* saapu/nee/n.

뻬까는 비가 도달하였음을 들었다.

He *luule/vat*, että suostui/t ehdotukseen.	He luulevat *sinu/n suostu/nee/n* ehdotukseen.

그들은 네가 그 제안에 동의하였다고 생각한다.

Kerrotti/in, että *Virtanen* oli kuollut.	Kerrottiin *Virtase/n kuol/lee/n*.

(누가) 말했다, 비르따넨이 죽었다고. (비르따넨이 죽었다고 했다.)

분사구문은 몇 가지 동사들과 특히 잘 나타난다. 즉, **näky/ä** '보이다', **näyttäa/ä** '…같이 보이다, 생각되다', **kuulu/a** '들리다', **tuntu/a** '느끼다, 생각되다' 등. **että** 절의 주어는 주절의 주어가 되고, 따라서 '동사의 일치'에 영향을 준다. 참고 **Näyttää (siltä) että auto on rikki**. '그 자동차는 부서진 것 같이 보인다(It seems that the car is broken).' → **Auto näyttää olevan rikki** (The car seems to be broken).

Auto näyttää *ole/va/n* rikki.	그 자동차는 부서질 것 같이 보인다.
Sinä näytät *ole/va/n* sairas.	너는 아플 것 같이 보인다.
Auto näyttää *ol/lee/n* rikki.	그 자동차는 부서졌던 것 같이 보인다.
Sinä näytät *ol/lee/n* sairas.	너는 아팠던 것 같이 보인다.
Ahtisaari näyttää *sano/va/n*, että…	아흐띠사아리는 …라고 말하는 것 같이 보인다.
Ahtisaari näyttää *sano/nee/n*, että…	아흐띠사아리는 …라고 말했던 것 같이 보인다.
Tilanne tuntuu *vaikeutu/va/n*.	상황은 더욱 어려워지는 것 같이 보인다.
Tilanne tuntui *vaikeutu/nee/n*.	상황은 더욱 어려워졌던 것 같이 보였다.

Tilanne ei tunnu *vaikeutu/va/n.*	상황은 더욱 어려워지는 것 같이 보이지 않는다.
Tilanne ei tuntunut *vaikeutu/va/n.*	상황은 더욱 어려워지는 것 같이 보이지 않았다.
Tilanne ei tuntunut *vaikeutu/nee/n.*	상황은 더욱 어려워졌던 것 같이 보이지 않았다.

아래 **että** 절의 피동 예문들을 보인다. 종속절 동사가 표현하는 행위가 주절 동사의 행위와 동시에 발생하였거나 후에 발생하였으면 **-(t)ta/va/n ~ -(t)tä/vä/n**이 사용되고, **että** 절 동사의 행위가 먼저 발생하였으면 **-tu/n ~ -ty/n**이 사용된다.[5)]

Että 절	분사구문
Tiedän, että Ruotsissa *puhu/taan* myös suomea. 나는 스웨덴에서 또한 핀란드어가 말해진다는 것을 안다.	Tiedän Ruotsissa *puhu/tta/va/n* myös suomea. (나는 스웨덴에서 핀란드어가 또한 말해짐을 안다.)
Kuulin, että *sano/ttiin*, että··· 나는 (누가) ···을 말했다는 것을 들었다.	Kuulin *sano/tta/va/n*, että··· (나는 (누가) 말함을 들었다.)
Kalle kuuli, että huoneessa *siivot/tiin.* 깔레는 (누가) 방에서 청소하는 것을 들었다.	Kalle kuuli huoneessa *siivot/ta/va/n.*
Huomasin, että alakerrassa *riidel/lään.* 나는 아래 층에서 (누가) 언쟁하는 것을 들었다.	Huomasin alakerrassa *riidel/tä/vä/n.*
Tiedän, että *ol/laan* sitä mieltä että··· 나는 (사람들은) ···이라는 의견이라는 것을 안다	Tiedän *ol/ta/va/n* sitä mieltä, että···
Tiedän, että Virossa on *puhu/ttu* myös ruotsia. 나는 에스토니아에서 또한 스웨덴어를 말했었다는 것을 안다.	Tiedän Virossa *puhu/tu/n* myös ruotsia.

5) 역자주. 국어의 형식과 완전히 일치하는 것은 아니나, 전자는 국어에서 동사의 현재명사형 '-(으)ㅁ', 후자는 과거명사형 '-(아/어)ㅆ음'으로 대응시켜 이해할 수 있다. 핀란드어 분사구문의 직역이라고 가정하고, '나는 누구의 말함 들었다'에서 종속절의 '말함'은 주절 '들었다'와 동시에 혹은 미래에도 계속될 수 있는 행동이고, '나는 누구의 말했음을 들었다'에서 '말했음'은 '들었다'보다 먼저 발생한 행위이다.

Kuulin, että oli *sano/ttu* että…	**Kuulin *sano/tu/n*, että…**
나는 (누가) …이라 말했었다는 것을 들었다.	
Huomasin, että *oli esite/tty* että…	**Huomasin *esite/ty/n*, että…**
나는 (누가) …을 제안했었다는 것을 알았다.	
Kalle kertoi, että oli *rakenne/ttu* talo.	**Kalle kertoi *rakenne/tu/n* talo.**
깔레는 (누가) 집을 건축하였다고 말했다.	(깔레는 건축된 집을 말했다.)
Kalle kertoi, että talo oli *rakenne/ttu.*	**Kalle kertoi talo/n *rakenne/tu/n.***
깔레는 그 집이 건축되었다고 말했다.	(깔레는 집의 건축되었음을 말했다.)

위 마지막 예문에서 피동문의 목적어를 분사 앞에 이동시키고 속격형으로 만듦으로써 표시할 수 있음에 유의하여라.

§83 시표구문

시표구문(時表構文 the temporal construction)은[6] **kun** '…한 때(when…)' 절을 축약하는데 사용할 수 있다. 만약 **kun** 절 동사의 행위가 주절 동사의 행위와 동시에 혹은 늦게 발생하면, 시표구문의 동사는 제2부정사의 재내격형이다. 예를 들면, **sano/e/ssa/ni** '나의 말함에'(§75.1).

Kun 절	시표구문
Kun Kalle tuli, Pekka lähti. 깔레가 왔을 때, 뻬까가 떠났다.	**Kallein *tul/le/ssa* Pekka lähti.** (깔레의 옴에 뻬까가 떠났다.)
Kun tulin, kompastuin. 내가 왔을 때, 나는 비틀거렸다.	***Tul/le/ssa/ni* kompastuin.** (나의 옴에 나는 비틀거렸다.)

만약 **kun** 절 동사의 행위가 주절 동사의 행위보다 먼저 발생하였으면, 시표구문의 동사 형식은 과거분사 피동의 비정격형이다. 예. **sano/ttu/a** '말하고(서)', **syö/ty/ä** '먹고(서)'. 여기서 분사는 피동의 의미를 나타내지 않는다.[7]

---

6) 역자주. '시표구문(時表構文)'은 '시간이 표현된 구문'이라는 뜻으로 쓴다.

7) 역자주. 과거분사 피동형식의 비정격형을 구성하는 요소들을 국어로 직역하고 의미를 표시하기가 어렵다. 이 형식은 국어의 부동사 어미 '-하고(서)'와 대응되는 의미를 나타내는 것으로

Kun 절	시표구문
Kun Kalle oli tullut, Pekka lähti. 깔레가 왔었을 때, 뻬까가 떠났다.	**Kalle/n *tul/tu/a* Pekka lähti.**
Kun olin tullut, kompastuin. 내가 왔었을 때, 나는 비틀거렸다.	***Tul/tu/a/ni* kompastuin.**

아래 표에서 과거분사 형식의 구성을 다시 확인할 수 있을 것이다.

부정사		과거시제	과거분사	비정격
sano/a	말하다	sano/ttiin	sano/ttu	sano/**ttu**/a
auta/a	주다	anne/ttiin	anne/ttu	anne/**ttu**/a
juo/da	마시다	juo/tiin	juo/tu	juo/**tu**/a
ol/la	이다/있다	ol/tiin	ol/tu	ol/**tu**/a
huomat/a	깨닫다	huomat/tiin	huomat/tu	huomat/**tu**/a
pelät/ä	무서워하다	pelät/tiin	pelät/ty	pelät/**ty**/ä
ansait/a	벌다	ansait/tiin	ansait/tu	ansait/**tu**/a

시표구문에서 **kun** 절의 주어는 제2부정사 재내격과 동일한 규칙에 의하여 표시된다(§75.1).

> **Kun** 절의 주어는
> (a) 소유접미사로만 표현-주어가 주절의 주어와 동일할 경우;
> (b) 독립된 단어의 속격으로 표현-주어가 주절의 주어와 다를 경우;
> (c) 인칭대명사의 속격형(**minun** '나의' 등)과 후행하는 분사형에 소유접미사로 표현(강세가 없는 1인칭 및 2인칭 대명사들은 생략될 수 있다).

Kun 절	과거분사 피동 비정격형
Kun *Pekka* oli herännyt, hän lähti töihin. 뻬까는 잠이 깨었었을 때, 그는 일을 나갔다.	***Herät/ty/ä/än* Pekka lähti töihin.**

느껴지지만, 그 표현으로 '인명-속격어미+과거분사피동형-비정격어미'의 구조를 번역하기 어렵다.

Kun *oli/n* herännyt, lähdi/n töihin. — *Herät/ty/ä/ni* lähdin töihin.
나는 잠이 깨었을 때, 나는 일을 나갔다.

Tule/t/ko ulos, *kun ole/t* juonut kahvia? — Tuletko ulos *juo/tu/a/si* kahvia?
네가 커피를 마셨을 때, 너는 나오겠느냐?

Kun *oli/mme* syöneet, lähdi/mme kävelylle. — *Syö/ty/ä/mme* lähdimme kävelylle.
우리가 먹었을 때, 우리는 산보를 나갔다.

Monet ihmiset ajattelevat paremmin, kun he ovat juoneet kahvia. — Monet ihmiset ajattelevat paremmin *juo/tu/a/an* kahvia.
많은 사람들은 생각을 보다 잘 한다, 그들이 커피를 마셨을 때.

Kun *Pekka* oli herännyt, *Liisa* lähti töihin. — Peka/n *herät/ty/ä* Liisa lähti töihin.
뻬까가 잠깼을 때, 리이사는 일에 나갔다.

Kun *Viren* oli tullut maaliin, *Päivärinta* oli vielä loppusuoralla. — *Vireni/n* tul/tu/a maaliin Päivärinta oli vielä loppusuoralla.
비렌이 결승점에 도착했을 때, 빼이배린따는 아직 마지막 직선 코스에 있었다.

Kaikki hämmästyivät, kun *Lipponen* oli sanonut tämän. — Kaikki hämmästyivät *Lippose/n* sano/ttu/a tämän.
모두가 놀랐다. 립뽀넨이 이것을 말했을 때,

Vaimoni heräsi, kun (*minä*) olin tullut kotiin. — Vaimoni heräsi (minun) *tul/tu/a/ni* kotiin.
나의 처는 잠을 깨었다. 내가 집에 돌아 왔을 때,

Kun oli/mme olleet vuoden Ruotsissa, ajat huononivat. — (Meidän) ol/tu/a/mme vuoden Ruotsissa ajat huononivat.
우리가 스웨덴에 1년간 있었을 때, 시간은 더욱 나빠졌다.

§84 동작주구문

동작주구문(動作主構文 the agent construction)은 관계절(關係節 relative clause), 즉, 관계대명사 **joka**('who')와 **mikä**('which')로 시작되는 절을 축약하는 한 가지 방법이다. 대다수 문장의 경우 이 관계절들은 선행 수식어가 된다. 동사는 어미가 첨가되어 형용사와 같은 기능을 하고 주어(동작주)는 속격으로 나타난다.

관계절	동작주구문
auto, jonka Kalle osti 자동차, (that) 깔레가 샀다[8)] (깔레가 산 자동차)	***Kalle/n osta/ma* auto** 깔레의 산 자동차[9)]
auto, jonka (minä) ostin 자동차, (that) 내가 샀다 (내가 산 자동차)	**(minu/n) *osta/ma/ni* auto** (나의) 나의 산 자동차

동작주구문의 동사에는 아래 규칙이 적용된다.

> 동작주구문의 동사는
> (a) 일반적으로 과거 시점을 나타낸다;
> (b) 동사의 굴절어간에 **-ma ~ -mä**를 첨가시켜 형성한다(§76.1).
> (c) 일반 형용사들과 똑같이 기능한다. 따라서 수(數)와 모든 격(格)에 따라 굴절한다(§31).

위 규칙의 (a)는 구문의 동사가 과거 시간을 나타내는 어떤 시제, 즉, 과거시제, 완료시제, 과거완료 시제 중 어느 시제와도 일치될 수 있음을 의미한다.

Kalle/n *osta/ma* auto	(a) 깔렌의 산 차 (과거시제)
	(b) 깔렌의 사온 차 (완료시제)
	(c) 깔렌의 샀었던 자동차 (과거완료)

(b)는 동사가 제3부정사의 어간과 동일한 방법으로 형성됨을 의미한다.

부정사		3인칭단수	**-ma ~ -mä** 동사형
anta/a	주다	anta/a	anta/<u>**ma**</u>
vetä/ä	끌다	vetä/ä	vetä/<u>**mä**</u>

8) 역자주. 국어로는 관계대명사가 이끄는 절을 직역할 수 없어서, 오른 편의 동작주구문과 비교할 수 있게 단어 단위로 직역하여 놓았고, 국어에 부재하는 관계대명사는 영어의 'that'으로 표시하였다. 평상적인 국어 문장은 괄호 안에 보였다.

9) 역자주. 현대국어에서 '속격+관형형+명사'의 구조, 예를 들면 '나의 살던 고향'을 용납하는 사람들이 있고, 학자나 작가들 중에는 용납하지 않고 '내가 살던 고향'으로 써야 한다고 주장하는 사람들이 있다. 번역자도 후자의 입장에 동조하지만, 본서에서는 독자가 핀란드어의 구조를 정확히 이해하는데 도움이 되도록 동작주의 속격형을 모두 국어의 속격형으로 직역하였다.

kaivat/a	바라다	kaipaa	kaipaa/**ma**
määrät/ä	명하다	määrää	määrää/**mä**
syö/dä	먹다	syö	syö/**mä**
valit/a	선택하다	valitse/e	valitse/**ma**
mainit/a	언급하다	mainitse/e	mainitse/**ma**

(c)는 문장 내에서 **-ma ~ -mä**형은 형용사와 같이 기능하며 '일치의 규칙들'(§31)이 적용됨을 의미한다.[10)]

sininen auto	파란(하늘색) 자동차 (주격)
Kallen ***osta/ma*** auto	깔레의 산 자동차 (주격)
sinise/n ***auto/n***	파란(의) 자동차의 (속격)
Kallen ***osta/ma/n auto/n***	깔레의 산(의) 자동차의 (속격)
sinise/ssä auto/ssa	파란(에) 자동차(안)에 (재내격)
Kallen ***osta/ma/ssa auto/ssa***	깔렌의 산(에) 자동차(안)에 (재내격)
sinise/t auto/t	파란(들) 자동차들 (복수 주격)
Kallen osta/ma/t auto/t	깔레의 산(들) 자동차들 (복수 주격)
sinis/i/llä ***auto/i/lla***	파란(들로) 자동차들로 (복수 재상격)
Kallen ***osta/m/i/lla auto/i/lla***	깔레의 산(들로) 자동차들로 (복수 재상격)

이 구문에서 동작주는 관계절의 주어(위 예문에서 '깔레')와 일치한다. 그리고 동작주는 시표구문의 주어에 적용되는 규칙(§83)과 동일한 규칙에 따라서 표현된다.

동작주는

(a) 소유접미사로만 표현된다 — 동작주가 대응하는 주절의 성분(일반적으로 '주어'이다)과 동일할 경우;

10) 역자주. 이하 예문들에서 핀란드어에서는 '형용사'도 '명사성어(nominals)'로서 명사에 첨가되는 격어미들이 첨가될 수 있는데, 국어에서는 그것이 불가능하다. 따라서 명사에 첨가된 격어미와 일치하는 수식어 형용사에 붙은 격어미를 국어로는 번역할 수가 없으나, 여기 예문에서 괄호 안에 직역하여 놓았다.

(b) 독립된 단어의 속격으로 표현 — 동작주가 대응하는 주절의 성분과 다를 경우;
(c) 인칭대명사의 속격형(minun '나의' 등)에 소유접미사를 반드시 첨가한 형식으로 표현된다. (비강세의 1인칭과 2인칭 대명사는 탈락될 수 있다.)

Tuula/n hankki/ma **vene maksoi 1,000 mk.**
뚜울라의 구입한 보트는 1000마르크 값나갔다(주었다).

(Minun) hankki/ma/ni **vene maksoi 1,000 mk.**
(나의) 나의 구입한 보트는 1000마르크 값나갔다(주었다).

Tuula istuu ***hankki/ma/ssa/an*** **veneessä.**
뚜울라는 그의 산 보트에 앉아있다.

Istun ***hankki/ma/ssa/ni*** **veneessä.**
나는 나의 산 보트에 앉아있다.

Miksi ette aja ***hankki/ma/lla/mme*** **veneellä?**
왜 너는 너의 구입한 보트에 가지 않냐?

Hankki/ma/mme **veneet eivät maksaneet paljon.**
우리가 산 보트들은 비싸게 값나가지 않았다.

Poik/i/en hankki/ma/t **veneet ovat mukavia.**
그 소년들의 산 보트들은 좋다.

Hän ajaa ***Tuula/n hankki/ma/lla*** **veneellä.**
그는 뚜울라의 산 보트로 간다.

동작주구문이 관계절과 직접 대응하지 않는, 아래와 같은 표현에 특별히 관심을 가질 필요가 있다.

Ehdotus on ***Virtase/n esittä/mä.***
*그 제안은 비르따넨의 제출한 것이다.

Tämä runo on ***Saarikoske/n kirjoitta/ma.***
*이 시(詩)는 사아리꼬스끼의 쓴 것이다.

Nämä runot ovat ***Saarikoske/n kirjoitta/ma/t~kirjoitta/m/i/a.***
*이 시들은 사아리꼬스끼의 쓴 것(들)이다.

Kene/n kirjoitta/m/i/a **nämä runot ovat?**
*이 시들은 누구의 쓴 것들이냐?

19 형용사의 비교형

- 비교급형(比較級形 Comparative)
- 최상급형(最上級形 Superlative)

§85 비교급(Comparative)

형용사의 비교급형 어미는 **-mpi** 이며 굴절어간에 첨가된다(제5장 참고).

예. **hullu** '미친', **hullu/mpi** '더 미친'. 아래 음운변화가 비교급 어미 앞에서 발생한다.

복수 음절로 구성된 형용사의 단모음 **-a** ~ **-ä**는 비교급 어미 앞에서 **-e**로 바뀐다.

참고. **vahva** '강한' : **vahve/mpi** '더 강한'; **selvä** '맑은' : **selve/mpi** '더 맑은'. 자음전환의 규칙이 비교급형 어미 앞에서 적용된다(§15.6). 참고. **helppo** '쉬운' : **helpo/mpi** '더 쉬운'.[1]

기본형		비교급형	참고절 § 굴절어간
paksu	두꺼운	**paksu/mpi** 더 두꺼운-	
iso	큰	**iso/mpi**	–
kiltti	착한	**kilti/mpi**	–
vanha	늙은	**vanhe/mpi**	–
selvä	맑은	**selve/mpi**	–
kova	단단한	**kove/mpi**	–

1) 역자주. 국어의 비교급 어미 '-보다'는 명사에 첨가되는 격어미이다. (예. '네가 나보다 강하다.') 국어에는 핀란드어에서와 같이 형용사(관형어)에 첨가되는 비교급 어미가 없고, 부사 '더'와 어미 '-보다'를 독립 부사와 같이 써서 비교의 의미를 표현한다. (예. '더 강한 사람', '보다 강한 사람') 최상급 역시 어미는 없고, 부사 '가장'이나 '제일'로 관형어나 부사를 수식하는 구성으로 최상급의 의미를 표현한다. (예. '가장 강한 사람', '제일 잘 하는 사람')

paha	나쁜	**pahe/mpi**	–
jyrkkä	가파른	**jyrke/mpi**	–
tarkka	정확한	**tarke/mpi**	–
nopea	빠른	**nopea/mpi**	–
vakava	진지한	**vakava/mpi**	–
suuri	위대한	**suure/mpi**	18.3 (suure-)
pieni	작은	**piene/mpi**	18.3 (piene-)
uusi	새(로운)	**uude/mpi**	18.4 (uute-)
terve	건강한	**tervee/mpi**	19 (tervee-)
tuore	신선한	**tuoree/mpi**	19 (tuoree-)
tavallinen	보통	**tavallise/mpi**	20.1 (tavallise-)
punainen	빨간	**punaise/mpi**	20.1 (punaise-)
kaunis	아름다운	**kaunii/mpi**	20.3 (kaunii-)
puhdas	깨끗한	**puhtaa/mpi**	20.3 (puhtaa-)
raitis	침착한	**raittii/mpi**	20.3 (raittii)
voimakas	강력한	**voimakkaa/mpi**	20.3 (voimakkaa-)
lyhyt	짧은	**lyhye/mpi**	20.8 (lyhye-)
kevyt	가벼운	**kevye/mpi**	20.8 (kevye-)

비교급형의 굴절 형식에는 한 가지 특징이 있다. 굴절어간의 말음(末音)인, 즉 비교급 어미인 **-mpi**가 **-mpa-** ~ **-mpä-**로 바뀌고, 그것이 다시 자음전환의 규칙에 의하여 **-mma-** ~ **-mmä-**로 변화한다. 복수 어미 **-i-** 앞에서는 말음 **-a** ~ **-ä**가 탈락한다 (§16).

비교급	기본형	단수	복수
paksu/mpi	더 두꺼운 향내격	paksu/mpa/an	paksu/mp/i/in
	상황격	paksu/mpa/na	paksu/mp/i/na
	비정격	paksu/mpa/a	paksu/mp/i/a
	속격	paksu/mma/n	paksu/mp/i/en
	재내격	paksu/mma/ssa	paksu/mm/i/ssa
	향외격	paksu/mma/sta	paksu/mm/i/sta

재상격	paksu/mma/lla	paksu/mm/i/lla
탈격	paksu/mma/lta	paksu/mm/i/lta
향격	paksu/mma/lle	paksu/mm/i/lle
전환격	paksu/mma/ksi	paksu/mm/i/ksi

비교급형의 기본 형식인 **selve/mpi** '더 맑은'의 굴절형들은 **selve/mpä/än**(향격), **selve/mmä/n**(속격), **selve/mm/i/ssä**(재내격) 등이다.

형용사 **hyvä** '좋은'과 **pitkä** '긴'의 비교급 굴절형들은 예외이다: **hyvä: pare/mpi** '더 좋은', **pitkä: pite/mpi** '더 긴'. **pare/mpi**는 **pare/mpa/an**(향내격), **pare/mma/ssa**(재내격), **pare/mm/i/lla**(재상격)와 같이 굴절한다.

문장 내에서 비교급형들은 흔히 kuin '더'라는 단어와 같이 나타난다. 그 밖의 기능에서는 비교급형들이 일반 형용사들과 동일하다.

Minun autoni on *iso/mpi* kuin sinun.
내 자동차는 네 것보다 더 크다.

Ostan *iso/mma/n* auton.
나는 더 큰 자동차를 산다.

Ei *iso/mma/lla* autolla mitään tee!
더 큰 자동차로는 아무 것도 못한다.

Sinä olet *nuore/mpi* kuin minä.
너는 나보다 더 어리다.

Mutta minä taas olen *vanhe/mpi* kuin Lauri.
그러나 나는 라우리보다 더 나이가 많다.

Suomessa on monta *suure/mpa/a* kaupunkia kuin Salo.
핀란드에는 보다 큰 도시들이 살로보다 더 많다.

Uskomme *pare/mpa/an* tulevaisuuteen.
우리는 보다 나은 미래를 믿는다.

Näytät *tervee/mmä/ltä* kuin eilen.
너는 어제보다 더 건강해 보인다.

Olenkin *tervee/mpi*!
나는 더 건강해!

Pitäisi elää *tervee/mpä/ä* elämää.
보다 건강한 삶을 살아야 한다.

Pekka hankki *pare/mma/n* asunnon.
빼까는 더 좋은 아파트를 구했다.

Etkö pysty hankkimaan *pare/mpa/a* asuntoa?
너는 더 좋은 아파트를 구할 수 없느냐?

Kaupunki rakentaa *pare/mp/i/a* asuntoja.
그 시(市)는 더 좋은 아파트를 건축한다.

Appelsiinit ovat *kallii/mp/i/a* kuin omenat.
오렌지가 사과보다 더 비싸다.

***Keltaise/mma/t* appelsiinit ovat *kypse/mp/i/ä*.**
더 노란 오렌지가 더 익었다.

Ostan nuo *keltaise/mma/t* appelsiinit.
나는 더 노란 그 오렌지들을 산다.

En osta noita *vihreä/mp/i/ä* appelsiineja.
나는 더 녹색인 오렌지들을 안 산다.

Tämä on *lue/tu/mpi* kirja.
이것이 더 읽힌 책이다.

비교급 구조인 '**kuin** + 주격'이 어떤 때는 비정격 형식의 단일 단어로 대치될 수 있고, 이 단어는 비교급 형식의 앞에 온다. 이 구조는 주로 문어에서 사용된다.

Olet vanhe/mpi kuin minä. = Olet minu/a vanhe/mpi.
너는 나보다 나이가 더 많다.

Tämä auto on kallii/mpi kuin tuo. = Tämä auto on tuo/ta kallii/mpi.
이 자동차는 그 자동차보다 더 비싸다.

§86 최상급

최상급(最上級 sperlative) 형식의 어미는 **-in**이고 비교급 어미와 같이 굴절어간에 첨가된다. 예. **hullu** '미친' : **hullu/in** '가장 미친'. 최상급 어미 앞에서도 자음전환의 규칙이 적용된다(§15.6). 예. **helppo** '쉬운' : **helpo/in** '가장 쉬운'.

> 최상급 어미 앞에서 모음 변화의 규칙도 적용된다(§16): 장모음이 단모음화하고, 단모음 **-a**, **-ä**, **-e**가 탈락하고, **-i**와 **-ii**가 **-e**로 변화한다.

예:

기본형		최상급형	참고절 §	굴절어간
paksu	두꺼운	paksu/in	—	
iso	큰	iso/in	—	
kiltti	착한	kilte/in	—	
vanha	늙은	vanh/in	—	
selvä	맑은	selv/in	—	
kova	단단한	kov/in	—	
jyrkkä	가파른	jyrk/in	—	
tarkka	정확한	tark/in	—	
nopea	빠른	nope/in	—	
tärkeä	중요한	tärke/in	—	
matala	낮은	matal/in	—	
suuri	위대한	suur/in	18.3	(suure-)
pieni	작은	pien/in	18.3	(piene-)
uusi	새(로운)	uus/in	18.4	(uute-)
tavallinen	보통	tavallis/in	20.1	(tavallise-)
punainen	빨간	punais/in	20.1	(punaise-)
kaunis	아름다운	kaune/in	20.3	(kaunii-)
raitis	침착한	raitte/in	2.3	(raittn-)
vapaa	자유로운	vapa/in	—	
vakaa	단단한	vaka/in	—	
terve	건강한	terve/in	19	(tervee-)
tuore	신선한	tuore/in	19	(tuoree-)
puhdas	깨끗한	puhta/in	20.3	(puhtaa-)
voimakas	강력한	voimakka/in	20.3	(voimakkaa-)
runsas	풍부한	runsa/in	20.3	(runsaa-)
lyhyt	짧은	lyh(y)/in	20.8	(lyhye-)
ohut	얇은	ohu/in	20.8	(ohue-)

최상급에도 예외적인 굴절 형식들이 있고, 부분적으로 비교급의 예외적 형식들과 유사하다(§85). 굴절어간에서 최상급 어미 **-in**이 **-impa-** ~ **-impä-**로 변화하고, 이것은 자음전환의 규칙이 적용되어 **-imma-** ~ **-immä-**로 변한다. 복수어미 **-i-** 앞에서 어말음 **-a** ~ **-ä**가 탈락한다.

최상급 기본 형식		단수	복수
paksu/in	'두꺼운' 향내격	**paksu/impa/an**	**paksu/imp/i/in**
	상황격	**paksu/impa/na**	**paksu/imp/i/na**
	비정격	**paksu/in/ta/**	**paksu/imp/i/a**
	속격	**paksu/imma/n**	**paksu/imp/i/en**
	재내격	**paksu/imma/ssa**	**paksu/imm/i/ssa**
	향외격	**paksu/imma/sta**	**paksu/imm/i/sta**
	재상격	**paksu/imma/lla**	**paksu/imm/i/lla**
	탈격	**paksu/imma/lta**	**paksu/imm/i/lta**
	향격	**paksu/immna/lle**	**paksu/immi/i/lle**
	전환격	**paksu/imma/ksi**	**paksu/imm/i/ksi**

형용사 **selvä** '맑은' 역시 같은 방식으로 최상급 기본 형식이 **selv/in** '가장 맑은'이고 굴절 형식들은 **selv/impä/än**(향내격), **selv/immä/stä**(향외격), **selv/imp/i/in**(향내격 복수형), **selv/imm/i/llä**(재상격 복수형) 등이다.

비정격 단수는 보통은 기본 형식에 **-ta** ~ **-tä**를 첨가하여 형성된다. 예. **paksu/in/t, selv/in/tä, vanh/in/ta, voimakka/in/ta.** 그러나 최상급형 **hyvä**와 **pitkä**는 예외이다.

기본형	비교급형	최상급형	
hyvä	**pare/mpi**	**paras** ~ **parha/in**	(속격 **parhaa/n** ~ **parha/imma/n,**
좋은	더 좋은	가장 좋은	향내격 **parha/impa/an,**
			향내격 복수 **parha/imp/i/in**)
pitkä	**pite/mpi**	**pis/in**	(속격 **pis/immä/n**)
긴	더 긴	가장 긴	

hyvä의 비정격 단수 형식은 **paras/ta** 혹은 **parha/in/ta**이고, **pitkä**의 형식은 **pis/**

in/tä이다.

문장 내에서 최상급 형식들은 일반적인 형용사와 같이 기능한다.

Helsinki on Suomen *suur/in* kaupunki.
헬싱키는 핀란드에서 가장 큰 도시이다.

Oletko käynyt Suomen *suur/imma/ssa* kaupungissa?
너는 핀란드에서 가장 큰 도시에 있었느냐?

Helsinki on kehittynyt Suonien *suur/imma/ksi* kaupungiksi.
헬싱키는 핀란드에서 가장 큰 도시로 발전하였다.

Mikä on Suonien *vanh/in* kaupunki?
어느 곳이 핀란드에서 가장 오래된 도시이냐?

Rauma kuuluu Suomen *vanh/imp/i/in* kaupunkeihin.
라우마가 핀란드에서 가장 오래된 도시로 들었다.

Asun kaupungin *vanh/imma/ssa* osassa.
나는 도시의 가장 오래된 지역에 산다.

Aion muuttaa kaupungin *vanh/impa/an* osaan.
나는 도시의 가장 오래된 지역으로 이사한다.

Mitkä ovat kirjan *vaike/imma/t* luvut?
어느 것이 책에서 가장 어려운 장(章)이냐?

Viren oli kaikkein *nope/in*, Virtanen taas *hita/in*.
비렌이 모든 이(사람) 중에서 가장 빨랐고, 비르따넨이 가장 느렸다.

Kuka pojista on *pisin?*
어떤 소년이 가장 크냐?

Suomi on yksi maailman *pohjois/imm/i/sta* maista.
핀란드는, 이다, 하나의, 세계에서 가장 북쪽의 나라.
(핀란드는 세계에서 가장 북쪽에 있는 나라들 중 하나이다.)

Suomi on maailman *pohjaisi/imp/i/a* maita.
핀란드는, 이다, 세계에서 가장 북쪽의 나라.
(핀란드는 세계에서 가장 북쪽에 있는 한 나라이다.)

Viren on Suomen *nope/imp/i/a* juoksijoita.
비렌은 핀란드에서 가장 빨리 뛰는 선수이다.

***Annan parhaa/n* (*parhaimma/n*) palan sinulle.**
나는 너에게 가장 좋은 부분을 준다.

Liha maistuu parhaa/lta (parhaimma/lta) paistettuna.

고기는 구었을 때 가장 맛이 좋다.

Kalle on *parha/i/ta* ystäviäni.
깔레는 나의 가장 좋은 친구이다.

On *halv/in/ta* syödä puuroa.
포리지를 먹는 것이 가장 싸다. (포리지 porridge: 오트밀 등으로 만든 죽)

Ostan *halv/imma/t* kengät.
나는 가장 싼 구두를 산다.

Onko Juhannustanssit Suomen *luetu/in* kirja?
〈한 여름의 댄스(Midsummer Dance)〉가 핀란드에서 가장 (많이) 읽힌 책이냐?

Heikki Kinnunen on Suonien *pidety/imp/i/ä* näyttelijöitä.
헤익끼 낀누엔은 핀란드에서 가장 인기 있는 배우이다.

'최고로 + 최상급'의 의미를 나타내는 절대 최상급(absolute superlative)은 **mitä** + 최상급의 구조로 표현한다. 예. **mitä hullu/in** '지극하게 미친'

Ehdotus on *mitä* parhain.	그 계획안은 최고로 가장 좋다.
Näytät *mitä terve/immä/ltä*.	너는 최고로 가장 건강하게 보인다.
Hän teki *mitä syv/immä/n* vaikutuksen kuulijoihin.	그는 청중들에게 최고로 가장 깊은 인상을 주었다.

20 기타의 단어 부류

- 부사(副詞 Adverbs)
- 전치사(前置詞 Prepositions)
- 후치사(後置詞 Postpositions)
- 접속사(接續詞 Conjunctions)
- 전접첨사(前接添辭 Particles)

§87 부사

핀란드어에서 가장 흔히 볼 수 있는 부사 유형은 형용사(명사성어)의 굴절어간에 **-sti**어미를 첨가하여 형성된 것이고, '태도(manner)'의 의미를 나타낸다. 예. **hauska** '유쾌한' : **hauska/sti** '유쾌히'. 이 부사화 어미는 자음전환을 유발한다. 예. **helppo** '쉬운' : **helpo/sti** '쉽게'(§15.6).

기본형	-sti가 첨가된 부사	
paksu	**paksu/sti**	빽빽히
kiltti	**kilti/sti**	너그럽게
nopea	**nopea/sti**	빨리
suuri	**suure/sti**	크게
tavallinen	**tavallise/sti**	보통
kaunis	**kaunii/sti**	아름답게
puhdas	**puhtaa/sti**	순수히
voimakas	**voimakkaa/sti**	강력히

Jussi laulaa *kaunii/sti*.	유씨는 아름답게 노래한다.
Panen *runsaa/sti* voita leivän päälle.	나는 빵에 버터를 많이 놓는다.
Puhukaa aivan *vapaa/sti*!	아주 자유롭게 말해라!

Nyt täytyy puhua *lyhye/sti*!	지금은 간단히 말해야 한다.
***Tavallise/sti* menen sänkyyn klo 23.**	보통 나는 11시에 침대에 간다.
Teen työtä *tehokkaa/sti*.	나는 효과적으로 일한다.
En pidä tästä *erityise/sti*.	나는 이것을 특별히 좋아하지 않는다.

부사의 비교급과 최상급 형식은 상응하는 형용사 형식 **-mpi**와 **-in**을 **-immin**(비교급)과 **-immin**(최상급)으로 바꾸어 파생시킨다.

형용사 기본형		비교급 형용사 기본형	최상급 형용사 기본형	비교급 부사 **-mmin**	최상급 부사 **-immin**
helppo	쉬운	helpo/**mpi**	helpo/**in**	helpo/**mmin**	helpo/**immin**
selvä	투명한	selve/mpi	selv/in	selve/mmin	selv/immin
kova	단단한	kove/mpi	kov/in	kove/mmin	kov/immin
matala	낮은	matala/mpi	matal/in	matala/nimin	matal/immin
tarkka	정확한	tarke/mpi	tark/in	tarke/mmin	tark/immin
suuri	큰	suure/mpi	suur/in	suure/mmin	suur/immin
tavallinen	보통의	tavallise/mpi	tavallis/in	tavallise/mmin	tavallis/immin
kaunis	아름다운	kaunii/mpi	kaune/in	kaunii/mmin	kaune/immin
puhdas	깨끗한	puhtaa/mpi	puhta/in	puhtaa/mmin	puhta/immin
runsas	풍부한	runsaa/mpi	runsa/in	runsaa/mmin	runsa/immin
terve	건강한	tervee/mpi	terve/in	tervee/mmin	terve/immin

Yrjö juoksee *nopea/mmin* kuin Lauri.
위르외는 라우리보다 빨리 달린다.

Aja *hitaa/mmin*!
보다 천천히 운전해라!

Tuo mies ajaa kaikkein *hita/immin*.
저 남자는 모든 사람 중에서 가장 천천히 운전한다.

Yritä opiskella *ahkera/mmin*.
보다 열심히 공부하려고 노력해라.

***Tavallis/immin* herään klo 7.**
가장 흔히 나는 7시에 깬다.

Elä *tervee/mmin*!
보다 건강하게 살아라!

Siellä oli *runsaa/mmin* ihmisiä kuin oli odotettu.
예상했던 것보다 많이 사람들이 그곳에 있었다.

Kyllä Johanna laulaa *kaune/immin*, ainakin *kaunii/mmin* kuin Aune.
확실히 요한나는 가장 아름답게 노래한다, 적어도 아우네보다는 아름답게.

paljon '많이'의 비교급과 최상급은 예외로, 비교급은 **enemmän** '보다 많이', 최상급은 **eniten** '가장 많이'이다. 마찬가지로, **vähän** '적게'-**vähemmän** '보다 적게'-**vähiten** '가장 적게'이고, **hyvin** '좋게'-**paremmin** '보다 좋게'-**parhaiten** '가장 좋게'이다.

다른 종류의 일반 부사류는 장소나 방향을 나타내는 것들이다. 예를 들면, **alas** '아래', **pois** '떨어져' 등이다. 이 부사들은 흔히 동사가 시현하는 행위의 방향에 따라 외부적 장소격(§40) 3종의 어미가 첨가되기도 한다.[1)]

alas	아래
alhaa/lla, -lta, -lle	아래(에), 아래(에)서, 아래로
ede/ssä, -stä, eteen	앞에
kaikkia/lla, -lta, -lle	어디(에)나, 어디(에)서나
kaukana, kaukaa, kauas	멀리
kotona, kotoa, kotiin	집에
oikea/lla, -lta, -lle	오른쪽에, 오른쪽에서, 오른쪽으로
poissa, pois	떨어져
sie/llä, -ltä, sinne	거기(에), 거기(에)서
tuo/lla, -lta, -nne	저기(에), 저기(에)서
taä/llä, -ltä, tänne	여기(에), 여기(에)서
ulkona, ulkoa, ulos	밖에, 밖에서
vasemma/lla, -lta, -lle	왼쪽에, 왼쪽에서, 왼쪽으로
ylös	위로

1) 역자주. 이것은 국어에도 같다. 여기 핀란드어의 예에 대응하는 국어 '아래'가 '아래 있다'에서는 부사와 같이 격어미가 붙지 않고, '아래에 있다'에서는 명사와 같이 격어미가 붙는다.

'시간'을 표시하는 부사의 예는 아래와 같다.

aikaisin	일찍	**joskus**	가끔
aina	항상	**kauan**	오랫동안
eilen	어제	**kerran**	한번
ennen	전에, 앞에	**kohta**	곧
harvoin	드물게	**myöhään**	늦게
heti	곧	**nyt**	지금
huomenna	내일	**silloin**	그때
tänään	오늘	**sitten**	그 후(에)
usein	자주		

정도・크기・용량 등을 나타내는 부사들의 예는 아래와 같다.

aika	아주, 다소	**kovin**	매우, 퍽
aivan	아주, 완전히	**kyllin**	충분히
erittäin	지극히	**liian**	또(한)
hieman	약간	**melko**	상당히
hiukan	조금	**niin**	그렇게
varsin	유별나게		

이상의 예들 외에, '태도(manner)'를 나타내는 아래와 같은 부사들이 있다.

hiljaa	조용히	**näin**	이같이
hyvin	잘	**oikein**	바로
ilmaiseks	무료로	**samoin**	똑같이
itsestään	저절로	**siten**	그같이
mielellää	기꺼이	**yksin**	홀로

그밖에 양태부사(樣態副詞 modal adverb)들도 중요한 부류를 이룬다. 양태부사는 화자가 말하는 내용에 대하여 다양한 주관적 태도를 나타낸다.

ainakin	적어도	**muun muassa**	그 중에도, 특히

ehkä	아마도	**myös**	또한
jopa	…조차, 더욱이	**päinvastoin**	그와 반대로
juuri	바로	**tietenkin**	물론
kai	어쩌면	**tietysti**	물론
kenties	아마, 필시	**tosin**	확실히
kyllä	참말로	**tosiaan**	정말(로)
mieluummin	다소	**vain**	오직

§88 전치사(Prepositions)

전치사와 후치사(§89)는 속격 혹은 비정격을 취한다. 핀란드어에는 후치사가 전치사보다 훨씬 많다.[2)]

전치사는 전치사가 격을 결정하는 단어에 선행한다. 예. **ilman** '…없이'(ilman raha/a '돈 없이'). 아래 전치사들은 후행 명사의 비정격을 취한다.

ennen	…앞에	**lähellä, -ltä, -lle**	… 가까이
ilman	…없이	**paitsi**	…밖에, …외에
keske/llä, -ltä, -lle	…중에(서)	**pitkin**	…을 따라서
kohti	…을 향하여	**päin**	…을 향하여
vasten	…에 거슬려, 기대어		

ennen **tois/ta maailmansota/a.**	제2차 세계대전 전에
Oletko *ilman* raha/a?	너는 돈이 없느냐?
Koira makaa *keskellä* lattia/a	그 개는 마루 가운데 누워있다.
Ajan *kohti* Kuopio/ta.	나는 꾸오삐오를 향하여 운전한다.
Paitsi **viini/ä tarvitsemme oluttakin.**	우리는 포도주 외에 맥주도 필요하다.
Varas juoksi *pitkin* Eerikinkatu/a.	그 도둑은 에릭가(街)를 따라서 도주했다.
Kaikki menee päin helvetti/ä.	모든 것이 지옥을 향하여 간다. (모든 것이 피투성이가 된다.)

2) 역자주. 국어에는 후치사는 있으나 전치사는 없다. 후치사 예. … 때문에, … 만큼

Nojasin *vasten* seinä/ä.	나는 (기대어) 기대었다.

아래 전치사들은 속격을 취한다. 속격을 취하는 전치사는 많지 않다.

alle	…(의) 아래, 이하	**läpi**	…을 지나서, 통하여 (시간)
halki	…을 통과하여 (장소)	**sitten**	…이래
kautta	…(전체)를 통하여	**kesken**	…중간에 (시간)

Mies painaa *alle* sada/n kilon.	그 남자는 100 킬로그램 이하 몸무게이다.
Kuljen *halki* metsä/n.	나는 그 숲을 지나서 걸었다.
Hänet tunnetaan *kautta* maa/n.	그는 나라(전체)를 통하여 알려졌다.
***Kesken* tuuni/n Pekka lähti ulos.**	학과 중에 뻬까가 나갔다.
***läpi* vuosisato/j/en**	세기(世紀)들을 통하여
***Sitten* viime syksy/n en ole käynyt ulkomailla.**	지난 가을 이래 나는 외국에 가지 않았다.

§89 후치사(Postpositions)

후치사는 단어의 뒤에 나타나고 그 단어의 격을 결정한다. 예. **yli** '…넘어, …건너'(kadu/n yli '길 건너'). 후치사 중에는 선행 단어의 속격을 취하는 것들이 아주 많다. 속격을 취하는 주요 후치사들을 아래 보인다. 일부 후치사들에는 장소격 어미 3가지가 첨가된다.

aikana	…동안
alitse	…(의) 아래
a/lla, -lta, -lle	…(의) 아래에, 앞에서부터, 앞으로
ansiosta	…(의) 덕분에
ede/llä. -ltä, -lle	…(의) 앞에, 앞에서, 앞으로
ede/ssä, -stä, eteen	…(의) 앞에, 앞으로, 앞에
eduksi	…에게 유리하게
halki	…를 통하여
hallu/ssa, -sta, haltuun	…의 소유에, 소유에서
hyväksi	…를 위하여

johdosta	…때문에
jäljessä	…뒤에, 후에
jälkeen	…뒤에, 후에
kanssa	…와 같이, 함께
kautta	…에 의하여
keskellä	…(의) 중에, 가운데
kesken	…(의) 사이에, 중에
keskuude/ssa, -sta, keskuuteen	…중에, 중에서
kohda/lla, -lta, -lle	…곳에, 곳에서, 곳으로
luo, luokse	…쪽에, 쪽으로
luona	…가까이, …집에
luota	…부터
lähe/llä, -Itä, -lle	…가까이(에), 가까이에서, 가까이로
läpi	…를 통하여
lävitse	…를 통하여
mielestä	…(의) 생각으로
mukaan	…를 따라
mukana	…와 함께
ohi	…를 지나(서), (뒤로하고)
ohitse	…를 지나(서)
osalta	…에 관하여
perusteella	…에 근거하여, 의하여
perässä	…뒤에, 후에
poikki	…(을) 건너서
puole/lla, -lta, -lle	…편에, 편에서, 편으로
puolesta	…를 대신하여, 위하여 (직역. '…의 편에서')
pää/llä. -ltä, -lle	…(의) 위에, 위에서, 위로
päässä	…거리에서, 떨어져서
rinnalla	…(의) 편에
sisällä	…(의) 안에

sisään	…(의) 안으로
taakse	…(의) 뒤로
takaa	…(의) 뒤에서
takana	…(의) 뒤에
takia	…를 위하여, …때문에
tähden	…를 위하여, …때문에
viere/llä, -ltä, -lle	…(의) 옆에, 옆에서, 옆으로
viere/ssä, -stä, -en	…(의) 옆에, 옆에서, 옆으로
vuoksi	…를 위하여, …때문에
yli	…(의) 위로, …(를) 건너서
ylitse	…(의) 위로, …(를) 건너서
ympäri, -ltä, -lle	…(의) 둘레에, 둘레에서, 둘레로

Soda/n *aikana* Ryti oli presidenttinä.	전쟁 중에 뤼띠가 대통령이었다.
Koira on pöydä/n *alla*.	그 개는 테이블 아래 있다.
Koira ryömi pöydä/n alle.	그 개는 테이블 아래서 기어간다.
Tule esiin pöydä/n alta!	테이블 아래에서 나와!
Sinu/n ansiosta/si olen nyt täällä.	당신 덕분에 나는 지금 여기 있습니다.
Talo/n edessä on koivu.	집 앞에 자작나무가 있다.
Pysäytän auton talo/n eteen.	나는 집 앞에 주차한다.
Ajammeko kaupungi/n halki?	우리 도시를 통과하여 운전할까?
Auto on Peka/n hallussa.	그 자동차는 뻬까의 소유이다.
Auto joutui Peka/n haltuun.	그 자동차는 뻬까의 소유가 되었다.
Auto on (minu/n) hallussa/ni.	그 자동차는 나의 소유이다.
Tee jotain Chile/n hyväksi.	칠레를 위하여 무엇 좀 해라.
Se/n johdosta, että…	그 사실 때문에…
Tunni/n jälkeen menen kapakkaan.	강의 후에 나는 술집에 간다.
Menen tanssimaan Tuula/n kanssa.	나는 뚜울라와 함께 댄스에 간다
Tuletko tanssimaan (minu/n) kanssa/ni?	너는 나와 댄스에 오니? (가겠니?)

Salo/n kautta pääsee Hankoon.	살로를 거쳐 한꼬에 도달한다.
Näin meidä/n kesken …	바로 우리들 사이에…
Tori on kaupungi/n keskellä.	시장은 도시의 중심에 있다.
Ruotsalais/ten keskuudessa ollaan sitä mieltä, että…	스웨덴 사람들 중에 …한 의견을 가진 사람이 있다.
Pekka on Tuula/n luona.	뻭까는 뚜울라 옆에 있다.
Seija on meidä/n luona/mme.	세이야는 우리 거처에 있다.
Tulen Elisa/n luota.	나는 엘리사 거처에서 온다.
Lähdetkö Merja/n luokse?	너는 메르야 거처에 가니?
Naantali on Turu/n lähellä.	나안딸리는 뚜르꾸 근처에 있다.
Aion muuttaa Salo/n lähelle.	나는 살로 가까이 이사하려 한다.
Aurinko paistaa ikkuna/n läpi.	해가 창문을 통하여 비친다.
Kalle/n mielestä tämä ei kannata.	깔레의 생각으로 이것은 가치가 없다.
Ukkose/n mukana tuli sadetta.	천둥과 함께 비가 왔다.
Menen poik/i/en mukaan.	나는 그 소년들과 같이 간다.
Ajoimme kaupa/n ohi.	우리는 그 상점을 지나서 운전해 갔다.
Tämä/n asia/n osalta olen eri mieltä.	이 일에 관해서 나는 다른 의견이다.
Sanotu/n perusteella väitän, että…	말한 것에 근거하여 나는 …을 주장한다.
Koira juoksi tie/n poikki.	그 개는 길을 건너뛰었다.
Kene/n puolella sinä olet?	너는 누구의 편이냐?
Taistelemme isänmaa/n puolesta.	우리는 조국을 위하여 싸운다.
Kukkulo/i/den päällä kasvoi metsää.	야산 위에 숲이 자랐다.
Kilometri/n päässä on kioski.	1킬로미터 거리에 키오스크(간이상점)가 있다.
Talo/n sisällä oli lämmintä.	집 안에 (온도가) 따뜻했다.
Lapsi menee ove/n taakse.	그 아이가 문 뒤로 간다.
Lapsi on ove/n takana.	그 아이가 문 뒤에 있다.
Lapsi tuli esille ove/n takaa.	그 아이가 문 뒤에서 나왔다.
Häne/n takia/an teen mitä vain.	그를 위하여 나는 무엇이나 한다.

Kirjasto on yliopisto/n vieressä. 그 도서관은 대학교 옆에 있다.

Saanko istua neidi/n viereen? 제가 여성(당신) 옆에 앉을까요?

Tällaise/n asia/n vuoksi ei pidä riidellä. 이런 일 때문에 말다툼해서는 안 된다.

Nyt mennään kadu/n yli. 이제 길을 건너 가자.

Talo/j/en ympärillä oli metsää. 집들 둘레에(주위에) 숲이 있었다.

Hän oli purjehtinut maailma/n ympäri. 그는 세계의 둘레를(세계를 돌아) 항해했다.

후치사가 인칭대명사의 속격형과 같이 나타날 경우, 후치사에 소유접미사가 첨가된다. 그러나 1인칭과 2인칭 대명사는 생략될 수 있다(§36).

(*minu/n*) kanssa/ni 나와 함께

(*sinu/n*) kanssa/si 너와 함께

häne/n kanssa/an 그와 함께

(*me/i/dän*) kanssa/mme 우리들과 함께 등

선행 명사의 비정격을 요구하는 후치사 중에서 가장 자주 사용되는 예들은 아래와 같다.

alas	… 아래	päin	…쪽으로
kohtaan	…향하여, …로(추상대상)	varten	…위하여
kohti	…향하여, …로(구상대상)	vastaan	…에 대(면)하여, 거슬러
myöten	…따라서	vastapäätä	…에 반대로
pitkin	…을 따라서	ylös	…위로

Johtaja on hyvin ystävällinen minu/a *kohtaan*.
그 매니저는 나를 향하여(나에게) 매우 친절하다.

Nyt lähdetään Turku/a *kohti*.
지금 뚜르꾸를 향하여 가자.

Hän kävelee katu/j/a *myöten~pitkin*.
그는 길을 따라서 걷는다.

Sinu/a *vartenhan* se hankittiin.
우리는 너를 위하여 그것을 확보했다.

Leena tuli minu/a̲ *vastaan* rautatieasemalle.
레나는 나를 대하러 (만나러) 기차역에 왔다.

Onko joku sinu/a̲ *vastassa?*
누가 너를 대하느냐? (만나느냐?)

Kirkko/a̲ *vastapäätä* on Elanto.
교회의 반대편에 엘란또 상점이 있다.

Nyt täytyy kävellä mäke/ä̲ *ylös*.
지금 우리는 언덕 위로 걸어가야 한다.

후치사 **asti** '…까지, …때까지'와 **päin** '…로 (향하여)'는 향내격을 취한다.

Opetus jatkuu ilta/a̲n̲ *asti*.	수업은 저녁까지 계속된다.
Juna kulkee Helsinki/i̲n̲ *päin*.	그 기차는 헬싱키로 향하여 간다.

§90 접속사

접속사(接續詞 conjunctions)는 문장과 문장 혹은 문장의 일부와 일부를 연결하는 단어이다. 예를 들면, **ja** '와/과', **kun** '…할 때' 등. 아래 통상적으로 자주 사용되는 접속사들을 수록하였는데, 특히 자주 사용되는 접속사는 앞에 화살표 '→'로 표시하였다. 일부 접속사는 접속사와 부정 동사의 결합이다. 예. **etten = että en, ettet = että et, ettei = että ei** 등. 이 접속사들이 인칭에 따라 굴절한다.[3)]

	ei … eikä (**en, enkä** 등)	…도 …도 아니다 (인칭 굴절)	neither - nor
	eli	혹은, 즉 …	or, i.e.
	ellei (**ellen** 등)	만약 …아니면 (인칭 굴절)	if not, unless
	ennen kuin	…(기) 전에, …앞서	before
	ettei (**etten** 등)	…하지 않은 것 (인칭 굴절)	that … not
→	**että**	…한 것	that
	ikään kuin	마치 … 한 것처럼	as though

3) 역자주. 복합 접속사 중에는 영어로는 기본 의미와 기능에 대응하는 형식들을 찾을 수 있으나 국어에는 적절히 번역할 수 있는 형식이 부재하는 단어 들이 여럿 있다. 그 때문에 저자가 제시한 영어 대응어들을 그대로 전재하는 것이 독자들에게 도움이 될 것 같아 국어 번역에 이어 원서의 영어를 전재하였다.

→ ja	…와/과	and
joko … tai	…이나 …	either - or
jollei (jollen 등)	만약 아니라면, 그렇지 않으면 (인칭 굴절)	if not, unless
→ jos	만약	if
joskin	비록 그렇더라도	even if, even though
jotta	…하려, …하기 때문에	in order that, so that
→ koska	… 때문에, …하여서, …이래	because, since
→ kuin	…보다	than
kun	…할 때, …하여서	when, as
kunnes	…까지	until
kuten	…처럼, …같이	as, like
mikäli	…만큼 까지, …하는 한; 만약	as far as, in so far as; if
→ mutta	그러나	but
muttei (mutten 등)	그러나 … 아니다 (인칭 굴절)	but … not
→ niin	그렇게	so
niin että	…하기 때문에	so that
niin kuin	…같이, …처럼	as, like
niin - kuin -kin	…과 … 양쪽 다	both - and
niin pian kuin	…하는 즉시, …하자마자	as soon as
nimittäin	즉, 다시 말하자면, …알겠지	namely, you see
näet	즉, 다시 말하자면, …알겠지	namely, you see
paitsi	…을 제외하고, …외에	except, besides
paitsi … myös	…뿐만 아니라 …도	not only - but also
samoin kuin	…과 같은 방법으로	in the same way as
→ sekä	…와/과… (보다 정중한 표현)	and (more formal)
sekä … että	…와… 양쪽 다	both - and
sen tähden että	…(하기) 때문에	because
→ sillä	…(하기) 때문에	for, because
→ tai (~taikka)	혹은 (의문에는 불사용, vai 참고)	or
toisin kuin	… 보다 다른 방법으로	otherwise than

vaan	그러나 (부정문 다음에 사용)	but
vai	혹은 (의문문에 사용)	or
vaikka	…지만	although

Pentti *ja* Pirkko olivat naimisissa.	뻰띠와 삐륵꼬는 결혼했다.
Ei Pentti *eikä* Pirkko ole tullut vielä.	뻰띠도 삐륵꼬도 아직 안 왔다.
Ellet ole hiljaa, menen ulos.	네가 조용하지 않으면 나는 나간다.
Ellemme yritä, emme onnistu.	만약 우리가 노력하지 않으면 우리는 성공하지 못한다.
Ellei sää parane, jäämme kotiin.	일기가 좋아지지 않으면, 우리는 집에 있는다.
Eniten *eli* 450 kappaletta myytiin autoja.	가장 많이, 즉, 450 대가 팔린 품목은 자동차이다.
Kesti pitkään *ennen* kuin nukahdin.	내가 잠들기 전에 오랜 시간이 걸렸다
Ei kestänyt kauan *ennen kuin* sää kirkastui.	날씨가 밝아지기 전에 오래 걸리지 않았다.
Huomaan, *että* kello on neljä.	나는 4시인 것을 알았다.
Tiedän, *että* Pirkko on täällä.	나는 삐르꼬가 여기 있는 것을 안다.
Väitätkö, *ettei* kello ole neljä?	너는 네 시가 아니라고 주장하니?
Väitätkö, *että* kello ei ole neljä?	너는 네 시가 아니라고 주장하니?
Väitätkö, *etten* tiedä tätä?	너는 내가 이것을 모른다고 주장하니?
Väitätkö, *että* en tiedä tätä?	너는 내가 이것을 모른다고 주장하니?
Kalle on pitkä *ja* komea.	깔레는 키가 크고 잘 생겼다.
Matkustan *joko* junalla tai autolla.	나는 자동차나 혹은 기차로 여행한다.
En matkusta autolla *enkä* junalla.	나는 자동차로도 아니고 기차로도 여행하지 않는다.
Tulen *jos* voin.	나는 온다, 만약 가능하면.
Tulen, *joskin* saatan myöhästyä hiukan.	나는 온다, 비록 좀 늦지만.
Hoikkaan *jotta* kunto paranisi.	나는 조깅한다, 컨디션을 증진하려고.
En tule, *koska* olen sairastunut.	나는 오지 않는다, 나는 병이 났기 때문에.
Tulen, *kun* olen terve.	나는 온다, 내가 건강한 때.

Odotan, *kunnes* hän tulee.	나는 기다린다, 그가 올 때까지.
Kuten olen sanonut monta kertaa···	내가 여러 번 …라고 말한 바와 같이···
Mikäli Yrjö tulee, lähden kotiin.	만약 위르외가 오면 나는 집에 간다.
Teuvo on pitempi *kuin* minä.	떼우보는 나보다 크다.
Teuvo on pitkä *mutta* laiha.	떼우보는 크다, 그러나 말랐다.
Mutta sinähän sanoit, että···	그러나 너는 …라고 말했다.
Tulen, *mutten* viivy kauan.	나는 온다, 그러나 오래 머물지는 않는다.
Jos et tule, *niin* rupean itkemään.	만약 네가 안 오면, 그러면 나는 울기 시작한다.
Niin Karjalainen *kuin* Virolainen/kin pyrkivät presidentiksi.	까랼라이넨도 비롤라이넨도 대통령이 되려고 노력한다.
Viren on sekä nopea että kestävä.	비렌은 빠를 뿐만 아니라 지구력도 있다.
Tulen, *sillä* en halua olla yksin kotona.	나는 온다, 집에 혼자 있고 싶지 않기 때문에.
Otan viiniä *tai* olutta.	나는 포도주나 맥주를 들겠다.
Otatko viiniä *vai* olutta?	너는 포도주나 맥주를 들겠니?
Otamme *joko* viiniä *tai* vichyä.	우리는 포도주나 혹은 비치 생수를 들겠다.
Tulen, *vaikka* olen sairas.	나는 온다, 비록 아프지만.
En tule, *vaan* jään kotiin.	나는 오지 않는다, 그러나 집에 머무른다.

§91 전접첨사

통상적으로 사용되는 전접첨사(前接添辭 enclitic particle)가[4] 5종이 있는데, 즉, **-ko**

---

4) 역자주. 'enclitic'은 '전접(前接)' 즉 '앞에 오는 단위에 붙는다'는 의미이다. 'particle'은 일반적으로 어형이 변화하지 않는 단위로, 그 자체는 독립적인 의미가 없고 다른 단어에 첨가되어 문장의미에 어떤 변화를 주는 단어 혹은 접사이다. 'particle'로 부르는 단위는 언어마다 다르고 학자마다 다르다. 국어에서 '-만큼', '-처럼'과 같이 부사격 조사 혹은 후치사로 취급하는 형식들과 특수조사로 분류하는 '-부터', '-까지' 등 및 격조사 '-이/가', '-의', '-을/를' 등까지 particle로 분류하는 학자들이 있다. 영어의 전치사 at, on, up 등도 particle로 규정하는 학자들이 있다. 본서에서는 명사와 동사의 구성에서 각종 어미의 끝에 첨가되면서 인칭 시제 등에 따라 변화하지 않는 고정된 언어 단위를 'particle'로 분류하였다. 원의(原義)에 충실하자면 'particle'을 '불변사(不變辭)'로 번역하여야 하지만, 우리나라 학자들이 대개 '첨사(添辭)'로 불러왔기 때

~ **-kö, -kin, -kaan** ~ **-kään, -han** ~ **-hän, -pa** ~ **-pä**이다. 이들은 다른 모든 종류의 어미 뒤에 첨가된다. 그보다 덜 사용되는 첨사는 **-ka** ~ **-kä**와 **-s**이다. 전접첨사가 다른 모든 어미 뒤에 붙는 양상은 §12~§14에 보인 표를 참고하여라.

첨사 **-ko** ~ **-kö**는 직접 질문(direct question §30.1)을 구성하는 데 사용된다.

Tule/t/ko?	너는 오냐?
Et/kö **tule?**	너는 안 오냐?
Auto/lla/ko **tulet?**	너는 자동차로 오냐?
Kemi/in/kö **menet?**	너는 께미에 가냐?
Sa/isi/n/ko **sipulipihvin?**	스테이크와 오니온(양파)을 주시겠습니까?
Muutta/isi/t/ko **Ruotsiin jos voisit?**	너는 스웨덴으로 이사하겠니, 만약 가능하면?
Men/nä/än/kö **ulos?**	우리 밖으로 나갈까?
Sinä/kö **sen teit?**	그것을 한 것이 너냐?
Jo/ko **olet korjannut autosi?**	너는 네 자동차를 벌써 고쳤냐?

첨사 **-kin**은 '강조'를 나타내어서, 흔히 영어의 'also', 'too(국어의 '-도!')'에 상응한다. 아래 명사에 첨가되었을 때 예문을 보인다.

Olen hankkinut *auto/n/kin.*	나는 자동차도 가졌다.
Minä/kin **olen hankkinut auton.**	나도 자동차를 가졌다.
Oli hauskaa, että *sinä/kin* tulit.	너도 와서 좋다.
Juotko *kahvi/a/kin?*	너는 커피도 마시냐?
Olen ollut *Espanja/ssa/kin.*	나는 스페인에도 있었다.

첨사 **-kin**은 동사에도 붙는데, 그 정확한 의미를 설명하기가 어렵다. 기대하였던 무엇이 이루진 것을 나타낼 수도 있고, 또는 어떤 놀라움의 의미를 표시할 수도 있고, 또는 어떤 '감탄성'을 강조할 수도 있다.[5)]

문에 그것을 따랐다.

5) 역자주. 앞선 예문들에서 볼 수 있는 것과 같이, 이 어미가 명사에 붙을 때는 국어의 '-도'와 거의 완전히 일치하는 듯하다. 동사에 붙을 때의 의미를 이 책의 저자가 명확히 규정하지 못하고, 영어 번역에서 강조하는 부사어(예. 첫째 예문을 'I waited for him and he really did come', 넷째 예문을 'Kalle is in fact here'로 번역)를 추가하여 그 의미를 전달하려고 노력하였는데, 국어로는 역시 '-도'(강조하는 접사의 일종)로 이해할 수 있을 듯하다.

Odotin häntä ja hän *tul/i/kin.*	나는 그를 기다렸고 그가 정말 오기도 했다.
Olen ollut *ui/ma/ssa/kin.*	나는 수영하기에도 있었다. (수영하기도 했다.)
Eikö hän *ole/kin* ihana!	그가 훌륭하지도(!) 않니.
Kalle *on/kin* täällä.	깔레는 여기 있기도(!) 했다.
Etkö *lupaa/kin* apuasi!	너는 도움을(도와주겠다고) 약속하지도 않겠니?
Men/i/n/kin kotiin.	나는 집에 가기도(!) 했다.

첨사 -kaan ~ -kään은 일반적으로 -kin이 부정문(否定文)에 사용될 때와 일치한다.

En ole hankkinut *auto/a/kaan.*	나는 자동차도 갖지 않았다.
Minä/kään en ole hankkinut autoa.	나도 자동차를 갖지 않았다.
Etkö juo *kahvi/a/kaan?*	너는 커피도 안 마시냐?
En ole ollut *Espanja/ssa/kaan.*	나는 스페인에도 있지 않았다.
Odotin häntä, mutta hän ei *tul/lut/kaan.*	나는 그를 기다렸지만, 그가 오지도 않았다.
Kalle ei *ole/kaan* täällä.	깔레는 여기 있지도 않다.
Etkö *lupaa/kaan* apuasi?	너는 도움을 약속하지도 않겠니?

첨사 -han ~ -hän은 일반적으로 문장의 표현 내용이 어떤 잘 알려졌거나 친숙한 것을 의미한다. 또는 단순히 화자의 의사를 강조하기 위하여 사용되기도 한다. 이 어미는 문장의 첫째 단어에만 첨가된다.[6)]

Tämä/hän on skandaali!	이것은(!) 스캔들이다.
Ruotsi/han on kuningaskunta.	스웨덴은(!) 군주국이다.
Minä/hän rakastan sinua!	나는(!) 너를 사랑한다.
Rakasta/n/han minä sinua.	사랑한다(!) 나는 너를.
Sinu/a/han minä rakastan.	너를(!)/너는(!) 내가 사랑한다.
Huomenna/han lähdemme lomalle.	내일은(!) 우리가 휴가를 떠난다, (그렇지?)

6) 역자주. 이 첨사의 의미는 국어에서 통칭 '주제지칭사'로 부르는 특수조사인 '-은/는'과 대체로 유사한 것 같다. 국어에서는 '-은/는'이 '-이/가'와 거의 구분 없이 주격으로 사용되는 경우를 자주 볼 수 있으나, 특별히 강조할 경우는 이 특수조사를 사용한다. 핀란드어의 -han은 문장의 첫 단어에만 붙는 것과 동사 뒤에도 붙는 것이 국어의 '-은/는'과 다르다.

Viime sunnuntai/na/han Kalle syntyi. 지난 일요일에는(!) 깔레가 태어났다.
Ole/n/han minä käynyt Venäjälläkin. (물론) 나는 방문했었다(!) 러시아를.

또한, -han ~ -hän은 상대방에게 질문을 보다 정중하게 표현하기 위하여, 또는 명령을 부드럽게 하기 위하여 사용된다.[7]

On/ko/han Pentti kotona?	있는지요 뻰띠가 집에. (뻰띠가 집에 있는지요.)
Paljon/ko/han pieni kahvi maksaa?	얼마인지요 작은 커피 값이.
Sa/isi/ni/ko/han laskun?	가져오시겠습니까 계산서를?
Ota/han vähän lisää!	드십시오 조금 더!
Astu/kaa/han sisään!	들어오십시오 안으로!
Ole/han hiljaa!	조용히 해주십시오!
Vie/hän astiat keittiöön!	가져다 주십시오 접시들을 부엌에!

첨사 -pa ~ -pä는 강조를 표시한다. 구어(口語)에서는 이 어미 뒤에 -s가 자주 붙는다.

On/pa hän pitkä!	그는 (정말) 크다!
Kyllä/pä sinä olet ahkera!	너는 (정말) 열심히 일하지!
Anna/pa minullekin vähän kahvia!	주십시오(!) 내게도 조금 커피를. (내게도 커피를 조금 주십시오!)
En/pä anna!	안 준다!
On/pa(s) täällä kuuma!	여기는 (정말) 덥다!
Tuo/ssa/pa on iso joukko!	그곳에 (정말) 큰 모임이 있다!

어미 -ka ~ -kä는 아주 드물게 나타나는데, 주로 부정 동사의 의미를 강조하는데 사용된다.

En tiedä *en/kä* halua tietää.
나는 알지 못하고, 알고 싶지도 않다.

Mormonit eivät käytä kahvia *eivät/kä* myöskään alkoholia.
모르몬(교도)들은 커피를 마시지 않고, 알코올도 안 마신다.

---

7) 역자주. 여기 있는 예문들은 어순을 바꾸지 않고 직역해도 국어로 의미가 통할 수 있을 것 같아서 국어 문장 구조에 어긋나게 번역하였다.

Älä heitä paperia *älä/kä* sylje lattialle.
종이를 주변에 버리지 말고, 바닥에 침을 뱉지도 마라.

간혹 한 단어에 1개 이상의 첨사가 첨가되기도 한다.

On/ko/han **Sylvi kotona?**	쉴비는 집에 있을까요?
On/pa/han **täällä kuuma!**	여기는 정말 덥지요!
Tule/pa/han **vähän lähemmäs!**	조금 더 가까이 와 주십시오!
Olutta/kin/ko **vielä otat?**	맥주도 (정말) 더 드시겠습니까?
Mene/pä/s **vähän sivummalle!**	조금 움직여 주실까요?

21 단어의 형성

- 일반사항 (General)
- 파생 (派生 Derivation)
- 복합 (複合 Compounding)

§92 일반사항

기존의 단어와 어간을 이용하여 새로운 단어를 형성하는 방법에는 두 가지가 있다. 즉, '파생'과 '복합'이다. 파생은 기존의 어근(root) 혹은 어간에 파생어미를 첨가하여 새로운 단어(단어의 어간)를 만드는 방법이다. 예를 들면, 형용사 **kaunis** : **kaunii-** '아름다운'에 **-ta**어미를 붙여서 파생동사 어간 **kaunis/ta-** '미화(美化)하-'(제1부정사 **kaunis/ta/a**)를 만든다. 같은 방법으로 동사 어간 **aja-** '몰다'에 어미 **-o**를 첨가하여 **ajo-** '쫓(다), 사냥하(다)'를 만들고, 혹은 **-ele-**를 첨가하여 **aj/ele-** '몰다'(제1부정사 **ai/el/la**)를 형성한다.

파생 접미사는 어근 바로 뒤에 붙고 굴절 어미들, 즉 명사의 경우 수(數)와 격어미, 종결동사의 경우 피동 · 시제 · 서법 · 인칭 어미, 그리고 비종결동사의 경우 부정사와 분사 어미 앞에 온다(제3장의 그림 참고).[1)]

파생 명사와 동사는 파생어가 아닌 단어들과 똑같이 굴절한다. 파생어들에도 비파생어들과 똑같이 자음전환(§15), 모음변화(§16) 등의 음운 교체가 일어난다.

파생 접미사의 첨가로 인하여 본래 어간에 음운교체가 발생할 수 있다. 예. **kaun<u>ii</u>-** : **kaunn<u>e</u>/<u>us</u>**, **aj<u>a</u>-** : **aj/<u>ele</u>-**. 아래 보이는 예들에서 파생어미의 첨가로 인한 어간의 음운교체를 분명히 이해할 수 있기 때문에 규칙을 별도로 제시하지 않는다. 파생 접미사에 다른 접미사들이 첨가될 때에 파생접미사에도 음운교체가 일어날 수 있다.

어떤 단어의 형식에 여러 개의 파생접미사들이 포함될 수 있는 것은 핀란드어의

1) 역자주. 이것은 국어에서도 마찬가지이다.

특징이다. 아래 그 예들을 보인다. 어근(비파생)을 왼편에, 파생어를 중앙에, 그리고 파생 접미사들의 '기본' 혹은 '온전한' 형식을 오른편에 보였다.

어간 형식	파생어		파생 접미사(기본 형식)
aja-	**aj/ele/minen**	몰다	**ele-minen**
asee-	**asee/llis/ta-**	무장하다	**llinen-ta**
asee-	**asee/llis/ta/minen**	무장(武裝)	**llinen-ta-minen**
aja-	**aj/ele/hti-**	표류하다	**ele-hti**
aja-	**aj/ele/hti/va**	표류하는	**ele-hti-va**
lika-	**lika/is/uus**	더러움	**inen-uus**
koti-	**kodi/ttom/uus**	집없음	**ton(ttoma)-uus**
kuole-	**kuole/ma/ttom/uus**	불멸	**ma-ton(ttoma)-uus**
etsi-	**etsi/skel/y**	탐색	**skele-y**
haukkaa-	**hauka/hd/us**	(동물의 짖는 소리)	**hta-us**
haukkaa-	**hauka/ht/el/u**	(동물의 짖는 소리)	**hta-ele-u**
asu-	**asu/nno/tto/uus**	거처없는	**nto-ton(ttoma)-uus**
tuo-	**tuo/tta/ma/ttom/uus**	비생산적	**tta-ma-ton(ttoma)-uus**

모든 파생 접미사들이 생산적이지는 않다. 어떤 접미사들은 매우 생산적이어서, 어떤 유형에 속하는 거의 모든 어근에 첨가될 수 있다. 예. **-ja ~ -jä** ('행위자' 의미), **-minen** (동명사어미), **-ma/ton ~ -mä/tön** (부정). 참고. **aja/ja** '운전자', **aya/minen** '운전하기', **aja/ma/ton** '운전하지 않은'; **tuli/ja** '오는 이', **tule/minen** '오기', **tule/ma /ton** '안 오기, 안 오다'; **meni/jä** '가는 이', **mene/minen** '가기', **mene/mä/tön** '안가기, 안 가다', 등.

다른 어미들은 원칙적으로 특정한 어근에만 첨가되는 비생산적(unproductive) 접사들이다.

§93 파생

§93.1 명사 접미사

제1부에서는 새로운 명사성어를 형성하는 탈명사접미사(脫名詞接尾辭 denominal

suffix)를[2] 소개하고, 제2부에서는 새로운 명사성어를 형성하는 탈동사접미사(deverbal suffix)를 소개한다.

제1부 탈명사접미사

어근(명사)		파생어	
-hko ~ -hkö (형용사, '어느 정도, 좀'의 의미)			
kylmä	추운	**kylmähkö**	좀 추운
kova	단단한	**kovahko**	좀 단단한
pieni	작은	**pienehkö**	(§18.3) 좀 작은
iloinen	반가운	**iloisehko**	(§20.1) 좀 반가운
-inen (형용사)			
aika	시간	**aikainen**	일찍
hiki	땀	**hikinen**	땀나는
jää	얼음	**jäinen**	얼음같은
lika	오물, 먼지	**likainen**	더러운
luu	뼈	**luinen**	뼈의
puu	나무	**puinen**	나무의
-isa ~ -isä (형용사)			
kala	물고기	**kalaisa**	물고기 많은
leikki	놀이	**leikkisä**	놀기 좋아하는
raivo	격노	**raivoisa**	격노한
-kko ~ -kkö (집합명사)			
aalto	물결	**aallokko**	파도

2) 역자주. 'denominal'의 'de-'는 라틴어에서 유래하는 접두사로 '…에서(from)'의 의미이다. 따라서 'denominal'은 '명사에서'의 의미이다. 본서에서 '탈명사(脫名詞)'로 번역하고, 'deverbal'은 '탈동사(脫動詞)'로 번역한다. '탈명사 접미사'는 '명사에서 파생시키는 접미사'라는 뜻이다. 따라서, '명사에서 명사를 파생시키는 접미사'라는 뜻의 'denominal-noun suffix'는 '탈명사-명사 접미사'로, '명사에서 동사를 파생시키는 접미사'라는 뜻의 'denominal-verb suffix'는 '탈명사-동사 접미사'로 번역할 수 있다.

koivu	자작나무	**koivikko**	자작나무 숲
kuusi	가문비나무	**kuusikko**	가문비나무 숲
pensas	덤불	**pensaikko**	관목 숲

-la ~ -lä (장소명사)

kahvi	커피	**kahvila**	커피집, 간이식당(café)
kylpy	목욕	**kylpylä**	목욕탕
neuvo	조언(助言)	**neuvola**	어린이건강센터
pappi	성직자	**pappila**	(교회의) 사제관
ravinto	음식	**ravintola**	식당
sairas	병(病)	**sairaala**	병원

-lainen ~ -lainen ('사람'을 의미하는 명사 혹은 형용사)

apu	도움	**apulainen**	보조원, 도우미
pako	도주	**pakolainen**	피난민
koulu	학교	**koululainen**	학생
kansa	사람들(people)	**kansalainen**	국민/시민
suku	가족	**sukulainen**	친척
työ	일	**työläinen**	일하는 사람(worker)
kaupunki	마을 / 도시	**kaupunkilainen**	마을 거주인
Turku	뚜르꾸	**turkulainen**	뚜르꾸 시민
Helsinki	헬싱키	**helsinkiläinen**	헬싱키 시민
Ruotsi	스웨덴	**ruotsalainen**	스웨덴인
Suomi	핀란드	**suomalainen**	핀란드인
Saksa	독일	**saksalainen**	독일인
Norja	노르웨이	**norjalainen**	노르웨이인

-lainen ~ -iäinen (형용사)

eri	분리	**erilainen**	다른
kaikki	모두	**kaikenlainen**	모든
tuo	그것	**tuollainen**	그러한

tämä	이것	**tällainen**	이러한
heikko	약한	**heikonlainen**	좀 약한
suuri	큰	**suurenlainen**	좀 큰

-llinen (형용사)

ase	무기	**aseellinen**	무장한
hetki	순간	**hetkellinen**	순간적
yö	밤	**yöllinen**	밤에 하는, 야간의
onni	행복	**onnellinen**	행복한
perhe	가족	**perheellinen**	가족있는
isä	아버지	**isällinen**	아버지의
kieli	언어	**kielellinen**	언어학
kunta	소규모 공동체, 지방의회	**kunnallinen**	소규모 공동체의(commune), 지방의회의
nainen	여자	**naisellinen**	여성다운, 여성의

-mainen ~ -mäinen (형용사)

poika	소년	**poikamainen**	소년다운
tyttö	소녀	**tyttömäinen**	소녀다운
ukko	노인	**ukkomainen**	노인의
sika	돼지	**sikamainen**	돼지같은, 짐승같은

-nainen ~ -näinen(형용사)

koko	전체	**kokonainen**	전체, 합계
eri	떨어진	**erinäinen**	특별한, 확실한
itse	자기 자신	**itsenäinen**	독립한
moni	많은	**moninainen**	다양한

-nen (지소성명사 指小性名詞 diminutive noun)

kala	물고기	**kalanen**	작은 물고기, 치어(穉魚)
kirja	책	**kirjanen**	소책자
poika	소년	**poikanen**	(남자)아이

kukka	꽃	kukkanen	작은 꽃

-sto ~ -stö (집합명사)

lähe-	가까운	lähistö	이웃
saari	섬	saaristo	군도(群島), 다도해
enempi	더 많은	enemmistö	다수
vähempi	보다 적은	vähemmistö	소수
elin	기관(器官)	elimistö	유기체(有機體)
kasvi	식물	kasvisto	식물 (집합적 의미 flora)
maa	땅	maasto	지세(地勢)
laiva	배	laivasto	선단(船團)

-tar ~ -tär (여성명사)

kuningas	왕	kuningatar	여왕
Pariisi	빠리	pariisitar	여성 빠리시민 (빠리쟝)
laulaja	가수	laulajatar	여성 가수
myyjä	상인	myyjätär	여성 상인

-ton ~ -tön ('부재, 없음'을 의미하는 형용사)

koti	집	koditon	집 없는
nimi	이름	nimetön	이름 없는, 무명의
onni	행복	onneton	불행한
työ	일	työtön	실직한
lapsi	어린아이	lapseton	아이 없는
tunne	느낌	tunteeton	감정 없는, 냉정한

-(u)us ~ -(y)ys (추상명사)

heikko	약한	heikkous	허약함, 약점
vahva	강한	vahvuus	힘
terve	건강한	terveys	건강
suuri	큰	suuruus	거대, 웅대
korkea	높은	korkeus	높이

kaunis	아름다운	**kauneus**	아름다움
isä	아버지	**isyys**	부권(父權), 아버지로서 권한
nuori	젊은	**nuoruus**	청년
ystävä	친구	**ystävyys**	우정
yksinäinen	고독한	**yksinäisyys**	고독
syytön	결백한	**syyttömyys**	결백
varovainen	조심스러운	**varovaisuus**	조심
lihava	뚱뚱한	**lihavuus**	비만

제2부 탈동사접미사

제1부정사 파생어

-e (명사)

loista/a	빛나다	**loiste**	광택
katso/a	바라보다	**katse**	모양
kasta/a	젖다, 담그다	**kaste**	이슬
puhu/a	말하다(speak)	**puhe**	연설
sata/a	비오다	**sade**	비
toivo/a	희망하다	**toive**	희망, 소망, 기대

-i (명사)

syöttä/ä	먹이다	**syötti**	먹이, 미끼
kasva/a	자라다	**kasvi**	식물
paista/a	(고기를)굽다	**paisti**	구운 고기
kasvatta/a	키우다, 교육하다	**kasvatti**	양자
muista/a	기억하다	**muisti**	기억

-in ('기구'를 나타내는 명사)

avat/a	열리다	**avain**	열쇠
puhel/la	이야기하다(talk)	**puhelin**	전화
soitta/a	연주하다	**soitin**	악기

pakasta/a	얼다	**pakastin**	냉동실

-ja ~ -jä (‘행위자’자를 나타내는 명사)

myy/dä	팔다	**myyjä**	판매인
saa/da	얻다(get)	**saaja**	수령인, 수신기
auta/a	주다	**antaja**	기증인
kalasta/a	(물고기를) 낚다	**kalastaja**	낚시꾼
laula/a	노래하다	**laulaja**	가수
teh/dä	하다	**tekijä**	행위자, 제조자, 저자
palvel/la	봉사하다	**palvelija**	하인
ol/la	이다 / 있다	**olija**	있는 사람, 근무자
tunte/a	알다	**tuntija**	감정사

-maton ~ -mätön (부정 형용사)

kuol/la	죽다	**kuolematon**	불사(不死)의
ol/la	이다 / 있다	**olematon**	부재(不在)하는
asu/a	살다	**asumaton**	사람이 살지 않는
koke/a	경험하다	**kokematon**	무경험의
lyö/dä	때리다, 치다	**lyömätön**	지지 않는
näh/dä	보다	**näkemätön**	보이지 않는

-nta ~ -ntä (명사)

hankki/a	얻다, 확보하다	**hankinta**	확보
etsi/ä	찾다	**etsintä**	탐색
kysy/ä	묻다	**kysyntä**	요구
ampu/a	쏘다	**ammunta**	사격

-nti (명사)

saa/da	얻다	**saanti**	(동물 등을) 잡기
tuo/da	가져오다, 수입하다	**tuonti**	수입
vie/dä	취하다, 수출하다	**vienti**	수출
myy/dä	팔다	**myynti**	판매

tupakoi/da	연기나다	**tupakointi**	끽연, 흡연

-nto ~ -ntö (명사)

asu/a	살다	**asunto**	거주자
käyttä/ä	사용하다	**käytäntö**	실행
luo/da	창조하다	**luonto**	자연

-o ~ -ö (명사)

jaka/a	나누다	**jako**	분할
huuta/a	소리치다	**huuto**	큰소리치기
lentä/ä	날다	**lento**	날기, 비행기편
levät/ä	쉬다	**lepo**	휴식
lähte/ä	떠나다	**lähtö**	출발
teh/dä	하다	**teko**	행위, 행동
pelät/ä	무서워하다	**pelko**	두려움
tietä/ä	알다	**tieto**	지식
näh/dä	보다	**näkö**	시력
kuul/la	듣다	**kuulo**	듣기

-os ~ -ös (명사, 흔히 행위의 결과를 표시)

kiittä/ä	감사하다	**kiitos**	감사
osta/a	사다	**ostos**	구매
tul/la	오다	**tulos**	결과
pettä/ä	속이다	**petos**	기만
kääntä/ä	돌다, 번역하다	**käännös**	회전, 번역
piirtä/ä	그리다	**piirros**	그리기, 스케치

-ri (명사, 행위자를 표시)

leipo/a	(빵을) 굽다	**leipuri**	빵 굽는 사람
aja/a	운전하다	**ajuri**	운전수, 택시운전사
kulke/a	가다, 걷다	**kulkuri**	도보 탐험
taiko/a	주술(呪術)하다,	**taikuri**	주술사, 마술사

마술하다

-u ~ -y (명사)

alka/a	시작하다	alku	시작
iske/ä	치다, 때리다	isku	구타
itke/ä	울다	itku	울음
kylpe/ä	목욕하다	kylpy	목욕
maksa/a	지불하다	maksu	지급
laula/a	노래하다	laulu	노래
käske/ä	명령하다	käsky	명령
sur/ra	슬퍼하다자	suru	슬픔, 비탄

-us ~ -ys (명사)

avat/a	열다	avaus	입구
hengittä/ä	숨쉬다	hengitys	호흡
kuljetta/a	운송하다	kuljetus	운송
metsästä/ä	사냥하다	metsästys	사냥
kirjoitta/a	글쓰다	kirjoitus	글, 원고
kalasta/a	물고기 잡다	kalastus	낚시질, 어업
puolusta/a	방어하다	puolustus	방어

-uu (명사)

palat/a	돌아오다	paluu	회귀
taat/a	보증하다	takuu	보증
kerjät/ä	(자선 등을) 빌다	kerjuu	(자선 등을) 빌기
kaivat/a	그리워하다	kaipuu	그리움
kehrät/ä	회전시키다	kehruu	회전

-vainen ~ -väinen (형용사)

opetta/a	가르치다	opettavainen	교육적
tyyty/ä	만족하다	tyytyväinen	만족스러운
kuol/la	죽다	kuolevainen	죽음의

säästä/ä	저축하다	**säästäväinen**	경제적, 인색한
usko/a	믿다	**uskovainen**	믿음의, 종교적

§93.2 동사 접미사

새로운 동사는 동사와 명사성어에서 파생될 수 있다. 탈동사-동사(deverbal verb)는 탈명사-동사보다 훨씬 자주 대할 수 있다. 사실, 인도-유럽 제어와 비교하여 탈동사-동사 접미사들이 월등히 풍부한 것이 핀란드어의 두드러진 특징이다.[3)]

제1부정사		파생어	
-ahta- ~ -ähtä- (순간동사)[4)]			
haukku/a	짖다	**haukahtaa**	짖어보다
laula/a	노래하다	**laulahtaa**	노래해보다
horju/a	비틀거리다	**horjahtaa**	비틀거려보다
istu/a	앉다	**istahtaa**	앉아보다
-aise- ~ -äise- (순간동사)			
kysy/ä	묻다	**kysäistä**	불쑥 질문하다
niel/lä	삼키다	**nielaista**	꿀꺽 삼켜버리다.
vetä/ä	끌다	**vetäistä**	한번 끌어보다
-ele- ~ -ile- (반복동사)[5)]			
aja/a	운전하다	**ajella**	운전하곤 하다
astu/a	걸음 걷다	**astella**	걸어다니곤 하다, 돌아다니곤 하다
kysy/ä	묻다	**kysellä**	묻곤 하다

3) 역자주. 이 절에서 제시되는 것과 같은 탈동사-동사들의 의미를 정확히 설명하기가 어려운 예들이 많다. 그 어려움은, 핀란드어와 유사한, 국어의 예로 미루어보면 이해할 수 있을 것이다. 아래 첫째 예의 국어 대응어 '(개가) 짖다'의 탈동사-동사 파생어들인 '짖어대다'・'짖어보다'・'짖곤하다'・'짖어버리다' 등등의 의미를 구별하여 설명하기가 어려운 것과 비교될 수 있다.

4) 역자주. 저자가 'momentary verb'로 이름을 붙였는데, 그 의미는 국어에서 '(한 번) …해보다'로 이해할 수 있을 듯하다.

5) 역자주. 'frequentative verb'의 번역어인데 일부 단어에서 의미는 국어의 '…하곤 하다'와 대응될 수 있을 듯하다. 아래 다른 어미들도 이 이름을 붙였는데 대개 '반복되는 행동'과 관계 있기 때문으로 보인다.

katso/a	바라보다	**katsella**	쳐다보곤 하다
kalasta/a	물고기잡다	**kalastella**	물고기잡곤 한다
kiistä/ä	부정하다	**kiistellä**	언쟁하다

-ksi- (반복동사)

ime/ä	(입으로) 빨다	**imeksiä**	(입으로)빤다
kulke/a	가다	**kuljeksia**	어슬렁거리다
tunke/a	밀어젖히다, 밀어내다	**tungeksia**	(군중을) 밀어내다

-skele- (반복동사)

etsi/ä	찾다	**etsiskellä**	찾는다
ime/ä	(입으로)빨다	**imeskellä**	(입으로)빤다
ol/la	이다/있다	**oleskella**	머물르다, 체류한다
oppi/a	배우다	**opiskella**	공부하다, 연구하다

-skentele- (반복동사)

myy/dä	팔다	**myyskennellä**	판다
käy/dä	가다	**käyskennellä**	돌아다니다

-tta- ~ -ttä- (사역동사)

teh/dä	하다	**teettää**	하게 했다
pes/tä	세탁하다	**pesettää**	세탁시켰다
kasva/a	자라다	**kasvattaa**	기르다, 키우다
elä/ä	살다	**elättää**	부양하다

-u- ~ -y- (재귀동사)

löytä/ä	발견하다	**löytyä**	발견되다
siirtä/ä	이동하다, 움직이다	**siirtyä**	움직이다, 옮기다
tunte/a	느끼다, 알다	**tuntua**	느끼다, 느껴지다, …으로 보이다
vaihta/a	변화하다	**vaihtua**	변화하다, 바꾸다
tyhjentä/ä	비다	**tyhjentyä**	비우다

rakasta/a	사랑하다	**rakastua**	사랑하게 되다
pelasta/a	구(조)하다	**pelastua**	구조되다
muutta/a	움직이다, 바꾸다	**muuttua**	바뀌다

-utu- ~ -yty- (재귀동사)

kerät/ä	모으다	**keräytyä**	모으다, 모아지다
elä/ä	살다	**eläytyä**	정신팔다(?)
vaivat/a	괴롭히다	**vaivautua**	괴롭히다, 괴롭힘을 당하다
jättä/ä	떠나다	**jättäytyä**	항복하다
peri/ä	물려받다	**periytyä**	전해지다, 상속되다
tunke/a	밀어젖히다	**tunkeutua**	강요하다

-ile- ('계속성'을 표현)

aika	시간	**aikailla**	늦다
pyörä	바퀴	**pyöräillä**	자전거타다
nyrkki	주먹	**nyrkkeillä**	권투하다
teltta	텐트	**telttailla**	캠핑가다
pallo	공	**palloilla**	공놀이하다

-oi- ~ -öi- ('계속성'을 표현)

tupakka	담배	**tupakoida**	담배피다
elämä	생명	**elämöidä**	소리내다
ikävä	소망	**ikävöidä**	간절히 바라다
hedelmä	과일	**hedelmöidä**	과일 달리다
isäntä	주인	**isännöidä**	담당하다, 주인노릇하다

-t-: -ne- ('변화'를 표현)

halpa	(값이) 싸다	**halve/ta halpene-**	(값이) 싸지다
huono	나쁘다	**huonot/a huonone-**	나빠지다
lyhyt	짧다	**lyhet/ä lyhene-**	짧아지다
kylmä	춥다	**kylmet/ä kylmene-**	추워지다
tumma	어둡다	**tummeta tummene-**	어두워지다

-ta- ~ -tä-

mitta	계량	**mitata**	계량하다, 재다
naula	못	**naulata**	못박다
höylä	대패	**höylätä**	대패질하다
kuva	그림	**kuvata**	묘사하다
hauta	무덤	**haudata**	파묻다

-tta- ~ -ttä-

koulu	학교	**kouluttaa**	교육하다, 훈련하다
lippu	깃발	**liputtaa**	기발달다
vero	세금	**verottaa**	과세하다
puukko	칼집 있는 칼	**puukottaa**	(칼로) 찌르다

-u- ~ -y-

kuiva	마른	**kuivua**	마르다
tippa	물방울	**tippua**	물방울이 떨어지다
ruoste	(쇠의) 녹	**ruostua**	녹슬다
kostea	습기	**kostua**	습기차다

§94 복합(Compounding)

핀란드어에서 가장 일반적인 복합어 형태는 파생되지 않은 2개 명사로 구성된 것이다. 아래 예들에서 '=' 기호는 내적단어경계(internal word boundary)를 의미한다. 전형적인 복합어들은 칸을 띄지 않고 붙여 쓴다.

kirja=kauppa	서점
vesi=pullo	물병
pallo=peli	구기 경기 (ball game)
kirje=kuori	봉투 (편지-표지)
kivi=katu	포장도로 (돌-길)
kivi=kausi	석기시대

kirves=varsi	도끼자루
keittiö=kone	부엌도구

복합어에서 첫째 명사는 흔히 속격 형식이다. 예.

meren=ranta	바닷가 (meri '바다')
kirjan=kansi	책표지 (kirja '책')
auton=ikkuna	자동차창문 (auto '자동차')
avaimen=reikä	열쇠구멍 (avain '열쇠')

복합어를 구성하는 단어들이 파생어일 수도 있다.

kaiv/in=kone	굴착기, 땅파는 기계
lävist/ys=kone	천공기(穿孔機)
pes/u=kone	세탁기
kone=apu/lainen	기사 (기계 - 운전하다)
te/o/llis/uus=tuo/ta/nto	산업생산품

또한 2개 단어 이상으로 구성된 복합어도 흔히 볼 수 있다.

maa=talo/us=tuo/ta/nto	농업생산품
el/o=kuva=te/o/llis/uus	영화산업
huone/kalu=tehdas	가구공장
koti=tarve=myynti	가구
kauppa=tase=vaja/us	가정용품 판매
täyde/nn/ys=koulu/t/us=kys/el/y	무역적자
el/in=keino=tulo=vero=laki	보충훈련조사

복합어의 한 구성성분이 탈동사-명사이거나 혹은 장소격형일 때 다소 복잡한 구조를 이룬다.

työn=saa/nti=mahdollisuus	일 찾을 기회
tode/uis/uuden=hahmo/tta/mis=kyky	사실에 모양을 줄 수 있는 능력
oman=voiton=pyy/nti	이기심(자신의-이익-잡기)

jäsen=hanki/nta=kampanja	회원모집 캠페인
nuoteista=laulu=taito	보자마자 노래할 수 있는 능력
hallituksessa=ol/o=aika	정부재직기간
pysä/hty/mis=merkin=ant/o=nappi	정지신호 버튼

이와 같은 복합어의 구조는 특히 문어에서 자주 볼 수 있다. 아래 예를 참고하여 보아라.

prahassa=käy/mä/ttöm/yys=kompleksi
프라하를 방문하지 않은 데 대한 컴플렉스

이러한 복잡한 복합어는 완전한 문장과 일치하기도 한다. 또한 여러가지 복합 형용사들도 있는데, 특히 둘째 성분이 파생 형용사인 복합어들을 흔히 볼 수 있다.

asian=mukai/nen	적합한 (일에-어울리는)
saman=koko/inen	같은 크기의
ala=ikä/inen	미성년의
vapaa=miel/inen	자유로운 정신의
lyhyt=sana/inen	말수 적은, 퉁명스러운 (짧은-단어의),
moni= mutka/inen	복잡한 (많이-구부러진)
suomen=kiel/inen	핀란드어하는
kansan=taju/inen	유행하는 (쉽게-이해할 수 있는)
kansain=väli/nen	국제적 (나라-사이의)
pitkä=aika/inen	긴, 장기(長期)의

두 가지 성분으로 이루어진 복합어의 첫째 성분이 기본형과 다를 수 있다. 이것은 특히 명사성 어미가 **-nen**(§20.1)인 경우에 그렇다. 복합어에서 이러한 형식들은 비정격 단수 형식들과 같다. 예를 보인다.

kokonais=valta/inen	전체관적(全體觀的, 참고. kokonainen '전체')
nais=suku=puoli	여성성 (女性性, 참고. nainen '여자')
yksityis=kohta/inen	세부적 (참고. yksityinen '개별')
yleis=kieli	표준어 (참고. yleinen '일반적')

ihmis=kunta	인류 (참고. ihminen '사람')
hevos=paimen	말 지키는 목동 (참고. hevonen '말')

또 다른 변화 형식에는 아래와 같은 예들이 있다.

suur=piirteinen	대규모, 관대한 (참고. suuri '큰')
kolmi=vuot/ias	3년생 (참고. kolme '셋')
neli=vuot/ias	4년생 (참고. neljä '넷')

핀란드어에는 복합 동사가 적다. 아래 몇 가지 예를 보인다.

alle=kirjoittaa	서명하다 (아래-쓰다)
kokoon=panna	조립하다 (같이-놓다)
laimin=lyödä	게을리하다 (약하게-때리다)
läpi=käydä	통과하다 (통과하여-생기다, 일어나다)
yllä=pitää	유지하다 (위로-지키다)
jälleen =vakuuttaa	재확인하다 (다시-확인하다)

22 구어체 구어(口語體 口語)[1)]

- 일반사항
- 음운의 탈락과 동화(Omission and assimilation of sounds)
- 형식의 차이

§95 일반사항

이 책에서는 주로 표준 핀란드어(Standard Finnish)의 문법을 기술하였다. 표준 핀란드어는 문어(文語)의 형식들이 우세한 언어이다. 사실, 핀란드 사람으로 이 책에 기술된 것과 같은 핀란드어 규범을 엄격히 지켜서 말하는 사람은 거의 존재하지 않는다. 이 언어는 대개 공식적이며 다소간에 '엄숙한' 상황(연설, 설교, 라디오와 텔레비전에서 원고를 읽는 뉴스 방송, 국회 개원과 같은 의식, 때로는 강의 등)에서 들을 수 있는 언어이며, 대다수의 핀란드인들은 그러한 기회에 참석할 기회가 간혹 있을 뿐이다.

표준 구어의 규범 혹은 규칙들은 문어와 아주 가깝다. 간혹 "핀란드어는 글로 써진 것과 같이 말한다"와 같은 주장을 들을 수 있는데, 이는 전혀 사실이 아니다. 그러한 주장은 표기 문자와 음소의 대응(§5) 사실을 지칭하는 것이다. 즉, 1개 단일 음소는 규칙적으로 1개 글자로 대응 표기되고, 역으로 1개 글자는 1개 음소와 대응하는 것이다.

일상의 상황에서 자신이 글로 쓰는 것과 정확히 같은 언어를 말로 표현하는 핀란드 사람은 거의 존재하지 않는다. 구어체 구어 핀란드어의 문법은 여러 면에서 표준 문어와 다르고 그것에 기반을 둔 공식 핀란드어와 발음이 다르고 형태론적 및 통사론적 특징들이 다르다. 구어체 구어는 '잘못된 핀란드어'가 아니다. 다만 상이한 상

1) 역자주. 'colloquial spoken language'를 '구어체 구어'로 번역함이 적당하다. '구어체 문어'도 있고, '문어체 구어'도 있을 수 있다.

황에서 사용되는 핀란드어의 한 형식일 뿐이다. 구어체 구어와 같은 양상으로 표준 구어 혹은 문어와 현격히 다른 지역 방언들이 오래 전부터 존재해 왔다. 서남방언군, 해메(Häme) 방언군, 동남방언군, 그리고 북부방언들이다.

지난 수십 년간 핀란드어 구어는 급속한 사회 변동에 기인하는 중대한 변화의 시대를 경험하여 왔다. 전쟁(제2차 세계대전) 후 인구의 재정착, 경제구조의 급격한 변화, 그로 인한 지방에서 도시로 인구의 이동과 도시화(특히 헬싱키 수도권의 확대) 등이 주요 사회변화였다. 교육의 단일화, 교육 기간의 연장 및 내용의 심화 등으로 계급 간 차이가 축소되었고, 그에 따라 언어 간의 차이도 좁혀졌다. 또한, 라디오와 텔레비전의 전국적인 영향과 언어적 통일에 영향을 주는 통속 대중 문학의 보급 등이 핀란드 언어 변화의 원인이 되었다.

대(大)헬싱키 수도권의 등장, 헬싱키에 위치하는 방송매체들, 그리고 수도로서 유리한 지위로 헬싱키 지역에서 등장한 비규범적 구어 형식이 널리 확산되었다. 그러나 새로 등장한 구어 형식들에서 관찰되는 다수 특징들은 옛 언어에서 유래한 것이다. 예를 들면, 우우시마아(Uusimaa)지방의 서부 방언에서 기원한 특징들이다.

이 구어체 말(colloquial speech)에는 음성의 탈락과 동화(§96), 그리고 여러 가지 형태론적 및 통사론적 특징(§97)이 존재한다. 이 특징들은 널리 보급되어 있고, 특히 젊은 세대의 구어에서 역력히 관찰할 수 있다.

§96 음운의 탈락과 동화

구어체 구어에는 보편화된 음운 탈락과 동화 현상이 몇 가지 있다. 아래 표에서 구어체 구어 형식과 표준어의 '공식적(official)' 발음을 비교하여 보였다.

(1) 어간말의 **-i**와 **-a**, **-ä**는 어떤 어미 앞에서 탈락한다(선행하는 장자음은 단축된다). 이 현상을 유발하는 주요 어미는 재내격 **-ssa** ~ **-ssä**, 향외격 **-sta** ~ **-stä**, 재상격 **-lla** ~ **-llä**, 탈격 **-lta** ~ **-ltä**, 전환격 **-ksi**, 2인칭단수 소유접미사 **-si**, 조건서법 어미 **-isi**, 과거형 **-s/i** 등이다.

공식적 발음		구어체 발음
talossa	집(안)에서	**talos**
meressä	바다에서	**meres**

talosta	집으로부터	**talost**
merestä	바다로부터	**merest**
autolla	자동차에	**autol**
häneltä	그에게서	**hänelt**
vanhaksi	늙어지다	**vanhaks**
autosi	너의 자동차	**autos**
hän tulisi	그가 올 것이다	**hän tulis**
Pekka sanoisi	뻬까가 말할 것이다	**Pekka sanois**
meillä on	우리가 가졌다	**meil on**
Tuula heräsi	뚜울라가 (잠을) 깼다	**Tuula heräs**

(2) 2중모음 **ai, oi ui äi**의 둘째 모음 **i**가 강세가 없는 음절에서 탈락한다. 이것은 과거형 어미 **-i**와 조건서법 어미 **-isi**의 첫째 모음에도 빈번히 적용된다.

공식적 발음		구어체 발음
punainen	빨간	**punanen**
sellainen	그런	**sellanen**
semmoinen	그런	**semmonen**
tuommoinen	그런 종류의	**t(u)ommonen**
Kalle sanoi	깔레가 말했다	**Kalle sano**
Pertti kantoi	뻬릇띠가 운반했다	**Pertti kanto**
hän kestäisi	그는 견딜 것이다	**hän kestäs**
Keijo antaisi	께이요가 줄 것이다	**Keijo antas**

(3) **-a**와 **-ä**가 모음 뒤에 나타나면, 선행 모음과 동화하여 장모음이 된다(ea와 eä는 ee가 되고, oa는 oo가 된다).

kauhea	무서운	**kauhee**
nopean	빠른 (속격)	**nopeen**
tärkeä	중요한	**tärkee**
kulkea	가다	**kulkee**
en rupea	나는 시작하지 않는다	**en rupee**

väkeä	사람들 (비정격)	**väkee**
taloa	집 (비정격)	**taloo**
varoa	내다보다	**varoo**

(4) 과거분사 **-nut** ~ **-nyt**의 말음 **-t**가 탈락하거나, 혹은 후행하는 자음과 동화한다.

olen sanonut	내가 말해왔다	**olen sanonu**
olen sanonut sen	내가 그것을 말해왔다	**olen sanonus sen**
Pekka on tullut	뻬까가 왔다(완료형)	**Pekka on tullu**
Pekka on tullut jo	뻬까가 이미 왔다(완료형)	**Pekka on tulluj jo**

(5) 어떤 단어들에서 **-d-**가 탈락하거나 혹은 **-j-**로 변화한다.

meidän	우리들의	**meijän**
teidän	너희들의	**teijän**
tehdään	(사람들이) 한다	**tehään**

(6) 동사 **ole-**'이다/있다'와 **mene-** '가다'에서 자음 **-n-**과 **-l-**이 간혹 탈락한다.

olen	내가 … 있다 / 이다	**oon**
olemme	우리가… 있다 / 이다	**oomme**
menen	내가 간다	**meen**
tulet	네가 온다	**tuut**
tulette	너희들이 온다	**tuutte**

§97 형식의 차이

일부 형식의 차이는 위(§96)에서 설명한 탈락과 동화 현상과 밀접한 관계가 있다.

(1) 통상적으로 빈번히 사용되는 대명사 형식들이 구어체 구어에서 단축된다.

공식적 발음		구어체 발음
minä	나	**mä**

minun	나의	mun
minulla	나에게(재상격)	mul(la)
minulle	나에게(향격)	mulle
sinä	너	sä
sinun	너의	sun
sinulla	너에게(재상격)	sul(la)
tämä	이것	tää
tämän	이것의	tän
tuo	그것	toi
tuon	그것의	ton
tuolla	저기/거기	tuol
nuo	그것들	noi

(2) 여러 수사들의 형식이 단축된다.

yksi	1	yks
kaksi	2	kaks
viisi	5	viis
kuusi	6	kuus
seitsemän	7	seittemän
kahdeksan	8	kaheksan
yhdeksän	9	yheksän
yksitoista	11	ykstoist
viisitoista	15	viistoist
kaksikymmentä	20	kaksky(n)t
kuusikymmentä viisi	65	kuusky(n)tviis
seitsemänkymmentäkahdeksan	78	seiskytkaheksan

(3) 1인칭과 2인칭 소유접미사가 빈번히 탈락하고, 대응하는 대명사들이 단축된다 (§36).

(minun) kirja/ni	나의 책	**mun kirja**
(sinun) kirja/si	너의 책	**sun kirja**
(meidän) kirja/mme	우리들의 책	**meijän kirja**
(teidän) kirja/nne	너희들의 책	**teijän kirja**

(4) 문장종결동사에 붙는 3인칭 복수 어미가 사용되지 않고, 3인칭 단수 어미(§24)로 치환된다. 또한, 지시대명사 **ne** '그것들'이 인칭대명사 **he** '그들'로, 역시 지시대명사 **se** '그것'이 인칭대명사 **hän** '그 (사람)'으로 바뀐다.

he tule/vat	그들이 온다	**ne tulee**
he anta/vat	그들이 준다	**ne antaa**
he mene/vät	그들이 간다	**ne menee**

(5) 1인칭 복수 어미 **-mme** 대신에 피동형(§69~71)이 사용된다.

me sano/mme	우리가 말한다	**me sanotaan**
me sano/i/mme	우리가 말했다	**me sanottiin**
me sano/isi/mme	우리가 말할 것이다	**me sanottais(iin)**
sano/kaa/mme	우리, 말하자!	**sanotaan**
emme sano	우리는 말하지 않는다	**me ei sanota**
emme sano/neet	우리는 말하지 않았다	**me ei sanottu**
emme sano/isi	우리는 말하지 않을 것이다	**me ei sanottais(i)**
me mene/mme	우리가 간다	**me mennään**
me men/i/mme	우리가 갔다	**me mentiin**
me men/isi/mme	우리가 갈 것이다	**me mentäis(iin)**
men/käämme	우리, 가자!	**mennään**
emme mene	우리는 가지 않는다	**me ei mennä**
emme men/neet	우리는 가지 않았다	**me ei menty**
emme men/isi	우리는 가지 않을 것이다	**me ei mentäis(i)**
emme ol/isi men/neet	우리는 가지 않았을 것이다	**me ei oltais menty**

(6) 의문 불변사(particle) **-ko** ~ **-kö**가 **-ks**(§30.1)가 된다.

onko(s) teillä	너희에게 있니? (너희들 가졌니?)	**onks teill**
palaako täällä	(그것이) 여기서 타니?	**palaaks tääl**
vienkö minä	내가 가질까?	**vienks mä**

(7) 제3부정사의 향내격 어미 **-ma-** ~ **-mä-**(§77)가 흔히 탈락한다.

mennään nukku/ma/an	잠자러 가자	**mennään nukkuun**
lähden tanssi/ma/an	나는 댄스하러 간다	**lähen tanssiin**
tuletkos kävele/mä/än	너는 걸으러(산보하러) 오니?	**tuuks käveleen**

그리하여 격어미 **-Vn**이 어간의 끝 모음에 동화한다. 예. **nukku/un**.

부록 1: 굴절 형식 표 (Inflection Tables)

명사성어의 곡용

	단수	복수	단수	복수
주격	talo	talot	kauppa	kaupat
속격	talon	talojen	kaupan	kauppojen
비정격	taloa	taloja	kauppaa	kauppoja
재내격	talossa	taloissa	kaupassa	kaupoissa
향외격	talosta	taloista	kaupasta	kaupoista
향내격	taloon	taloihin	kauppaan	kauppoihin
재상격	talolla	taloilla	kaupalla	kaupoilla
탈격	talolta	taloilta	kaupalta	kaupoilta
향격	talolle	taloille	kaupalle	kaupoille
상황격	talona	taloina	kauppana	kauppoina
전환격	taloksi	taloiksi	kaupaksi	kaupoiksi

주격	tunti	tunnit	käsi	kädet
속격	tunnin	tuntien	käden	käsien
비정격	tuntia	tunteja	kättä	käsiä
재내격	tunnissa	tunneissa	kädessä	käsissä
향외격	tunnista	tunneista	kädestä	käsistä
향내격	tuntiin	tunteihin	käteen	käsiin
재상격	tunnilla	tunneilla	kädellä	käsillä
탈격	tunnilta	tunneilta	kädeltä	käsiltä
향격	tunnille	tunneille	kädelle	käsille
상황격	tuntina	tunteina	kätenä	käsinä
전환격	tunniksi	tunneiksi	kädeksi	käsiksi

주격	kieli	kielet	liike	liikkeet
속격	kielen	kielten	liikkeen	liikkeiden
비정격	kieltä	kieliä	liikettä	liikkeitä
재내격	kielessä	kielissä	liikkeessä	liikkeissä
향외격	kielestä	kielistä	liikkeestä	liikkeistä
향내격	kieleen	kieliin	liikkeeseen	liikkeisiin
재상격	kielellä	kielillä	liikkeellä	liikkeillä
탈격	kieleltä	kieliltä	liikkeeltä	liikkeiltä
향격	kielelle	kielille	liikkeelle	liikkeille
상황격	kielenä	kielinä	liikkeenä	liikkeinä
전환격	kieleksi	kieliksi	liikkeeksi	liikkeiksi

주격	ihminen	ihmiset	ajatus	ajatukset
속격	ihmisen	ihmisten	ajatuksen	ajatusten
비정격	ihmistä	ihmisiä	ajatusta	ajatuksia
재내격	ihmisessä	ihmisissä	ajatuksessa	ajatuksissa
향외격	ihmisestä	ihmisistä	ajatuksesta	ajatuksista
향내격	ihmiseen	ihmisiin	ajatukseen	ajatuksiin
재상격	ihmisellä	ihmisillä	ajatuksella	ajatuksilla
탈격	ihmiseltä	ihmisiltä	ajatukselta	ajatuksilta
향격	ihmiselle	ihmisille	ajatukselle	ajatuksille
상황격	ihmisenä	ihmisinä	ajatuksena	ajatuksina
전환격	ihmiseksi	ihmisiksi	ajatukseksi	ajatuksiksi

주격	taivas	taivaat	rengas	renkaat
속격	taivaan	taivaiden	renkaan	renkaiden
비정격	taivasta	taivaita	rengasta	renkaita
재내격	taivaassa	taivaissa	renkaassa	renkaissa
향외격	taivaasta	taivaista	renkaasta	renkaista
향내격	taivaaseen	taivaisiin	renkaaseen	renkaisiin
재상격	taivaalla	taivailla	renkaalla	renkailla
탈격	taivaalta	taivailta	renkaalta	renkailta

향격	taivaalle	taivaille	renkaalle	renkaille
상황격	taivaana	taivaina	renkaana	renkaina
전환격	taivaaksi	taivaiksi	renkaaksi	renkaiksi

주격	hyvyys	hyvyydet	avain	avaimet
속격	hyvyyden	hyvyyksien	avaimen	avaimien
비정격	hyvyyttä	hyvyyksiä	avainta	avaimia
재내격	hyvyydessä	hyvyyksissä	avaimessa	avaimissa
향외격	hyvyydestä	hyvyyksistä	avaimesta	avaimista
향내격	hyvyyteen	hyvyyksiin	avaimeen	avaimiin
재상격	hyvyydellä	hyvyyksillä	avaimella	avaimilla
탈격	hyvyydeltä	hyvyyksiltä	avaimelta	avaimilta
향격	hyvyydelle	hyvyyksille	avaimelle	avaimille
상황격	hyvyytenä	hyvyyksinä	avaimena	avaimina
전환격	hyvyydeksi	hyvyyksiksi	avaimeksi	avaimiksi

주격	työtön	työttömät	askel	askelet
속격	työttömän	työttömien	askelen	askelien
비정격	työtöntä	työttömiä	askelta	askelia
재내격	työttömässä	työttömissä	askelessa	askelissa
향외격	työttömästä	työttömistä	askelesta	askelista
향내격	työttömään	työttömiin	askeleen	askeliin
재상격	työttömällä	työttömillä	askelella	askelilla
탈격	työttömältä	työttömiltä	askelelta	askelilta
향격	työttömälle	työttömille	askelelle	askelille
상황격	työttömänä	työttöminä	askelena	askelina
전환격	työttömäksi	työttömiksi	askeleksi	askeliksi

주격	kolmas	kolmannet	suurempi	suuremmat
속격	kolmannen	kolmansien	suuremman	suurempien
비정격	kolmatta	kolmansia	suurempaa	suurempia
재내격	kolmannessa	kolmansissa	suuremmassa	suuremmissa

향외격	kolmannesta	kolmansista	suuremmasta	suuremmista
향내격	kolmanteen	kolmansiin	suurempaan	suurempiin
재상격	kolmannella	kolmansilla	suuremmalla	suuremmilla
탈격	kolmannelta	kolmansilta	suuremmalta	suuremmilta
향격	kolmannelle	kolmansille	suuremmalle	suuremmille
상황격	kolmantena	kolmansina	suurempana	suurempina
전환격	kolmanneksi	kolmansiksi	suuremmaksi	suuremmiksi

주격	suurin	suurimmat
속격	suurimman	suurimpien
비정격	suurinta	suurimpia
재내격	suurimmassa	suurimmissa
향외격	suurimmasta	suurimmista
향내격	suurimpaan	suurimpiin
재상격	suurimmalla	suurimmilla
탈격	suurimmalta	suurimmilta
향격	suurimmalle	suurimmille
상황격	suurimpana	suurimpina
전환격	suurimmaksi	suurimmiksi

동사의 활용

SANO/A 류 동사

종결형식 (FINITE FORMS)

평서법 (Indicative)

현재시제 능동형

	긍정		부정	
단수				
1	sanon	내가 말한다	en sano	내가 말하지 않는다
2	sanot	네가 말한다	et sano	네가 말하지 않는다
3	sanoo	그가 말한다	ei sano	그가 말하지 않는다
복수				
1	sanomme	우리가 말한다	emme sano	우리가 말하지 않는다
2	sanotte	너희들이 말한다	ette sano	너희들이 말하지 않는다
3	sanovat	그들이 말한다	eivät sano	그들이 말하지 않는다
피동				
	sanotaan	(누가) 말한다	ei sanota	(누가) 말하지 않는다

과거시제 능동형

	긍정		부정	
단수				
1	sanoin	내가 말했다	en sanonut	내가 말하지 않았다
2	sanoit		et sanonut	
3	sanoi		ei sanonut	
복수				
1	sanoimme		emme sanoneet	
2	sanoitte		ette sanoneet	
3	sanoivat		eivät sanoneet	

피동

sanottiin	ei sanottu

완료시제 능동형

긍정	부정
단수	
1 olen sanonutI have said[1)]	en ole sanonut I have not said
2 olet sanonut	et ole sanonut
3 on sanonut	ei ole sanonut
복수	
1 olemme sanoneet	emme ole sanoneet
2 olette sanoneet	ette ole sanoneet
3 ovat sanoneet	eivät ole sanoneet
피동	
on sanottu	ei ole sanottu

과거완료시제 능동형

긍정	부정
단수	
1 olin sanonut I had said	en ollut sanonut I had not said
2 olit sanonut	et ollut sanonut
3 oli sanonut	ei ollut sanonut
복수	
1 olimme sanoneet	mme olleet sanoneet
2 olitte sanoneet	ette olleet sanoneet
3 olivat sanoneet	eivät olleet sanoneet

1) 역자주. 원서의 핀란드어 예를 번역한 영어 동사들이 to say, to jump, to get 등으로 다양한 의미를 가진 기초 단어들이기 때문에 국어에서 대응하는 동사를 선택하기 어렵고, 또 완료시제, 과거완료시제, 조건서법 등을 국어로 적절히 번역하기 어려워서 원서에 수록된 영어를 그대로 인용하여 독자가 참고하도록 하였다.

피동

oli sanottu	ei ollut sanottu

조건서법 (Conditional)

현재시제 능동형

긍정	부정
단수	
1 sanoisin I would say	en sanoisi I would not say
2 sanoisit	et sanoisi
3 sanoisi	ei sanoisi
복수	
1 sanoisimme	emme sanoisi
2 sanoisitte	ette sanoisi -
3 sanoisivat	eivät sanoisi
피동	
sanottaisiin	ei sanottaisi

완료시제 능동형

긍정	부정
단수	
1 olisin sanonut I would have	xen olisi sanonut I would not have said
2 olisit sanonut	said et olisi sanonut
3 olisi sanonut	ei olisi sanonut
복수	
1 olisimme sanoneet	emme olisi sanoneet
2 olisitte sanoneet	ette olisi sanoneet
3 olisivat sanoneet	eivät olisi sanoneet
피동	
olisi sanottu	ei olisi sanottu

명령서법 (Imperative)

현재시제 능동형

	긍정		부정	
단수				
2	sano	말하라 say	älä sano	말하지 마라(do not say)
3	sanokoon		älköön sanoko	
복수				
1	sanokaamme		älkäämme sanoko	
2	sanokaa		älkää sanoko	
3	sanokoot		älkööt sanoko	
피동				
	sanottakoon		älköön sanottako	

가능서법 (Potential)

현재시칭 능동형

	긍정		부정	
단수				
1	sanonen	I may say	en sanone	I may not say
2	sanonet		et sanone	
3	sanonee		ei sanone	
복수				
1	sanonemme		emme sanone	
2	sanonette		ette sanone	
3	sanonevat		eivät sanone	
피동				
	sanottaneen		ei sanottane	

완료시제 능동형

	긍정		부정	
단수				
1	lienen sanonut	I may have said	en liene sanonut	I may not have said

2 lienet sanonut　　et liene sanonut

3 lienee sanonut ei liene sanonut

복수

1 lienemme sanoneet　　emme liene sanoneet

2 lienette sanoneet　　ette liene sanoneet

3 lienevät sanoneet　　eivät liene sanoneet

피동

lienee sanottu　　ei liene sanottu

비종결형식(NON-FINITE FORMS)

부정사 (Infinitives)

제1부정사	sanoa	말하다 (to say)
	sanoakseni	
제2부정사	sanoessa	
	sanoen	
제3부정사	sanomaan	
	sanomassa	
	sanomasta	
	sanomalla	
	sanomatta	

분사 (Participles)

	현재분사	
능동	sanova	말하는 saying
피동	sanottava	말해야 하는 that must be said
	과거분사	
능동	sanonut	말한 said
피동	sanottu	말해진 said

HYPÄT/Ä 류 동사

종결형식 (FINITE FORMS)

평서법 (Indicative)

현재시제 능동형

	긍정	부정
단수		
1	hyppään I jump	en hyppää I do not jump
2	hyppäät	et hyppää
3	hyppää	ei hyppää
복수		
1	hyppäämme	emme hyppää
2	hyppäätte	ette hyppää
3	hyppäävät	eivät hyppää
피동형		
	hypätään	ei hypätä

과거시제 능동형

	긍정	부정
단수		
1	hyppäsin I jumped	en hypännyt I did not jump
2	hyppäsit	et hypännyt
3	hyppäsi	ei hypännyt
복수		
1	hyppäsimme	emme hypänneet
2	hyppäsitte	ette hypänneet
3	hyppäsivät	eivät hypänneet
피동		
	hypättiin	ei hypätty

완료시제 능동형

	긍정	부정
단수		
1	olen hypännyt I have jumped	en ole hypännyt I have not jumped
2	olet hypännyt	et ole hypännyt
3	on hypännyt	ei ole hypännyt
복수		
1	olemme hypänneet	emme ole hypänneet
2	olette hypänneet	ette ole hypänneet
3	ovat hypänneet	eivät ole hypänneet
피동		
	on hypätty	ei ole hypätty

과거완료시제 능동형

	긍정	부정
단수		
1	olin hypännyt I had jumped	en ollut hypänn I had not jumped
2	olit hypännyt	et ollut hypännyt
3	oli hypännyt	ei ollut hypännyt
복수		
1	olimme hypänneet	emme olleet hypänneet
2	olitte hypänneet	ette olleet hypänneet
3	olivat hypänneet	eivät olleet hypänneet
피동		
	oli hypätty	ei ollut hypätty

조건서법 (Conditional)

현재시제 능동형

	긍정	부정
단수		
1	hyppäisin I would jump	en hyppäisi I would not jump

2 hyppäisit	et hyppäisi
3 hyppäisi	ei hyppäisi
복수	
1 hyppäisimme	emme hyppäisi
2 hyppäisitte	ette hyppäisi
3 hyppäisivät	eivät hyppäisi
피동	
hypättäisiin	ei hypättäisi

완료시제 능동형

긍정	부정
단수	
1 olisin hypänny I would have jumped	en olisi hypänn I would not have jumped
2 olisit hypännyt	et olisi hypännyt
3 olisi hypännyt	ei olisi hypännyt
복수	
1 olisimme hypänneet	emme olisi hypänneet
2 olisitte hypänneet	ette olisi hypänneet
3 olisivat hypänneet	eivät olisi hypänneet
피동	
olisi hypätty	ei olisi hypätty

명령서법 (Imperative)

현재시제 능동형

긍정	부정
단수	
2 hyppää jump	älä hyppää do not jump
3 hypätköön	älköön hypätkö

복수

1	hypätkäämme	älkäämme hypätkö	
2	hypätkää	älkää hypätkö	
3	hypätkööt	älkööt hypätkö	

피동

hypättäköön	älköön hypättäkö

가능서법 (Potential)

현재시제 능동형

	긍정		부정	
단수				
1	hypännen	I may jump	en hypänne	I may not jump
2	hypännet		et hypänne	
3	hypännee		ei hypänne	
복수				
1	hypännemme		emme hypänne	
2	hypännette		ette hypänne	
3	hypännevät		eivät hypänne	
피동				
	hypättäneen		ei hypättäne	

완료시제 능동형

	긍정		부정	
단수				
1	lienen hypänn	I may have jumped	en liene hypännyI	I may not have jumped
2	lienet hypännyt		et liene hypännyt	
3	lienee hypännyt		ei liene hypännyt	
복수				
1	lienemme hypänneet		emme liene hypänneet	

2 lienette hypänneet	ette liene hypänneet
3 lienevät hypänneet	eivät liene hypänneet

피동

lienee hypätty	ei liene hypätty

비종결형식 (NON-FINITE FORMS)

부정사 (Infinitives)

제1부정사	hypätä	to jump
	hypätäkseni	
제2부정사	hypätessä	
	hypäten	
제3부정사	hyppäämään	
	hyppäämässä	
	hyppäämästä	
	hyppäämällä	
	hyppäämättä	

분사 (Participles)

	현재형	
능동	hyppäävä	뛰는 jumping
피동	hypättävä	

	과거형
능동	hypännyt
피동	hypätty

SAA/DA 류 동사

종결형식 (FINITE FORMS)

평서법 (Indicative)

현재시제 능동형

	긍정	부정
단수		
1	saan I get	en saa I do not get
2	saat	et saa
3	saa	ei saa
복수		
1	saamme	emme saa
2	saatte	ette saa
3	saavat	eivät saa
피동		
	saadaan	ei saada

과거시제 능동형

	긍정	부정
단수		
1	sain I got	en saanut I did not get
2	sait	et saanut
3	sai	ei saanut
복수		
1	saimme	emme saaneet
2	saitte	ette saaneet
3	saivat	eivät saaneet
피동		
	saatiin	ei saatu

완료시제 능동형

	긍정		부정	
단수				
1	olen saanut	I have got	en ole saanut	I have not got
2	olet saanut		et ole saanut	
3	on saanut		ei ole saanut	
복수				
1	olemme saaneet		emme ole saaneet	
2	olette saaneet		ette ole saaneet	
3	ovat saaneet		eivät ole saaneet	
피동				
	on saatu		ei ole saatu	

과거완료시제 능동형

	긍정		부정	
단수				
1	olin saanut	I had got	en ollut saanut	I had not got
2	olit saanut		et ollut saanut	
3	oli saanut		ei ollut saanut	
복수				
1	olimme saaneet		emme olleet saaneet	
2	olitte saaneet		ette olleet saaneet	
3	olivat saaneet		eivät olleet saaneet	
피동				
	oli saatu		ei ollut saatu	

조건서법 (Conditional)

현재시제 능동형

	긍정		부정	
단수				
1	saisin	I would get	en saisi	I would not get

2 saisit	et saisi
3 saisi	ei saisi
복수	
1 saisimme	emme saisi
2 saisitte	ette saisi
3 saisivat	eivät saisi
피동	
saataisiin	ei saataisi

완료시제 능동형

긍정		부정	
단수			
1 olisin saanut	I would have got	en olisi saanut	I would not have got
2 olisit saanut		et olisi saanut	
3 olisi saanut		ei olisi saanut	
복수			
1 olisimme saaneet		emme olisi saaneet	
2 olisitte saaneet		ette olisi saaneet	
3 olisivat saaneet		eivät olisi saaneet	
피동			
olisi saatu		ei olisi saatu	

명령서법 (Imperative)

현재시제 능동형

긍정		부정	
단수			
2 saa	get	älä saa	do not get
3 saakoon		älköön saako	
복수			
1 saakaamme		älkäämme saako	
2 saakaa		älkää saako	

3 saakoot	älkööt saako

피동

saatakoon	älköön saatako

가능서법 (Potential)

현재시제 능동형

긍정	부정
단수	
1 saanen I may get	en saane I may not get
2 saanet	et saane
3 saanee	ei saane
복수	
1 saanemme	emme saane
2 saanette	ette saane
3 saanevat	eivät saane
피동	
saataneen	ei saatane

완료시제능동

긍정	부정
단수	
1 lienen saanut	en liene saanut I may not have got
2 lienet saanut	et liene saanut
3 lienee saanut	ei liene saanut
복수	
1 lienemme saaneet	emme liene saaneet
2 lienette saaneet	ette liene saaneet
3 lienevät saaneet	eivät liene saaneet
피동	
lienee saatu	ei liene saatu

비종결형식 (NON-FINITE FORMS)

부정사 (Infinitives)

제1부정사	saada	to get
	saadakseni	
제2부정사	saadessa	
	saaden	
제3부정사	saamaan	
	saamassa	
	saamasta	
	saamalla	
	saamatta	

분사 (Participles)

	현재형	
능동	saava	getting
피동	saanut	

	과거형
능동	saatava
피동	saatu

TARVIT/A 류 동사

종결형식 (FINITE FORMS)

평서법 (Indicative)

현재시제 능동형

	긍정형		부정형	
단수				
1	tarvitsen	I need	en tarvitse	I do not need
2	tarvitset		et tarvitse	
3	tarvitsee		ei tarvitse	
복수				
1	tarvitsemme		emme tarvitse	
2	tarvitsette		ette tarvitse	
3	tarvitsevat		eivät tarvitse	
피동				
	tarvitaan		ei tarvita	

과거시제 능동형

	긍정형		부정형	
단수				
1	tarvitsin	I needed	en tarvinnut	I did not need
2	tarvitsit		et tarvinnut	
3	tarvitsi		ei tarvinnut	
복수				
1	tarvitsimme		emme tarvinneet	
2	tarvitsitte		ette tarvinneet	
3	tarvitsivat		eivät tarvinneet	
피동				
	tarvittiin		ei tarvittu	

완료시제 능동형

긍정형		부정형	
단수			
1 olen tarvinnu	I have needed	en ole tarvinnut	I have not needed
2 olet tarvinnut		et ole tarvinnut	
3 on tarvinnut		ei ole tarvinnut	
복수			
1 olemme tarvinneet		emme ole tarvinneet	
2 olette tarvinneet		ette ole tarvinneet	
3 ovat tarvinneet		eivät ole tarvinneet	
피동			
on tarvittu		ei ole tarvittu	

과거완료시제 능동형

긍정형		부정형	
단수			
1 olin tarvinnu	I had needed	en ollut tarvinn	I had not needed
2 olit tarvinnut		et ollut tarvinnut	
3 oli tarvinnut		ei ollut tarvinnut	
복수			
1 olimme tarvinneet		emme olleet tarvinneet	
2 olitte tarvinneet		ette olleet tarvinneet	
3 olivat tarvinneet		eivät olleet tarvinneet	
피동			
oli tarvittu		ei ollut tarvittu	

현재시제 능동형

긍정형		부정형	
단수			
1 tarvitsisin	I would need	en tarvitsisi	I would not need

2 tarvitsisit	et tarvitsisi
3 tarvitsisi	ei tarvitsisi

복수

1 tarvitsisimme	emme tarvitsisi
2 tarvitsisitte	ette tarvitsisi
3 tarvitsisivat	eivät tarvitsisi

피동

tarvittaisiin	ei tarvittaisi

완료시제 능동형

긍정형		부정형	
단수			
1 olisin tarvin	I would have	en olisi tarvin	I would not have needed
2 olisit tarvinnut		et olisi tarvinnut	
3 olisi tarvinnut		ei olisi tarvinnut	
복수			
1 olisimme tarvinneet		emme olisi tarvinneet	
2 olisitte tarvinneet		ette olisi tarvinneet	
3 olisivat tarvinneet		eivät olisi tarvinneet	
피동			
olisi tarvittu		ei olisi tarvittu	

명령서법 (Imperative)

현재시제 능동형

긍정형		부정형	
단수			
2 tarvitse	need	älä tarvitse	do not need
3 tarvitkoon		älköön tarvitko	
복수			
1 tarvitkaamme		älkäämme tarvitko	
2 tarvitkaa		älkää tarvitko	

3 tarvitkoot		älkööt tarvitko	
피동			
tarvittakoon		älköön tarvittako	

현재시제 능동형

긍정형		부정형	
단수			
1 tarvinnen	I may need	en tarvinne	I may not need
2 tarvinnet		et tarvinne	
3 tarvinnee		ei tarvinne	
복수			
1 tarvinnemme		emme tarvinne	
2 tarvinnette		ette tarvinne	
3 tarvinnevat		eivät tarvinne	
피동			
tarvittaneen		ei tarvittane	

완료시제 능동형

긍정형		부정형	
단수			
1 lienen tarvinnut	I may have need	en liene tarvin	I may not have needed
2 lienet tarvinnut		et liene tarvinnut	
3 lienee tarvinnut		ei liene tarvinnut	
복수			
1 lienemme tarvinneet		emme liene tarvinneet	
2 lienette tarvinneet		ette liene tarvinneet	
3 lienevät tarvinneet		eivät liene tarvinneet	
피동			
lienee tarvittu		ei liene tarvittu	

비종결형식 (NON-FINITE FORMS)

부정사 (Infinitives)

제1부정사	tarvita
	tarvitakseni
제2부정사	tarvitessa
	tarviten
제3부정사	tarvitsemaan
	tarvitsemassa
	tarvitsemasta
	tarvitsemalla
	tarvitsematta

분사 (Partirticipies)

	현재형	
능동	tarvitseva	needing
피동	tarvinnut	

	과거형
능동	tarvittava
피동	tarvittu

부록 2: 문헌 (LITERATURE)

Aaltio, Maija-Hellikki. *Finnish for Foreigners*. I (twelfth edition), II (fourth edition). Otava, Helsinki 1999. (Elementary Finnish for beginners (I) and more advanced students(II).)

Abondolo, Daniel. *Colloquial Finnish: The Complete Course for Beginners*. Routledge, London & New York 1998.

Branch, Michael, *Antero Niemikorpi and Pauli Saukkonen*. A Student's Glossary of Finnish. WSOY, Helsinki 1980. (The central vocabulary of Finnish in the light of frequency-based studies.)

Hakulinen, Auli and Fred Karlsson, *Nykysuomen lauseoppia*. Third edition, Suomalaisen Kirjallisuuden Seura, Helsinki 1995. (Comprehensive scholarly description of the syntax of modern Finnish.)

Hämäläinen, Eila, *Aletaan! Suomen kielen oppikirja vasta-alkajille*. Fifteenth edition, Helsingin yliopiston suomen kielen laitos, Helsinki 2000. (Elementary Finnish for beginners.)

Karlsson, Fred. Suomen kielen *äänne-ja muotorakenne*. WSOY, Helsinki 1983. (Comprehensive scholarly description of the phonology and morphology of modern Finnish.)

Lepäsmaa, Anna-Liisa and Leena Silfverberg. *Suomen kielen alkeisoppikirja*. Seventh edition. Finn Lectura, Helsinki 1999. (Elementary Finnish for beginners.)

Nuutinen, Olli. *Suomea suomeksi*. I (twelfth edition), II (eighth edition). Suomalaisen Kirjallisuuden Seura, Helsinki 2000. 1997. (Elementary Finnish for beginners (I) and more advanced students (II).)

Saukkonen, Pauli, Marjatrta Haipus, Antero Niemikorpi and Helena Sulkala. *Suomen kielen taajuussanasto*. WSOY, Helsinki 1979. (Frequency dictionary of Finnish.)

Silfverberg, Leena. *Harjoituskirja suomen kielen perusopetusta varten*. Fifth edition. Finn

Lectura, Helsinki 1998. (Practice based book for beginners.)

Silfverberg, Leena. *Harjoituskirja suomen kielen jatko-opetusta varten*. Fifth edition. Finn Lectura, Helsinki 2000. (Practice based book for advanced students.)

White, Leila. *From Start to Finnish: A Short Course in Finnish*. Finn Lectura, Helsinki 2000. (Elementary Finnish for beginners.)

White, Leila. *Suomen kielioppia ulkomaalaisille*. Finn Lectura, Helsinki 1997. (Practice-based Finnish grammar.)

부록 3: 주요 관계 자료의 인터넷 주소

(2000년 6월 현재) SOME RELAVANT INTERNET ADDRESSES

이 책 필자의 홈페이지 http://www.ling.helsinki.fi/~fkarlsso/finlinks.htm에서 아래 수록한 링크들의 최근 수정 내용을 볼 수 있다.

http://www.helsinki.fi/~tasalmin/fu.html
Tapani Salminen: Names and classification of Finno-Ugrian languages

http://www.helsinki.fi/hum/sugl/kulonen/Finf13uk.htm
Ulla-Maija Kulonen: The origin of Finnish and related languages

http://www.finland.org/finbks.html
Books about Finnish as a foreign language

http://www.hut.fi/~jkorpela/Finnish.html
Jukka Korpela: Information concerning Finnish

http://eunuch.ddg.com/LIS/InfoDesignF97/paivir/finnish/sitemap.html
Päivi Rents: Introduction to Finnish

http://www.lin.helsinki.fi/~fkarlsso/genkau2.html
A Finnish noun has more than 2,000 forms, want to see an example?

http://www.lingsoft.fi/cgi-pub/fintwol
Lingsoft's automatic morphological analyzer FINTWOL
(here you can get an analysis of any Finnish word-form!)

http://dictionaries.travlang.com/FinnishEnglish/
ravlang's small Finnish-English online dictionary

http://www.freedict.com/onldict/fin.html
On-line English to Finnish dictionary

http://finland.cimo.fi/studyingfinnish/index.htm
Studying Finnish in Finland and abroad

http://www.domlang.fi

Research Center for the Languages of Finland

http://www.helsinki.fi/hum/skl

Department of Finnish, University of Helsinki

http://www.helsinki.fi/~jolaakso/sgrlinkit.html#skl

Other departments of Finnish

http://www.helsinki.fi/hum/sugl

Department of Finno-Ugrian Studies, University of Helsinki

http://www.edu.fi/koulut/yliopistot.html

Finnish Universities

http://www.finlit.fi/

Finnish Literature Society

http://hul.helsinki.fi/tilke/indexeng.html

Front Page of Finnish Research Libraries

http://www.publiclibraries.fi/

Front Page of Finnish Public Libraries

http://www.stat.fi/index.html

Statistics Finland

http://www.ling.helsinki.fi/~fkarlsso.links-5.html

A selection of archives and databases in Finland

http://www.ling.helsinki.fi/~fkarlsso/kuvatietokanta.htm

Some picture databases on Finland

http://www.ling.helsinki.fi/~fkarlsso/links-8.html

Science-related organizations in Finland

http://www.linsoft.fi/

Lingsoft: language technology for Finnish

http://www.lysator.liu.se/nordic/scn/faq41.html#index

Finland: Basic facts

http://www.vn.fi/cn/english/index.htm

The Finnish Council of State

http://ky.hkkk.fi/~k21206/finhist.html#rus

Pasi Kuoppämaki: A web history of Finland

http://www.utu.fi/agricola/e/

Agricola - The Finnish History Network

http://www.kaapeli.fi/flf/index.html

Finnish Literature Forum

http://virtual.finland..fi/finfo/english/kirjaeng.html

Esko Häkli: the birth of Finnish literature

http://www.fng.fi/

Finnish National Gallery

http://www.fimic.fi/

Finnish Music Information Centre

http://www.yle.fi/aanilevysto/firs/index.htm

Finnish Institute of Recorded Sound

http://www.mek.fi/

Finnish Tourist Board

http://personal.inet.fi/private/hovi.pages/sa-int/

The Finnish army in World War II

http://www.sauna.fi/pages/index.htm

The Finnish Sauna Society

http://www.lysator.liu.se/nordic/scn/faq46/html#top

Finnish Sauna

http://www.ling.helsinki.fi/~fkarlsso/

Home page of the author

부록 4: 한-영 번역용어표

가능서법(可能敍法)	potential mood
가능서법어미(可能敍法語尾)	potential ending
가능형식(可能形式)	potential form
가분(可分)	divisible
가분단어 (可分單語)	divisible word
가산형식(加算形式), 셀 수 있는 형식	count forms
강세(强勢)	accent
강세(强勢)	stress
강전환형식(强轉換形式)	strong grade
격굴절(格屈折), 곡용(曲用)	case inflection
격어미(格語尾)	case ending
격체계(格體系)	case system
결과적(結果的)	resultative
경어형(敬語形)	polite form
곡용(曲用)	declension
공동격(共同格)	comitative case
과거분사(過去分詞)	past participles
과거시제(過去時制)	past tense
과거완료시제(過去完了時制)	pluperfect tense
과거완료피동(過去完了被動)	passive pluperfect
과거피동(過去被動)	passive past
관계대명사(關係代名詞)	relative pronouns
관계절(關係節)	relative clause
관용어(慣用語)	idiom
관형어의 일치(冠形語의 一致)	concord of attributes
교체(交替)	alternation
구(句)	phrase

구문(構文)	construction
구어(口語), 구어체언어(口語體言語)	spoken language
구어체언어(口語體言語)	colloquial spoken language
구조(構造)	structure
굴절(屈折)	inflection
굴절어간(屈折語幹)	inflectional stem
굴절어미(屈折語尾)	inflectional ending
규범(規範), 언어규범(言語規範)	norm
긍정(肯定)	affirmative
긍정문(肯定文)	affirmative sentence
기능어미(技能語尾)	function ending
기본형(基本形)	basic form
기수(基數)	cardinal numbers
내부적 장소격(內部的 場所格)	internal local cases
내적단어경계(內的單語境界)	internal word boundary
능동(能動)	active
다음절어간(多音節語幹)	polysyllabic stem
단모음(單母音) → 단순모음	simple vowel
단모음(短母音), 짧은 모음	short vowel
단수(單數)	singular
단순모음(單純母音)	simple vowel
단순음(單純音)	simple sound
단순자음(單純子音)	simple consonant
단어(單語)	word
단어경계(單語境界)	word boundary
단어의 부류(單語의 部類)	word classes
단어형성(單語形成)	word formation
단음(單音) → 단순음	simple sound
단음(短音), 짧은 음	short sound
단일음절(單一音節)	monosyllable
단자음(單子音) → 단순자음	simple consonant
단자음(短子音), 짧은 자음	short consonant
단형식(短形式), 짧은 형식, 단형(短形)	short form

대격(對格), 목적격(目的格)	accusative
대격어미(對格語尾)	accusative ending
대명사(代名詞)	pronoun
동사(動詞)	verb
동사의 종결형(動詞의 終結形), 종결형식	finite verb form
동사의 활용(動詞의 活用)	conjugation of verbs
동작주구문(動作主構文)	agent construction
명령서법(命令敍法)	imperative mood
명사 보어(名詞補語)	noun compliment
명사(名詞)	noun
명사성어(名詞性語)	nominal
명사성어의 곡용(名詞性語의 曲用)	declension of nominals
명사어미(名詞語尾)	nominal ending
모어자(母語者)	native speaker
모음(母音)	vowel
모음의 변화(母音의 變化)	vowel change
모음조화(母音調和)	vowel harmony
목적격(目的格)	objective case
목적어(目的語)	object
문법적 인칭(文法的 人稱)	grammatical person
문자(文字)	letter
문장(文章)	sentence
문장구조(文章構造)	sentence structure
문장종결동사(文章終結動詞), 정동사(定動詞)	finite verb
물질(物質), 체언(體言)	substance
반복동사(反復動詞)	frequentative verb
방향동사(方向動詞)	directional verbs
변화(變化)	change
보어(補語)	compliment
복수(複數)	plural
복수-단수 구별없는 복수형 단어	invariable plural
복합(複合)	compounding
복합동사(複合動詞)	compound verb

복합명사(複合名詞)	compound noun
부사(副詞)	adverb
부재격(不在格)	abessive case
부정대명사(不定代名詞)	indefinite pronouns
부정동사(否定動詞)	negation verb
부정문(否定文)	negative sentence
부정사(不定詞)	infinitive
부정사어간(不定詞語幹)	infinitive stem
부정사어미(不定詞語尾)	infinitive ending
부정어(否定語)	negation word
부정형(否定形式)	negative forms
분사(分詞)	participles
분사구문(分詞構文)	participial construction
불가분명사(不可分名詞)	non-divisible noun
불변사(不變詞)	particle
비강(鼻腔)	nasal cavity
비강자음(鼻腔子音)	nasal consonant
비결과적(非結果的)	irresultative
비교급표현(比較級表現)	comparative expression
비생산적(非生産的)	unproductive
비정격(非定格)	partitive
비종결동사형식(非終結動詞形식)	non-finite verb form
비종결어미(非終結語尾)	non-finite verbal ending
비종결형식(非終結形式), 비종결형	non-finite form
비한정적(非限定的), 부정적(不定的)	indefinite
비한정-집합명사(非限定-集合名詞)	indefinite mass noun
사역동사(使役動詞)	causative verb
사역형(使役形)	causative
3인칭(3人稱)	third person
상황격(狀況格)	essive case
생산적(生産的)	productive
서법(敍法)	mood
서수(序數)	ordinal numbers

성(性)	gender
소유대명사(所有代名詞)	possessive pronoun
소유접미사(所有接尾辭)	possessive suffix
속격(屬格)	genitive
수(數), 수사(數詞)	numeral
수량부사(數量副詞)	quantity adverb
순간동사(瞬間動詞)	momentary verb
술어(述語)	predicate
술어형용사(述語形容詞)	predicate adjective
시사격(示唆格)	instructive case
시제(時制)	tense
시칭(時稱), 시간(時間)	temporal
시표구문(時表構文)	temporal construction
시표종속절(時表從屬節)	temporal subordinate clause
액센트	accent
약전환형식(弱轉換形式)	weak grade
양적자음전환(量的子音轉換)	quantitative consonant gradation
양태부사(樣態副詞)	modal adverb
양태적 의미(樣態的 意味)	modal meaning
어간(語幹)	stem
어근(語根)	root
어말자음(語末子音)	final consonant
어미(語尾)	ending
억양(抑揚)	intonation
여격부사어(與格副詞語)	dative adverbial
여성명사(女性名詞)	feminine noun
연결자음(連結子音)	linking consonant
완료피동(完了被動)	passive perfect
외부적 장소격(外部的 場所格)	external local cases
유기음(有氣音), 기식음(氣息音)	aspirated sound
음성(音聲)	sound
음소(音素)	phoneme
음운교체(音韻交替)	sound alternation

음절(音節)	syllable
의문(疑問)	question
의문대명사(疑問代名詞)	interrogative pronouns
의문사(疑問詞)	question words
2인칭(2人稱)	second person
2인칭명령문(2人稱命令文)	second person imperative
이중모음(二重母音)	diphthong
인칭(人稱)	person
인칭대명사(人稱代名詞)	personal pronouns
인칭어미(人稱語尾)	personal ending
일반의미문(一般意味文)	generic sentence
1인칭(1人稱)	first person
1인칭명령문(1人稱命令文)	first person imperative
일치(一致)	concord
자음(子音)	consonant
자음전환(子音轉換)	consonant gradation
장모음(長母音)	long vowel
장소격(場所格)	local case
장소명(場所名)	place name
장음(長音)	long sound
장자음(長子音)	long consonant
재귀대명사(再歸代名詞)	reflexive pronoun
재귀동사(再歸動詞)	freflexive verb
재내격(在內格)	inessive
재상격(在上格)	adessive
전접불변사(前接不變辭), 전접첨사(〃 添辭)	enclitic particle
전치사(前置詞)	preposition
전치수식어(前置修飾語)	premodifier
전환(轉換)	gradation
전환격(轉換格)	translative case
절(節)	clause
절대최상급(絶對最上級)	absolute superlative
접미사(接尾辭)	suffix

접속사(接續詞)	conjunction
제1부정사(第一不定詞)	first infinitive
제2부정사(第二不定詞)	second infinitive
제3부정사(第三不定詞)	third infinitive
제4부정사(第四不定詞)	fourth infinitive
조건서법(條件敍法)	conditional mood
조건서법어미(條件敍法語尾)	conditional ending
조건절(條件節)	conditional clause
조동사(助動詞)	auxiliary verb
종결어미(終結語尾)	finite ending
종속절(從屬節)	subordinate clause
주격(主格)	nominative (case)
주동사(主動詞)	main verb
주어(主語)	subject
주절(主節)	main clause
지시대명사(指示代名詞)	demonstrative pronouns
직접질문(直接質問)	direct question
직접차용(直接借用)	direct loan
질량명사(質量名詞)	mass noun
질적자음전환(質的子音轉換)	qualitative consonant gradation
집합명사(集合名詞)	collective noun
최상급표현(最上級表現)	superlative expression
최소어간형식(最小語幹形式)	minimal stem form
추상명사(抽象名詞)	abstract word
축소성(縮小性), 지소성(指小性)	diminutive
축약동사(縮略動詞)	contracted verb
탈격(脫格)	ablative
탈동사접미사(脫動詞接尾辭)	deverbal suffix
탈락(脫落)	deletion
탈명사접미사(脫名詞接尾辭)	denominal suffix
파생(派生)	derivation
파생어미(波生語尾)	derivative ending
파생접미사(派生接尾辭)	derivational suffix

파생접미사(派生接尾辭)	derivative suffix
파생형식(派生形式), 파생형(派生形)	derived form
평서법(平敍法)	indicative mood
폐쇄음(閉鎖音)	stops
표시형식(表示形式), 표지(標識)	marker
피동(被動)	passive
피동서법(被動敍法)	passive moods
한정어(限定語), 수식어(修飾語)	attribute
한정적(限定的)	definite
핵심어(核心語)	headword
향격(向格)	allative
향내격(向內格)	illative
향외격(向外格)	elative
현재(現在)	present
현재분사능동형(現在分詞能動形)	present participle active
현재분사피동형(現在分詞被動形)	present participle passive
현재시제(現在時制)	present tense
현재피동(現在被動)	passive present
형식(形式)	form
형용사 보어(形容詞補語)	adjective compliment
형용사(形容詞)	adjective
화자(話者)	speaker
후치사(後置詞)	postposition
että 절(節)	että clause

색인

[ㅂ]

[ㅅ]

[ㅇ]

[ㅈ]

[ㅊ]

[ㅌ]

[ㅍ]

[ㅎ]

[기타]